本书系
首都师范大学文明区划研究中心
"巴尔干研究丛书"之一

U0558297

万 国 通 史

THE HISTORY OF YUGOSLAVIA

南斯拉夫通史

马细谱／著

上海社会科学院出版社
SHANGHAI ACADEMY OF SOCIAL SCIENCES PRESS

我说南斯拉夫（代序）

何谓"南斯拉夫"？

1985 年 4 月，在我南斯拉夫进修即将结束的前夕，我夫人获得了到南斯拉夫探亲一个月的机会。在那个年月，中国的改革开放刚刚起步，允许家属到国外探亲是破天荒的大事和机会。那时，人们的经济还拮据，无法负担昂贵的机票。她从北京出发，乘莫斯科—北京国际列车七天六夜到达莫斯科，然后转乘莫斯科至索非亚的国际列车（没有莫斯科直达贝尔格莱德的国际列车），又是两天两夜；我则从南斯拉夫到保加利亚去接车。她说自己在漫长的旅途中非常疲劳，但也遇到不少趣事。例如，有外国人问她到哪里去，她还没有学习英语，便用中学里学到的俄语回答："南斯拉夫！"可"老外们"基本上不大懂，好不容易才猜到是南斯拉夫。

我们中国人往往把外国的人名和地名按发音翻译过来，就成了对外国人名、地名的称呼。这在大多数情况下是准确的、可行的。然而，对南斯拉夫国家的称呼却是例外。英文的"南斯拉夫"一词是"Jugoslaviya"，一个集合名词"优哥斯拉维亚"，意即"南部斯拉夫人的国家"，这是意译加音译的结果。所以，这个国名往往难倒了不少中国人。

1982 年 10 月至 1985 年 4 月，我获得了在南斯拉夫进修的机会，目睹和实地考察了南斯拉夫。由于我先前较好地掌握了保加利亚语和俄语，进修期间又学习了塞尔维亚语和马其顿语，所以我阅读了大量的历史书籍，结交了一些历史学家，参观了一批博物馆，走访了较出名的历史名胜古迹。进修后期，我在南斯拉夫知名的《二十世纪历史》杂志和马其顿《历史》杂志上发表了三篇文章，我还参加了几次南斯拉夫全国性的学术讨论会，并在马其顿斯科普里大学和历史研究所获得了南斯拉夫历史学博士学位。特别是 1984 年年底,在博士论文答辩前夕,马其顿科学技术局提供经费,让我在一个月内遍访南斯拉夫各共和国和自治省,拜访了各地著名的历史学家,参观了一些博物馆和纪念馆,这一切更加鼓舞我去进一步研究南斯拉夫历史。其间,我购买和收集了大量的图书资料,并做了一些笔记。

在这两年半时间里,我为南斯拉夫人民在第二次世界大战中反对法西斯主义不屈不挠的战斗精神,为他们在建设社会主义自治制度时对马克思主义和社会主义独立思考的创新态度以及敢于同外来势力作斗争的勇敢精神而感动。

这样,我有缘认识了南斯拉夫,可以扼要说说这个国家从1918年成立至1992年解体的74年的历史。

20世纪80年代初,南斯拉夫是世人津津乐道的一片乐土,在国人眼中则是改革开放的榜样。于是,前去参观访问的团组络绎不绝。一些从事汉语和塞尔维亚语翻译的南斯拉夫人和中国人爱用"1—8"这些数字来表述,以简明地介绍南斯拉夫,即:

1个国家(南斯拉夫联邦)、1个政党(南共联盟)、1个领袖(铁托);

2种文字:基里尔字母和拉丁字母;

3种宗教:东正教、天主教和伊斯兰教;

4种语言:塞尔维亚—克罗地亚语或克罗地亚—塞尔维亚语、斯洛文尼亚语、马其顿语和阿尔巴尼亚语;

5个主体民族:塞尔维亚族、克罗地亚族、斯洛文尼亚族、马其顿族和黑山族;

6个共和国:塞尔维亚、克罗地亚、斯洛文尼亚、马其顿、波黑和黑山;

7个邻国:罗马尼亚、保加利亚、希腊、阿尔巴尼亚、意大利、奥地利和匈牙利;

8个联邦单位:即6个共和国加上塞尔维亚境内的科索沃和伏伊伏丁那两个自治省。

这一组数字真实地反映了南斯拉夫境内复杂的人种、宗教、文化情况,便于人们记忆。然而,在这一组数字的背后却隐含着无穷无尽的灾难。据说,7个邻国国名的微妙排列组合,就能组成"麻烦"一词,而8个"联邦政治实体"的巧妙组合,又可以出现"找麻烦"一词组。这是这个国家命中注定还是一种巧合?真是令人感慨。

提起南斯拉夫,国人并不陌生。两部热映于20世纪70年代的经典电影

《瓦尔特保卫萨拉热窝》和《桥》虽然讲述的是南斯拉夫游击队同德国和意大利法西斯战斗的故事,却使南斯拉夫在中国变得家喻户晓,几乎老幼皆知。

我个人是从 20 世纪 50 年代中期才开始知道南斯拉夫这个国家的。1953 年秋至 1959 年夏,我在湖南省岳阳县一中(今天的岳阳市一中)初中和高中学习。我们学校在抗日战争时期是国立第十一中学,享有盛誉,有一支特别优秀的教师队伍,保持着严格的校风,学生也都是本县和外县来的成绩优异的孩子,且农村子弟居多。学校有一个午后 20 分钟读报的好传统,实际上是由班级的几个同学轮流给大家宣读当天的《人民日报》和《湖南日报》。许多国内外重大新闻正是通过这个渠道向学生传播的。我很关心时事,经常参加读报活动。那时,从课堂上和报刊中我模模糊糊地知道有个南斯拉夫国家,好像它同当时的"苏联老大哥"有摩擦和矛盾,距离中国亦非常遥远。

1959 年 8 月,我被选拔到北京外国语学院留苏预备部学习俄语,准备派往苏联学习俄罗斯语言文学。一年后,中苏关系发生变化,我被分派到保加利亚留学。同时,我母校的陈正中同学被派遣到莫斯科大学学习塞尔维亚—克罗地亚语。这时,我才搞清楚,原来塞尔维亚—克罗地亚语是南斯拉夫的官方语言。从这时起,我们找了一些最基本的资料来看,知道南斯拉夫是一个多民族和多种语言的国家。

1959 年 9 月,我进入了保加利亚国立索菲亚大学哲学历史系学习历史,重点是巴尔干各国人民的历史。索菲亚距南斯拉夫边境仅 40 千米,这是我了解和学习南斯拉夫的极好机会。6 年当中,我从教科书以及同南斯拉夫同学的接触中,从报刊和社会舆论的反应中,对南斯拉夫这个国家和它从古至今的历史有了初步的认识。我收集了大量有关南斯拉夫的保加利亚文和塞尔维亚文(尽管我当时还看不懂塞尔维亚文)书籍和其他资料。这为我后来研究南斯拉夫问题打下了基础。1966 年 5 月我毕业回国,进入中国科学院哲学社会科学部世界历史研究所工作。

1990 年 10 月,我由文化部借调到我国驻保加利亚大使馆负责文化工作,直到 1994 年年底。这是南斯拉夫各种矛盾大爆发、冲突和内战频发、分崩离析的阶段。在这 4 年中,因工作关系我经常路过或出差到南斯拉夫,我有了更多的时间和精力跟南斯拉夫朋友接触,了解了更多关于南斯拉夫的现实情况,并得到了许多有关南斯拉夫的信息和图书资料。从这时起,我开始关注南斯拉夫的民族与宗教问题、南斯拉夫联邦瓦解的内外原因、科索沃问题以及美欧大国的巴尔干政策,等等。

1995 年 5 月,我应邀出席南斯拉夫纪念战胜法西斯 50 周年国际学术讨论会,并作大会发言。那时塞尔维亚受到美欧国家不公正的制裁和封锁,经济十分困难,但会议主办方慷慨地为我提供了往返机票,使我有机会同来自不同国家的学者进行交流。1998 年 9 月,我随团访问了塞尔维亚,对科索沃问题和南斯拉夫联盟的政治经济情况又有了进一步的了解。近年,我又两次到贝尔格莱德会见朋友和购买图书。

1999 年 10 月,我的《巴尔干纷争》一书出版,并获得世界历史研究所优秀科研成果奖。2009 年《南斯拉夫兴亡》专著问世,获得 2013 年中国社会科学院优秀科研成果(专著)二等奖。

上述生活实践和研究活动便形成了我对《南斯拉夫通史》的基本思路和观点。

南斯拉夫位于巴尔干半岛的中西部,战略地位十分重要。它是该地区领土面积最大(约 23.5 万平方千米)和人口最多的国家(2 300 多万人)。公元 7 世纪前后,斯拉夫人开始定居巴尔干半岛,史书称他们为南斯拉夫,以区别于多瑙河以北的西斯拉夫和东斯拉夫。他们先后建立了中世纪南部斯拉夫国家,有过辉煌的历史,与拜占庭帝国关系极为密切。15 世纪起,南部斯拉夫国家分别为奥斯曼帝国和哈布斯堡王朝(后来的奥匈帝国)长期统治。

第一次世界大战的战火烧毁了奥斯曼帝国和奥匈帝国大厦,南部斯拉夫人建立统一国家的努力终成正果。1918 年 12 月 1 日建立了塞尔维亚人—克罗地亚人—斯洛文尼亚人王国,史称“第一南斯拉夫”。1929 年该王国改名为南斯拉夫王国。1941 年 4 月 6 日,希特勒(德国)和墨索里尼(意大利)入侵,南斯拉夫王国遭到肢解。1945 年 11 月 29 日,南斯拉夫联邦人民共和国诞生,史称“第二南斯拉夫”。1992 年,南斯拉夫联邦四分五裂,塞尔维亚和黑山两国组建南斯拉夫联盟,史称“第三南斯拉夫”。

第二次世界大战结束后,南斯拉夫在铁托和南共联盟的领导下,顶住了1948 年欧洲共产党和工人党情报局的无端攻击,开始摆脱斯大林社会主义模式,探索自己的“南斯拉夫道路”,并成功地建立了社会主义自治制度。它对内推行大小民族一律平等的“兄弟团结”政策,对外奉行不结盟的外交政策,并保持了 40 多年的繁荣与稳定,受到世人瞩目和景仰。

1980 年铁托逝世之后,南斯拉夫联邦磨难不断,开始风雨飘摇。1989 年西方疯狂庆祝社会主义制度“崩溃”,共产党“垮台”,多民族国家南斯拉夫被推到了风口浪尖。1991 年起南斯拉夫联邦开始解体,陷入冲突与内战的泥潭。2003 年，南斯拉夫国家彻底退出了历史舞台。

这就是南斯拉夫国家从成立、发展、兴旺到危机、分裂的全过程，完全可以"盖棺定论"。尽管如此，南斯拉夫还是给后人留下了许多美好的回忆、伤心和怀念。它值得我们书写，也值得我们记住。

但是，在研究、分析和写作过程中我也碰到许多困难。我的心情和思绪有时难以言状，对一些问题感到迷惑和茫然。我时常自问：(1)南斯拉夫政治经济改革搞得最早、最成功，为何夭折？(2)南斯拉夫宽松的民族和宗教政策在理论上和实践中到底有何得失？(3)南斯拉夫早在 20 世纪 50 年代初、70 年代初和 90 年代初几乎一脚踏进了北约和欧洲联盟的门槛，为何现在却落到加盟入约的最后？(4)南斯拉夫瓦解的一般原因和根本原因到底是什么？(5)南斯拉夫早就是欧美大国的朋友和东西方争夺的缓冲地带，它们为何要在南斯拉夫问题上搞"双重标准"，它们对南斯拉夫的支离破碎应该承担什么责任？(6)欧盟和北约疯狂东扩，推销所谓的"民主自由"和"人权"价值观，难道它们能够像南斯拉夫一样坚持 70 多年而不分崩离析吗？等等。

这也是《南斯拉夫通史》一书想与读者分享的一些问题。

近百年来，巴尔干半岛战乱不休，南斯拉夫地区更是处于一系列事件的中心。巴尔干乱，则欧洲乱。南斯拉夫崩溃带来的教训是深刻的，对人们的警示颇多。我们认真分析和研究南斯拉夫的历史教训，总结导致这个国家悲惨命运的国内外原因，对于我们坚持走中国特色的社会主义道路，特别是对于推进我国的政治体制改革和民族区域自治政策等都具有重要的理论意义和现实意义。

当然，这不是笔者在给一个已经退出历史舞台的国家写祭文。记得小时候在乡下，凡有老人去世就得请当地文化水平最高的先生写篇祭文悼念。祭词无非是说亡故者一生为人磊落，含辛茹苦操持家业、教育子女，因而积劳成疾，撒手人寰，进入西方极乐世界。我清楚地意识到，对南斯拉夫这么一个复杂的国家，我们对它的了解和研究还远远不够。南斯拉夫的功过应该留给世人、留给历史去评说。所以，本书只是研讨这一课题的成果之一和观点之一。诸多问题还需要今后进一步研究，我也期盼未来的研究者利用新史料、新观点和新视角，写出新的南斯拉夫历史论著。

本书可以说是我一生研究巴尔干历史和南斯拉夫问题的总结，也许是我要写的关于南斯拉夫问题的最后一部著作。我想，有的南斯拉夫朋友可能赞同我书中的观点和提法，而有的朋友可能不大同意我对一些人物和事件的看法和评价。这没有关系,因为一个中国人和"旁观者"去研究和撰写某一外国的历史,其难度之大、任务之艰巨可想而知,难免挂一漏万。而且,我要涉笔的又是南斯拉夫这么一个充满苦难而又争议颇多的国家。因而每每落笔,难免胆怯,唯恐笔力不逮,招致是非,只有尽力而为。

我是怀着对南斯拉夫的敬仰和惋惜的心情在思考,用自己的心血在写作。我衷心希望南斯拉夫地区的国家和人民放下沉重的历史包袱,面向美好的未来,开创新型的和谐睦邻关系。我遥祝他们和平发展,繁荣昌盛,人民幸福。也就是说,如果本书能为中国和南斯拉夫地区国家和人民的友谊大厦添砖加瓦,能为彼此间的相互交流尽绵薄之力,我将甚感欣慰。

作者　谨识

2018 年 2 月 1 日于波兰华沙女儿家

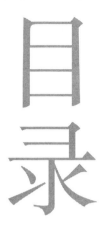

第三篇　南斯拉夫联邦时期（1945—1991 年）/ 181

第五章　人民民主时期的南斯拉夫（1945—1953 年）/ 181

第一篇　南部斯拉夫人的梦想与现实

第一章
南部斯拉夫国家的建立和发展
（9—19 世纪）

一、　中世纪南部斯拉夫国家

巴尔干半岛优越的自然环境和地缘地理位置，有利于发展出高水平的文明。欧洲自古至今的历史都与巴尔干地区的历史密不可分。古代史中有古希腊、古罗马；中世纪史绕不开拜占庭帝国、保加利亚和塞尔维亚等国的巨大影响；欧洲近代史和现当代史以巴尔干原社会主义国家和希腊、土耳其为代表登上历史舞台，它们是欧洲历史和文明的一部分。

巴尔干山不仅是接连不断发生流血和战争的场所，也是爱国者进行革命活动的摇篮，孕育了无数的民族英雄。

巴尔干更是南部斯拉夫人栖息、繁衍、成长和壮大的摇篮。

斯拉夫人定居巴尔干半岛

斯拉夫人属欧罗巴人种东欧类型和巴尔干类型,分为三大支系:西斯拉夫人(包括波兰人、卢日支人、捷克人和斯洛伐克人);东斯拉夫人(包括俄罗斯人、乌克兰人和白俄罗斯人);南斯拉夫人(包括保加利亚人、塞尔维亚人、克罗地亚人、斯洛文尼亚人、马其顿人和黑山人等)。

关于斯拉夫人的起源,即他们的"祖籍"问题,至今也没有确凿的考据成果。比较多的学者认为,最早的文字记载见于公元 1 世纪末和 2 世纪初的古罗马文献。罗马作家大普林尼著的 37 卷《自然史》在介绍一些欧洲古代民族时,提到在维斯瓦河一带除居住着萨尔马特人、斯基泰人外,还有维内德人。塔西佗在《日耳曼尼亚志》一书中,也把生活在古代日耳曼人东边的居民称为维内德人。据考证,维内德人即古代斯拉夫人,公元 1—2 世纪曾分布在西起奥得河、东抵第聂伯河、南至喀尔巴阡山、北濒波罗的海的广大地区。今日波兰境内的维斯瓦河河谷,被认为是斯拉夫人的故乡。4—6 世纪,斯拉夫人中开始出现部落联盟。由于民族大迁徙的挤压和冲击,逐渐分化为三大支系,并出现不同的名称:西支称维内德人,东支称安特人,南支称斯拉文人。后来,由于南部斯拉夫人同拜占庭人联系密切,多见于史料记载,所以"斯拉文人"或"斯拉夫人"就成为各斯拉夫民族的总称。

根据拜占庭相关史料,斯拉夫人中的一支称为"斯拉维人",在 5 世纪末和 6 世纪初已出现在潘诺尼亚和多瑙河下游一带。史料还提到,在阿提拉匈奴人部落联盟中也有斯拉夫人。6 世纪上半叶,安特人已到达多瑙河下游。这样,一些斯拉夫学者认为,5 世纪末和 6 世纪初斯拉维人和安特人已成为东罗马帝国(拜占庭)的邻居,占据喀尔巴阡山脉到多瑙河流域的广阔地区。

直到 6 世纪,斯拉夫人仍处于原始公社制阶段,但已出现比较巩固的军事组织,部落会议在原始民主生活中起着重大作用。这时,农业已成为主要生产活动,同时从事畜牧业、渔业和养蜂业。各种手工业,如冶金、纺织、皮革、木工、制陶等也有一定程度的发展。

6 世纪末和 7 世纪,斯拉夫人越过多瑙河来到巴尔干半岛。他们被称为南部斯拉夫人,以区别于西部斯拉夫人和东部斯拉夫人。他们是现今的保加利亚人、塞尔维亚人、克罗地亚人、斯洛文尼亚人、马其顿人、黑山人的祖先。

根据拜占庭史料记载,7 世纪古保加尔人的到来,给巴尔干半岛的人种增加了新的血液,并于 681 年建立了第一个斯拉夫保加利亚国家。

尽管南部斯拉夫人向巴尔干半岛迁移时,他们的语言、生活方式和社会组织形式可能相近或非常相似,但他们到巴尔干半岛后既不统一也不团结。据拜占庭史学家的描述,巴尔干半岛的斯拉夫人各自为政,有公社民主组织,但它们彼此之间并不团结,甚至相互敌视。拜占庭当局统称南部斯拉夫人为"斯拉维宁"。在同拜占庭帝国的斗争中,南部斯拉夫人开始结成军事和部落联盟。有的部落联盟后来变成了国家形态组织,如在今日保加利亚东北部米齐亚地区的"七部落联盟"就奠定了斯拉夫保加利亚国家的基础。

由于蛮族的不断侵袭,到 7 世纪初,拜占庭帝国对多瑙河下游地区的控制已严重削弱,这为斯拉夫人的入侵和定居多瑙河下游一带创造了条件。至于斯拉夫人进入巴尔干半岛的具体时间,尚未发现确凿的史料。一些斯拉夫学者认为,6 世纪下半叶斯拉夫人开始侵入多瑙河以南的拜占庭领土。而 6 世纪 80 年代,斯拉夫人从匈牙利境内的潘诺尼亚一带越过多瑙河,最先进入巴尔干半岛的西北部和西南部地区。部分拜占庭史料提到,615—620 年,斯拉夫部落或部落联盟包围了今日希腊的第二大城市萨洛尼卡,还提及斯拉夫人已经会使用船只,从海上进攻萨洛尼卡。7 世纪 20 年代末,萨洛尼卡再次遭到斯拉夫人和阿瓦尔人的联合进攻,拜占庭帝国事实上已经失去了对巴尔干半岛大部分领地的控制。617—619 年阿瓦尔人和斯拉夫人已经抵达君士坦丁堡附近,侵占了拜占庭帝国在色雷斯和黑海地区的部分领土。

斯拉夫人同日耳曼人一样,有着牢固的村社制度,但没有广泛使用奴隶,战俘可以享受自由人的待遇。他们的社会发展超越了奴隶制阶段,直接从原始社会进入封建社会。自 6 世纪起,斯拉夫人便开始侵袭拜占庭帝国的巴尔干属地,至 7 世纪,南部斯拉夫人已在巴尔干半岛定居。他们深受拜占庭政治、经济、科学、文化和宗教的影响,向文明世界迈进了一大步。

所以,南部斯拉夫人的历史正是从他们迁移到巴尔干半岛开始的。定居巴尔干地区之后,斯拉夫人遍布半岛辽阔的河谷、盆地、山脉和平原。他们在新的居住地因不同的地名而有不同的部落和部族名称。这些部落都因当地的河流、古罗马城市遗址和山脉而得名。经过部落之间的变迁和兼并,后来组成较大的部落联盟,进而与当地土著部落融合,逐渐走向更高一级的联合道路。他们便是后来保加利亚、黑山、塞尔维亚、克罗地亚、斯洛文尼亚、马其顿斯拉夫人的祖先,并相继建立了早期国家组织。

直到公元 9 世纪接受基督教洗礼之前,所有的斯拉夫人信奉多神教。他们不仅相信天上的日月、风雨、雷电等自然物或自然现象的神力,并加以人格化,而且认为地上的石头、河流、草木等也具有神奇的魔力,斯拉夫人对它们表示敬意并常常祈祷。斯拉夫人还相信灵魂不灭,将死去的祖宗奉之为神。

斯拉夫人中最高的神是天神,它统治着其他众神。古代斯拉夫人称它为"斯瓦洛格"。斯拉夫人把月亮比作年轻的美女,每年的春季,她成为太阳神的妻子,秋季他们便分离,直到来年的春天再相会,大自然的力量就是它们产生的。西部斯拉夫人的最高神叫作"斯文托维特"。最早它是权力无边的天神,后来专指太阳神。在东部和南部斯拉夫人中,信奉另一个伟大的神——雷公闪电神"佩龙"。他们认为佩龙神是诸神中最强大的神。他们用大桶的牛肉及各种祭品来敬神。有的时候也拿一个活人来祭神。祭祀仪式完毕后,人们便纵情酗饮和娱乐,并食用祭神的肉类。在南斯拉夫、保加利亚和希腊三国的交界山就叫佩龙山(现译皮林山),也有的山峰取名佩龙。佩龙神与许多其他斯拉夫的神一样,没有神庙,只设有露天祭坛。

在斯拉夫众神中,牲畜守护神"佛累斯"也占有重要位置。相传,起初它是战神,后来才成为专门看管牲口群和守护牧人、畜牧业的保护神。它还创造财富、造福于人,并护佑诗歌等艺术。斯拉夫人还信仰女神莫列纳、维斯纳

早期基督教神庙天堂鸟柱头(公元5—6世纪)

等,但除土地神日娃外,女神大都是灾难的化身,所以,至今一些地区的斯拉夫人在形容倒霉时,便说:"碰到了莫列纳!"

7—12世纪,南部斯拉夫各部族先后开始建立国家。681年建立了斯拉夫保加利亚国家。从9世纪起,塞尔维亚和克罗地亚的南部斯拉夫人也开始建立自己的国家组织。此时,南部斯拉夫人创造了自己的文字,并大都接受了基督教,这对后来南部斯拉夫人的文化和精神生活以及社会发展产生了深远的影响,接受了新的信仰使南部斯拉夫人进入了基督教文明世界。

南部斯拉夫人吸收了其邻居罗马帝国和拜占庭帝国的文化传统,并继承了被他们同化的古代土著民族的丰富遗产。为了维护自身的生存,他们先后同日耳曼人、拜占庭人、蒙古鞑靼人,以及奥斯曼土耳其人进行了长期的斗争。南部斯拉夫人的中世纪国家在欧洲成立较晚,而且也不够强大,但它们保持了自己的语言和民族属性,捍卫了自由和独立。

斯拉夫人定居巴尔干半岛后,半岛的人种结构发生了根本性的变化。原住民或较早迁徙而来的部族,像希腊人、伊利里亚人、色雷斯人、达契亚人、古保加尔人等或被排挤到了别的地区(国家),或被"斯拉夫化",他们逐渐消失,离开了历史舞台。其中,伊利里亚人和达契亚人成了阿尔巴尼亚人和罗马尼亚人的祖先,古保加尔人和斯拉夫人融合形成了现代保加利亚人。南部斯拉夫人经过改组分化,因语言文化十分接近和交往非常频繁,又形成不同的种族分支,建立了不同的国家组织,诞生了早期中世纪斯拉夫国家。有的学者认为,这实际上标示着古代史时代的结束,"斯拉夫"时代的开始。

居住在后来南斯拉夫范围之内的南部斯拉夫各部落,主要分布在狭长的亚得里亚海沿岸地带、由西北至东南走向的宽阔山岳地带和潘诺尼亚盆地的北部平原,约占20多万平方千米的土地。这三个地理区域都有各自的特点,有的地区交通便利,与外部世界交往甚密;有的地区比较封闭,与世隔绝。这种自然条件给斯拉夫部落的生存和谋生方式,以及日后社会经济和宗教文化的发展都打上了深深的烙印。同时,也成为南部斯拉夫人国家组织形成和发展的重要因素。

中世纪塞尔维亚的辉煌

最早有关塞尔维亚国家及其王朝的资料是由拜占庭人记载的。史料称,7—8世纪,塞尔维亚斯拉夫部落主要居住在巴尔干半岛的中部地区,大致范围是今日多瑙河与萨瓦河之间、德里纳河和莫拉瓦河一带。他们由几个部落组成一个叫作"茹帕"(Župa)的行政单位,由一名部落长老统领,称作"茹潘"。

这些部落与拜占庭人、法兰克人和保加利亚人为邻,交往频繁,开始建立自己的公国,有时受到保加利亚斯拉夫人的侵袭和占领。他们为了摆脱东部邻居保加利亚人的威胁,更多时候会寻求强大的拜占庭帝国的庇护和统治。而且,中世纪保加利亚也是巴尔干半岛上的强国之一,常常同拜占庭进行争夺地盘的战争。

9世纪中期,在拉什卡地区的塞尔维亚斯拉夫人经常被古代史料所提及,他们的公国首领(大公)也开始为人所知。例如,塞尔维亚大公弗拉斯蒂米尔约在850年率领军队同保加利亚和拜占庭作战。后来,他的3个儿子发生内讧,长子穆蒂米尔成为拉什卡国家的大公,同样跟保加利亚王国发生过战争。据早期史料记载,9世纪末,塞尔维亚人皈依了拜占庭东正教,并从保加利亚接受了基里尔斯拉夫字母。基督教和斯拉夫文字的传播对塞尔维亚斯拉夫人的历史及其发展起了重要作用。在其后的100多年里,尽管塞尔维亚东部地区先后被纳入保加利亚和拜占庭的版图,但塞尔维亚人却从未放弃建立自己国家的斗争。

11世纪中叶,斯特芬·沃伊斯拉夫大公(1034—1051年)领导的杜克利亚公国吞并了特拉武尼亚公国和扎胡姆列公国,领土扩张,势力增强,改称泽塔公国(今黑山境内)。米哈伊洛大公(1052—1081年)于1077年把泽塔公国改名为泽塔王国,自己称王,并将其势力范围扩大到了波斯尼亚和拉什卡地区。

12世纪,当匈牙利人同拜占庭帝国发生多次战争的时候,塞尔维亚迎来了摆脱拜占庭统治和壮大国力的机会。1168年,拉什卡的大茹潘斯特芬·奈马尼亚(1168—1196年)联合其他地区的茹潘,占领和控制了今日的科索沃和梅托希亚地区。1189年,奈马尼亚的军队一度攻占了马其顿东部和泽塔王国等地,建立了一个庞大而又松散的塞尔维亚王朝。

该王朝连续执政达200年之久,给中世纪塞尔维亚历史留下了深深的烙印。1196年奈马尼亚之子斯特芬·普尔沃文查尼(1196—1217年在位)继位,于1217年加冕为王。1219年,塞尔维亚王国制定了第一部法规,成为一个政教合一的国家。

塞尔维亚王国的黄金时期是14世纪。1331年,塞尔维亚国家的王位由斯特芬·杜尚(1331—1355年)继承。杜尚通过与保加利亚国王的女儿结婚,建立了良好的睦邻关系,他利用拜占庭帝国的内乱,开始向拜占庭发动征伐,先后占领了拜占庭辖地马其顿的大部分地区和几乎整个阿尔巴尼亚,以及希腊中北部的辽阔疆土。杜尚梦想建立强大的中世纪塞尔维亚帝国,1345年,他自封为皇帝。随后,他又被东正教会加冕为"塞尔维亚与希腊人、保加利亚人和阿尔巴尼亚人的皇帝"。起初帝国定都科索沃的普里兹伦,后来建都于斯科普里,极盛时期其版图约占巴尔干半岛面积的2/3。1349年,杜尚模仿拜占庭帝国颁布了《斯特芬·杜尚法典》,1354年予以补充修订。这部法典的宗旨是为了维护塞尔维亚帝国教会和贵族阶层的统治地位与权益,以巩固业已确立的封建制度。杜尚也因此成为塞尔维亚历史上最杰出的人物之一,受到后人的敬仰和颂扬。

杜尚死后,塞尔维亚帝国出现分裂,国势日衰。在杜尚之子乌罗什一世(1355—1371年)去世后,奈马尼亚王朝辉煌了两个世纪的统治在塞尔维亚土地上结束,塞尔维亚国家在内部危机和外来侵略势力的夹击下走向崩溃。

1354年,奥斯曼土耳其人开始入侵塞尔维亚。1389年,奥斯曼土耳其侵入巴尔干半岛后,苏丹穆拉德集中优势兵力讨伐塞尔维亚和波斯尼亚。这时,塞尔维亚的拉扎尔大公联合波斯尼亚,并说服群雄割据的其他巴尔干封建主,组成了一支包括塞尔维亚人、保加利亚人、阿尔巴尼亚人、克罗地亚人等的部队,共同抗击入侵者。最后,拉扎尔率领的巴尔干同盟军同奥斯曼土耳其军队于6月15日在科索沃平

斯特芬·杜尚皇帝

原的"画眉坪"决战。当双方酣战时,一位塞尔维亚显贵米洛什·奥比利奇潜入苏丹穆拉德的帐篷,称有重要情报告诉他,乘机杀死了穆拉德。于是,奥斯曼土耳其的军队指挥权落到了穆拉德的儿子,绰号叫"闪电"的巴耶济德手里。后者宣布自己为苏丹,率部击溃了拉扎尔的同盟军。拉扎尔大公负伤被俘。巴耶济德命令部下把他杀死,以报杀父之仇。

"科索沃战役"是巴尔干各国人民联合反抗奥斯曼土耳其征服者的一次伟大尝试。从此,塞尔维亚在每年的6月28日(根据东正教教历)都会纪念科索沃战役,至今不变。1459年土耳其人攻占了塞尔维亚最后一个城堡斯梅德雷沃。此后,塞尔维亚有近5个世纪处于奥斯曼帝国的枷锁之下。

克罗地亚中世纪国家

在今日克罗地亚土地上,古代伊利里亚人、克尔特人、希腊人、罗马人、拜

占庭人都在这里留下了深深的经济和文化痕迹。但多数学者认为,克罗地亚人的历史始于7世纪下半叶南部斯拉夫人定居巴尔干半岛西北部地区。尽管关于今日克罗地亚人的起源仍有争论,但从7世纪起,克罗地亚人便开始斯拉夫化,讲斯拉夫语,并具有斯拉夫人的风俗习惯。从此,克罗地亚人成为南部斯拉夫大家庭中的一员。

古老的民间传说称,克罗地亚斯拉夫人的首领有五兄弟(其中一人叫作"克罗地")和两姐妹。他们在阿瓦尔人被拜占庭人打败后,逐渐控制了亚得里亚海沿岸和萨瓦河与德里纳河之间的地区。后来,克罗地亚人分别在原罗马帝国的达尔马提亚行省和潘诺尼亚行省建立了两个公国。

克罗地亚斯拉夫人的历史从一开始就跟罗马帝国和法兰克帝国有着紧密的联系。所以,他们的文化和宗教属于西欧宗教文化的一部分。克罗地亚人不仅从西欧接受了天主教,而且9世纪后期在使用斯拉夫文字书写时,不使用斯拉夫字母("基里利察"),而使用拉丁字母("格拉戈利察")。克罗地亚两公国之间并没有牢固的同盟关系,一切取决于强大的邻国向它们施加的压力与影响。8世纪末和9世纪初,北部的萨瓦河流域克罗地亚公国已被法兰克帝国吞并。根据803年法兰克帝国和拜占庭帝国签订的条约,后者向前者让出滨海克罗地亚公国的大部分土地和伊斯特里亚,只保留扎达尔、斯普利特和达尔马提亚及其岛屿等地。

这样,克罗地亚两公国的绝大部分土地处于法兰克帝国的统治之下。公国的其余领土经常被拜占庭、保加利亚和威尼斯占领。

特尔皮米尔大公(845—864年在位)统治时期,克罗地亚一度兴起,其舰队在与威尼斯共和国的战斗中获得胜利,确立了在亚得里亚海的控制权。这位大公还成功地在克罗地亚建立了特尔皮米罗维奇王朝,该王朝一直持续到11世纪末。

10世纪开始,克罗地亚国家走上扩张道路,它在陆地和海上均拥有强大的军事力量。克罗地亚国力鼎盛时,称雄西巴尔干地区。在国王托米斯拉夫时期(约910—928年在位),克罗地亚北部边界抵达潘诺尼亚平原。在这里,克罗地亚人与强悍的马扎尔人(匈牙利人)冲突不断,便将矛头指向西部沿海地区。925年,托米斯拉夫大公宣布克罗地亚为王国,自称国王,定都滨海的比奥格勒。托米斯拉夫的地位得到罗马教皇约翰十世的承认,成为克罗地亚历史上一位成就卓越的国王。

10世纪末和11世纪初,克罗地亚王国由于自己的冒险行动和内部纷争而四面受敌。东部的拜占庭和保加利亚急需打通穿越克罗地亚进入亚得里亚海的通道;西部的威尼斯则频频向亚得里亚海东部沿岸渗透;北部日耳曼人取代马扎尔人继续同拜占庭帝国争夺势力范围。约在公元1000年,威尼斯人进攻克罗地亚,夺取了亚得里亚海东岸的城市和岛屿,宣布不再向克罗地亚交纳"航海和贸易税"。威尼斯人的胜利使克罗地亚在军事上、政治上和经济上都遭受重大损失。从此,克罗地亚与威尼斯开始了长达几个世纪的争夺亚得里亚海及其岛屿的斗争。同时,匈牙利人利用克罗地亚的艰难处境,大举南下,于1027年占领了克罗地亚西北部的斯拉沃尼亚地区。

在同威尼斯人的斗争中,国王佩塔尔·克雷什米尔四世(1059—1074年在位)是一位值得肯定的执政者。他的最大功劳是重新统一了克罗地亚南北两部分领土,加速了国土的"克罗地亚化"过程。克雷什米尔四世还在建立教堂,使用拉丁字母和用斯拉夫文举行宗教祈祷仪式方面作出了贡献。

克雷什米尔四世去世后,克罗地亚面临日耳曼人的强大压力,失去了亚得里亚海东岸的部分城市和岛屿,被迫将都城迁到克宁。新任国王兹沃尼米尔即位时(1075—1089年在位)就决定完全奉行亲西欧的政策,特别是与罗马教廷亲善。于是,1075年,兹沃尼米尔便成为克罗地亚第一位受到教皇加冕的国王。他得到教廷的庇护,同时又必须臣属于教廷。尽管这样,特尔皮米罗维奇王朝在统治克罗地亚三个世纪后仍走向没落。1089年,兹沃尼米尔国王去世后,克罗地亚王室发生内讧,匈牙利国王拉迪斯拉夫·阿尔帕德(1077—1095年在位)利用同克罗地亚王室的亲属关系,指派其侄子为克罗地亚国王,不断蚕食克罗地亚领土。1098年,匈牙利与威尼斯缔结瓜分克罗地亚条约:匈牙利控制斯拉沃尼亚,威尼斯占领克罗地亚滨海地区。

1102年,匈牙利国王科洛曼(1095—1116年在位)得到克罗地亚亲匈派贵族的支持,签订了一份叫作"Pacta Conventa"的协议,将克罗地亚并入匈牙利版图,并宣布自己是匈牙利—克罗地亚和达尔马提亚的国王。克罗地亚早期中世纪国家丧失了独立性,而依附于匈牙利。在新王国里,克罗地亚原来的国王只能称"巴昂",即总督。总督由王室成员或克罗地亚贵族担任。克罗地亚享有自治权,但经历了漫长的"日耳曼化"和"匈牙利化"过程。在其后直到1918年的8个多世纪里,克罗地亚与匈牙利和奥匈帝国合并为一个国家,因此,其历史也与它们密不可分,克罗地亚的宗教和文化深受西方世界的影响。

中世纪杜布罗夫尼克城一隅

斯洛文尼亚中世纪国家

按照传统的看法,公元 6—7 世纪来到斯洛文尼亚土地上的斯拉夫部落定居在多瑙河上游至德拉瓦河与萨瓦河上游一带。他们在 7 世纪后半期建立的最早国家位于卡林西亚(又译为卡兰塔尼亚)即今奥地利南部与斯洛文尼亚东北部的交界地区。有的学者认为,这是南部斯拉夫人建立的最早独立国家——卡林西亚公国。

8 世纪中期,卡林西亚公国无力抵御阿瓦尔人的长期侵袭,博鲁特大公遂请求巴伐利亚人援助。阿瓦尔人的进攻被击败,但巴伐利亚这位盟友要求卡林西亚承认它的最高权力,并成为它的臣属国。与此同时,巴伐利亚的执政者向卡林西亚的大公和臣民大肆传播基督教,以巩固其统治地位。

788 年,法兰克帝国的查理大帝征服了巴伐利亚和卡林西亚公国。斯洛文尼亚斯拉夫人被迫向法兰克人进贡称臣,并参加了法兰克人 791—796 年讨伐和摧毁阿瓦尔人的军事行动,进一步强化了同法兰克帝国的依附关系。同时,大量的日耳曼军队和行政人员来到卡林西亚及其临近地区,对斯洛文尼亚的政治经济和文化产生了巨大影响。从此,斯洛文尼亚的历史就同讲德意志语(日耳曼语)的卡林西亚、克拉伊纳和南什蒂里亚等相邻地区的命运联系在一起,直到1918年奥匈帝国崩溃为止。

约867—873年,斯洛文尼亚斯拉夫人从在大摩拉维亚传教的基里尔和梅托迪兄弟及其门徒那里接受了斯拉夫文字。但他们得到罗马教皇的允许,从一开始就保留了用古斯拉夫文字"格拉戈利察"(即拉丁字母)传播基督教(天主教)和书写宗教书籍的习惯,一直沿袭至今。

法兰克人统治卡林西亚时,曾多次遭到日益强大的保加利亚人的侵扰。法兰克人为了捍卫自己的东南边陲,曾在斯洛文尼亚人居住的地区设立若干防守坚固的行政边区,称为"马克"。这些边区的行政长官都是被封为伯爵或公爵的宗族和王室的世袭封建领主。962年,奥托一世加冕为日耳曼—罗马帝国(即"神圣罗马帝国")的皇帝,斯洛文尼亚人聚居的"马克"经常被合并

科佩尔市 13—15 世纪的宫殿

扩大,到 11 世纪,卡林西亚成为帝国一个行政省的中心,称为"大卡林西亚"省。斯洛文尼亚正是从大卡林西亚的基础上发展起来的,逐渐形成了自己的民族和领土历史边界。

然而,这种在异族统治下的人种和地理界线是极不稳固的。随着匈牙利人南下和克罗地亚与塞尔维亚中世纪国家的兴起,斯洛文尼亚在神圣罗马帝国的地位也在不断改变,多次出现领土分裂、被几个异族分割的局面。直到 13 世纪后半期,当奥地利哈布斯堡王朝的鲁道夫一世(1218—1291 年)被选为德意志皇帝时,斯洛文尼亚绝大部分地区才重新统一。这时的斯洛文尼亚人主要分布在什蒂里亚、科罗什卡(即卡林西亚)、克拉尼斯卡、戈里什卡、的里雅斯特和伊斯特拉等地区,而亚得里亚沿海及其内地的戈里什卡和伊斯特拉西部地区,则在 1267—1284 年期间被威尼斯占据,直到 18 世纪末威尼斯共和国灭亡。有的学者认为,从 1278 年起,斯洛文尼亚整整 6 个世纪完全被置于哈布斯堡王朝的直接统治之下,加速了日耳曼化过程。

中世纪波斯尼亚和黑塞哥维那(简称"波黑")

有的学者称,"波斯尼亚"一词最早见于 10 世纪的资料,是介于塞尔维亚和克罗地亚之间的一个小区域,由萨瓦河的支流"波斯尼亚"河而得名。而"黑塞哥维那"起初叫作"胡姆"。1448 年胡姆的首领"巴昂"改称"黑塞哥"。据说,今日"黑塞哥维那"的名称就起源于此。10 世纪,黑塞哥维那被并入克罗地亚国家。波斯尼亚和黑塞哥维那的祖先都是斯拉夫部落,它们统领的头衔也称茹潘或巴昂。

10—11 世纪,波斯尼亚土地是外来势力经常争夺的对象。940—960 年,波斯尼亚被塞尔维亚占领,976—1014 年,由马其顿地区的萨穆伊尔国家控制,后又被拜占庭和杜克利亚王国占据。

1180 年,库林巴昂在位时,第一个波斯尼亚国家正式出现在历史舞台上。它的领土范围不大,主要位于波斯尼亚北部和东北部的山区。12 世纪初,匈牙利兼并克罗地亚后,又染指波斯尼亚。13 世纪初起,波斯尼亚曾先后被纳入塞尔维亚和保加利亚的版图。

整个 13 世纪,波斯尼亚境内封建割据严重,它被划分为若干巴昂区,分别依附于克罗地亚、塞尔维亚和匈牙利。只有中部地区的一小块领土由自己的巴昂治理。

到 14 世纪,波斯尼亚国家开始复兴和强大。巴昂斯捷潘二世·科特罗马尼奇（1322—1353年在位）执政时，在匈牙利的帮助下，向西部的克罗地亚扩大版图，占领了多尼克拉伊地区和奈雷特瓦边区。这一成功使这位巴昂傲称：从萨瓦河到海岸、从采蒂纳河到德里纳河全部归他统治。

特夫尔特科一世巴昂（1353—1391年在位）继续父辈的扩张行动，他联合塞尔维亚大公拉扎尔，粉碎了波斯尼亚各地的封建领主暴乱，统一了波斯尼亚，领土扩大到达尔马提亚和黑山，并于1377年由巴昂改称为国王。随着国家疆界的扩展，特夫尔特科甚至自称为"上帝恩赐的拉卡什、波斯尼亚、达尔马提亚、克罗地亚、普里莫里耶（即亚得里亚沿海地区）等地光荣的国王"。这时的波黑是巴尔干半岛上最强大的斯拉夫国家之一。

特夫尔特科推行亲塞尔维亚的政策，同塞尔维亚王室联姻结缘，还给自己的名字加上标志塞尔维亚历代君王的称呼"斯特芬"。这一传统一直保留到他之后波斯尼亚各个时代统治者的姓氏之中。从此，波斯尼亚与塞尔维亚建立了一种影响后世的特殊亲近关系。

特夫尔特科一世死后，波斯尼亚历史上的振兴时期即告终结。一方面，境内各地封建主纷纷割据，抢占地盘，开始脱离国王的统治；另一方面，1389年发生了奥斯曼土耳其人进攻塞尔维亚的科索沃战役，波斯尼亚国家进入衰退阶段。

波斯尼亚建立国家组织后，它就成为拜占庭东正教和罗马天主教争夺的目标。所以，它是宗教方面地缘政治产物的典型例子，是巴尔干半岛上两股政治势力及两种宗教对峙和争斗的重要场所。1204年，拉丁骑士在第四次十字军东征过程中，波斯尼亚与周邻王国不同，它既不属于东正教区也不属于天主教管辖，而是奉行一种从保加利亚传播过来的称为"鲍戈米尔"的"异端"教派，遭到东正教会和天主教会的严厉谴责和迫害。这种宗教上的自由态度，或者说这种奇特的东西

波斯尼亚拉迪姆拉中世纪墓地

方教会结合形式,使波斯尼亚成为天主教徒和东正教徒避难的乐园。这种地方教派的发展,也使波斯尼亚的异教活动更加盛行,演变成为一场独特的宗教运动。

达比沙国王执政(1391—1395年)时,波斯尼亚已完全臣属于匈牙利。1394年,波斯尼亚与匈牙利签订了屈辱性的和平条约:(1)波斯尼亚将克罗地亚和达尔马提亚让给匈牙利;(2)接受臣属地位;(3)达比沙死后,波斯尼亚国王将由匈牙利国王西格蒙德兼任。这样,匈牙利国王就成了波斯尼亚的直接统治者。

据史料记载,1397年年底和1398年年初,奥斯曼土耳其的军队已开始侵袭波斯尼亚土地。波斯尼亚由于得到匈牙利和威尼斯的帮助和保护,直到1444年才被奥斯曼土耳其征服;1460年,波斯尼亚最后一位国王斯特芬·托马舍维奇被俘,各个城堡投降,全境沦陷。1463年,中世纪波黑国家灭亡。

中世纪黑山

据拜占庭史料记载,今日黑山居民的祖先是古斯拉夫"斯克拉维尼亚"部族的一支,叫"杜克利亚"人。他们的名称由当今黑山首府波德戈里察附近的古罗马城镇"多克莱阿"而来。古代的部落联盟和后来的大家族以及"茹潘"都被罗马帝国和拜占庭帝国统治。11世纪,黑山斯拉夫人统称自己生活的地区为"泽塔"。泽塔的范围要比今日黑山大许多。

10世纪末,在杜克利亚历史上第一次提到弗拉迪米尔大公(980—1015年在位)的名字,称他是泽塔的大公。其后,在斯特芬·沃伊斯拉夫大公在位(约1035—1050年)时,他率军队攻占了邻近的特拉武尼亚和扎胡姆列两公国,建立了庞大的杜克利亚公国。从1077年起,米哈伊洛大公(1050—1082年在位)将公国改称泽塔王国,并得到罗马教廷的承认。泽塔则在天主教和东正教的争夺中站到了天主教一边。

到11世纪后期,泽塔王国迅速发展,一度吞并了波斯尼亚和拉什卡。12世纪80年代起,泽塔王国完全被拜占庭统治。但不久,泽塔王国又成为塞尔维亚王国的一部分,沿海几个城镇则处于威尼斯的管辖之下。当1355年塞尔维亚杜尚帝国解体时,泽塔宣布为独立国家。

15世纪后半期,泽塔国王伊万·茨尔诺耶维奇在位(1465—1490年)时,奥斯曼土耳其已占领泽塔王国东部的大部分地区,而西部沿海地区则被威尼斯控制。泽塔崇山峻岭,地势险要,易守难攻。伊万国王在泽塔西南部深山的一个小村庄策蒂涅修建了一座修道院,后来此处便成为泽塔的主教区所在地,最后又迁都策蒂涅,长达 4 个世纪。

伊万之子久拉吉于 1493 年创办了南部斯拉夫人的第一个印刷所,用基里尔字母印制书籍。久拉吉国王推行亲威尼斯共和国政策,而王室封建首领却与奥斯曼土耳其关系密切,泽塔内部矛盾尖锐。15 世纪末,泽塔成为奥斯曼帝国藩属,不再享有独立封建国家地位。

普列夫列亚的圣特洛依查神学院壁画(1592 年)

15 世纪起,意大利人称泽塔地区为"门的内哥罗",意即"黑山",因为这里的苍山不仅高耸遮阳,而且常年阴黑。

当 14—15 世纪奥斯曼土耳其人征服巴尔干半岛上的广大地区后,黑山于 1499 年承认奥斯曼帝国苏丹的最高统帅地位,但没有被奥斯曼帝国占领。小小的泽塔地区因山高路险和居民的强悍骁勇,保持着相对的独立和自由。黑山人按照自己的方式自行管理,只向奥斯曼土耳其人交赋纳税。黑山因而在巴尔干享有"自由黑山"的尊称。甚至到了 17 世纪末,黑山的佩特罗维奇王朝还实行政教合一的世袭制度,统治黑山长达 3 个世纪。

二、 反对奥斯曼帝国和奥地利帝国统治的斗争

奥斯曼帝国崛起[①]

14—15 世纪,奥斯曼土耳其人入侵并占领了巴尔干半岛,其统治长达 5 个世纪。中世纪所建立的巴尔干国家灭亡了,与此同时,民族成分也发生了不利于巴尔干国家的重大变化。大批奥斯曼土耳其人定居巴尔干城镇,当地

---

① 本书中在不同历史时期,反复出现奥斯曼帝国、奥斯曼土耳其、土耳其以及君士坦丁堡、伊斯坦布尔等名称。有时遵循了历史年代,有时又混合使用,完全是出于笔者书写的方便,如奥斯曼帝国军队(奥斯曼军队)、土耳其军队(土军)等。

居民由于战乱死亡或逃往国外,人口减少。巴尔干居民的伊斯兰化现象严重,民族语言被禁止使用。

18世纪,巴尔干各国人民开始进行反抗奥斯曼土耳其的民族解放运动。到了19世纪,希腊、塞尔维亚、黑山、保加利亚和罗马尼亚先后摆脱奥斯曼帝国的奴役和压迫,获得了独立。

目前的研究成果表明,奥斯曼人属于突厥民族的乌古兹人中的一支。1071年,乌古兹突厥人在塞尔柱王朝统治时开始征服小亚细亚,并在曼齐克特战役中击败拜占庭军队,俘获了拜占庭皇帝,从而占领和统治几乎整个小亚细亚。13世纪中叶,蒙古人的军队打败塞尔柱人,占领了塞尔柱苏丹控制的大部分地区。到这个世纪的后半叶,塞尔柱王朝在蒙古人的打压下,分裂成许多小封建侯国,互不团结。1307年,蒙古人俘获最后一位塞尔柱突厥人苏丹,结束了塞尔柱王朝的统治。

在众多的突厥部落首领中,有一位叫作奥斯曼(1281—1324年)的"贝伊"(首领)崛起,继续兼并拜占庭的领土,定都耶尼谢希尔,正式宣布独立。后来,人们就以他的名字称呼新成立的朝代和国家。奥斯曼死后,他的儿子奥尔罕(1324—1362年)扩大占领范围,把都城迁到布尔萨,建立了真正意义上的奥斯曼国家组织。1331年和1337年奥尔罕的军队相继夺取了伊兹尼克和伊兹米特,距巴尔干半岛咫尺之遥。

据史料记载,1330—1345年奥斯曼土耳其人几度进入巴尔干半岛的东南部地区。但他们还不是为了掠夺土地,扩大地盘。他们是由于拜占庭宫廷内讧,应康塔库齐皇帝的请求,去欧洲大陆出兵援助的。直到1352年,奥斯曼的一个儿子苏莱曼巴夏才攻占了格利博卢半岛,并在那里建立向欧洲进一步抢劫掳掠的桥头堡,还把突厥居民从小亚细亚迁来定居。1355年,奥斯曼土耳其人已深入色雷斯地区。这时起,拜占庭帝国、整个巴尔干半岛和欧洲都面临奥斯曼军队的严重威胁。

此后,奥斯曼军队在穆拉德一世(1360—1389年)率领下向西挺进,横扫巴尔干各地,势不可当。1364年,奥斯曼人占领了保加利亚的

穆拉德一世

普罗夫迪夫和旧扎果腊；1382—1386年，占领索非亚和马其顿的大部分地区，并开始染指阿尔巴尼亚；1386年，攻占塞尔维亚重镇尼什。1389年6月，塞尔维亚、波斯尼亚等国的联军在"科索沃战役"失败后，波斯尼亚和瓦拉几亚在1389年臣服于奥斯曼国家。这时，奥斯曼人打通了进入巴尔干腹地的道路。1396年位于巴尔干东部的整个保加利亚沦陷后，奥斯曼土耳其军队长驱直入塞尔维亚、马其顿和阿尔巴尼亚等地。

巴耶济德（1389—1402年在位），这位绰号叫"闪电"的苏丹统治者，用火和剑完全征服了整个巴尔干，矛头直指中欧地区。

当1451年外号为"征服者"的穆罕默德二世（1451—1481年在位）登上苏丹宝座后，他就集中兵力和财力，把夺取拜占庭首都君士坦丁堡和完成建立帝国大业作为自己的首要任务。即位初始，穆罕默德二世就下令修建了一座扼守博斯普鲁斯海峡的坚固城堡，并建造船只，铸造大炮，对君士坦丁堡形成包围之势。1453年4月初，穆罕默德二世亲自督率十几万大军兵临城下，而拜占庭守军仅1万人，其中3 000—4 000人为雇佣军。尽管该城军民在最后一位皇帝君士坦丁九世的率领下，对奥斯曼军队的进攻进行了英勇抵抗，但到5月29日，首都仍陷于敌手。

奥斯曼军队破城后连续3天疯狂劫掠，无恶不作，无陋不为。其后，"圣索非亚"千年东正教堂被改为清真寺，圣像画被蓝色新月标记和经文取代。从此，奥斯曼土耳其人被西方人视为"侵略者""野蛮"和"破坏文明"的异教徒。

奥斯曼土耳其人攻占君士坦丁堡后，不仅宣告了拜占庭帝国强大统治的结束，而且将君士坦丁堡改名为伊斯坦布尔，并以它为政治、宗教中心，奠定了奥斯曼帝国的基础。从此，奥斯曼帝国开始走向繁荣昌盛，壮大为地跨欧亚非三洲的世界大帝国。

巴尔干半岛位于奥斯曼帝国征服欧洲的桥头堡，再一次成为奥斯曼军队西进的战场。1459年，塞尔维亚灭亡；1460年，希腊被侵占；1463年，波斯尼亚失守；1482年，黑塞哥维那失去主权。随后，阿尔巴尼亚和黑山（1496年）、瓦拉几亚和摩尔多瓦（1504年）先后向奥斯曼土耳其称臣纳贡。这样，到15世纪后半期，整个巴尔干半岛几乎都被土耳其人侵占。

从"哈伊杜克"运动到民族解放运动

奥斯曼帝国征服巴尔干半岛后，在那里建立起军事封建制度，实行民族压迫和民族同化政策。但是,巴尔干各国被奴役的人民没有向征服者低头,为反抗奥斯曼帝国统治,他们开展了各种形式的斗争,从早期自发的"哈伊杜克"运动到 15—18 世纪多次反对奥斯曼土耳其人统治的农民起义,直至 18 世纪后期开始民族复兴运动。

早期塞尔维亚、保加利亚和希腊等地的"哈伊杜克"运动就是一种最常见的斗争形式。这是自发的游民和农民暴动,类似我们熟悉的绿林好汉的反抗运动。他们主要袭击土耳其占领者的封建领地和拦路抢劫过往商队。土耳其当局下令缉拿"哈伊杜克"首领,并迫害帮助"哈伊杜克"的人。"哈伊杜克"的成员主要是基督教徒,他们的队伍后来成了武装起义的骨干力量,他们深受人民拥戴,他们的斗争事迹被广泛流传,讴歌赞颂。

"哈伊杜克"队伍一般包括若干个小组,每个小组有 15—30 人,多寡不一。他们神出鬼没,机动灵活。"哈伊杜克"队伍由一名大家选举产生的统领指挥,还有一名担任副统领的旗手。他们有一定的纪律约束,彼此之间保持着某种联系。春天他们躲藏在深山老林里,筹划自己的活动;深秋时节才返回村庄和城镇,隐蔽在自己或亲友家中,等到来年春季再上山。他们在山里有相对固定的集合地点。他们杀富济贫的行动得到人民群众的理解和支持。

与此同时,农民起义是巴尔干人民连绵不断反抗外族统治斗争的一种基本形式。在南斯拉夫地区,1510 年,达尔马提亚的城乡群众起义反对威尼斯当局的封建压迫和繁重的徭役。起义群众推选马特亚·伊瓦尼奇当首领,后来他又有了一个传奇的名字"杨科统领"。起义者在他的指挥下攻克了赫瓦尔市,屠杀贵族,烧毁市政房屋。起义在威尼斯当局的调停下平息。1514 年起义重新爆发,再次夺取赫瓦尔市。威尼斯当局出动军队镇压,抓捕起义首领,并对起义者残暴地挖眼断臂,以绞刑处死。

又如,1573 年 1 月,克罗地亚爆发了一场大规模的农民起义,反对奥地利封建贵族和当地庄园主的压迫。起义中心在扎果拉附近的斯图比察村。起义者成立了农民自己的政权组织,推举庄园里的隶农马蒂亚·古贝茨为起义领袖。起义者要求废除难以承受的苛捐杂税,承认普遍的政治权利,提出了建立农民政权的口号。半个月后,起义遭到镇压。古贝茨等农民领袖被捕并被处以极刑。残暴的刽子手们把一顶烧得通红的铁冠戴在古贝茨的头上,为他举行所谓的"国王加冕仪式",将他活活烫死。这位传奇英雄牺牲 400 年后的 1973 年,南斯拉夫联邦政府在起义的中心地区建造了一座 6 米高的纪念碑和古贝茨的雕像,再现了这位起义领袖振臂呼唤的战斗姿态。

据有关史料,从 15 世纪末到 18 世纪中叶,斯洛文尼亚发生了近百次农民暴动,大规模的农民起义有 4 次。其中,1515 年在克拉尼爆发的起义声势浩大,参加起义的人数达 8 万人,被称为全体斯洛文尼亚人的起义。起义军攻打封建城堡和庄园,并派代表团到维也纳宫廷向奥地利皇帝提出取消新增税收和减轻农民负担的一系列要求。这为斯洛文尼亚的民族复兴创造了条件。

18 世纪开始,奥斯曼帝国的政治经济开始衰落,欧洲大国对"奥斯曼遗产"的争夺加剧。19 世纪,巴尔干国家的民族解放运动全面爆发,反对奥斯曼帝国的政治压迫和精神奴役,期盼在恢复昔日传统的基础上建立自

1573 年克罗地亚农民起义纪念碑

己的民族国家和民族文化。这时,奥斯曼帝国试图借鉴欧洲资本主义模式的"经验",对日益衰微的旧制度进行调整和改革,但为时已晚。奥斯曼帝国和奥匈帝国的大厦最终在波澜壮阔的民族解放运动中倾覆。

特别是经过几次沙皇俄国对奥斯曼帝国的战争之后,帝国的力量严重削弱,而俄国的胜利又极大地鼓舞了巴尔干被压迫人民的斗志。希腊人、塞尔维亚人、保加利亚人、罗马尼亚人、阿尔巴尼亚人等不仅积极参加俄土战争,支援俄军,而且自己发动了起义,反对奥斯曼帝国的统治。如果说 18 世纪巴尔干各国人民开始进行反抗奥斯曼土耳其的民族复兴运动,那么,到了 19 世纪,希腊、塞尔维亚、黑山、保加利亚和罗马尼亚先后掀起了民族解放运动,要求摆脱奥斯曼帝国的奴役和压迫,并获得了解放或独立,建立起民族国家。

概括起来,巴尔干的民族解放运动大体经历了三个阶段:第一阶段,始于 19 世纪初。巴尔干各国人民反对奥斯曼帝国的斗争具有分散的、自发的性质,主要是参与和帮助俄罗斯及奥地利等欧洲大国反对奥斯曼土耳其的战争。第二阶段,从 19 世纪初到 1875—1878 年"东方危机"。巴尔干地区开始了有组织的民族解放运动,大规模的武装起义几乎波及整个巴尔干半岛。第三阶段,从 19 世纪末到 20 世纪初,民族解放运动的任务越来越关注解决建立民族国家及其国内的社会问题,反对欧洲列强的干涉政策。

塞尔维亚两次大起义

从奥斯曼土耳其占领塞尔维亚起,奥斯曼土耳其人同奥地利人的冲突也接踵而至。于是,塞尔维亚等南部斯拉夫地区就处于两个帝国的争夺之中。一个是强大的奥斯曼封建军事帝国,另一个是中欧的哈布斯堡奥地利帝国。正是后者在阻止奥斯曼土耳其人进攻和庇护基督教及其文明中扮演了重要角色。两个帝国之间的战争不断,其掠夺和烧杀的战场就在塞尔维亚和波斯尼亚等地。

然而,不管是奥斯曼土耳其苏丹还是奥地利皇帝统治,塞尔维亚人都始终保留了自己的东正教和教会,以及教堂和学校的独立性和自治传统。于是,塞尔维亚东正教会和受过西欧教育的知识分子就成了民族觉醒和复兴运动的代表。他们主张从两个帝国的奴役和压迫下解放出来,建立独立的民族国家,再现中世纪大塞尔维亚的辉煌。

1804—1815 年,塞尔维亚爆发了两次大起义。1804 年 1 月底,奥斯曼土耳其当局对贝尔格莱德巴夏辖区表现出来的地方自治倾向不满,又担心奥地利和俄国借口支持塞尔维亚人的自治要求,于是先发制人,开展一场"屠杀克奈兹"运动,即杀害塞尔维亚一些区县和农村选举推荐的地方首领,以镇压塞尔维亚的解放运动。准备起义的中心地区舒马迪亚 3 周内就有 150 多名塞尔维亚地方首领被杀。

2 月 14 日,起义者在奥拉沙茨举行集会,决定全民起义,以武力报复奥斯曼土耳其当局的血腥屠杀。[①]会议选举农民出身、当过小商贩和曾在奥地利军队任过军官的卡拉乔尔杰·佩特罗维奇(1768—1817 年)为领袖。

起义迅速发展,还吸引了波黑、奥地利占领的南部斯拉夫其他地区以及马其顿和保加利亚等地的志愿者参加。到这年 6 月,起义队伍已攻克瓦列沃、鲁德尼克、波扎雷瓦茨等地,并兵临贝尔格

卡拉乔尔杰·佩特罗维奇(1768—1817 年),
塞尔维亚第一次起义领导人

---

① 2 月 15 日这天被定为塞尔维亚国庆节和建军节,以纪念 1804 年起义。

莱德城下;年底,起义者向奥地利和俄国派出使团,请求援助,以扩大国际影响。

在这种情况下,奥斯曼帝廷开始同起义者谈判,以防止暴动扩大,被奥地利和俄国利用。卡拉乔尔杰被人们称为"黑旋风",不仅作战勇敢,而且也是谈判高手。他明确提出,塞尔维亚应该自治和选举自己的大公,并由国际社会来保证塞尔维亚的自治权。苏丹拒绝这些要求,谈判时断时续,起义范围则越来越大,各有胜负。到 1806 年 12 月,起义部队已占领贝尔格莱德城区,次年 1 月攻占该城各要塞工事。

起义者在军事上的重大胜利激励他们在政治上提出更高要求。1807 年8 月,起义军在马蒂亚·奈纳多维奇(1777—1854 年)和博扎·格鲁约维奇(1778—1807 年)等人领导下,建立了一个统一的执行机构,即"执政委员会",又制定了第一部塞尔维亚宪法性法律草案。一切在沿着建立新塞尔维亚国家和塞尔维亚政府的方向发展。卡拉乔尔杰成为人民起义的最高"克奈兹"(大公)和军事长官。他于 1811 年将"执政委员会"转变为设有 6 名大臣的政府,组建了最高法院,创建了包括民防军和正规军在内的军队。卡拉乔尔杰具有世袭权力,像巴尔干其他农民起义军一样,他也变成了一位君主。

1812 年初,由于俄国先后陷入同拿破仑法国和土耳其的战争(1806—1812 年),它和同样受到拿破仑侵略的奥地利都无法向塞尔维亚起义军提供及时的实质性援助,起义被迫终止,并遭到奥斯曼土耳其军队镇压。根据这年 5 月 16 日俄土之间签订的《布加勒斯特和约》第 8 条规定,奥斯曼土耳其同意赦免塞尔维亚起义者,并给予塞尔维亚内部自治,但塞尔维亚必须交出起义军占领的重要城市和城堡,并继续向奥斯曼帝廷缴纳适量的赋税。

实际上,该条约是以俄国的让步为基础出台的。塞尔维亚起义仅仅是条约涉及的内容之一。俄国人并没有把《布加勒斯特和约》的相关条款告诉塞尔维亚人,奥斯曼土耳其人以起义军没有放下武器为借口,于 1813 年年中,兵分三路大举进攻起义军的大本营贝尔格莱德;9 月 21 日,卡拉乔尔杰带领亲信逃离贝尔格莱德;9 月 25 日,奥斯曼土耳其军队进入市区,杀戮男丁,掳掠妇女儿童,焚烧房屋,抢走一切值钱的财物。仅仅在 10 月 5 日这一天,就有 1 800 名妇女和儿童在市场被当作奴隶出卖。塞尔维亚人大批逃往奥地利,潜入深山老林,不少人荷枪躲藏起来。

新的暴行引发新的反抗。塞尔维亚人的刚强性格使他们发动了第二次起义。将近 10 年,塞尔维亚人才真正拥有自己的国家,实现了由自己人管理自己。他们不忍失掉这种到手的胜利成果,决心将争取民族自治和独立的斗争进行到底。1815 年 4 月 23 日,起义者在达科沃的会议上,选举米洛什·奥布雷诺维奇(1780—1860 年)为起义领袖。

米洛什·奥布雷诺维奇(1780—1860 年)

米洛什出身于黑塞哥维那农村的贫困家庭,自小贩卖牲畜,走遍江湖,参加过第一次起义,是卡拉乔尔杰的战友。他主张以较温和的方式解决塞尔维亚的独立地位问题,反对以暴制暴的方式屠杀抓捕到的土耳其穆斯林和行政官吏。他以起义为基础、以谈判为手段,同奥斯曼帝廷进行斗争。土耳其当局担心俄国出面干涉,遂于这年秋天派鲁梅利亚省总督马拉什利·阿里—巴夏任贝尔格莱德的钦差大臣,同米洛什商谈塞尔维亚在帝国的地位问题。双方很快达成了一项口头协议作为临时媾和条件:塞尔维亚仍旧是帝国的一部分,但拥有自己的最高大公"克奈兹"(米洛什);在贝尔格莱德设有 12 名塞尔维亚社会贤达参加的"国民公署",履行最高法院的职能;向苏丹交纳的贡税可由塞尔维亚的首领们自己征集;塞尔维亚人有权携带枪支,等等,但起义者控制的所有城市及其城堡要交还奥斯曼土耳其军队。

第二次塞尔维亚起义只持续了半年多,可以说是半途而废。因为这种没有得到苏丹钦定的口头协议只是一纸空文,随时可以撕毁。但是,我们必须承认,塞尔维亚两次大规模起义向欧洲社会显示了塞尔维亚人民的外交才能和不畏强暴,敢于同奥斯曼土耳其斗争的精神。

此后不久,塞尔维亚为获得完全自治,又在国内外进行了不懈的努力。1826 年秋,在俄国的坚持下,奥斯曼帝国被迫承诺执行《布加勒斯特和约》第 8 条的规定,尽快解决塞尔维亚内部自治问题。1829 年,奥斯曼土耳其在俄土战争中失败,根据《奥德林条约》同意给予塞尔维亚完全自治,并向塞尔维亚归还 6 个行政区域("纳希")。1830 年,塞尔维亚成为苏丹治理下的自治公国,米洛什成为世袭大公。1835 年,在克拉古耶瓦茨通过了塞尔维亚第一部宪法。塞尔维亚走上了欧洲发展道路。

黑山的独立之路

黑山由于独特的地理环境,土耳其人一直无法控制这个多山的贫瘠地区。土耳其人在黑山没有建立起政权机构,而是由当地人按古老的习惯法自己管理。黑山居民是自由农民,只按户向地方当局交纳税金。

在黑山,经常举行地方"克奈日纳"民众大会,倡导按地方自治原则处理事务。据称,17世纪初,在黑山出了一个叫作武约·拉伊切夫的人,他被百姓尊称为"黑山大公",代表黑山与土耳其当局打交道。所以,在整个奥斯曼土耳其统治时期,黑山以"自由黑山"和"土耳其海洋中的坚固高山城堡"著称。

17世纪中期,黑山同威尼斯建立了良好关系。威尼斯承认黑山在奥斯曼土耳其统治下曾经享有的各种自治权利,而黑山则许诺不让反对威尼斯的任何武装力量通过自己的领土。与此同时,黑山的总主教开始同俄国接触,寻求沙皇的庇护。当俄国1710年发动对土耳其的战争的时候,黑山人受到鼓舞,并借助威尼斯人的帮助,进行反对奥斯曼土耳其的武装斗争。

18世纪,黑山开始形成强大的部族,不同的部族都有各自的区域范围,由一位首领管理,其成员过着游牧民和战士的生活。他们既反对奥斯曼土耳其人的统治,又仇杀那些皈依伊斯兰教的本地人。所以,黑山的穆斯林居民很少。

黑山政治生活中的另一个特点,是以策蒂涅为中心的东正教会的作用越来越大。黑山的主教们被称为"弗拉迪卡"。1766年以前,弗拉迪卡由全黑山会议产生,且须得到佩奇总主教的认可。后来,弗拉迪卡只从一个家族产生,实际上成了瓦西里耶·佩特罗维奇家族世袭的尊位,逐渐发展为黑山的统治王朝。从此,黑山的弗拉迪卡成了黑山的唯一统治者,他们不仅积极传播东正教,而且努力参与政治生活,并对外代表黑山的利益。

他们同沙皇俄国在宗教上和政治上建立了一种非常密切的关系。黑山参加了第一次(1710年)和第二次(1735年)俄土战争。1766年在黑山还出现了一位冒险家什切潘·马利,他自诩为俄国沙皇彼得三世,在黑山及其周邻地区、在俄国宫廷和威尼斯及奥斯曼帝国以"黑山总督"自居,招摇过市达7年之久。

19世纪起,黑山为创建独立国家进行了整整一个世纪的斗争。其中,佩塔尔一世(1782—1830年)和佩塔尔·佩特罗维奇·涅戈什(1830—1851年)

两位"弗拉迪卡"作出了最大的努力。18世纪末,黑山一些有名望的部族走上联合的道路,为建立国家组织奠定了基础。1798年10月,黑山颁布了第一部《黑山和布达尔法典》,还设立了一个自己的法庭("库鲁克")。1818年,佩塔尔一世削弱了亲奥地利的拉多尼奇家族的势力。涅戈什则遵循"祈祷上帝,依靠俄国"的建国方略,周游欧洲诸国,以提高黑山的形象和声誉。他作为诗人和作家,是黑山的最后一个"弗拉迪卡"。1831年,他领导成立了"黑山和布达尔执政枢密院",由16名各地方行政长官和部族首领组成。次年,他终于赶走了土耳其派来的一位执政官。1834年,涅戈什创办了一批学校和一所印刷厂。1837年,俄国给予黑山大量援助,使这个新国家机构得以正常运转。

1852年,佩塔尔二世·涅戈什召开全黑山议会,选举达尼洛一世·佩特罗维奇(1826—1860年)为黑山大公,不再称为"弗拉迪卡",废除政教合一制度。这一决定得到俄国的支持和承认。1855年黑山建国的进程最终完成。

涅戈什时代,黑山面积依然很小。当时约有12万人,36个部族,居民分布在240个村寨。黑山与塞尔维亚的关系进一步密切,几乎是建立了一种非常特殊的国家共同体,不管内外政局如何变化,这种关系一直延续到后来。

达尼洛一世的继位人是尼古拉·佩特罗维奇(1841—1921年)。这位大公把黑山变成了一座兵营,实行全民皆兵。适龄男丁每年需到营地进行4个月军训,其他时间亦荷枪待命。这倒很符合山民的习惯,成天携带武器,生活在山林之间。

19世纪中期,黑山公国曾对波斯尼亚和黑塞哥维那基督徒反抗奥斯曼土耳其人的斗争给予道义上和军事上的支持。19世纪后半期,黑山发动了几次对土耳其的战争,并巩固了黑山公国与塞尔维亚及俄国的联系,也提升了尼古拉大公的威望。

黑山这个小小的山国在奥斯曼帝国统治时期保留了自己的民族、文化和宗教,并在反抗奥斯曼帝国的斗争中作出了自己的贡献。

克罗地亚和斯洛文尼亚的民族复兴运动

当1526年匈牙利在莫哈奇被土耳其人打败的时候,匈牙利王国的贵族承认了哈布斯堡王朝斐迪南一世(1527—1564年)的统治。1527年1月,克罗地亚贵族也选举斐迪南为克罗地亚国王。哈布斯堡王朝则承诺尊重克罗地亚的国家政治权力,并帮助它抵御奥斯曼土耳其的侵袭。克罗地亚的这一举动意味着它结束了同匈牙利4个世纪的"合并"关系,而加入了哈布斯堡王朝的反对奥斯曼同盟,被纳入奥地利帝国的版图范围。

从此,南斯拉夫西部和北部的克罗地亚、斯洛文尼亚等地的社会经济和宗教文化都朝着有别于东部和南部奥斯曼帝国统治区的方向发展。奥地利帝国也与奥斯曼帝国一样,在克罗地亚和斯洛文尼亚等地建立了强大而又坚固的防御体系,以保卫帝国免遭奥斯曼土耳其人的侵犯。这样,克罗地亚和斯洛文尼亚一带成了两个帝国逐鹿的前沿阵地,而居住在这一地区的南部斯拉夫人逐渐变成了半自由农民和半军事化士兵,扼守"边屯区"。由于来到克罗地亚成边的还有大量逃难的信奉东正教的塞尔维亚人,所以在克罗地亚形成了塞尔维亚人集居区。让人始料未及的是,这却成了20世纪90年代初一个有争议的领土与民族问题,成为塞尔维亚与克罗地亚冲突和战争之源。

奥地利帝国扩张到西巴尔干,采取了与奥斯曼帝国完全不同的方式和策略。土耳其人用火和剑,用战争消灭中世纪巴尔干国家,用伊斯兰教同化当地居民。奥地利帝国则以基督徒"拯救者"的身份出现,同土耳其帝国和威尼斯共和国签订协议,抑或给予巴尔干人民自治权或通过邦联形式将西巴尔干地区纳入自己的疆界。例如,根据1699年和1718年的协议,奥斯曼帝国两次将克罗地亚、斯洛文尼亚和匈牙利等地的领土割让给了哈布斯堡王朝。于是,克罗地亚和斯洛文尼亚的历史便与君主专制的哈布斯堡王朝(1527—1867年)和后来中央集权的奥匈帝国(1867—1918年)密不可分。

在奥匈帝国,民族歧视和民族压迫同样非常严重。这个由奥地利和匈牙利组成的二元帝国,其实奥地利人和匈牙利人并不占帝国居民的多数。据统计,1900年帝国共有5 200万人口,其中,3 000万人是斯拉夫人。在奥地利,日耳曼人占35.78%,近1 000万人,斯拉夫人占60%,意大利人占2.84%,罗马尼亚人占0.9%;在匈牙利,马札尔人与其他民族的比例为800万∶1 800万。然而,在匈牙利议会的411名议员中,却没有1名南部斯拉夫人。

18世纪起,克罗地亚和斯洛文尼亚开始了启蒙运动和民族复兴运动。运动的开展一方面由于社会在德意志化,另一方面是为保留斯拉夫民族的独立性而斗争。1848年,欧洲革命和伊利里亚运动在克罗地亚和斯洛文尼亚历史上留下了深远的影响。

莫哈奇战役之后,克罗地亚仍然处于四分五裂的状态。达尔马提亚沿海地区属威尼斯共和国占领地(1409—1797);杜布罗夫尼克继续拥有城邦共和国独立地区;斯拉沃尼亚和克罗地亚的大部分土地被称为"残存的残余",由哈布斯堡王朝占据。实际上,这时的克罗地亚受到哈布斯堡王朝和匈牙利的双重奴役和压迫。

在整个奥地利哈布斯堡王朝和匈牙利贵族统治期间,克罗地亚农民和贵族争取自治、统一和独立的斗争从来没有停止。1832 年,扬科·德拉什科维奇(1770—1856 年)首先倡导在克罗地亚城乡使用克罗地亚语;1842 年,萨格勒布成立了伊利里亚"马蒂察"(后改称"克罗地亚马蒂察")。这是克罗地亚境内最早的文化教育团体。后来,南斯拉夫的一些文学出版社和文化团体仍沿用"马蒂察"这一名称。同一时期,克罗地亚民族复兴运动高涨,被称为"伊利里亚运动"。

1848 年 3 月 25 日,克罗地亚自由派和人民党在萨格勒布召开国民议会,并上书奥皇,请求他承认克罗地亚也同样可以建立匈牙利人主张建立的一系列独立自主的国家机构。克罗地亚议会还要求废除 1790 年与匈牙利实际合并的协定,统一克罗地亚各地区,以同奥地利和匈牙利建立"三位一体的王国"。议会选举军事边区的上校军官约西普·耶拉契奇为克罗地亚巴昂。克罗地亚主张重新将克罗地亚语作为行政机构、学校和教会的官方语;建立自己的政府;实行言论自由和宗教信仰自由;实施新的税收制度和取消农民的封建依附关系;等等。

1848 年 4 月 25 日,耶拉契奇宣布克罗地亚脱离匈牙利政府的管辖,9 月,他向匈牙利宣战。克罗地亚军队得到奥皇的金钱和武器装备资助,越过德拉瓦边界河,同沙皇尼古拉一世的军队一起,共同扼杀了匈牙利革命的萌芽。但是,克罗地亚既未摆脱维也纳宫廷的统治,也未实现自己的独立和统一。

1867 年,维也纳宫廷向布达佩斯作出让步,达成组建奥匈二元帝国协议。协议规定帝国只拥有共同的外交、国防、财政和海关政策。这一协议直接涉及克罗地亚土地的划分。伊斯特拉半岛、达尔马提亚和军事边区划归奥地利,而克罗地亚、斯拉沃尼亚和里耶卡市成为匈牙利的一部分。伏伊伏丁那亦属匈牙利管辖。1867 年 5 月 1 日,克罗地亚议会反对奥匈瓜分克罗地亚,拒绝派代表到布达佩斯出席约瑟夫一世加冕匈牙利—克罗地亚国王的仪式。克罗地亚议会仍然坚持 1848 年 3 月 25 日的决议,试图建立"三位一体的王国"的联邦制君主国。

在克罗地亚的坚持下,匈牙利于 1868 年同克罗地亚签订条约,承认克罗地亚在内政、司法制度、教育和宗教问题方面拥有自治权。但条约没有确认克罗地亚语的官方语地位。从1883年起的20年内,匈牙利赫德瓦利公爵被任命为克罗地亚巴昂,竭力推行"匈牙利化"政策。

这样,克罗地亚土地分别处于匈牙利和奥地利的统治之下,一直持续到1918年。尽管克罗地亚保留着准国家地位,然而它为了实现国家统一和捍卫斯拉夫语言文化传统,不得不在两条战线上顽强战斗:既反对奥地利的"德意志化",又反对匈牙利的"马扎尔化"。

同样,1848年欧洲革命的风暴也在斯洛文尼亚引起震荡。斯洛文尼亚各地举行集会,知识界和宗教界代表人士于1848年3月提出了一项政治纲领,要求所有斯洛文尼亚人居住的地区统一为一个完整的斯洛文尼亚;在学校、机关使用斯洛文尼亚语;成立地区议会;使斯洛文尼亚享有同帝国其他地区民族同等的自治权;等等。紧接着,4—5月在格拉达茨、卢布尔雅那、的里雅斯特等地的集会上,也都强调了在哈布斯堡君主国内实现斯洛文尼亚各地统一的愿望。

与此同时,斯洛文尼亚各地的农民开始摧毁封建庄园,拒交租税,形成史书上的"九月农民革命"。1848年9月7日,奥皇宣布废除封建法律,承认小农有权成为由他们耕种的土地的所有者,但农民需付出赎金,购买这些土地。

斯洛文尼亚以"统一"为目标的民族复兴运动受到了1848年欧洲革命、克罗地亚伊利里亚运动和捷克、斯洛伐克民族复兴运动的强烈影响和推动。这些运动在欧洲保守势力和反动力量的联合镇压下,都遭到了失败。但1848年民族复兴运动被奥地利帝国统治下的各族人民视为自己历史上最重要的转折之一。

这一事件之后,斯洛文尼亚社会逐渐分为保守派、右翼自由派和革命民主派三大阵营。保守派主张斯洛文尼亚在帝国范围内实行文化教育自治即可,反对用革命的方式进行斗争,他们的座右铭是:"秩序、和平和安全"。天主教会是这一派积极支持者。右翼自由派期待建立"统一的斯洛文尼亚",但提倡"奥地利斯拉夫主义",即斯洛文尼亚应继续留在哈布斯堡君主国内。革命民主派指望依靠正在形成的工人阶级来解决民族问题和社会压迫问题,亮出了"完全民族独立"和"社会解放"的旗帜。这也是19世纪末南斯拉夫社会民主党人的纲领。

1867年,奥匈二元君主制确立后,斯洛文尼亚领土的大部分属奥地利管辖,只有穆拉河流域的波穆列地区归匈牙利治理。

东正教文化与伊斯兰文化的并存和影响

巴尔干半岛长期受到希腊、罗马、拜占庭、土耳其和奥匈帝国的文化影响,是个多文化区域。从历史上说,由于罗马帝国分裂为东罗马和西罗马,两个罗马帝国之间的分界线恰好经过巴尔干地区,大致是从今天的斯库台划到贝尔格莱德,或以萨格勒布为界,由此形成了"东部文化区"和"西部文化区"。古希腊和罗马文化是欧洲文明的源头。古希腊文化具有当时其他古代文明难以达到的民主和科学的高度。古罗马文化则继承了古希腊文化。公元476年西罗马帝国灭亡后,基督教成为欧洲中世纪文明的主要体现。1054年,基督教东西教会分裂。欧洲分为西方天主教拉丁文明和东正教拜占庭文明两部分。拜占庭继承和推崇古希腊文明,敌视西方教会,吸收东方文化。东正教和东方文化的融合是拜占庭文明的特征。

8—10世纪,捷克、波兰、匈牙利、克罗地亚、斯洛文尼亚等民族,按拉丁仪式接受基督教并使用拉丁文字。这些地区就成为西方文明的一部分。

9世纪下半叶,拜占庭传教士基里和梅托迪兄弟创造了斯拉夫字母。后世称斯拉夫字母为基里尔字母,以纪念斯拉夫文字的创始人,成为东正教拜占庭文明的一部分。

15世纪以后,奥斯曼土耳其人开始征服巴尔干半岛,他们带来了一种新的宗教——伊斯兰教。从此,天主教徒和东正教徒之间的矛盾有所缓和,因为他们都面临着伊斯兰教的扩张。

巴尔干地区由于人种关系复杂和混居情况严重,所以,在半岛上有罗马天主教、希腊东正教和奥斯曼土耳其伊斯兰教。但在每个国家宗教和教会又各有特色。有的国家以天主教为主,有的国家主要信奉东正教,有的国家则以伊斯兰教占主导地位。

历史上,奥斯曼帝国和奥匈帝国都按宗教信仰原则划分民族的属性。由于它们不敢正视和承认其他宗教的存在,所以也不承认帝国是多民族居住的共同体。这种划分自然是错误的,是"一种宗教、一个国家、一个民族"思想的体现。

奥斯曼土耳其统治者对巴尔干地区的希腊东正教会和教堂采取了一种特殊的政策,一方面把许多东正教堂和修道院破坏掉或改造成了清真寺,修士们被迫还俗;另一方面又允许教会继续保留其行政机构、领地与财产,甚至有的基督徒(如希腊人和阿尔巴尼亚人)受到苏丹的宠信,被委任为大维齐尔

(宰相)。也就是说,奥斯曼土耳其征服者在基督教居民中大力推行伊斯兰化的同时,又给予东正教会一定的独立性和自治地位。

最典型的例子就是奥斯曼土耳其人1453年攻占君士坦丁堡后,赋予君士坦丁堡希腊东正教总主教区继续管辖原拜占庭帝国辖区里所有基督教徒的权力。君士坦丁堡希腊东正教总主教区一度成为奥斯曼帝国最有权力、最富有和最权威的基督教组织和希腊文化的积极传播者。

所以,希腊东正教在奥斯曼帝国统治下,同人民群众保持着密切的联系,教堂成了被奴役人民捍卫宗教和文化,以及保持民族意识和属性的圣地。到了十七十八世纪,位于巴尔干山区的东正教修道院取代了城市里的教堂,在坚持基督教信仰,反对伊斯兰化和唤醒民族意识方面起了重要作用。这个时期的东正教修道院从修道士的隐居场所变成了被奴役者的避难所,成了印刷和保存宗教书籍的地方,成了培养修士和神父的学校,还成了文化活动和进步知识界革命活动的联络站。

我们看到,基督教徒和穆斯林年复一年,朝夕相处,不可避免地要发生联系,共生共存。在君士坦丁堡和各统治地区都存在穆斯林和基督徒友好相处的现象。尤其是在农村,两种文明的碰撞并不突出。不管是当地的基督徒,还是从土耳其本土来的穆斯林,大家都要种地和放牧,都可以较为自由地保留各自的文化传统和风俗习惯。城市里的情况则不同,那里的市容市貌和市民的行为方式呈现一派伊斯兰风格。但在贸易活动中和市场里,穆斯林和非穆斯林一般相安无事,甚至共同做生意和参加同一行业组织。有史料记载,从17世纪起,穆斯林开始在基督徒居住区购买房地产,开设商店,打破了过去不同信徒封闭在各自居住区的界线。应该说,这种景象为后世不同民族和不同文化的和谐相处作出了榜样。

如果人们有机会去巴尔干一游,就会发现那里真是各种文化和艺术的大熔炉。例如,在昔日的君士坦丁堡(今日的伊斯坦布尔),既可以看到矗立着的大大小小的清真寺,代表着土耳其人独特的建筑风格,又可领略到典型的拜占庭建筑艺术,如东正教的圣索菲亚大教堂。在萨洛尼卡等东南部城市,可以欣赏古色古香的圆形拱顶建筑和丰富多彩的拜占庭壁画和圣像;在西部地区可以见到古朴的哥特式教堂和宏伟的古罗马露天剧场;达尔马提亚沿海区则另有一种浓郁的"拉丁"气息,尤其是在中世纪古城杜布罗夫尼克可以明显感觉到来自意大利的文艺复兴的影响;在多瑙河流域,德意志人建造的具有中欧风格的城堡比比皆是;在雅典,灿烂的古希腊文化遗迹俯拾皆是。

所以,世世代代以来,伊斯兰教和基督教两种宗教的普通百姓能够在一起接触,相互尊重。这种不同文明的共处和融合也对后来巴尔干的社会和历史发展产生了积极的影响,特别是希腊东正教为巴尔干被压迫人民的民族解放事业奠定了文化和思想基础。

南部斯拉夫地区处于东西方文化交融区域,尽管伊斯兰文化影响较深,但东正教文化和民间文化一直保存了下来,并在18—19世纪民族觉醒和民族解放运动中发挥了重要作用。

南部斯拉夫问题与《柏林条约》

19世纪中期是决定巴尔干人民历史命运的重要时期。在1875—1878年的"东方危机"中,奥斯曼帝国像暖阳下的积雪迅速融化,巴尔干各国人民的民族解放运动像春风一样吹遍大地,民族国家纷纷建立,开始走上了带有资本主义性质的社会发展道路。

1875年6月,黑塞哥维那信奉基督教的农民揭竿起义,震撼了巴尔干地区;1876年4月,保加利亚举行反土耳其大起义,引起欧洲舆论界的广泛同情;1876年6月,塞尔维亚和黑山缔结反土战时同盟。

欧洲列强为了自身的利益,对上述事件做出了反应。1877年1月,俄国和奥匈帝国密谋在巴尔干划分势力范围:奥地利将攫取波斯尼亚和黑塞哥维那,以换取它在即将开始的俄土战争中保持中立;俄国将帮助保加利亚人建立一个"大保加利亚"。同月,列强在君士坦丁堡召开大使级会议,敦促土耳其在其统治区进行国际监督下的改革。同年4月24日,俄国向土耳其发动了最后一次大规模战争。俄土战争爆发后,被压迫的巴尔干人民视俄国为救命恩人,纷纷站在它一边,助其一臂之力,以拯救自己,并"解放"和"统一"仍处于异族统治下的"同胞"。塞尔维亚和黑山乘机在半岛的西部再次发动起义。

1878年初,俄国军队在付出惨重代价后,终于越过积雪齐腰的巴尔干山,攻占阿德里安堡(今土耳其境内埃迪尔内),直逼君士坦丁堡。土耳其眼看大势已去,请求停火。3月3日[①],在距君士坦丁堡12千米处的小镇圣·斯特法诺签订《俄土和平条约》,史称《圣斯特法诺条约》。在条约中,土耳其不得不第一次做出重大让步,承认罗马尼亚、塞尔维亚和黑山完全独立,并同

---

① 保加利亚1989年发生制度转轨后,这一天被定为国庆日。

意按俄国方案成立一个"大保加利亚"。这个新国家的疆土北起多瑙河,南至爱琴海,东临黑海,西抵亚得里亚海。这样,就把整个马其顿、塞尔维亚东南部地区和阿尔巴尼亚的一小部分都纳入了它的版图,被称为"圣斯特法诺保加利亚"。它的总面积达到16.7万平方千米,比今日保加利亚大50%的领土。

俄国对这个条约十分满意,因为它建立了一个地理位置极佳和最亲近保加利亚的"基地"和"桥头堡"。但是,由于它过分追求自己在巴尔干地区以及从黑海直达地中海的利益,而忽视了奥匈和英法等国的利益,而且又不现实地让保加利亚领土过于膨胀,触犯了奥地利在巴尔干西部和英国在爱琴海沿岸的经济和战略利益,所以《圣斯特法诺条约》缔结仅3个月,欧洲列强便手举红牌,聚首柏林,召开了一次国际关系史上的重要会议,一致将俄国推上了被告席。

1878年6月1日—7月1日,英、法、奥匈、德、意、俄在柏林举行会议,彻底修改和推翻了《圣斯特法诺条约》,最后通过了著名的《柏林条约》。条约使俄国的扩张野心受到遏制,而巴尔干弱小民族则又一次遭到列强的任意摆布,得利最多的是奥匈帝国。条约的主要内容有:奥地利获得占领波斯尼亚和黑塞哥维那(根据法律该地区仍属奥斯曼帝国统治下的领土)以及管辖塞尔维亚同黑山之间的走廊新帕扎尔州(即今日的桑贾克)的权利;罗马尼亚的独立得到承认,它获得北多布罗查,作为将1856年得到的比萨拉比亚归还俄国的补偿;塞尔维亚和黑山两国的独立也被确认。同时,塞尔维亚得到了尼什、皮罗特、弗拉涅和托普4个地区;黑山得到尼克希奇、波德戈里察(铁托格勒)和科拉欣、巴尔、乌尔齐尼等市镇,并拥有一个出海口;马其顿和阿尔巴尼亚依旧属土耳其管辖,但后者必须保证改善其境内基督徒的状况,并同希腊谈判修改利于希腊一方的边界;英国获得塞浦路斯岛。另外,俄国除收回比萨拉比亚外,土耳其被迫将大片高加索土地割让给俄国,并赔偿一笔巨款。

柏林会议是在巴尔干国家民族解放运动蓬勃发展和1877—1878年最后一次俄土战争中奥斯曼土耳其惨遭失败的情况下召开的。然而,欧洲列强为了自身的利益,在解决巴尔干国家的领土和民族问题时,常常越俎代庖,有失公正。《柏林条约》满足了列强削弱俄国在巴尔干地区的势力和影响的目的,显示了它们在解决奥斯曼帝国"遗产"和主宰巴尔干小国命运中的作用。西方大国是瓜分巴尔干的得利者,改变了巴尔干国家间的力量对比。正是它们瓜分了巴尔干半岛,而使奥地利的势力大为增强。

俄国对《柏林条约》既恼火又无能为力，认为是欧洲在联合跟它作对。巴尔干诸国的独立得到承认并受到了大国的保护，但它们都有得又有失，对条约并不满意。罗马尼亚对失去比萨拉比亚耿耿于怀；塞尔维亚和黑山对奥地利侵占波黑愤慨不已；最失望的还是保加利亚，直到1885年9月6日，保加利亚公国和东鲁梅利亚才实现统一，面积达9.6万平方千米，接近今日保加利亚的面积。

总之，《柏林条约》不仅没有解决巴尔干的民族问题，反而为该地区新的领土争端和民族冲突埋下了祸根。柏林会议后，欧洲列强从各自的民族和国家利益出发，拿巴尔干国家的利益做交易，瓜分和扩张各自的势力范围。许多巴尔干问题专家认为，巴尔干民族问题正是从1878年开始的。在此之前，并没有人称巴尔干为"欧洲的火药桶"，只有在《柏林条约》后它才成为古老大陆的多事之端。

奥匈帝国兼并波黑

1878年的《柏林条约》签订之后，波斯尼亚和黑塞哥维那（波黑）根据《柏林条约》第25条和有关法律仍属奥斯曼帝国的领土，但由奥匈帝国占领。这为奥地利吞并波黑和向巴尔干腹地渗透打通了道路。条约规定奥匈的占领期为30年，实际上奥斯曼土耳其已失去了对波黑的任何主权。

奥匈当局视波黑为"哈布斯堡皇冠上的一颗明珠"，立即派来了大批军队驻守，并委派大量行政人员管辖波黑的各个部门，以防奥斯曼土耳其卷土重来或被塞尔维亚占领。

奥匈帝国的到来，结束了奥斯曼帝国对波黑4个世纪的封建统治，为该地区的"欧洲化"和资本主义发展创造了条件。奥匈帝国在波黑建立了一整套便于统治的军事、行政和政治制度。帝国的财政大臣兼任波黑的最高行政长官将波黑的海关与奥匈帝国的海关融为一体，宣布该地区的公民为帝国的臣民，并将行政首府设在萨拉热窝。

这时，波黑居民分为塞尔维亚人、克罗地亚人和穆斯林。他们分别信仰东正教、天主教和伊斯兰教。据奥匈当局进驻波黑后所进行的人口调查资料，当时穆斯林占总人口的38.73%、东正教徒占43.88%、天主教徒占18.3%。而根据1910年的人口普查，波黑地区的总人口约为190万。这种种族属性和宗教信仰比例关系变化不大，基本上维持到今天。由于他们之间存在着历史、宗教、文化和思想上的区别，在反对共同敌人奥匈占领当局的斗争中无法团结一致。塞尔维亚人希望回到自由的塞尔维亚王国;克罗地亚人期待克罗地亚统一,继续留在奥匈帝国;穆斯林则怀念奥斯曼土耳其时代的辉煌。

　　治理波黑达20年之久(1883—1903年)的本亚明·卡拉伊总督是一位匈牙利人,学识深湛,执政开明。为了巩固占领当局的社会基础和缓解民族矛盾,卡拉伊按照欧洲文明的标准,提出建立一个以穆斯林为主体的"波斯尼亚民族",试图为这个民族制定国旗、国徽,用基里尔字母代替拉丁字母。但这一计划遭到塞尔维亚人和克罗地亚人,特别是奥斯曼土耳其人的强烈反对,不久就流产了。卡拉伊还从帝国的其他地区迁来大量的德意志人、匈牙利人、波兰人、意大利人、捷克人等,借此改变这个地区的宗教和人种状况。到1909年,外来移民达到了3万人。1889年,卡拉伊在萨拉热窝修建天主教堂和创立宗教学校,以削弱波黑地区的塞尔维亚民族意识。

　　在经济方面,奥匈占领当局进行改革,取得了较为明显的进步。随着大量行政管理人员的到来,工程技术也被带到了波黑这个历史上较为落后的地区。新政权在波黑修建公路桥梁,还专门铺设了窄轨铁路,使萨拉热窝人口迅速增加,成了重要的交通运输中心。一批工厂也开始投入生产,主要是木材加工和采矿业。当然,波黑占主导地位的部门仍然是农业。据统计,到1910年还有86%的人生活在农村。农民长期以来遭受奥斯曼土耳其大封建主的奴役和剥削。1905年,奥匈占领当局为安抚农民,开始实行统一的什一税。农民们根据最近10年年平均收获量的1/10交地租,人身获得自由。

　　1908年夏,土耳其青年党人发动了资产阶级革命,决心推翻以阿卜杜尔·哈米德二世为首的封建专制统治,建立资产阶级君主立宪国。受这场革命的影响,波黑的塞尔维亚人和穆斯林上书奥匈占领当局,要求实行宪政;克罗地亚人则要求将波黑尽快并入奥匈帝国。维也纳宫廷担心土耳其和巴尔干局势的发展损害自己的利益,于1908年10月7日宣布兼并波黑。两年后,波黑建立了议会,通过了宪法,它的各个部门由奥地利和匈牙利共同控制,失去了任何内部政治自治权。波黑实际上成了奥匈帝国内的第三个国家,但却处于无权的地位。

　　波黑的状况引起境内塞尔维亚人和穆斯林居民的强烈不满,尤其是波黑的年轻一代知识分子已经不再提出波黑的自治问题,而是要求脱离奥匈帝国,同其他南部斯拉夫民族一起,建立共同的南部斯拉夫国家。这一争取民族解放的思想遭到了奥匈当局的无情打击,也未能唤起波黑农民、工人和资产阶级的广泛同情和支持。于是,他们被迫走上了运用个人恐怖手段的道路。1910年6月15日发生了大学生鲍格丹·热拉伊奇行刺奥匈驻波黑总督马里扬·瓦雷沙宁将军未遂事件,此后,又出现了几起谋杀案。这一切都推动了"青年波斯尼亚"组织的最终形成。

建立南部斯拉夫国家的理想与现实

在18—19世纪的巴尔干民族解放运动中,巴尔干各国人民面临着共同的敌人——奥斯曼土耳其和奥匈帝国。所以,各国的民族解放运动领导人,尤其是先进的知识界,先后提出了巴尔干各国人民联合起来,开展共同的反对外来奴役的思想和计划。其中,19世纪一些先进知识分子提出的关于建立南部斯拉夫人联邦和巴尔干联邦的主张占有重要地位。这一思想的倡导者们号召巴尔干半岛上的斯拉夫人和非斯拉夫居民团结一致,组成一个共同体,反对外来势力的统治,解决彼此间复杂的民族问题。尽管这种思想带有"乌托邦"性质,但它反映了南部斯拉夫人民和巴尔干人民联合的愿望。

但是,这种联合的思想和共同行动的纲领都带有民族主义的因素,甚至体现了欧洲大国和国际组织的不同利益。因而,一个又一个的联合方案是很难实现的。塞尔维亚和克罗地亚联合的愿望落空就是一个例证。

关于建立巴尔干各国平等和自由的联邦国家的思想,首先反映在南部斯拉夫人联合和统一的主张上。它蕴藏着南部各斯拉夫部族和人民深刻的种族根源和共同的历史利益。因此,建立一个南部斯拉夫国家,不仅仅是代表巴尔干地区某个国家内的斯拉夫人的要求,而且反映了全体南部斯拉夫人的共同愿望。

所以在19世纪末,有关南部斯拉夫人统一的方案纷纷出台。概括起来,有三种类型:第一种方案,处于奥匈帝国统治下的斯洛文尼亚人、克罗地亚人和塞尔维亚人联合成一个单独的国家行政单位,作为奥匈帝国的第三个组成部分,也就是变奥匈二元帝国为三元帝国。或者在联邦的基础上组成帝国,南部斯拉夫的斯洛文尼亚、克罗地亚和塞尔维亚是联邦内单独的一部分,这样有利于解决巴尔干半岛西部的民族问题。

第二种方案,在奥匈帝国统治下的塞尔维亚人、克罗地亚人和斯洛文尼亚人为一方,跟已经获得独立的塞尔维亚和黑山联合起来,组成单独的南部斯拉夫国家。既然塞尔维亚人、克罗地亚人和斯洛文尼亚人是同一个民族,就应该组建成一个国家。

第三种方案,所有南部斯拉夫人,包括处于奥斯曼帝国统治下的保加利亚人和马其顿人在内,组建为一个独立的巴尔干国家。①

建立南部斯拉夫联邦和巴尔干联邦的思想,集中反映在18—19世纪克罗地亚和塞尔维亚民族解放运动主要领导人的革命活动和主张中。我们可以举出几个有代表性的例子。

19世纪20—30年代,产生了联合南部斯拉夫人民的"伊利里亚运动"思想。这一运动主要在克罗地亚境内展开,它的思想也在该地区得到了广泛的传播。

伊利里亚运动的一项主要任务是实现所有南部斯拉夫人文学语言的统一,以便服务于日后的政治统一。该运动的创始人之一扬科·德拉什科维奇(1770—1856年)于1838年在《致伊利里亚儿女们的话》一文中,提出了"大伊利里亚"计划,包括从亚得里亚海到多瑙河的所有南部斯拉夫各国,甚至还包括阿尔巴尼亚和保加利亚的部分地区。未来它还会将部分非斯拉夫民族的土地也纳入其版图。

扬科·德拉什科维奇

伊利里亚运动的另一位思想家是路德维特·盖伊(1809—1872年),他将该运动扩大到复兴克罗地亚的民族文化和历史,主张成立统一的文化团体。1835年他创办了《克罗地亚马蒂察报》。后来,该报成了一个文化组织。伊利里亚主义者认为,只有伊利里亚思想和伊利里亚人才能联合南部斯拉夫人,否则,任何一个南部斯拉夫民族或国家都无法获得解放。如果南部斯拉夫人民不结成联盟,也就无法独立生存。

伊利里亚运动是克罗地亚走向未来的一座路标,在南部斯拉夫人生活中起着重要的作用。该运动在斯洛文尼亚得到广泛开展,在波黑和黑山也有一定的影响。但是,

路德维特·盖伊

---

① [保加利亚]克·曼切夫:《第二次世界大战前的巴尔干民族问题》,保加利亚科学院巴尔干学研究所编:《巴尔干民族问题——历史与当代》(*Национални проблеми на Балканите: история и съвременост*),索非亚,阿尔格斯出版社1992年版,第17页。

由于它强调克罗地亚在南部斯拉夫人联盟中起领导作用,所以它同塞尔维亚资产阶级和民族主义发生了碰撞。塞尔维亚资产阶级当然不会接受南部斯拉夫人统一到克罗地亚的伊利里亚运动中去,因为他们有自己的联合南部斯拉夫人的方案。

伊里亚·加拉沙宁

伊里亚·加拉沙宁(1812—1874年)曾任塞尔维亚公国的首相和外交大臣。1844年,他撰写了名为《略图》的书。这是塞尔维亚统一南部斯拉夫各民族的第一份国家文件和秘密计划。该计划将以塞尔维亚为中心建立一个庞大的国家,拟包括波斯尼亚、黑塞哥维那、阿尔巴尼亚北部,并将同保加利亚保持一种特殊的联系。

加拉沙宁意识到,当欧洲存在强大的奥斯曼帝国、沙皇俄国和奥地利的时候,塞尔维亚国家不可能很快扩大为一个强盛的南部斯拉夫国家。他认为,必须按步骤和分阶段实现这一目标,其主要思想和策略都反映在他的《略图》中:(1)塞尔维亚是一个小国,但不会袖手旁观,而应该支持巴尔干其他斯拉夫人民的解放运动。因此,塞尔维亚的政策将会成为南部斯拉夫共同支持的政策。(2)塞尔维亚应该成为强大的南部斯拉夫国家的中心,它在土耳其人到来之前曾是一个大国,因而这一主张应被视为恢复历史的权利。(3)需要阻止俄国向保加利亚施压,但塞尔维亚努力的主要方向是放在波斯尼亚—黑塞哥维那—阿尔巴尼亚北部和黑山这条线上,以确保新成立的国家拥有出海口。(4)上述地区必须统一在一个王朝,即卡拉乔尔杰维奇王朝之下。

巴尔干的斯拉夫人统一在塞尔维亚的旗帜之下,这是一项国策。为此,加拉沙宁在巴尔干各地的斯拉夫人中建立秘密组织,派出宣传员,为发动起义和成立联邦国家作准备。他几乎同所有巴尔干民族运动取得了联系,并就结成巴尔干联盟达成了共识。1866年9月,塞尔维亚与黑山结为同盟;1867年8月,塞尔维亚同希腊结盟;次年1月塞尔维亚跟罗马尼亚结成同盟;1867年,塞尔维亚还同侨居国外的保加利亚革命委员会详细制订了成立"南斯拉夫帝国"的计划,通过协商双方甚至就共同的议会、首都(未确定地点)、君主、立法、国旗及货币单位等达成了共识,但强调双方应保持两种语言文字和拥有各自的行政机关。

与此同时,加拉沙宁于 1866 年 9 月还同克罗地亚民众党达成建立一个既独立于奥地利又独立于奥斯曼土耳其的南部斯拉夫国家的协议。

显然,加拉沙宁要建立的巴尔干联邦国家是以塞尔维亚称霸为目的的,而不是要建立各民族平等的联邦。他的这一计划和思想反映了大塞尔维亚民族主义的欲望,对后来的塞尔维亚外交政策影响甚大,也对南部斯拉夫的联合设置了障碍。

斯维托扎尔·马尔科维奇(1846—1875 年)是 19 世纪下半叶塞尔维亚民族解放运动的思想家,是继希腊里加斯之后的另一位巴尔干联邦的积极倡导者。

马尔科维奇出身于塞尔维亚一个小官吏家庭,中学毕业后,先后去俄国彼得堡工学院、瑞士苏黎世工学院学习,受到俄国革命民主主义者和西欧革命工人运动思想的影响。1870 年回国时,正值塞尔维亚和南部斯拉夫人民进行民族解放斗争的高涨时期。他于 1871 年创办了巴尔干半岛上第一份社会主义报纸《工人报》。1872 年,他在其主要著作《东方的塞尔维亚》一书中,力图从革命民主主义的立场解释塞尔维亚从 1804 年起义至 1872 年的社会变化和历史,并提出了反对奥匈帝国和奥斯曼帝国,争取塞尔维亚和巴尔干民族解放与社会解放的纲领。

马尔科维奇具有他同时代巴尔干其他革命民主主义者的共同特点,即他不仅是炽热的爱国主义者,而且坚决地反对民族沙文主义。在他看来,一个国家赢得解放仅仅是整个自由事业中的一个组成部分。他认为,对整个塞尔维亚人民来说,除了巴尔干半岛的革命以外,别无其他出路。所以,塞尔维亚以及其他南部斯拉夫人民和巴尔干其他国家人民想要解放与独立,重点在于赶走巴尔干半岛上的三个主要敌人:奥斯曼帝国、奥匈帝国和沙皇俄国,在于推翻本国的君主专制制度。

为此,他热情宣传巴尔干各民族应该友好相处,建立巴尔干联邦共和国的想法。在这个联邦中,各国人民都是平等的一员,并享有广泛的自治权利。他指出,巴尔干半岛是民族的"万花筒",保加利亚人、希腊人、土耳其人、阿尔巴尼亚人、瓦拉几亚人等,都不会加入塞尔维亚王朝,而应建立"一个自愿的自由联邦,作为各国人民自愿联合的联盟"。因为只有这样,才能使巴尔干各国团结起来,摆脱大国的控制和奴役。

但是,巴尔干独特的种族关系是实现巴尔干联合的障碍。以南部斯拉夫人为例,他们的人种、语言、风俗、习惯都非常接近,但又不属同一个民族,且生活在不同的国家。一些地区,像波斯尼亚和黑塞哥维那、达尔马提亚、伏伊伏丁那等民族混居情况严重。而且,巴尔干的民族复兴过程几乎是同一时期进行的,保加利亚、塞尔维亚、希腊、罗马尼亚、克罗地亚等地的民族意识都很强烈,各地区的经济、文化、教会都有自己的特点。此外,各地区开展民族解放运动的目的,既有共同的目标,又有各自的打算。那些通过民族解放运动率先获得独立的国家,不是去帮助尚未独立的地区,而是盘算着如何扩大自己的版图,去瓜分仍处于异族统治下的毗邻地区。

这样,在巴尔干的联合还没有成为时代主导思想的情况下,巴尔干国家的保守主义思潮和民族主义欲望便占据上风,共同行动只是一种良好的愿望,很难变成现实。

统一路上的"拦路虎"

19 世纪,巴尔干半岛上出现了许多民族国家。早在民族解放、兴起和壮大的过程中,那些站在反抗奥斯曼帝国斗争前列的新兴资产阶级,就纷纷把矛头指向尚未获得独立的国家和地区,试图把同宗、同族、同文和同风俗习惯的"兄弟"民族统一到自己的疆界之内,恢复本民族在某一特定历史时期的大国范围,以求称霸一方。具体表现在以下方面:

一是大希腊主义。希腊认为自己拥有悠久的历史和古老的文化,是东正教的发祥地,自然就是拜占庭帝国的合法继承者。"大希腊"包括整个地中海、小亚细亚、伊庇鲁斯、马其顿、爱琴海各岛、塞尔维亚、色雷斯、保加利亚、达契亚,甚至叙利亚等地。这几乎就是奥斯曼帝国的所有欧亚领地。

二是大保加利亚主义。这一思想的鼓吹者认为,中世纪保加利亚曾建立辉煌业绩,创造和传播了斯拉夫文字,建立了东起黑海、西至亚得里亚海的强大国家。1878 年 3 月签署的《圣斯特法诺条约》规定的保加利亚版图为 17 万平方千米,除现今保加利亚外,还包括马其顿、塞尔维亚的东南部、北色雷斯和南多布罗查。

三是大塞尔维亚主义。大塞尔维亚主义者强调,塞尔维亚是整个南部斯拉夫人的领导中心,所有受到奥斯曼帝国和奥匈帝国奴役的南部斯拉夫人和地区应该团结在塞尔维亚的周围,组成南部斯拉夫国家。新兴的塞尔维亚资产阶级力图将黑山、马其顿、波斯尼亚和黑塞哥维那等地并入本国版图。

四是大克罗地亚主义。克罗地亚民族主义者认为,历史上曾经出现过统一南部斯拉夫人的"伊利里亚"运动和大克罗地亚,其疆域除克罗地亚本土外,还包括斯洛文尼亚、波斯尼亚和黑塞哥维那等地。他们甚至提出,从多瑙河到亚得里亚海,从马其顿到德国这个区域里,"只有一个种族,只有一个祖国,只有一种生活,这就是克罗地亚"。

五是大黑山计划。黑山是巴尔干面积最小和人口最少的袖珍国家,但它也有一个宏伟的计划。根据1878年《圣斯特法诺条约》,黑山成为独立国家,它的领土从4 400平方千米扩大到15 300平方千米。同年的《柏林条约》将黑山领土缩小了一半,仅为8 600平方千米。大黑山计划打算将阿尔巴尼亚、黑塞哥维那和塞尔维亚的一些地区纳入自己的版图。

六是大阿尔巴尼亚方案。"大阿尔巴尼亚"民族主义者指出,大量阿尔巴尼亚人生活在邻国,应享有独立生存的权利,有朝一日应该同"母国"的同胞合并,成立一个包括所有阿尔巴尼亚人在内的"共同国家",即"自然阿尔巴尼亚"。大阿尔巴尼亚方案除本土外,还包括塞尔维亚的科索沃、马其顿的西部、希腊的北部、伊庇鲁斯和黑山的一部分。

七是大罗马尼亚主义。罗马尼亚资产阶级也不甘落后,同样渴望称雄巴尔干地区。他们声称,在马其顿等地有大量的瓦拉几亚人,因而在奥斯曼帝国解体时有权参加瓜分它的"遗产",获得更多的领土和居民。大罗马尼亚一旦建立,它将包括匈牙利、保加利亚和塞尔维亚的一些地区。

八是大土耳其主义。又称"泛突厥主义",它是20世纪初由青年土耳其党人提出来的。他们一方面想在制度上摧毁这个病入膏肓的奥斯曼帝国,另一方面又谋求恢复奥斯曼帝国的疆界,统治土耳其境内外的一切突厥语系民族和非突厥语系民族,重建土耳其大帝国。

综上可知,巴尔干国家无一例外地都想趁奥斯曼帝国和奥匈帝国崩溃时,扩大自己的版图。首先,它们向邻国提出"历史的权利",称在中世纪曾有过某个鼎盛时期,其疆域达到了什么地区;其次,在18—19世纪民族解放和民族独立的过程中,要求把生活在其他地区的同族居民联合到新建立的国家里。

显然,巴尔干民族主义情绪大爆发的结果,就是一场战争!

三、 塞尔维亚和黑山与巴尔干战争(1912—1913年)

黎明的枪声——黑山打响第一枪

1912年10月8日凌晨,黑山的山野里雾色蒙蒙,天气阴沉,一片寂静。

忽然,一阵急促的枪炮声响彻山谷,人们从睡梦中惊醒。习惯起早的老人在喊:"打仗了,快起床!"人们有的惊恐万状,有的欢呼雀跃,不约而同地喊叫:"好样的,打得好!"

枪炮声唤醒了沉睡的人们,更激起了他们的深仇大恨。5 个世纪以来,被奴役、被压迫的巴尔干人民为了反抗奥斯曼土耳其人的暴政,曾经上书帝廷,举行过示威抗议,发动过起义,也爆发过革命,但都遭到了血腥镇压和屠杀。战争是他们最后的手段,也许是最后的希望。一向勇敢的黑山人打破了黎明的平静,打响了第一枪。

从 1878 年柏林会议到 1912 年的 30 多年,是巴尔干国家和平发展时期,几乎没有起义,没有战争。作为独立和半独立的民族国家希腊、保加利亚、塞尔维亚、黑山和罗马尼亚,民族意识在不断加强,国家政治体制获得巩固,民族经济和民族文化迅速发展。同时,它们或多或少既同奥斯曼帝国存在着千丝万缕的联系,又同西欧大国保持着割舍不断的关系。所以,这个阶段既是这些民族国家追梦的时期,又是充满和平、共处、暴动、镇压、冲突的时期。

巴尔干国家经过 19 世纪轰轰烈烈的民族解放运动,一部分国家的人民先后走上了独立发展的道路。但是,截至 20 世纪初,巴尔干半岛的很大一部分领土,包括马其顿、阿尔巴尼亚、色雷斯、克里特、爱琴海诸岛屿仍处于奥斯曼土耳其的统治之下;而波斯尼亚和黑塞哥维那、克罗地亚和斯洛文尼亚仍属奥匈帝国管辖。居住在上述地区的人民迫切要求摆脱奥斯曼土耳其和哈布斯堡王朝的统治,或成立独立国家,或获得自治,抑或同已经独立的"母国"合并。那些尚未"解放"的地区成了已经独立的巴尔干国家竞相争夺的"猎物"。

1908 年,更是巴尔干国家不平凡的一年。这年 7 月,奥斯曼帝国的青年土耳其党人在萨洛尼卡、马其顿等地发动政变,欲改造和挽救处于垂死中的帝国,使之获得新生;奥匈帝国在俄国的默认下于 1908 年 10 月兼并了波黑;保加利亚在同一时间正式宣布独立,脱离奥斯曼帝国,成为主权独立国家。1908 年克里特岛议会宣布将与希腊合并。这一切使奥斯曼帝国在欧洲领土上的矛盾和危机进一步加剧。

《柏林条约》签订后的 30 多年,奥斯曼土耳其依然如故,岿然不动。它没有进行认真的改革,基督教居民的政治地位没有提高,他们的生活水平也没有改善。到 20 世纪初,奥斯曼土耳其在欧洲巴尔干地区的行省还有 6 个,即奥德林省(埃迪内)、萨洛尼卡省、科索沃省、莫纳斯提尔省(即今日马其顿境内的比托拉市)、斯库台省和约尼纳(雅尼纳、雅尼亚)省。每个省内都杂居着不同的少数民族。或者说,每个行省里都有穆斯林和基督教居民。一般情况下,他们和平共处,相安无事,但一旦遇到风吹草动,他们出于宗教的训诫,很容易兵戎相见,六亲不认。奥斯曼帝国中央政权的不稳定立即波及欧洲土耳其的各个行省。

1878—1912年,巴尔干地区各民族国家的政局不稳定,同奥斯曼帝国和欧洲大国的关系不融洽,但它们的经济却获得长足的发展。它们开始向欧洲资本主义国家借外债、吸引投资、修建公路和铁路、建造工厂、开发矿产资源、创办学校、兴办银行,等等。西欧的影响像一股清新的空气吹遍巴尔干山谷。当然,巴尔干国家仍然是欧洲落后的农业国家,资本主义经济仍处于刚刚起步的阶段。

20世纪初,巴尔干国家,特别是塞尔维亚、保加利亚和希腊纷纷把目光投向西欧,努力改造各自的军队,实行义务兵役制,设立军种和兵种以及高级指挥机构,并从西方进口大量的新式装备和武器,请来西方的军官和教练官。

到1909年底,欧洲舞台上的政治分野越来越明显:德国、奥匈和意大利三国为一方,法国、英国和俄国为另一方。在巴尔干半岛,同样存在两股对立的政治和外交力量,即得到俄国支持的塞尔维亚和保加利亚与得到奥匈和德国支持的奥斯曼帝国。从1910年起,保加利亚和塞尔维亚忽然醒悟,开始捐弃前嫌,断断续续进行秘密谈判,内容主要是讨论他们的巴尔干政策和瓜分欧洲土耳其领土问题。

1910年10月,黑山大公宣布黑山为王国,自称国王,并庇护和支持阿尔巴尼亚的反奥斯曼土耳其起义者,于是,在抗击奥斯曼土耳其人暴政的斗争中又多了一位不曾被人们重视的斗士、未来的坚定盟友。

1910—1911年,阿尔巴尼亚和科索沃等地的起义规模庞大,多达数万人。他们对奥斯曼帝国承诺的改革已经失去耐心,要求实现阿尔巴尼亚人的自治。他们的行动得到了欧洲大国的同情和支持。

这期间,巴尔干新兴的各资产阶级国家的政府为了扩大国内市场,急需向外扩张,以夺取新的土地和增加新的人口。但是,由于它们国力不强,只有彼此联合起来,才能对付奥斯曼当局。因此,它们只好把各自的利益和欲望暂时掩盖起来,彼此妥协,共同策划对奥斯曼帝国的战争,以瓜分它的巴尔干属地。

战争进入倒计时

仗，看来是要打的，问题是要选择合适的时机。1911 年 9 月，意大利为了争夺地中海霸权和向北非扩张，向奥斯曼帝国及其属地发动了战争。意大利军队的胜利暴露了奥斯曼帝国在军事上的软弱无力，推动了巴尔干国家结盟和反对奥斯曼帝国的战争准备。同时，巴尔干国家看到，在分割奥斯曼帝国巴尔干领地方面，又多了一个竞争者意大利。于是，它们开展频繁的外交活动，寻求彼此接近和结盟，以加速分割奥斯曼帝国统治下的马其顿、色雷斯、爱琴海诸岛屿和阿尔巴尼亚等地区。这时，俄国也担心巴尔干半岛被别的列强抢占，因此竭力说服和促使巴尔干地区的斯拉夫国家结盟。

1912 年八九月，马其顿和阿尔巴尼亚境内发生了针对奥斯曼当局的起义，帝国军队前往镇压，造成平民百姓死亡。巴尔干各地为此举行抗议活动，公开要求报复奥斯曼土耳其人。保加利亚、塞尔维亚和希腊借机紧急磋商，加速行动。

1912 年 3—10 月，一个联合巴尔干四国(保加利亚、塞尔维亚、希腊、黑山)政治力量和军事力量共同反对奥斯曼帝国的巴尔干同盟已经形成。这个同盟的诞生，使一场战火迫在眉睫，一场联合推翻奥斯曼帝国统治的战争进入了倒计时：

3 月 13 日，保加利亚与塞尔维亚签订反土防奥的军事同盟条约；5 月，保加利亚与希腊签订同盟条约；8 月，黑山加入保加利亚与希腊同盟；9 月，4 个盟国宣布战争动员，开始向土耳其边境调动军队。

10 月 13 日，塞尔维亚、保加利亚、希腊三国照会奥斯曼帝国，要它立即给予马其顿自治权。

10 月 14 日，希腊邀请仍处于奥斯曼帝国管辖下的克里特岛议员进入希腊议会。

10 月 15 日，奥斯曼帝国拒绝巴尔干同盟 13 日的照会，并匆忙同意大利签订和约，积极备战应对巴尔干国家。

10 月 16 日，巴尔干同盟军队部署到各自准备进攻的阵地，奥斯曼帝国也调兵遣将，重新配置兵力。

10 月 17 日，奥斯曼帝国借口塞尔维亚和保加利亚两国干涉帝国内政，剥夺这两个国家在帝国首都外交代表处的委任书。

第一次巴尔干战争

第一次巴尔干战争经历了两个阶段:第一阶段为 1912 年 10 月中旬—12 月初,巴尔干同盟军全线出击,奥斯曼土耳其军队节节败退,请求欧洲大国出面调停,在伦敦开始和平谈判;第二阶段为 1913 年 1 月上旬—3 月底,巴尔干同盟军继续争夺城堡和要塞,奥斯曼帝国从战场重新回到伦敦谈判桌上,直至 5 月签订和约为止。

在战争的第一阶段,奥斯曼帝国需在 4 条战线上同巴尔干同盟作战:在色雷斯与保加利亚军队作战,在马其顿与保加利亚、塞尔维亚和希腊军队作战,在阿尔巴尼亚北部和科索沃与塞尔维亚和黑山军队作战,在阿尔巴尼亚南部与希腊军队作战。最激烈的战斗发生在马其顿和色雷斯地区。

保加利亚军队发挥着主力军的作用。10 月 18 日深夜,保加利亚 3 个军的兵力全部向土耳其方向进攻,第一军距离保加利亚与土耳其边界只有 10 千米,第二军也沿马里查河向奥德林进发。当时的奥德林有 8 万居民,一半是土耳其人,一半是希腊人、犹太人和亚美尼亚人以及少量保加利亚人。该城是通向君士坦丁堡的门

第一次巴尔干战争

户、铁路交通枢纽、烟草工业产地,也是土耳其的宗教和文化中心之一。奥斯曼帝国在该城周围修筑了两道工事和现代化防线,由 6 万官兵驻守。

10 月 21 日,保加利亚军队接近土耳其的奥德林—伊内杰—克尔克拉雷利防线阵地。第一场遭遇战发生在克尔克拉雷利,战线长 60 千米,双方投入的兵力各有 15 万。经过 10 月 22—24 日的 3 天鏖战,保加利亚军队终于攻下克尔克拉雷利镇(约两万人口),赢得了开战 6 天来的第一场胜利。战斗双方均付出了成千上万人死伤的代价。

　　奥斯曼帝国军队没有预料到战事会发展得如此迅速,在断定第二条防线难以固守的情况下,边打边退,在距离君士坦丁堡仅30千米的恰达尔贾镇构建了第三道防线。这道防线北起黑海,南至马尔马拉海,总长45千米。土耳其军队充分利用沿海地带的沼泽地和水域,修筑了许多碉堡和工事,想以大炮和机关枪阻止保加利亚军队的凌厉攻势。保加利亚军队在斐迪南国王的亲自指挥下,迅速向伊斯坦布尔推进,摆出一副要独享胜利成果的架势。

　　与此同时,塞尔维亚军队在10月19日出击马其顿北部,希腊军队则开赴马其顿南部。

　　战争开始后,同盟军情绪高涨,乘胜前进,达到了预定的目标。奥斯曼帝国军队丢城弃池,节节败退,不到一个月的时间就全线崩溃,不得不请求列强调停。欧洲大国担心巴尔干同盟军夺取伊斯坦布尔,失去它们在黑海两海峡的战略地位,遂出面斡旋。

《伦敦和约》艰难产生

　　1912年10月30日,奥斯曼帝国眼见君士坦丁堡危在旦夕,帝国的失败已不可避免,便向保加利亚政府提议媾和。保加利亚国王斐迪南野心勃勃地想要攻下君士坦丁堡,在对和谈条件尚不明确的情况下,拒绝了这一提议,并进而下令攻打土耳其在恰达尔贾的阵地。恰达尔贾工事坚固,并配有野战炮和海岸炮加以防守。由于保加利亚的进攻部队已经疲惫不堪,与后方的联系又被切断,这次攻坚战便以失败告终。在这个时候,斐迪南才接受提议,于12月3日同奥斯曼帝国签订了停战协定。双方在各自阵地停止了军事行动,等待缔结和平条约。此时,欧洲土耳其的绝大部分领土已被巴尔干同盟占领,只剩下奥德林、斯库台、约阿尼纳(雅尼纳)等城堡和阿尔巴尼亚的部分地区没有被攻下。

　　12月16日,巴尔干同盟的代表(塞尔维亚、黑山和希腊派出了首相)和奥斯曼帝国的代表在伦敦开始谈判和约条件。由于双方难以找到共同点,谈判很快陷入僵局。

　　1913年2月3日,战事再起,战争进入第二阶段。巴尔干同盟军全线出击,在不到一个月的时间里,保加利亚军队攻克奥德林,舒克里巴夏率领城防部队投降;希腊军队于2月18日—3月3日借助猛烈的炮火和声东击西的围城战术,最后夺取了约阿尼纳(雅尼纳)城堡;塞尔维亚和黑山军队经过2月7—20日和3月3—17日的两次战斗,终于攻陷斯库台。3月中旬,奥斯曼帝国再次战败,其谈判代表被迫重新回到谈判桌上来。

谈判中,交战双方不仅在一系列问题上存在着严重分歧,而且巴尔干同盟内部以及它们同欧洲大国之间,均存在着十分复杂的利益关系和尖锐的矛盾。巴尔干同盟内部最突出的矛盾是如何瓜分奥斯曼帝国在巴尔干半岛的领土,如马其顿地区和阿尔巴尼亚的部分领土。奥匈帝国竭力反对黑山占领斯库台和塞尔维亚拥有亚得里亚出海口,企图自己控制这些地区,以抵制俄国势力的渗入。德国和意大利支持奥匈帝国的立场,而俄国和英国则表示理解塞尔维亚和黑山的要求。

1913 年 5 月 30 日,谈判在经历了 5 个多月的拉锯战后,终于签订了《伦敦和约》。奥斯曼帝国宣布将米迪亚—埃诺斯一线以西的全部欧洲领土和爱琴海上的岛屿归还巴尔干同盟,克里特岛交给希腊。第一次巴尔干战争遂告结束。

签订《伦敦和约》

内讧引发第二次巴尔干战争

奥斯曼土耳其在巴尔干战争中惨遭失败,打破了巴尔干国家之间的平衡,甚至刺激了反土耳其同盟国的胃口,谁都想多占地盘和人口。

战争的烟云还没有消散,胜利者就在瓜分马其顿问题上发生冲突。保加利亚认为,马其顿的大部分居民是保加利亚人,因此它应该占有斯科普里和萨洛尼卡等地,甚至独霸马其顿。它还认为,在战争中它作出的贡献最大,付出的牺牲最多,鲜血不能白流。

塞尔维亚所占的领土大多在阿尔巴尼亚境内。由于阿尔巴尼亚宣告独立,伦敦和会又反对塞尔维亚获得亚得里亚出海口,所以,塞尔维亚要求修改同保加利亚达成的密约,在马其顿得到更多的"补偿"。

希腊也不满足于已经获得的领土,更不愿从北伊庇鲁斯撤军。它希望在马其顿和色雷斯占领更多的土地,坚决反对保加利亚对港口城市萨洛尼卡及其周邻地区的领土要求。

黑山站在塞尔维亚、希腊一边,同样不愿从阿尔巴尼亚北部撤军,而是希望取得新帕扎尔州,以便同塞尔维亚接壤。

于是,塞尔维亚、希腊两国患难与共,很快又走到了一起。1913 年 6 月 1 日,两国签订了同盟条约和秘密军事协定,把矛头直指保加利亚。条约第 1 条规定:"缔约双方互相确保各自的领土,当任何一方遭到进攻时,应该以全部兵力提供相互帮助,并不得单独同敌方媾和。"

正在这时,保加利亚统治集团中大保加利亚的阴魂未散,国王斐迪南于 6 月 16 日命令军队向驻守在马其顿的塞尔维亚、希腊两国军队发起突然袭击。巴尔干战火重新燃起,这就是同室操戈的第二次巴尔干战争,又称"同盟战争"。

早在 1908 年 10 月,斐迪南就在致保加利亚人民的特别文告中宣称,保加利亚不再是一个"公国",而是一个"王国",而他自己也不再是"大公",而是"全体保加利亚人的国王"。1911 年,斐迪南迫使大国民议会修改宪法,授权他可以同别国进行秘密协商,并有宣战和停战的权力。他把自己建立的王朝称作"第三保加利亚王国",既想恢复中世纪大保加利亚的辉煌,又想使自己永垂青史。

战争开始时,保加利亚军队约有 50 万人,塞尔维亚军队有 34.8 万人,希腊军队有 23 万人,黑山军队有两万人,后三个国家的军人数量比保加利亚军人多出近 10 万。接着参战的罗马尼亚军队有 50 万人,奥斯曼土耳其军队也有 25 万人。所有对立国家不仅在军事上占有优势,而且事先在政治和外交准备方面也比保加利亚充分得多。它们面对保加利亚的突然袭击,立即做出了强烈的反击。

希腊首先以 5 个师的兵力攻打库库什地区保加利亚 4 个团的防守部队。6 月 21 日攻克库库什后,希腊军队又高呼"向索非亚进军"的口号,越过斯特鲁米查河，进入保加利亚本土。从6月17日起，塞尔维亚军队开始进攻马其顿境内的什蒂普和科恰尼，保加利亚军队被迫转入防守。到6月底，保加利亚军队几乎已经放弃了在马其顿各地的阵地，重点保卫保加利亚本土。

希腊军队向保加利亚前线发起反攻

紧接着，黑山和罗马尼亚乘机向保加利亚宣战，奥斯曼土耳其也卷土重来，出兵东色雷斯。保加利亚政府面临四面楚歌的灭顶之灾，于6月25日请求俄国出面调停，签订和平条约。俄国竭力劝阻罗马尼亚不要卷入对保加利亚的战争，但罗马尼亚还是认为收回南多布罗查的时机已到，遂与塞尔维亚和希腊商讨针对保加利亚的军事行动。

从6月28日—7月2日，几十万罗马尼亚军队从北部攻占南多布罗查，越过多瑙河，逼近保加利亚首都索非亚。7月15—16日，罗马尼亚军队抵达距索非亚只有100多千米的巴扎尔吉克。

6月29日，奥斯曼土耳其军队不顾《伦敦和约》，出动全部兵力，进攻保加利亚控制的东色雷斯。不久，该国军队越过《伦敦和约》划定的米迪亚—埃诺斯边界线，经过激烈争夺，于7月23日占领了奥德林城堡，并迅速向保加利亚本土挺进。

保加利亚军队因集中兵力在西部和南部同塞尔维亚和希腊军队作战，无暇顾及北部和东部罗马尼亚和奥斯曼土耳其军队的凌厉攻势。结果，在短短一个月时间里，保加利亚腹背受敌，危在旦夕。7月初，首都索非亚告急。于是，保加利亚政府以斐迪南国王的名义请求大国出面，实现停火和谈判签订和约的条件。

这样，1913年7月17日，交战双方的代表开始谈判媾和问题，战事立刻停止。7月28日，以保加利亚为一方，以塞尔维亚、希腊、黑山、罗马尼亚为另一方，开始在布加勒斯特正式举行谈判。

签订《布加勒斯特和约》

因为第二次巴尔干战争以保加利亚一国的彻底失败而告终,所以这次谈判和缔结和约要比签订《伦敦和约》容易得多。1913 年 8 月 10 日,保加利亚在布加勒斯特签订了割地赔款的和约——《布加勒斯特和约》。

9 月 16—29 日,保加利亚与奥斯曼土耳其举行双边谈判,并签订了《君士坦丁堡和平条约》,重新划定了保加利亚与土耳其的边界线。同时,条约还规定仍然停留在保加利亚境内的所有土耳其公民需要在 4 年之内返回土耳其,而生活在东色雷斯的保加利亚难民需要在两年之内回到保加利亚。

战争的结果,使保加利亚非但没有用武力建立起"大保加利亚",反而鸡飞蛋打,失去了它在第一次巴尔干战争中获得的大部分土地。

经过这两场战争,奥斯曼帝国在巴尔干的属地被彻底瓜分了,帝国的欧洲领土 1913 年比 1912 年缩小了 84%。塞尔维亚和希腊成为最大的获利者。

塞尔维亚得到了新帕扎尔桑贾克的一部分,包括普里什蒂纳和普里兹伦两市在内的科索沃和梅托希亚、整个马其顿西部和中部地区,包括斯科普里、奥赫里德和比托拉等市在内,总共约 3.8 万平方千米和近 150 万人口。结果,塞尔维亚的面积几乎扩大了一倍,即从 4.83 万平方千米扩大到 8.77 万平方千米(＋81%),而人口从 290 万增加到 450 万(＋55%)。

希腊得到的领土和人口最多。它获得北伊庇鲁斯(包括雅尼纳市)、马其顿南部,包括萨洛尼卡、色雷斯、德拉马、卡瓦拉和爱琴海上的一些岛屿,总面积从约 6.478 万平方千米扩大到 10.86 万平方千米(＋67%),人口从 267 万增加到 430 万(＋61%)。

保加利亚从奥斯曼"遗产"中分到了自己的份额,即得到了西色雷斯地区和皮林马其顿,其领土面积从 8.714 万平方千米扩大到 11.217 万平方千米,增加了 2.3 万平方千米(＋28.7%);人口从 434 万增加到 480 万(＋10.6%)。

罗马尼亚则从保加利亚手中得到了南多布罗查,增加领土面积约 7 100 平方千米(5.1%),人口约 15 万—20 万(亦说增加领土 7 500 平方千米,人口 30 万)。

在两场巴尔干战争中,双方参战的官兵约有 130 万人,阵亡 22 万人,伤残约 36 万人。这就是说,每 6 个参战者中就有 1 人阵亡,几乎每 10 个官兵中就有 3 人负伤。

马其顿被邻国瓜分

与阿尔巴尼亚获得国家独立的情况相反,马其顿却成了周边国家争抢的牺牲品。

历史上,马其顿作为一个争论问题,是在 1877—1878 年的俄土战争中产生的。俄国从自己扩张、称霸的需要出发,1878 年 3 月在与土耳其缔结《圣斯特法诺条约》时,擅自将马其顿的大部分(5 万多平方千米)许诺给保加利亚。这是决定马其顿命运的第一个条约。但是,俄国的图谋遭到英国、奥匈帝国和德国的坚决抵制。同年 6 月签订的《柏林条约》第 23 条规定,马其顿仍属奥斯曼帝国管辖,但必须由大国监督进行某种改革。

欧洲列强,特别是沙皇俄国和奥匈帝国对马其顿问题很感兴趣,因为它是奥斯曼帝国,一个快要死去的"病人",其遗产的一个组成部分。从 19 世纪下半叶开始,强大的奥斯曼帝国已经病入膏肓,列强和沙俄蜂拥而至,企图瓜分它的"遗产"。沙皇俄国为了闯进地中海,一直追求取得黑海及其达达尼尔海峡和博斯普鲁斯海峡的控制权。为此,俄国迫切想要占据巴尔干东部的保加利亚或者西南部的马其顿。

与此同时,《柏林条约》签订后,马其顿问题已经成了巴尔干新兴国家保加利亚、塞尔维亚和希腊纷争的焦点。它们竞相在马其顿建教堂、办学校、寻找代理人。3 个国家都插手马其顿的民族解放运动,使之为自己的政策服务。3 家除了相互争夺霸权外,又都在马其顿居民和土耳其当局之间挑起争端,想通过对土耳其的战争来实现各自的目的。难怪当时有人形象地说,马其顿"活像一头奶牛,谁都想来挤奶"。

第一次世界大战打响后,马其顿就被保加利亚、塞尔维亚、希腊三国彻底瓜分。塞尔维亚占领的部分,以瓦尔达尔河得名,称瓦尔达尔马其顿,面积为 2.5 万多平方千米(占 38%),当时约有马其顿族人 80 多万;希腊所占领的部分邻近爱琴海,称爱琴海马其顿,面积 3.4 万多平方千米(占 52%),人口 70 万—80 万;保加利亚占领的部分地处皮林山脉一带,称皮林马其顿,面积 0.6 万多平方千米(10%),人口约 20 万。由于保加利亚、塞尔维亚、希腊三国在分得的领土面积和人口数量上的不均以及所处战略地位的差异,它们在马其顿的争夺就更加激烈了。

马其顿一分为三的状况一直维持到现在。今日马其顿共和国是 1991 年脱离南斯拉夫联邦,而新独立的国家。它的领土范围就是原来塞尔维亚占据的瓦尔达尔马其顿。

作者点评

巴尔干半岛优越的自然环境和地缘地理位置,有利于发育高水平的文明。欧洲自古至今的历史都与巴尔干地区的历史密不可分。古代史有古希腊、古罗马;中世纪史有拜占庭帝国、保加利亚和塞尔维亚等国的历史;欧洲近代史和现当代史中以巴尔干原社会主义国家和以希腊、土耳其为代表的国家已登上历史舞台,是欧洲历史和文明的一部分。

巴尔干山不仅是接连不断发生流血和战争的场所,也是爱国者进行革命活动的摇篮,孕育了无数的民族英雄和好汉。巴尔干更是南部斯拉夫人栖息、繁衍、成长和壮大的摇篮。

公元 7 世纪前后,斯拉夫人开始定居巴尔干半岛,史书称他们为南部斯拉夫,以区别于多瑙河以北的西斯拉夫和东斯拉夫。他们先后建立了中世纪南部斯拉夫国家,有过辉煌的历史。

从 9 世纪起,在南斯拉夫境内出现一些早期中世纪小国。此时,南部斯拉夫人创造了自己的文字,大多接受了基督教。这对后来南部斯拉夫人的文化和精神生活都产生了深远的影响。南部斯拉夫人的中世纪国家在欧洲成立较晚,而且也不够强大,但它们保持了自己的语言和民族属性,捍卫了自由和独立。随后,南部斯拉夫国家同强大的拜占庭帝国相邻,几个世纪都是战乱与和平相互交替。

到 15 世纪下半期,几乎整个巴尔干半岛都被奥斯曼土耳其人侵占。1453 年奥斯曼土耳其人攻占拜占庭帝国的心脏——君士坦丁堡后,不仅宣告了强大的拜占庭帝国统治的结束,而且从此奠定了奥斯曼帝国的基业。在其后的一个世纪里,奥斯曼帝国迎来黄金时代。帝国的疆界迅速膨胀,以巴尔干为中心向四周扩展,它很快就成了一个横跨欧亚非三大洲的大帝国。16世纪初,奥斯曼帝国开始成为一个中央集权制国家。

到 18 世纪,巴尔干半岛西部的达尔马提亚沿岸和爱琴海岛屿被威尼斯侵占,而半岛的西北部则慢慢由奥地利帝国侵蚀盘踞。它巧妙地动员和组织巴尔干半岛西北部的戍边区居民,鼓动塞尔维亚人、克罗地亚人、斯洛文尼亚人的反奥斯曼奴役的情绪,并借助日益崛起的俄国、法国和英国,尝试达成反对奥斯曼帝国的某种协议。

奥斯曼帝国征服巴尔干半岛后,在那里建立起军事封建制度,实行民族压迫和民族同化政策。但是,巴尔干各国被奴役的人民没有向征服者低头,为反抗奥斯曼帝国统治,他们开展了各种形式的斗争,从早期自发的"哈伊杜克"运动到15—18世纪多次反对奥斯曼土耳其人统治的农民起义,直至18世纪后期开始的民族复兴运动。

此时,奥斯曼帝国的政治经济开始衰落,欧洲大国对"奥斯曼遗产"的争夺加剧。19世纪巴尔干国家的民族解放运动全面高涨,他们反对奥斯曼帝国的政治压迫,期盼在恢复昔日传统的基础上建立自己的民族国家和民族文化。这时,奥斯曼帝国试图借鉴欧洲资本主义模式的"经验",对日益衰微的旧制度进行调整和改革,但为时已晚。奥斯曼帝国和奥匈帝国的大厦最终在波澜壮阔的民族解放运动中倾覆。

1804—1815年,塞尔维亚爆发了两次大起义。1829年,奥斯曼土耳其在俄土战争中失败,根据《奥德林条约》同意塞尔维亚完全自治。1830年塞尔维亚成为苏丹治理下的自治公国,米洛什成为世袭大公。1835年,在克拉古耶瓦茨通过了塞尔维亚第一部宪法。塞尔维亚走上了欧洲发展道路。

到了19世纪,随着资本主义的发展和民族解放运动的兴起,绝大多数南部斯拉夫人都建立了民族国家和形成了现代民族,并试图联合成更大的国家共同体,开始走上资本主义发展道路。

1912年10月—1913年8月的短短9个月时间里,巴尔干半岛爆发了两次战争。1912—1913年,保加利亚、塞尔维亚、希腊和黑山联合反对奥斯曼帝国。很快,联军在色雷斯、马其顿、科索沃和阿尔巴尼亚等地大败奥斯曼帝国军队,史称"第一次巴尔干战争"。但是,1913年胜利者在瓜分马其顿问题上发生冲突,保加利亚和盟国之间立即开战,史称"第二次巴尔干战争",亦称"同盟战争"。战争的策划者和应战者都被各自的爱国主义所绑架,忘乎所以地开始了血腥的厮杀。战争加深了巴尔干国家之间的裂痕和敌视,它们彼此在残杀中消耗精力,却很少取得谅解和相互帮助。

塞尔维亚和黑山尽管牺牲了几万人,但它们是两次巴尔干战争的胜利者和获益者,它们被这种"最伟大的军事胜利"所鼓舞,开始意气风发地去实现南部斯拉夫人的世纪夙愿:建立南部斯拉夫人的统一国家。当然,塞尔维亚认为,命运注定它应该成为未来国家共同体的领军者。

同样命中注定的是塞尔维亚和克罗地亚的政治联合行动必然遭到奥匈帝国的军事对抗,奥匈帝国甚至不惜动用战争机器。奥匈帝国总参谋部的将军们正在制订一场反对塞尔维亚的先发制人的战争计划。

第二章

南斯拉夫王国的兴亡(1918—1941年)

一、塞尔维亚与第一次世界大战（1914—1918年）

萨拉热窝点燃第一次世界大战导火线

塞尔维亚和黑山在巴尔干战争中的胜利极大地鼓舞了居住在奥匈帝国境内的南部斯拉夫人，唤起了他们摆脱外来压迫、实现民族独立的愿望。特别是塞尔维亚经过两次巴尔干战争后，成为巴尔干半岛上最强大的国家。这种情况导致它与奥匈帝国产生新的冲突，很快发生了战争。

到战争前夕，塞尔维亚的民族主义者已经形成了两个组织。第一个组织被称为"人民防御"。它组建于1908年12月，即奥匈帝国兼并波黑之后，在南部斯拉夫人居住区域里拥有分支机构。第二个组织被称为"统一或者死亡"，即赫赫有名的"黑手"，成立于1911年。这两个组织都具有大塞尔维亚民族主义思想，主张生活在南部斯拉夫各地的塞尔维亚人联合起来，不分性别和宗教信仰，都可以成为该组织的成员。当然，吸收成员要举行神秘仪式，履行复杂手续，作出庄严承诺。例如，在加入仪式的誓词中说："我自愿加入统一或者死亡组织……忠于职守，视死如归……忠实执行一切命令、严守秘密、永不出卖组织的秘密。如有自觉或不自觉地违背自己的誓言，愿接受上帝和组织同仁的惩处。"①波黑也有这两个组织的成员。

---

① ［英］芭芭拉·耶拉维奇：《20世纪巴尔干史》(*History of the Balkans Twentieth Century* , Volume 2, Cambridge University Press 1983)。此处引自保加利亚文译本《*История на Балканите XX век* , Том 2》第2卷，索非亚，"AMAT-AX"出版社2012年版，第116页。

1914年6月28日,奥匈帝国皇储弗兰茨·斐迪南大公造访萨拉热窝,遭到波斯尼亚爱国青年加夫里洛·普林西普的刺杀。[1]这一事件被视为第一次世界大战爆发的导火线。

尽管当时人们对枪击案的详细情况并不清楚,传言四起,但奥匈帝国当局立即认定这是"黑手"组织所为,塞尔维亚政府应当承担责任;同时,奥匈帝国认为它有德国在背后撑腰。消灭塞尔维亚的时机终于成熟了。于是,7月23日,奥匈帝国向塞尔维亚提出了包括10项要求在内的最后通牒,其中包含要求塞尔维亚政府采取严厉措施消灭任何反对奥匈当局的行动和允许帝国的工作人员参与对谋杀事件的调查。塞尔维亚政府几乎接受了帝国提出的除派员参加调查之外的全部条件。

萨拉热窝谋杀

7月28日,奥匈政府指责塞尔维亚政府是这一事件的幕后"操纵者",遂正式向塞尔维亚宣战。在接下来的5天之内,5个欧洲大国高调卷入战争。随即爆发了到那时为止世界历史上最大规模的战争——第一次世界大战。

奥匈帝国同塞尔维亚开战,就军事力量和经济实力对比而言,这是一场"巨人同矮子"的战争。塞尔维亚经过两次巴尔干战争之后,军队已疲惫不堪,缺乏军饷和武器。塞尔维亚经全国动员后只有40万现役和预备役兵力,而它面对的却是拥有200万全副武装的欧洲最强大的帝国军队。与此同时,塞尔维亚开始没有得到任何一个盟友的支持,它不得不进行一场"不对称的战争"。

被刺的奥匈帝国皇储弗兰茨·斐迪南
(1863—1914年)

---

[1] 这就是著名的萨拉热窝谋杀案。普林西普1918年4月病死于监狱,至今受到人民的爱戴。南斯拉夫社会主义年代,在普林西普开枪射击斐迪南夫妇的地方,建了一个小型的博物馆。该馆旁边的人行道上有重新模仿的两只大脚印。墙壁上有一块刻着红色字的纪念碑,上面写道:"1914年6月28日,加夫里洛·普林西普在这个地方以他的射击表达了人民对暴政的反抗和我国人民谋求自由的夙愿。"

很快,欧洲大国从各自的利益出发,利用这场冲突,在没有做好军事、经济和心理准备的情况下,纷纷选边站队,决定支持还是反对交战的一方。7月29日,沙皇俄国宣布总动员,德国决定向法国和俄国开战。8月2日,英国站在协约国一边参战。这样,一个星期之内,在欧洲各盟国的复杂牵连下,所有列强都卷入了这场博杀,战火烧遍整个欧洲大陆。

战争开始后,巴尔干国家都把赌注押在自己认为可能取得胜利的一方。如果说所有巴尔干国家都把大国作为靠山,那么此时的塞尔维亚则成了某些巴尔干国家落井下石的对象。

塞尔维亚起死回生

战争一开始,塞尔维亚就面对奥匈帝国、德国和保加利亚三个强大的敌人,每一场战斗都十分激烈。1914年在南部斯拉夫境内发生了两次大的战役。8月12—20日,奥匈军队在波乔雷克将军的率领下,投入20多万兵力向德里纳河塞尔维亚军队发起进攻,即米尔战役。11月,塞尔维亚王国首都贝尔格莱德告急;12月初,塞尔维亚国民议会被迫转移到南部城市尼什,并发表声明:塞尔维亚人民决心战斗到底。同年12月,奥匈军队与塞尔维亚军队又在科卢巴拉进行争夺战。在上述两次战役中,25万塞尔维亚军队半数以上非伤即亡,而奥匈军队也死伤数万人。波乔雷克将军被奥匈皇帝解除军职,宣布退役。

1915年夏天,由于伤寒病流行,塞尔维亚有近50万人染病,10万人卧床不起。其中,约有15万塞尔维亚士兵因伤寒病丧失了战斗力。9月,保加利亚为夺回在1913年第二次巴尔干战争中失去的大片土地,动员了70万—80万兵力,站在同盟国一边向塞尔维亚发起进攻,决心占领整个马其顿、塞尔维亚南部地区和罗马尼亚的南多布罗查。

这年秋季起,塞尔维亚军队受到德国、奥匈和保加利亚三国军队从背后和侧翼的大举进攻,被迫穿过塞尔维亚和黑山,向阿尔巴尼亚方向转移。到了严寒的冬季,塞尔维亚政府、塞尔维亚军队最高指挥部决定将整个政府、议会和军队一起经阿尔巴尼亚撤退到亚得里亚海滨地区。撤退进行了一个月,饥饿和严寒造成约1.5万人死于阿尔巴尼亚山区。

据有关资料统计,1915年10月塞尔维亚军队还有42万人,11月底到达科索沃时仅剩下30万人。他们在12月穿越阿尔巴尼亚时约有22万人,而在1916年2月到达希腊科孚岛时已不足15万人。这时塞尔维亚全境已被德国、奥匈帝国和保加利亚等同盟国军队占领。

与此同时,黑山也遭到了类似于塞尔维亚的命运。1916 年 1 月,奥匈军队占领了黑山,该国国王尼古拉逃亡意大利。同盟国军队在巴尔干半岛占据绝对优势。

随着罗马尼亚和希腊于 1916 年起先后站到协约国一边投入战斗,巴尔干战场形势对同盟国越来越不利。在科孚岛上经过几个月的休整后,10 多万塞尔维亚军队于 1916 年下半年起同协约国军队一起投入了萨洛尼卡战役。①

1918 年秋,塞尔维亚军队同英国、法国和希腊等协约国军队一起,彻底打败了保加利亚军队。塞尔维亚军队经过 45 天的战斗收复了塞尔维亚全境,并向奥匈帝国腹地进军。1918 年 11 月 1 日,贝尔格莱德获得解放,塞尔维亚军队占领波黑和伏伊伏丁那。

萨洛尼卡战役的胜利预示着第一次世界大战的结束。奥斯曼帝国于 10 月 30 日投降。奥匈帝国随即解体。在它的废墟上,11 月 13 日建立了奥地利共和国,11 月 16 日成立了匈牙利共和国。12 月 1 日诞生了塞尔维亚—克罗地亚—斯洛文尼亚王国。这样,战争以协约国的

1918 年 9 月萨洛尼卡战役

彻底胜利告终。巴尔干国家中的罗马尼亚、塞尔维亚和希腊属于战胜国,而保加利亚和奥斯曼土耳其属于战败国。阿尔巴尼亚则遭到外来势力轮番占领。

在这场反抗外来侵略和争取独立的斗争中,南部斯拉夫各族人民蒙受了巨大的牺牲。据统计,在第一次世界大战中,南部斯拉夫地区有 1 100 万人口,却损失了 190 万人,也就是说牺牲了近 18% 的人口,在协约国中损失是最惨重的。塞尔维亚学者认为,塞尔维亚在第一次世界大战中,"全国一半的成年男子死于战争中"。关于塞尔维亚在战争中死亡的人数至今没有一个精确的统计。一说在战争中直接或间接死亡的人数为 124.8 万人,即占塞尔维

---

① 1918 年 9 月,协约国共投入 28 个师,其中 9 个希腊师、6 个塞尔维亚师。同盟国军队几乎没有抵抗。保加利亚政府于 9 月 29 日投降,德国和奥匈军队向巴尔干半岛北部撤退。

亚王国总人口的 28%;黑山死亡约 5 万人,约占全国总人口的19%。①一说战争中塞尔维亚损失了约 72.5 万人,其中包括 27.5 万官兵、15 万平民,约 30 万人死于传染病和饥饿。②

在战争结束阶段,俄国爆发了伟大的十月革命,奥匈帝国和奥斯曼帝国土崩瓦解。从此,欧洲大国奴役南部斯拉夫各族人民的历史宣告结束。

南斯拉夫的"出生证"

建立一个由南部斯拉夫各族人民组成的国家,长期以来是南部斯拉夫各民族中最先进的社会力量的理想和愿望。他们认为,南部斯拉夫各民族应该统一于一个联邦之中,只有这样才能有效抗拒外来侵略,保证各民族的自由和独立,平等地发展各自的政治、经济和文化。早在第一次世界大战后期,由于欧洲形成的革命形势和多民族的奥匈帝国的解体,民族自决原则得到尊重,为使这一理想变成现实提供了极好的机会。

非正义的战争往往是朝着战争发动者预料的相反方向发展的。在战争中,塞尔维亚人民看到了南部斯拉夫人联合起来的历史机遇,过去几代人的理想正在变成现实。

南斯拉夫委员会成员(1916 年)

①② [塞尔维亚]米拉·拉多耶维奇、留博德拉格·迪米奇:《大战中的塞尔维亚 1914—1918》,贝尔格莱德,塞尔维亚图书出版局 2014 年版,第 259 页。

　　早在 1915 年 4 月,英、法、俄三个协约国成员国为了把意大利拉到自己
一边作战,秘密签订了《伦敦条约》,允诺把属于南部斯拉夫的的里雅斯特、普
拉、伊斯特拉和亚得里亚东海岸的大片领土划给意大利。这种由大国任意宰
割弱小民族的决定引燃了南部斯拉夫地区广大人民群众和爱国者实现民族
团结的烈火。各地群众纷纷游行示威,抗议欧洲列强拿南部斯拉夫地区作为
交易的筹码。一批流亡国外的南部斯拉夫的资产阶级政治家于同年 10 月集
会伦敦,成立了一个以克罗地亚人安特·特鲁姆比奇(1864—1938 年)为首的
南部斯拉夫委员会。该委员会在宣言中要求统一和独立,宣布同奥匈帝国哈
布斯堡王朝断绝关系,主张成立一个包括全体南部斯拉夫人在内的新国家。

　　1917 年 7 月 20 日,塞尔维亚首相尼科拉·帕希奇(1845—1926 年)同南
部斯拉夫委员会主席特鲁姆比奇在科孚岛发表了《科孚宣言》。宣言号召所
有塞尔维亚人、克罗地亚人和斯洛文尼亚人联合起来,在卡拉乔尔杰维奇①
王朝的统治下建立一个民主的和议会制的君主国。在这个君主国里,拉丁字
母和基里尔字母将享有平等使用权,天主教、东正教和伊斯兰教也将受到平
等待遇。同时,新建的国家将叫作塞尔维亚—克罗地亚—斯洛文尼亚王国,
这也是为了体现这个新国家中的三个民族享有平等的权利。

　　尽管《科孚宣言》有很大的局限性,没有把所有南部斯拉夫各民族的平等
权利都包括进去,也不完全符合人民对未来国家制度的愿望,但它的发表在
实现国家统一和民族团结方面不能不说是具有重大意义的事件,在历史的进
程中迈出了一大步。因此,一些南斯拉夫学者颇为风趣地说:"这篇宣言可以
称作未来南斯拉夫的出生证。"

　　1918 年 2 月,在俄国十月革命和欧洲革命运动的影响下,在奥匈帝国舰
队服役的南部斯拉夫士兵在博卡-利托尔举行兵变,要求实现美国威尔逊总
统提出的民族自决的诸项原则。从同年夏天起,在奥匈帝国统治下的南部斯
拉夫人土地上,许多不愿打仗的士兵逃进森林和自发暴动的农民一起,成立
了"绿军",在各地夺取奥地利和匈牙利地主的土地,拒纳租税。在斯洛文尼
亚、波斯尼亚、黑塞哥维那、克罗地亚等地的资产阶级政党纷纷集会,商议实
施民族自决问题,并开始建立具有临时政府性质的"国民委员会",为组建一

---

① 亚历山大一世卡拉乔尔杰维奇(1888—1934 年)是塞尔维亚国王佩塔尔一世的幼子,1909 年宣布为
　王位继承人。从 1914 年起,他作为摄政王帮助年老多病的父亲治理国家。从 1921—1934 年成为南
　斯拉夫王国的国王。1934 年在马赛遇刺身亡。

个南部斯拉夫各民族的统一国家做准备。

1918 年 10 月 6 日,在克罗地亚首府萨格勒布成立了一个"中央国民委员会",有克罗地亚、斯洛文尼亚、波斯尼亚和黑塞哥维那、伏伊伏丁那、达尔马提亚等地的代表参加,由斯洛文尼亚教权主义党的首领安东·科罗舍茨(1872—1940 年)任委员长。10 月 29 日,克罗地亚议会宣布废除 1868 年与匈牙利签订的联合协议,正式脱离奥匈帝国,建立斯洛文尼亚人、克罗地亚人和塞尔维亚人国家。

1918 年 11 月初,在更大范围内组织一个自由独立国家的行动又前进了一步。塞尔维亚政府、萨格勒布中央国民委员会和南部斯拉夫委员会的三方代表在日内瓦达成临时协议,决定建立一个以塞尔维亚王国为首的联合国家。11 月 26 日,黑山议会通过决议,宣布同塞尔维亚联合,并推翻了黑山的尼古拉·佩特罗维奇王朝,伏伊伏丁那议会也在 11 月 25 日宣布同塞尔维亚合并,从此,伏伊伏丁那成了塞尔维亚的一个自治单位。

这样,《科孚宣言》的条款得到了落实。在这个基础上,1918 年 12 月 1 日,塞尔维亚摄政王亚历山大一世卡拉乔尔杰维奇在贝尔格莱德宣布建立塞尔维亚—克罗地亚—斯洛文尼亚王国,①并将塞尔维亚作为王国的中心,塞尔维亚国王佩塔尔一世(亦译作彼得一世)成为国王,尼科拉·帕希奇任首相。

王国宣告成立仪式

---

① 实际上,到 1929 年仍是塞尔维亚—克罗地亚—斯洛文尼亚王国,为表述方便,以下统称南斯拉夫王国。

显然,成立王国的合法基础是《科孚宣言》、美国威尔逊总统的"十四点计划"和第一次世界大战结束时签订的各项条约。12 月 20 日,新国家的第一届共同政府成立,22 日确定和通过了共同国家的名称、国旗和国徽。从此,一个新的国家共同体"南斯拉夫"登上历史舞台,它满怀激情和希望奔向未来,成为日后吸引欧洲和世界眼球的巴尔干国家。

新成立的南斯拉夫王国的面积为 24.8 万平方千米,接近后来南斯拉夫联邦的面积,塞尔维亚占整个王国领土面积的 38.42%;王国的总人口 1 198.5 万,境内的少数民族约有 200 万人。在宗教信仰方面,王国的东正教教徒占 46.6%,天主教教徒占 39.4%,穆斯林占 11.1%。这个新国家在巴尔干半岛和欧洲都是大国之一。

南斯拉夫王国的建立使南部斯拉夫各民族从此纳入共同国家的发展道路。人们逐渐在团结和独立的旗帜下联合起来,第一次在自己的历史上摆脱了外国统治,实现了建立统一国家的愿望。

二、 王国的政党和政治制度

中央集权制与联邦制之争

在第一章我们看到,克罗地亚和斯洛文尼亚的历史,与君主专制的哈布斯堡王朝(1527—1867 年)和后来中央集权的奥匈帝国(1868—1918 年)密不可分。它们接受了天主教,融入了拉丁文化圈。

塞尔维亚的建国道路则完全不同。中世纪塞尔维亚曾建立强大的杜尚帝国,称霸巴尔干半岛。19 世纪 30 年代,塞尔维亚爆发了两次反抗奥斯曼帝国大起义,使它的经济、政治、文化和民族意识都发生了根本性的变化。在起义的烈火中,诞生了独立的塞尔维亚民族国家,弘扬了塞尔维亚英勇不屈的民族精神,为其他巴尔干国家人民树立了敢于斗争、敢于胜利的榜样。

1918 年南斯拉夫王国的建立,是南部斯拉夫各族人民政治生活中转折性的大事,为缩小和消除上述差异创造了条件,开启了一个新的历史进程。

但是,鉴于不同的民族、历史、文化、宗教和政治情况,这个新兴国家面临许多难以解决的矛盾。各资产阶级集团之所以同意联合,一方面是为了顺应第一次世界大战(简称"一战")后的历史潮流,在新国家中争夺领导权;另一方面是为了压制和平息战争后期出现的革命浪潮,特别是反对正在诞生中的南斯拉夫共产党。

本来,组成王国主体的塞尔维亚、克罗地亚和斯洛文尼亚三个民族属于同一历史起源,有着相似的语言和风俗,又具有共同的历史遭遇和要求统一的愿望,应该说是能够联合起来的。但实际上,大塞尔维亚霸权主义严重地影响着历史进程。王国成立后,塞尔维亚亚历山大一世(1888—1934年)成了统治全南斯拉夫王国的国王,首相、政府和军队里的要员也大都为塞尔维亚人。塞尔维亚人认为,在第一次世界大战中塞尔维亚军队英勇战斗,付出了巨大的牺牲,塞尔维亚人民为捍卫国家独立付出了血的代价,在新成立的国家里,他们在军官团、文职人员和内阁职位中占据优势是合情合理的。

亚历山大一世

例如,王国第一届政府的成员名单里,在20名大臣中,塞尔维亚人就占据了13个。在1918—1929年的24届政府中,塞尔维亚人任首相的达97%,任国防大臣的占100%,任内务大臣的占92%,任外相的占83%,任司法大臣的占87%。

王国军队的高级军官亦主要由塞尔维亚人担任。据克罗地亚学者提供的资料,到1937年,在165名现役军官中,塞尔维亚人占161名,克罗地亚人和斯洛文尼亚人仅各占2名。

另据有关资料,在1921—1939年,王国656个供职的部长中,452个是塞尔维亚人,与之相对的是,在这些部长中仅有26个被政党批准的克罗地亚人和111个未被政党批准的克罗地亚人。

这种状况必然导致塞尔维亚人和克罗地亚人的同室操戈。长期以来,经济和文化较发达的克罗地亚对欠发达的塞尔维亚趾高气扬。当时社会上流传着一种说法:塞尔维亚族是掌权的,克罗地亚族是出钱的。

第一次世界大战后,奥斯曼帝国和奥匈帝国的崩溃在巴尔干半岛留下了真空。南斯拉夫王国的诞生填补了部分真空。但是,克罗地亚和斯洛文尼亚单独建国的憧憬没有实现。在他们看来,这个王国只是大塞尔维亚霸权的翻版。现在,尽管生米已经煮成熟饭,他们还是希望新的国家建立在联邦制的基础之上,抛弃它们早已厌恶的中央集权制度。

1920 年 12 月,南斯拉夫王国迎来了建国后的第一次制宪议会选举。不出所料,亲塞尔维亚势力大获全胜,中央集权制思想占据压倒优势。这也不奇怪,因为塞尔维亚人代表了一半以上的选民投票。

从此,中央集权制与联邦制的斗争就拉开了序幕。

党派斗争难解难分

中央集权制与联邦制的纷争主要集中在塞尔维亚和克罗地亚之间的争斗。克罗地亚政治家强调议会(sabor)的民主作用;塞尔维亚人则称,他们在第一次世界大战中用鲜血打下了江山,应该享有特权,因此塞尔维亚反对在这个新国家里大家都平起平坐。

克罗地亚政党领导人也承认,塞尔维亚人拥有自己的国家机器,不可能在一个晚上摧毁,而且他们打了胜仗。但是应该正视现实,克罗地亚人也应该发声。克罗地亚人经常形容南斯拉夫王国是"塞尔维亚的巴士底狱",意即塞尔维亚压制自由,是监禁其他民族政治犯的大监狱。

塞尔维亚最大的政党要属塞尔维亚激进党。该党的首脑尼科拉·帕希奇(1845—1926 年)是大塞尔维亚霸权主义政策的鼓吹者、王国政府首相,坚持中央集权制。但他已经年近 80 岁,很难控制激进党的走向;而以斯捷潘·拉迪奇(1871—1928 年)为首的克罗地亚共和农民党则反对中央集权制,主张地方分权,要求克罗地亚单独成为共和国,加入(未来)南斯拉夫"联邦"。斯洛文尼亚天主教党同其他一部分政党也反对单一民族政府的做法。

亚历山大一世受到大塞尔维亚主义的挟持,无所适从。从根本上讲,他本人也坚持大塞尔维亚主义立场,但又不得不号召王国境内各民族"团结和统一",达成谅解和友好协议。而实际上,他希望议会各政

斯捷潘·拉迪奇出席农民集会(1919 年)

党维护国王的权力和地位。

塞尔维亚和克罗地亚两大政党的和解一定程度上克服了国家的不稳定状态,并促使塞尔维亚激进党和克罗地亚农民党在 1925 年组成了联合政府。拉迪奇来到贝尔格莱德,在政府担任教育大臣,克罗地亚也开始摆脱孤立状态,萨格勒布市几十年来第一次成为繁华都市。当时一位克罗地亚记者写道:"市民们容颜焕发,开始了新的生活方式:穿着受争议的美国超短裙、跳黑人音乐舞蹈、酷爱体育、寻求轰动性刺激。"

1925 年 8 月中旬,亚历山大国王和王后米尼奥访问萨格勒布,庆祝克罗地亚中世纪君主国诞生 1000 周年。整个城市沉浸在和谐和欢乐的气氛之中。这一事件似乎在向国内外宣告:建国 8 年来,南斯拉夫王国在亚历山大一世的庇佑下,正在茁壮成长。

然而,塞尔维亚人、克罗地亚人和斯洛文尼亚人的统一大厦只是建立在沙滩上,根基并不牢固。不久,老态龙钟的帕希奇首相和他的儿子拉德被卷入腐败丑闻,激进党发生分裂;拉迪奇亦遭到民主反对派炮轰。

1926 年 12 月初,国王看到帕希奇大势已去,拒绝了激进党人继续组阁的要求。帕希奇首相在一个风雪交加的深夜灰溜溜地离开了首相府,第二天早晨,各大民族主义报纸同声谴责首相的"投降行径"。激进党从此一分为三,大伤元气,彼此互为仇敌。第三天,国王召见帕希奇首相,竟对他破口大骂。这位君主制度和中央集权制度的辩护士,精神受到高度刺激,几个小时之后便气绝身亡。1926 年 12 月 10 日,一位建国元勋就这样离开了塞尔维亚和南斯拉夫王国的历史舞台。帕希奇去世后,塞尔维亚民族主义势力又重新抬头,王国的党派斗争进一步加剧。

中央集权制和联邦制的斗争贯穿整个王国的政治生活之中,活跃在政治舞台上的各个政党都需对这个问题表明自己的立场。

王国初期,有 9 个较大的主要政党,它们是:塞尔维亚激进党、独立民主党、民主党、克罗地亚共和农民党、斯洛文尼亚天主教人民党、波斯尼亚穆斯林党、塞尔维亚农民党、社会党和共产党。其中,最大的政党要属塞尔维亚激进党和克罗地亚共和农民党。

在整个 20 世纪 20—30 年代,政党繁多和政府频繁更替构成南斯拉夫王国的政治特点。各资产阶级政党尔虞我诈,相互攻讦,都想在政治生活和经济活动中独占鳌头。

1920—1927 年各政党在国民议会席位　　　　　　　　　　（单位：个）

政党 ＼ 年份	1920	1923	1925	1927
民主党	92	51	37	61
独立民主党	—	—	21	22
激进党	91	108	143	112
南斯拉夫共产党	59	—	—	—
克罗地亚农民党(拉迪奇)	50	70	67	61
农工联盟	39	11	3	9
斯洛文尼亚人民党	27	24	21	21
南斯拉夫穆斯林组织	24	18	15	17
社会民主党	10	—	—	1
马其顿穆斯林党	8	14	—	—
德国人党	—	8	5	6
黑山联邦党	—	2	3	1
其他	19	7	—	4
共　计	419	313	315	315

结果,在 1923 年的王国议会选举中,共有 33 个政党参加,1925 年增加到 40 个。由于这些党派的阶级属性不同,政纲各异,无法统一行动,很难建立起一个全南斯拉夫的政党和政府,因而,王国内阴谋四起,朝野抗衡,政局动荡。

据粗略统计,在 1918—1929 年的 10 年间,王国更换过 25 届政府;在 1929—1941 年,又更换了 14 届政府。也就是说,在王国存在的短短 23 年时间里,总共更换了 39 届政府。其中最长的执政时间为两年多一点,最短的只有一周。有时一年多达 4 届政府执政。在这期间,共有 14 人登上首相宝座,11 人任过外相。

由此不难看出,君主立宪制是多么脆弱和不稳固。上层社会的政治斗争,反映了整个王国社会动荡、经济落后和资产阶级的软弱无力。发达的经济和相对强大的资产阶级是西欧资本主义议会制的社会基础,而当时的南斯拉夫王国不仅经济分散、落后,而且资产阶级也量少力薄。这样,君主立宪制就不得不流于形式,最终走上专制独裁的道路。

备受争议的首部宪法

1921 年 6 月 28 日,南斯拉夫王国通过了一部叫作《圣维多夫日宪法》,这部新宪法宣布王国为世袭的君主立宪政体。王国议会的 419 名议员中有 223 名议员投了赞成票。尽管只有 35 张反对票,但弃权票不少。这样,国王拥有比西欧立宪君主制通常所具有的大得多的权力,他一手控制立法、执法和军队。宪法宣扬"一个国家、一个民族"的观点,确认了塞尔维亚资产阶级的霸权地位,而无视其他民族的存在。人们甚至戏称国王是"戴皇冠的总统"。

6 月 28 日是塞尔维亚一个极不寻常的日子。532 年前的 1389 年新历 6 月 28 日,塞尔维亚的拉扎尔大公在科索沃平原的"画眉坪"成功抵御了奥斯曼土耳其人的入侵。这一天称为圣维多夫日,以纪念"圣徒"拉扎尔,并成为塞尔维亚的国庆日。同样,1914 年 6 月 28 日,波斯尼亚爱国青年刺杀了奥匈帝国皇太子斐迪南夫妇。因此,这一天成为塞尔维亚人民永远铭记在心的日子。

但是,这个日子却没有在克罗地亚人、斯洛文尼亚人、穆斯林或阿尔巴尼亚人心中激起如此强烈的民族情操。所以,他们对新宪法的出台显得漫不经心。

他们认为,这部宪法是国民议会以多数代表制通过的,而不是《科孚宣言》规定的 60% 的比例代表制。据称,当时投票赞成宪法的有 223 名议员,而有 196 名议员投了反对票或者弃权。

还有,王国最大的两个政党塞尔维亚激进党和克罗地亚共和农民党没有参加投票。另外,共产党在此前几个月被宣布非法,也缺席投票。

克罗地亚政治家们对于宪法出台不满,但又无能为力。农民党领袖拉迪奇在议会的发言有这么一段话,反映了克罗地亚部分人的心态:

> 《圣维多夫日宪法》今天已经出台,这是一个现实的政治事实。卡拉乔尔杰维奇王朝是国家之首,这也是事实。我们只好无条件地接受这个事实,同意这个事实……很可能是我们向我们的兄弟作出了让步,但这些兄弟是塞尔维亚人民,是他们代表我们的共同未来。

议会里响起了经久不息的掌声。无论反对派议员,还是克罗地亚农民党和塞尔维亚激进党的议员都站起来把掌声送给了拉迪奇。这表明议员们抛弃前嫌,拥护宪法,珍惜共同的国家。

斯捷潘·拉迪奇早在 1919 年 3 月 25 日,因发表有关克罗地亚应该成为独立国家和民族加入南斯拉夫王国的言论,而被关押在监牢里。他的立场为什么来了个 180 度大转弯?后来人们得知,这是因为亚历山大一世通过中间人,把拉迪奇从监狱里放出来,让他来议会做这个表态。拉迪奇也就顺水推舟,来了个言不由衷的发言。拉迪奇蹲班房的时间比他获得自由的时间长,所以,他有时不得不说些违心的话。

尽管《圣维多夫日宪法》中也规定了言论、集会自由,但掩盖不了它反民主的实质。王国及其执政集团一方面利用议会和宪法进行蛊惑人心的宣传,而另一方面却凶相毕露地不放过对任何一场革命运动的残酷镇压。这种纯属靠阴谋和暴力维系的君主立宪制与通常所说的资产阶级的"民主"是风马牛不相及的。因为这种民主不仅禁止了共产党的活动,而且也排斥甚至打击其他资产阶级政党。

1928 年 6 月 20 日,就是这个"赞扬"宪法的拉迪奇,在国民议会的一次会议上遭到激进党议员枪击,受了重伤。这一天,还有几名克罗地亚农民党的议员也遭到枪杀或负了重伤。外科医生曾经乐观地说,子弹没有伤及拉迪奇内脏,不久身体就可以恢复,他可以回到萨格勒布。可是不久,拉迪奇伤病恶化,于 8 月 8 日去世。塞尔维亚与克罗地亚之间的矛盾顿时激化。

拉迪奇住院期间,南斯拉夫国王担惊受怕,匆忙成立了唯一的一届没有塞尔维亚人任首相的政府,以息事宁人。这届妥协性的联合政府由斯洛文尼亚人民党领袖安东·科罗舍茨组阁。然而,这是一届短命政府,它在宣誓仅两周后,就传来拉迪奇死亡的噩耗,王国境内一片混乱,议会党停止与政府合作。科罗舍茨在塞尔维亚政党的施压下,宣布辞职。

拉迪奇之死,尤其激起克罗地亚民族主义情绪大爆发。1928 年 12 月 1 日,在萨格勒布纪念王国成立十周年的隆重仪式上,大学生们打出了三面黑色大旗:一面对建立的南斯拉夫王国表示抱怨;一面表示抗议最近塞尔维亚军队打死了 14 名示威游行者;还有一面表示哀悼拉迪奇遇害。这种挑战直接威胁南斯拉夫王国和国王的统治地位。

亚历山大一世专制独裁

《圣维多夫日宪法》通过后,亚历山大一世觉得国内局势不稳,政府软弱无力,议会争吵不休,需要他加强干预。

1929 年 1 月 6 日,国王发动政变,把资产阶级民主的痕迹抹得一干二净,实行公开的独裁统治。当日,他颁布了《国王告塞尔维亚、克罗地亚和斯洛文尼亚人民书》和其他几项法令,废止 1921 年的《圣维多夫日宪法》、解散议会、禁止一切政党的活动。新闻自由受到严格限制。许多共产党人和资产阶级政党的领袖人物被捕并遭到杀害。国家最高权力完全独立于国民议会和政府之外,全部集中于国王一人。

亚历山大一世在告人民书中,讲到了他为什么要取缔政党和议会。他说:①

> 要排除人民和国王之间的中间人——政党……根据难以忘却的先王的传统,作为一个政治目标,议会制仍然是我的理想,但却横遭盲目的政治欲望的滥用,以致成了在国内进行任何卓有成效的工作的障碍。因此我决定,1921年的塞尔维亚人、克罗地亚人和斯洛文尼亚人王国宪法不再有效。

于是,他任命皇家卫队指挥官佩塔尔·日夫科维奇(1879—1947年)将军为新政府的首脑,政府只对国王个人负责。社会上早就流传国王和日夫科维奇是一对同性恋者,这样的人执政不会有好的结果。国王决心抛弃所有政党,依靠保皇势力主政,以弥合因拉迪奇遇难而造成的社会裂痕。所以,这届政府的成立引起克罗地亚人、塞尔维亚人、斯洛文尼亚人的普遍不满。于是,多个政党的代表拒绝担任这届内阁的大臣。后来,他们都遭到国王的迫害或被驱逐到国外。

1929年10月3日,国家的名称正式由塞尔维亚—克罗地亚—斯洛文尼亚王国改名为南斯拉夫王国。这个改名象征着国家和民族的统一,体现"一个国家,一个民族"的思想。这个王国一直存在,直至1941年4月希特勒入侵。

同年10月8日,王国政府颁布法令,重新划分行政区域,将全国过去的33个州划分为9个巴昂辖区。巴昂区也不是按过去的地域命名,而是依河流和地理标志取名。建立巴昂辖区的目的是瓦解历史上业已形成的民族疆界,削弱各民族地区的割据状态和各政党的势力范围,以利于加强中央集权制统治。这在一定程度上可以说主要是针对克罗地亚的,因为克罗地亚就被分割成5个巴昂辖区。巴昂区由中央严格控制,失去了过去的地方自治权。

听命于国王的政府很快陷入危机。在国内外舆论的压力下,亚历山大一世国王于1931年9月3日颁布了一部新宪法,恢复了国民议会。该宪

---

① [南斯拉夫]伊万·博日奇等:《南斯拉夫史》(下册),商务印书馆1984年版,第619页。

法规定公民有言论、集会和结社的自由。为了装潢门面,宪法规定议会由两院组成:上院议员的半数由国王钦定,半数选举产生;下院议员直接选举产生。宪法条文娓娓动听,允诺"民主、自由",实际上国王的权力有增无减,因为政府仍然只对国王负责,不对国民议会或参议院负责。新宪法规定南斯拉夫王国为"世袭立宪君主制国家",国王被誉为国家和全体臣民的"统一者""救星"。

当时的政府机关报《时代报》也承认国王独裁已经是政治现实:"对我们来说只存在一个原则:要么南斯拉夫成为一个统一的不可分割的国家,否则,国家将消失在血泊之中。"

南斯拉夫历史学家认为,导致亚历山大国王走上专制独裁有如下原因:

(1)中央集权的霸权主义政党与反对派联邦主义政党之间存在原则性分歧;

(2)大塞尔维亚资产阶级在国家机关占据统治地位:到 1929 年王国的国防大臣 100%是塞尔维亚人;96%的首相、92%的内务大臣、88%的司法大臣、75%的外相也都是由塞尔维亚人担任;

(3)塞尔维亚人、克罗地亚人、斯洛文尼亚人、马其顿人、黑山人和穆斯林之间的利益存在根本的冲突;

(4)到 1928 年南斯拉夫王国各历史地区存在实质性的差异。

这就是说,南斯拉夫王国从政治到经济,从文化到生活水平,从历史到现实都存在矛盾和冲突,需要一个强有力的人物或严厉的制度来管理国家,把握这艘航船的方向。这在巴尔干地区的唯一选择就是独裁。为了国家的统一,不惜采用一切手段。

我们看到:南斯拉夫王国的君主专制同巴尔干其他国家的君主专制没有两样,不管有无议会,君主照样独揽大权,神圣不可侵犯。"一战"后,保加利亚和罗马尼亚采取的也是君主代议制。1928 年以后的阿尔巴尼亚和 1935 年起的希腊都依样画葫芦,步其后尘。唯一的例外是土耳其,它于 1923 年起实行共和制。

此时正值 20 世纪 20 年代末 30 年代初,世界经济危机已经冲击南斯拉夫王国,工厂倒闭、农业歉收、出口锐减,不仅人民群众和资产阶级政党的不满情绪在增长,而且外国资本家也担心他们在南斯拉夫王国的投资受损。

1932 年成立了一个御用新政党——南斯拉夫民族党,企图以全南斯拉夫这个哗众取宠的名称统一所有政党,实现一党统治,但收效甚微。

　　亚历山大独断专行，动辄解散政府。从 1918—1929 年，南斯拉夫王国共有 23 届政府上台下台，其中有 21 届政府的下台是国王干涉的结果。

　　人们都说，亚历山大一世一反塞尔维亚王公贵族的开明传统，走上暴君道路，与他所接受的教育有关。1921 年继承王位之前，亚历山大曾在圣彼得堡的贵族子弟军官学校接受俄国式教育，受到沙皇专制主义思想的熏陶。第一次世界大战中，亚历山大身为摄政王，在国家已经灭亡、他和整个政府要员过着颠沛流离生活的时候，他还武断地下令在 1916 年底处决了阿皮斯上校及其部下的几个人，罪名是他们打算行刺国王和首相。这一案件被称为"萨洛尼卡审讯案"，这一暴行给亚历山大本人和塞尔维亚都造成了极其恶劣的影响。

　　1918 年 12 月 1 日晚上，当亚历山大在接受国民委员会的邀请就任新国家的国王时，他当仁不让地说："我接受国民委员会 11 月 24 日的这一历史性决定。这一决定宣告整个民族和我们大家可亲可爱、受苦受难但却光荣的祖国统一成为一个国家。"

　　人们还说，亚历山大暴戾成性，还与他爱好占卜有关。据传，塞尔维亚在 19 世纪末出现了一位叫作塔拉比奇的农民，他有非凡的"预见力"。后来，他把这种"洞察力"传给了一个名为扎哈里亚·扎哈里奇的长老。1915 年的 9 月，亚历山大曾派人找到这位已经 82 岁高龄的扎哈里奇长老，请他预言"一战"的结局和塞尔维亚的前途，以及询问塔拉比奇还有何预言。9 月 25 日这天，正是塞尔维亚政府和军队最高指挥部拒绝德国提出的投降要求，准备大撤退的关键时刻，扎哈里奇长老亲自对国王说："陛下，早在 40 年前，塔拉比奇就预言过，这场战争'将是残酷、恐怖的，奥地利和土耳其将同时垮台，经过这次战争，塞尔维亚将变成一个大国，成为一个帝国'。"

1934 年被暗杀前夕的亚历山大一世

　　这件事被记录在塞尔维亚宫廷档案里。看来真有其事。塞尔维亚确实在大战中奇迹般转败为胜，且成了巴尔干半岛上的中央集权制大国，但不是联邦制帝国。亚历山大在最困难的时候，被打了一次强心针。他相信自己的命运，于是决心沿着帝国的方向前进。

南斯拉夫王国的宣传家们不断制造关于国王的神话,把他吹上了天,最后他却重重地摔到了地上。

"看管好南斯拉夫"

亚历山大一世建立铁腕统治的企图遭到南斯拉夫各阶层人民的一致反对。人民群众要求解决经济和社会问题,高举"要面包和工作!"的标语牌游行。资产阶级反对派则煽动学生闹事,喊出了"打倒国王,共和国万岁!"的口号。

1932 年 12 月 7 日,克罗地亚农民民主联盟的 9 位领导成员联名发表了《五点声明》,谴责独裁统治,反对暴力和塞尔维亚霸权,要求捍卫公民的自由和政治权利。1933 年 4 月这个声明的主要策划者被逮捕并判刑入狱。

1933 年 12 月,亚历山大国王到萨格勒布过生日,以缓和克罗地亚人反对塞尔维亚的情绪,却险被意大利收买的刺客枪杀。国王在写给贝尔格莱德友人的信中说:"昨晚收到墨索里尼的信件。他请我相信他最良好的与我们建立亲密关系的愿望。他给我寄来了信件,同时也送来了凶手,要把我干掉!"

1934 年 10 月 9 日马赛谋杀案现场

一些亲法西斯的组织加强了活动,暗杀和恐怖行动时有发生。1934 年10 月 9 日,亚历山大一世国王访问法国,在马赛驱车经过大街时遇刺身亡。法国外长路易·巴都受重伤。这在当时被称为"世纪事件"。随行的南斯拉夫王国外相耶夫蒂奇说,国王的最后一句话是"看管好南斯拉夫"。后来还有人说,国王的完整意思是"看管好南斯拉夫,与法国友好!"刺客是马其顿内部革命组织和克罗地亚乌斯塔沙恐怖组织的成员弗拉达·切尔诺采莫斯基,他当场被打死。他的 3 名同伙被捕,被判处无期徒刑。

关于亚历山大国王被刺的幕后操纵者究竟是谁,几十年来,南斯拉夫和国外的史学家说法不一:有的说行刺同意大利和匈牙利的法西斯组织有关,有的则认为暗杀是希特勒分子干的。行刺者受到流亡在外的南斯拉夫分裂主义组织的指使是肯定的。刺客当场死亡,在审讯时,其同伙也未供出这一行动的真正组织者。

克罗地亚人安特·帕韦利奇等 3 人曾被认定为这次行动的组织者,被缺席判处死刑,但他们都被关押在意大利的监狱里。帕韦利奇是一位律师,曾经建立了克罗地亚法律党。1921 年是萨格勒布市推举的两位王国国会议员之一。1929 年起到意大利避难,其间,他曾跑到保加利亚和马其顿等地,与一些阴谋组织串联,鼓动他们起来反对南斯拉夫王国。王国政府曾以叛国罪缺席判处帕韦利奇死刑。帕韦利奇在意大利政府的资助下,建立了乌斯塔沙准军事组织。墨索里尼全力支持帕韦利奇及其乌斯塔沙运动。他说,南斯拉夫不会存在下去,因为它是一个人为的混合体。意大利支持在南斯拉夫的废墟上建立大克罗地亚。

帕韦利奇确实希望刺杀国王使南斯拉夫王国垮台。国王遇刺两天后,1934 年 10 月 11 日,《克罗地亚报》就谋杀案发表了题为《克罗地亚人,暴君已经毙命!》的评论文章,描述了反对国王的那些人的心情。接着,10 月 13 日,《克罗地亚独立国报》写道:

> 死了,因为他该死!死了,因为他是我国过去从未出现过的这样的恶棍……死了,这是我们父辈和领导人流血牺牲、寻求报仇的结果。造成我们的前辈和无数儿童死亡的罪人不可能不得到应有的惩罚。

帕韦利奇在意大利坐牢期间,曾写过一本题为《可爱的金发女郎》的长篇小说,透露了准备和执行马赛暗杀行动的许多细节,但始终没有说出这个金发女郎是谁和她在刺杀事件中的角色,只是说行刺事件发生后她去了美国。
1954 年,马赛谋杀案 20 年后,这本小说在阿根廷布宜诺斯艾利斯再版时,女
郎的身份依然是个谜。不过,法国警察当年就断定,现场确实看到一个金发
妇女装扮成孕妇,骗过了警察,是她把凶器运进法国,交给了刺客。

第二次世界大战(以下简称"二战")后,南斯拉夫学界披露,帕韦利奇与
这次谋杀逃脱不了干系。刺杀案是意大利法西斯一手策划的。美国历史学
家(如哈里·霍华德)指出,刺杀案的幕后黑手是墨索里尼和齐亚诺。有苏联
历史学家,如弗拉基米尔·沃尔科夫在他的《"条顿之剑"行动》一书中,援引
1957 年德意志民主共和国政府的文献,称这一行动是根据希特勒和戈林的
命令组织的,目的是阻挠法国和南斯拉夫彼此接近。

马赛悲剧之后,亚历山大一世 10 岁的儿子佩塔尔·卡拉乔尔杰维奇二
世(1923—1970 年)带着满脸眼泪和悲痛心情继承王位。由于年幼,国民议
会参议院决定成立一个 3 人摄政委员会辅佐王权。佩塔尔的叔父帕夫莱(又
译作保罗)亲王担任最高摄政王,一切实权掌握在他手里。佩塔尔二世于
1941 年 3 月 27 日正式登基,成为南斯拉夫王国的国王。

为了继承和履行国王的遗愿,外相耶夫蒂奇还担任了王国首相。1935 年 5
月初,南斯拉夫王国举行议会选举。政府推荐的候选人政党获得了 303 个议席,
而反对派候选人政党仅获得 67 个议席。反对派政党不承认选举结果,要求重新
进行选举未果。这年 6 月,米兰·斯托扬季诺维奇(1888—1961 年)政府成立。新
首相毕业于德国的大学,后在巴黎和伦敦进修财政金融专业。他新成立了南斯
拉夫激进联盟,对内推行刺激经济发展的政策,对外却坚持亲近德国的方针。

然而,斯托扬季诺维奇即任时,正是南斯拉夫王国受到世界性经济危机
沉重打击之后,政局动荡,民族矛盾尖锐的时期,王国政府面临一系列严重的
社会和经济问题。

三、 王国的经济和民族问题

落后的经济

南斯拉夫王国的建立,为国家的经济发展创造了条件,这个新国家的经
济在两次世界大战之间有了迅速的发展。据南斯拉夫经济学家马尔塞尼奇
在《南斯拉夫经济制度》一书中指出,如果以 1909—1912 年国内生产总值的

平均数为基数 100，那 1920—1923 年国内生产总值的平均数为 104，有了缓慢增长；到 1929 年时攀升到 141；受到 1929 年起的世界经济大萧条影响，至 1936 年国内生产总值的平均数只有 145；但到 1939 年已经恢复到 168。通过这些数据，不难看到南斯拉夫王国的平均经济增长好于两次世界大战之间的其他东欧国家。

但是，总的来说，两次世界大战之间的南斯拉夫王国是欧洲最落后的国家之一。从时间上看，它走上资本主义道路比中欧和西欧资本主义国家要晚。20 世纪初，南斯拉夫王国仍然是一个封建残余与资本主义成分的混合体。

南斯拉夫王国当时的工业企业规模小，技术装备很差，工业在国民收入中的比重很小。南斯拉夫王国跟"一战"前任何一个巴尔干国家一样，工业在国民收入中的比重不足 30%。

南斯拉夫王国工业发展的第一个特点是受外国资本的严密控制。王国拥有丰富的矿产资源和人力资源，具备发展经济的有利条件。当时它的领土面积在巴尔干居首位（在欧洲居第 12 位，人口居欧洲第 10 位）。到第二次世界大战前夕，它在有色金属铝矾土、铅、铬、锑、汞、铜、锌等的开采方面，均占欧洲的第 2 位（世界的前 8 位）。因此，欧洲除苏联外，没有一个国家拥有像南斯拉夫这样多的战略资源。

20 世纪 30 年代的贝尔格莱德市容

遗憾的是，当政的国王和资产阶级集团既没有制定适合本国情况的经济政策，又不依靠自己的力量把落后的农业国变成较发达的工业农业国，于是就只好向西方敞开大门，任凭外国资本家投资掠夺了。法国、英国和比利时的资本家成为主要的投资者。从 1925 年起，外国资本源源不断地渗入了王国经济领域的各个部门，掌握了它的经济命脉。尤其是王国的采矿业，65% 由外国企业所控制。

这时的南斯拉夫王国成了发达资本主义国家工业生产的原料基地和市场。据统计，外国资本在王国的电力生产中占 60.3%，在褐煤和糖的生产中分别占 55.5% 和 76.1%，在南斯拉夫的商船队中占 70%，在棉纱的生产中占 98.2%，而在铜、铅和铝矾土的生产中占 100%。

结果,这个巴尔干半岛上的第一大国连生产火柴的专利也控制在外国人手里,造成严重的贸易逆差。这可以从下面的一个典型例子中得到证明:当时王国需要出口 5 万千克的铁矿石或者 3 000 千克玉米才能换回一台打字机。这种被外国资本垄断的经济使得两次世界大战之间的南斯拉夫王国成了在巴尔干仅次于希腊的最大负债国,在经济上和政治上更加依附于资本主义大国。

不可否认,在 20 世纪 20 年代的中期和后期,即资本主义稳定发展时期,南斯拉夫王国利用外资修建了铁路,开办了一些新的工业企业,并开始出现了重工业,为后来民族经济的发展奠定了基础。但是不能不看到,这种投资和工业布局的 80% 以上集中在原奥匈帝国统治的地区,如克罗地亚、斯洛文尼亚和伏伊伏丁那等地,而在原奥斯曼土耳其统治的地区,像波斯尼亚和黑塞哥维那、黑山、科索沃和马其顿等地,投资极少,没有形成工业中心。这些地区的工业加在一起也不到 15%,而人口却占全国总人口的一半以上。所以,工业布局不平衡构成了南斯拉夫王国工业发展的第二个特点。

20 世纪 30 年代初的经济危机直接影响到王国的经济发展和进出口贸易。其中,王国的粮食和食品加工业所受的打击最大。1933 年年底和 1934 年年初,王国出口的小麦、玉米和大麦的价格比 1926 年的价格降低了一半。世界经济危机的头两年,南斯拉夫王国的工业产量下降了约 40%。

在南斯拉夫王国处于经济危机顶峰的 1932 年,它的进出口贸易与 1929 年相比也减少了一半多,这从下表可以看得出来:

1929—1934 年王国进出口贸易　　　　　单位:百万第纳尔

年　份	1929	1930	1931	1932	1933	1934
出　口	7 922	6 780	4 801	3 056	3 378	3 878
进　口	7 595	6 960	4 800	2 860	2 883	3 573

资料来源:[苏联]苏联科学院斯拉夫学研究所主编,《南斯拉夫史》(История Югославия),第 2 卷,莫斯科,苏联科学院 1964 年版,第 123 页。

1936—1939 年,南斯拉夫王国的经济出现稳定发展的势头,特别是冶金、金属加工、机械制造和化学工业迅速发展。国家对工业企业的投资达到 70%,其余为外国投资和私人资本。1939 年大型托拉斯企业已经有 79 个。这一成绩引起其他巴尔干国家羡慕。

南斯拉夫王国是一个传统的农业国。农业人口一直在总人口中占有很大的比重。从 1921—1939 年的 18 年间,全国总人口从 1 250 多万增加到 1 620 多万,这在当时的欧洲是人口增长速度最快的一个国家。其中,在 1921 年,农业人口约占全国人口的 4/5,而经过 18 年之后的 1939 年仍占 3/4。这种相对减少的过程是十分缓慢的,它没有改变南斯拉夫王国人口的社会经济结构。与此同时,这个时期农业人口的绝对数却增加了 222 万人。

据统计,1937 年王国农业人口占总人口的 76.3%。同年,美国为 21%、荷兰为 20%、法国为 29%、丹麦为 30%、捷克斯洛伐克为 33%。[①]

南斯拉夫王国不仅是一个农业国,而且是一个比较落后的农业国。这首先反映在它的农业技术装备上。1939 年通常被认为是第二次世界大战前欧洲资本主义经济发展的最高点,但南斯拉夫王国仍未摆脱工农业的落后状况。这一年,全国只拥有拖拉机 2 500 台,脱粒机 1.8 万台,每公顷使用化肥 50 千克。而早在 1933 年,当南斯拉夫王国每公顷耕地施用化肥 1.1 千克的时候,荷兰为 301 千克、捷克为 15.6 千克、匈牙利为 2.4 千克。可以说,那时的南斯拉夫王国贫苦农民很少或从未使用过化肥。拖拉机大都集中在北部的伏伊伏丁那平原,多瑙河和萨瓦河以南仍主要使用木制犁。

与此同时,畜牧业也很落后。拿当时南斯拉夫王国情况相对较好的养羊业来说,如果与巴尔干邻国比较,也是糟糕的。以 1939 年每 1 000 名居民拥有的羊数量为例:南斯拉夫王国为 620 头、保加利亚为 1 756 头、希腊为 1 026 头、罗马尼亚为 774 头。

在国民收入方面,南斯拉夫王国也远远落后于先进资本主义国家。1938 年,按人口平均计算的国民收入只有 60 美元,同年,美国达到 521 美元、德国达到 337 美元、法国达到 236 美元、挪威达到 255 美元。如果说第二次世界大战前人均国民收入低于 100 美元就属于不发达国家,南斯拉夫王国自然在此之列。

我们还可以举一个说明南斯拉夫王国居民生活水平的例子。在两次世界大战之间,世界上的科学技术有了迅速发展,无线电技术已进入千家万户。但就所使用的收音机数量来看,南斯拉夫王国却处于欧洲的末位。在 1938 年收音机已经进入欧洲千万家的情况下,丹麦和英国,每 3—4 个人就拥有

---

① ［南斯拉夫］杜尚·比兰吉奇:《南斯拉夫社会主义联邦共和国史纲》(Dušan Bilandzić, *Historija Socijalističke Federativne Republike Jugoslavije—Glavni procesi*),萨格勒布,"学生图书"出版社 1979 年版,第 16—17 页。

1 台收音机,而南斯拉夫王国每 65 人才有 1 台。

南斯拉夫王国政府的政治制度和经济政策不仅加深了工人阶级同资产阶级的矛盾,而且还使各民族之间的矛盾更加尖锐起来。

尖锐的民族矛盾

南斯拉夫王国是一个多民族国家。首先,尽管塞尔维亚族、克罗地亚族、斯洛文尼亚族、马其顿族和黑山族的人口在南斯拉夫王国总人口中占 80%以上,但少数民族仍占 17%左右。在当时全国 1 400 万人口中,没有哪个民族能占大多数。塞尔维亚人最多,但也只占 40%。少数民族在参与国家管理和享受权利方面是不平等的,他们在国会的代表人数非常少。

1923 年和 1927 年各民族和少数民族在国会的代表名额　　（单位:个,%）

民　　族	1923 年	占比	1927 年	占比
塞尔维亚人	155	49.5	183	58.1
克罗地亚人	94	30.0	82	26.0
斯洛文尼亚人	22	7.0	25	7.9
民族属性不详者	4	1.3	8	2.5
德国人	9	2.9	6	1.9
阿尔巴尼亚人	12	3.8	4	1.3
土耳其人	3	1.0	2	0.6
罗马尼亚人	1	0.3	—	—
匈牙利人	—	—	3	0.9
其他人	13	4.1	2	0.6

资料来源:[克罗地亚]赫尔沃耶·马特科维奇:《南斯拉夫史 1918—2003》,第二修订版,萨格勒布,P. I. P. Pavicic 出版社 2003 年版,第 165 页。

其次,民族的混居情况比别的多民族国家要严重。他们除居住在本民族聚居地外,还或多或少地分布在其他地区,这反映了民族共居的复杂性。

南斯拉夫王国还是一个多宗教和多元文化的混合体。由于历史的原因,西部的斯洛文尼亚人和克罗地亚人受到西方,特别是奥地利和匈牙利的影响,信奉罗马天主教,使用拉丁字母;东部地区的塞尔维亚人、马其顿人和黑山人则从拜占庭接受了东正教,使用基里尔字母;而中部地区的波斯尼亚和黑塞哥维那除受到上述两种宗教影响外,主要信仰伊斯兰教。这种宗教和文化上的差异一直延续下来,并没有因为建立统一国家而消除。

1921 年 1 月 31 日南斯拉夫王国人口普查时的人口　　（单位：人，%）

母　　语	人口	占总人口的比重
塞尔维亚克罗地亚语	8 911 509	74.36
斯洛文尼亚语	1 019 997	8.51
捷克或斯洛伐克语	115 532	0.96
鲁辛语(乌克兰语)	25 615	0.21
波兰语	14 764	0.12
俄语	20 568	0.17
匈牙利语	467 658	3.90
德语	505 790	4.22
阿尔巴尼亚语	439 657	3.67
土耳其语	150 322	1.26
罗马尼亚语	231 068	1.93
意大利语	12 553	0.11
其他语	69 878	0.58
共　　计	11 984 911	100

资料来源：南斯拉夫王国 1921 年《统计年鉴》，贝尔格莱德，南斯拉夫王国统计局 1930 年版，第 5 页。

在王国统治的年代里，宗教也成了南斯拉夫王国民族不和睦的一个因素。在南斯拉夫王国这个多民族共同体里，宗教信仰的差别很大。据 1931 年的调查，48％的居民信奉东正教，37％的人信奉天主教，11％的人属于穆斯林，其他教徒不足 4％。王国政府往往利用按同一宗教信仰者来划分民族，在同一宗教信仰的借口下，不承认其他民族的存在。

例如，大塞尔维亚主义者就把东正教凌驾于其他宗教之上，把信奉东正教的黑山和马其顿统统纳入塞尔维亚的版图，从而全盘否定了黑山人、马其顿人和穆斯林的民族属性，认为他们都是塞尔维亚人。大克罗地亚主义者则把天主教作为划分民族的标准。所以，教会就成为影响民族冲突和摩擦的一个因素。

民族压迫产生了民族问题，特别是塞尔维亚人与克罗地亚人的矛盾，使王国内部的民族关系异常尖锐和复杂，从而大大削弱了抵御外敌的力量。1941 年南斯拉夫王国的灭亡和 1991 年南斯拉夫联邦的解体，都与民族矛盾和民族冲突有着直接的关系。

塞尔维亚族和克罗地亚族均有野心，又都互不服气，各不相让，唯一的办法是达成某种妥协方案。

亚历山大一世国王于 1929 年 1 月 6 日实行专制统治的目的之一,是实现"南斯拉夫思想",建立一个统一的"南斯拉夫民族",消除各个民族历史上遗留下来的成见和仇恨。当时的一家土耳其报纸对国王的举措预言说,如果亚历山大一世"成功实现了这一宏伟的愿望,他的名字将以金色大字镌刻在南斯拉夫历史上。如果失败,他将丢掉王冠,甚至脑袋"。由此可见王国民族问题的严重性。克罗地亚人、斯洛文尼亚人和其他民族并不愿意放弃自己的民族属性、民族认同和历史遗产而变成"南斯拉夫人"。

塞尔维亚和克罗地亚和解梦难圆

20 世纪 30 年代末,德国和意大利法西斯上台,威胁南斯拉夫王国的安全和统一。1939 年 3 月,纳粹德国完全占领整个捷克斯洛伐克,墨索里尼领导下的意大利彻底侵占阿尔巴尼亚。大塞尔维亚主义者为了将克罗地亚的反对派争取到自己一方,准备与克罗地亚缓和关系,做出某些让步。克罗地亚此时的口号是:我们需要"选择命运的自由"。

1939 年 2 月,新任首相德拉吉沙·茨韦特科维奇(1893—1969 年)取代斯托扬季诺维奇上台执政。新政府根据帕夫莱亲王的谕令开始与克罗地亚农民党领袖弗拉特科·马切克(1879—1964 年)博士秘密会谈。经过 6 个月的漫长谈判,终于在第二次世界大战爆发前夕的 8 月 20 日双方达成和解,缔结协议。8 月 26 日,王国政府公布了协议全文,所以又称《8 月 26 日协议》或《茨韦特科维奇—马切克协议》。

根据协议,克罗地亚成为一个新的巴昂辖区,人口为 440 万,占王国总人口的 27%,其中克罗地亚人占 74%、塞尔维亚人约占 20%、穆斯林约占 4%。巴昂区的面积约占全国面积的 1/4。该巴昂辖区的面积除克罗地亚外,还包括原来的萨瓦巴昂区和沿海巴昂区,以及波斯尼亚和黑塞哥维那的几个县。克罗地亚的议会("萨布尔")恢复活动,对内部事务拥有很大的权力,但外交、国防、贸易、矿产资源等仍由中央政府掌管,巴昂也由国王任免。首任巴昂是著名政治家伊万·舒巴希奇。克罗地亚巴昂辖区是南斯拉夫王国中唯一享有自治权的行政单位,从而恢复了克罗地亚历史上所享有的重要地位。

协议规定组成一个不同党派的联合政府,对王国政府实行改组。协议签署后组成了新政府,史书上称为"茨韦特科维奇—马切克政府",茨韦特科维奇继续任首相,马切克任政府副首相。马切克派有 5 人参加王国新政府,在议会中也争得了相应的席位。反对派中入阁的还有独立民主党、农业联盟和激进党的代表。这就是说,在资产阶级政党的中央集权制和联邦制之间,在进行了整整 20 年的持续对峙之后,它们在分配权力上互相让步,达成暂时妥协,各得其所。

舒巴希奇和马切克出席协议签字仪式

　　当时的舆论普遍认为,这个协议是对中央集权体制的突破,是对大塞尔维亚霸权主义的胜利。建立克罗地亚自治巴昂区实际上承认了克罗地亚问题的客观存在,是克罗地亚联邦制思想的胜利。客观地讲,这个协议是塞尔维亚和克罗地亚双赢的结果。

　　这个协议得到一些资产阶级政界人物的支持,给人一种南斯拉夫王国整个民族问题有望解决的幻想。但是,这种和解并未解决南斯拉夫王国的民族问题,也没有解决塞尔维亚族和克罗地亚族之间的问题。协议在一定程度上满足了克罗地亚的愿望,但又产生了新的问题。

　　当时塞尔维亚共产党人和克罗地亚的乌斯塔沙分裂主义分子都批评这个协议。同时,王国境内的斯洛文尼亚人、波黑的穆斯林以及黑山、马其顿等地也都想成立自己的巴昂区,获得领土自治。

当时处于地下活动的南斯拉夫共产党发表声明称:

> 这不是在解决克罗地亚问题,类似的协议应该包括南斯拉夫各族人民。这种协议无法解决政治生活中任何一个现存的问题。《茨韦特科维奇—马切克协议》也无益于瓦尔达尔马其顿,因为它无法指望那些准备同塞尔维亚执政当局合作和牺牲其他民族及社会集团利益的反对派政党。

乌斯塔沙分子攻击这个协议"出卖了克罗地亚人民",放弃了克罗地亚独立国,而与南斯拉夫同流合污。实际上,塞尔维亚人照样控制着国家的财政、军队、警察和宪兵。

波黑穆斯林对于协议将波黑并入克罗地亚巴昂区不满,认为该协议导致"东正教和天主教一起瓜分了波黑,好像在波黑不存在穆斯林"。

《茨韦特科维奇—马切克协议》对于王国的外交政策也是一个成功的范例。无论法西斯德国还是法西斯意大利都没有借口直接干涉王国的内部事务。但是,由于第二次世界大战旋即爆发,所以这个协议实际上是短命的,没来得及实施就夭折了。

战争一开始,南斯拉夫王国的民族矛盾和塞尔维亚与克罗地亚纷争,又将王国推到了国破家亡的悬崖上。南斯拉夫王国已经成了德意法西斯追捕的猎物,逃脱不了它们的魔爪。

四、 王国的外交政策

王国没有统一的外交政策

在整个 20 世纪 30 年代,南斯拉夫王国对外政策的制定者们有三种意见:第一种意见坚持继续依靠法国和英国,保持更加密切的联系;第二种意见主张同苏联建立正常的外交关系,争取苏联的军事援助,防备德国和意大利的侵略;第三种意见寻求德国和意大利的军事援助,从而与它们建立更加紧密的政治关系。

亲英法派相信,南斯拉夫只有得到"老盟友"的帮助,才能保障捍卫领土完整。这些政治家对国内的社会舆论影响比较大,赢得不少同情者和支持者。

亲苏派不光是共产党人，还有民主党、激进党、工农党和克罗地亚农民党里的左翼代表人物。他们力挺与苏联恢复传统的斯拉夫"兄弟"联系。他们倾向苏联不是出于意识形态的缘故，而是指望借助苏联的军事势力对抗潜在的德意侵略。受到这派势力的影响，王国政府于 1940 年 5 月 31 日在莫斯科签订了南斯拉夫和苏联贸易协议；一个月后，在 6 月 24 日两国相互承认，建立了外交关系。但最终两国没有走得更远，未缔结军事协议，因为斯大林怕刺激视巴尔干为自己"后院"的德国，而佩塔尔亲王亦担心"布尔什维克威胁"和南斯拉夫共产党人崛起。

亲德意派相对来说人数较少，是一小部分政治家和将军以及克罗地亚农民党的右翼分子。他们与德国和意大利关系密切，接受过这两国的教育或者与这两国有切身利益关系。尤其是克罗地亚农民党的极端右翼分子，期盼借助意大利和德国的支持，使克罗地亚巴昂区成为独立国家。

外交政策分析人士认为，1939 年组织的茨维特科维奇—马切克政府的外交政策已经完全由佩塔尔亲王、茨维特科维奇和马切克"三驾马车"驾驭。佩塔尔亲王主政，对外交事务拥有最后的发言权和主宰权；首相忠实执行亲王制定的外交政策和方针；第一副首相马切克则处处维护克罗地亚的分裂主义利益。这也许是 20 世纪 30 年代南斯拉夫王国整个外交政策的缩影。

综上可见，南斯拉夫王国在两次世界大战之间的年月里，在参加哪个集团的问题上举棋不定，受到各种因素的掣肘。起初，王国主要依赖法国，按照法国的意愿，参加了小协约国和《巴尔干公约》。但是，从 1934 年起，王国政府日益转向法西斯意大利和德国。由于坚持这一方针，王国政府放弃了集体防务思想，使南斯拉夫趋于孤立，处于十字路口。

因此，在两次世界大战之间，南斯拉夫王国的对外政策在于确保边界的完整。它的长远目标是希望在欧洲新秩序中争得一席之地，建立一个巴尔干联盟，以保障该地区的和平和使巴尔干国家免遭大国的阴谋诡计和干涉。

王国与小协约国

第一次世界大战后，巴尔干国家的外交政策呈现两种不同的发展趋势：一种坚持承认和巩固《凡尔赛和平条约》（以下简称《和约》）的各项规定；另一种要求修改《和约》的某些条款。南斯拉夫王国和罗马尼亚是"维约派"，对战后的和约表示满意，因为它们在和会上提出的大部分要求得到了满足。中欧地区的波兰和捷克斯洛伐克在战火中获得新生，它们也属于这一派。而保加利亚表示对《和约》强加给它的一些割地赔款条件不能接受,认为它的一部分领土和居民被划归了邻国,主张修改《和约》,中欧地区的匈牙利因奥匈帝国崩溃而落难也属于"修约派"。

巴尔干地区的希腊尽管在战争中是"胜利者",但它对土耳其的奥德林色雷斯和小亚细亚地区的伊兹密尔的领土要求没有实现;同时,它对阿尔巴尼亚南部地区、多德卡内兹群岛等地的领土要求也没有得到满足,只被同意与保加利亚维持现状,所以,它对待《和约》的态度较为暧昧,直到 20 世纪 30 年代才放弃上述领土要求。

土耳其因奥斯曼帝国在战争结束时解体,不得不承认《和约》规定的现状。在巴尔干领土部分,它希望继续控制黑海两海峡,收回原先中东地区英国占领的摩苏尔和法国在叙利亚的亚历山德雷塔,但仍祈盼在苏联的帮助下改变某些条款。

为达到各自的目的和实现各自的利益,中欧和东南欧中、小国家都把希望寄托在彼此的联合和大国的保护上。为了维护自己的独立,南斯拉夫王国、波兰、罗马尼亚和捷克斯洛伐克等常常在一起寻找一种新的结盟形式,并站在英、法一方,对其唯命是从;而奥地利、匈牙利和保加利亚则出于对《和约》体系的不满,往往亲近德国和意大利,成为它们的卫星国。保加利亚想修改《和约》,但心有余而力不足,且遭到欧洲大国和巴尔干邻国的强烈反对。保加利亚同巴尔干邻居存在解不开的恩怨和纠结,它只好在欧洲大国和巴尔干邻国中周旋,争取得到一些实惠。

因此,"一战"后的国际形势对战争中的同盟国是不利的。俄国十月革命胜利,建立了苏维埃政权;奥匈帝国解体,在中欧建立了波兰和捷克斯洛伐克新兴国家。英法两国是《和约》体系的设计国,不愿意看到在中欧出现俄国式革命,也担心苏维埃俄国与德国联手,因而希望建立一条"防疫带",让战后的新兴国家联合起来,阻止在欧洲发生革命运动。

为此,在英法的策划和默认下,先后出现了几个不同的联合版本:捷克斯洛伐克建议组建捷克斯洛伐克、罗马尼亚和南斯拉夫王国三国集团;罗马尼亚主张吸收波兰和希腊参加捷克斯洛伐克提出的集团;法国则强调由南斯拉夫王国、捷克斯洛伐克、罗马尼亚、奥地利和匈牙利共同组成多瑙河邦联。然而,中欧和东南欧国家无论在社会政治和经济发展程度上还是对外政策取向上都存在很大差异,难以融合在一起。经过反复磋商、筹划、讨论和争取,捷克斯洛伐克原先的方案获得广泛认可。捷克斯洛伐克、南斯拉夫和罗马尼亚三国在下列问题上的观点是一致的:抵制苏维埃俄国输出革命、镇压匈牙利的苏维埃革命、反对修改《和约》和阻止复活奥匈帝国等。

于是,1920 年 8 月 14 日,捷克斯洛伐克和南斯拉夫在贝尔格莱德签订了《共同防务条约》。其中第 1 条规定:"当缔约一方遭到匈牙利不宣而战的进攻时,缔约国另一方将予以支援",以便"坚决维护付出了重大牺牲而获得的和平"。条约的中心思想是保卫这三国由《特里亚农和约》和《诺伊和约》以及《和约》所确定的边界。

1921 年 4 月 23 日,捷克斯洛伐克同罗马尼亚在布加勒斯特缔结了类似的条约。捷克斯洛伐克在秘密记录中承诺罗马尼亚一旦与苏联交战,不会影响罗马尼亚从捷克斯洛伐克获得军事物资。同年 9 月 7 日,在贝尔格莱德缔结了罗马尼亚和南斯拉夫防务联盟条约,其内容和捷克斯洛伐克与南斯拉夫条约大同小异,在缔约一方如果遭到匈牙利挑衅性进攻时应该提供相互援助条款中,加上了另一个潜存的挑衅方保加利亚。在签订上述条约的同时及随后,还签订了捷克斯洛伐克与罗马尼亚、捷克斯洛伐克与南斯拉夫、罗马尼亚与南斯拉夫军事专门条约,其目标是反对匈牙利(包括保加利亚)修改和平条约。此后不久,罗马尼亚与捷克斯洛伐克之间(1921 年 8 月 23 日)和捷克斯洛伐克与南斯拉夫之间(1922 年 8 月 31 日)又正式签订了同盟条约。这些双边条约使这些畏惧哈布斯堡王朝复辟、害怕匈牙利和保加利亚"变更现状"的国家走到了一起,为它们之间的结盟奠定了基础。

1922 年,墨索里尼法西斯在意大利上台,南斯拉夫与意大利关系进一步恶化。次年,意大利强占了南斯拉夫王国亚得里亚海上的优良港口里耶卡。1924 年起,意大利为了控制亚得里亚海开始拉拢阿尔巴尼亚、罗马尼亚和保加利亚,以孤立和打击南斯拉夫王国。因而意大利法西斯就成了南斯拉夫王国生存的主要危险。这时,法国为了防止意大利向巴尔干地区扩张,维持第一次世界大战后的既得利益,积极支持东南欧国家要求保持现状的斗争,因而在巴尔干国家取得了充当盟主的地位。1924 年,法国同捷克斯洛伐克和罗马尼亚签订了双边条约,1927 年 11 月 11 日缔结了南斯拉夫王国和法国友好条约,法国成了巴尔干中小国家的保护人。在它的斡旋下,1933 年 2 月中旬,南斯拉夫、捷克斯洛伐克、罗马尼亚三国终于在日内瓦签署了一项公约,正式宣告"小协约国"成立,制定了组织章程,并设立了常设委员会和经济委员会。

成立小协约国的目的,除了缔约国要维护《和约》规定的现状,反对匈牙利、保加利亚修约外,它们还有各自的担忧:南斯拉夫王国担心意大利的威胁;罗马尼亚因为比萨拉比亚问题害怕苏联的挑衅;捷克斯洛伐克畏惧德国卷土重来。可以说,从一开始,小协约国彼此之间在一系列重大国际问题上的观点和立场就没有完全协调一致,而更多的是强调各自的切身利益。

小协约国的建立巩固了法国在欧洲和巴尔干地区国际关系中的统治地位,确立了南斯拉夫王国在巴尔干半岛的强势地位。

王国改善与希腊和保加利亚关系

一是南斯拉夫王国与希腊关系中的"萨洛尼卡自由经济区"问题。19世纪时,塞尔维亚与希腊的关系非常友好。1913年的第二次巴尔干战争前夕,塞尔维亚和希腊缔结同盟条约,条约中就载明希腊提供萨洛尼卡港口供塞尔维亚商贸(船队和人员)使用50年,并在条约中附有专门解决该问题的协议。在第一次世界大战的军事行动中,塞尔维亚与希腊合作取得了战争胜利。

但"一战"后,巴尔干地区形势发生了变化,南斯拉夫越来越强大,欲在巴尔干地区发挥领导作用,而希腊作为"一战"中的"战胜国"和对土耳其战争的失败者双重身份,要求修改对萨洛尼卡问题的立场。希腊政府只同意南斯拉夫的商船过境萨洛尼卡,而不想看到该港口日益"南斯拉夫化"。

1923年夏季在召开第二次洛桑会议前夕,意大利短暂侵占希腊的科孚岛,希腊需要得到南斯拉夫王国在会上的支持,不能使萨洛尼卡问题复杂化。于是,这年5月,南斯拉夫与希腊签订新的公约和议定书,对南斯拉夫王国商品经过萨洛尼卡港口不仅提供"方便",而且南斯拉夫王国可以在港口设立"自由经济区"。1926年8月,南斯拉夫与希腊经过一年多的谈判再次签订新的公约,进一步扩大了王国在萨洛尼卡港口的"自由经济区"及其特权。与此同时,两国还缔结了友好关系和仲裁条约,双方强调严格遵守和平条约,捍卫两国的领土完整。

新的公约签署仅仅几天,希腊就发生军事政变,科迪里斯将军新政府将1926年8月的南斯拉夫与希腊新公约提交议会讨论,结果次年遭议会否决。然而,此时意大利对希腊的一些岛屿虎视眈眈,迫使希腊和南斯拉夫王国又继续进行接触和谈判。由此,1928年11月两国签署了希腊与南斯拉夫贸易条约,1929年3月两国签署友好和仲裁公约,解决了从南斯拉夫王国的格夫格里到萨洛尼卡的铁路运输问题,南斯拉夫王国在萨洛尼卡的"自由经济区"亦正式落成。两国关系面对意大利日益迫近的威胁,艰难地走上了正轨。

总的来说,整个20世纪20年代希腊是英国在巴尔干地区的基地,而南斯拉夫王国则是法国的势力范围。南斯拉夫王国竭力想进入爱琴海,而希腊则担心"斯拉夫威胁"。因此,这时的南斯拉夫王国和希腊仅仅是"同盟者",但不是"朋友"。

到了30年代,南斯拉夫王国和希腊互有需要,为了维护巴尔干地区的现状和稳定,为了共同的和各自的利益,特别是在建立《巴尔干公约》的过程中,需要在巴尔干事务中积极开展合作。也正是在这时,希腊一直害怕南斯拉夫王国与保加利亚接近,而1937年南斯拉夫与保加利亚签订了友好条约,这使南斯拉夫与希腊关系一度紧张起来。同时,南斯拉夫与希腊关系中的少数民族问题,即关于希腊北部的斯拉夫人问题和两国在瓜分马其顿的争议问题,从来就没有得到解决。

二是南斯拉夫王国与保加利亚关系艰难曲折。南斯拉夫王国是保加利亚的最大邻国。但是,南斯拉夫与保加利亚之间的领土和民族问题却像笼罩在两国上空的乌云,难以驱散。早在巴黎和会上,南斯拉夫王国就要求将保加利亚西北部和西南部的多个城镇并入王国,还要求保加利亚政府采取切实措施制止在两国边境地区出现的南斯拉夫王国侨民组织和个人的反南斯拉夫活动。

1920年,保加利亚农民联盟政府上台后,采取灵活的外交政策,力图同邻国建立互相尊重少数民族权利和领土主权的睦邻友好关系。1923年3月,农民联盟政府与南斯拉夫政府签订《尼什协议》,以加强两国边境地区的安全,防止武装团伙进入南斯拉夫王国境内。1923年6月,保加利亚农民联盟政府倒台后,保加利亚转而指望借助意大利削弱南斯拉夫王国。

直到30年代初南斯拉夫与保加利亚关系才出现松动。1929—1930年两国成立混合委员会,试图解决两国关系中悬而未决的边境地区的双重政权、人员往来、边境管理等问题。为此,双方还签订了协议,表达了改善关系的愿望。然而,南斯拉夫与保加利亚关系积重难返,两国境内都有各自的少数民族得不到承认和尊重,两国之间还存在着理不清的马其顿问题。

1932年底和1933年初,南斯拉夫王国和罗马尼亚都向保加利亚伸出橄榄枝,希望保加利亚加入巴尔干地区国家的统一行动。法国看到了南斯拉夫与保加利亚和解的苗头,认为这是遏制意大利在巴尔干地区的扩张和加强小协约国在巴尔干国家中地位的极好机会,决心从中促进和推动。小协约国的另一个成员捷克斯洛伐克也乐观其成,表示理解和支持。英国对南斯拉夫与保加利亚的和解行为表示欢迎。只有意大利考虑到自己的利益,反对保加利亚与南斯拉夫接近。

在这种气氛下,1933 年 4 月底,一个塞尔维亚东正教神父代表团开始破冰之旅,访问了保加利亚,受到保加利亚鲍里斯国王的接见;接着,保加利亚派遣科谢伊万诺夫大臣作为特使回访贝尔格莱德。保加利亚政府采取严格措施遏制两国边境地区的恐怖主义组织的骚扰活动,南斯拉夫王国方面则在同年 6 月开放了两国边界。这时起,两国的边界事件明显减少,报刊上的相互指责几近消失。这为实现两国高层互访创造了条件。

1933 年 9—10 月,保加利亚鲍里斯国王和南斯拉夫王国亚历山大国王先后利用顺访的机会,实现了短暂的互访,不仅喝了"土耳其咖啡",而且进行了"友好交谈",表达了两国接近和谅解的迫切愿望。接下来,在两国成立了南斯拉夫与保加利亚协会和保加利亚与南斯拉夫协会,实业界、体育界和文化界的互访日趋增多。这促使 1933 年 12 月鲍里斯国王和首相穆沙诺夫率团访问贝尔格莱德。双方在会谈中决定两国开始谈判贸易条约和畜医公约;简化签证手续,以方便两国人民往来;发展和改善通信联络设施等。

1936 年 10 月,保加利亚首相科谢伊万诺夫在访问日内瓦回国途中顺访贝尔格莱德,建议签订保加利亚与南斯拉夫条约。南斯拉夫王国首相斯托扬季诺维奇出访土耳其,同样途中访问保加利亚,受到鲍里斯国王的接见,第一次谈到"永久友好"话题。为了签订南斯拉夫与保加利亚友好条约,南斯拉夫王国需要通报小协约国和巴尔干公约成员国。各国回馈的信息各不相同:捷克斯洛伐克第一个表态说,同意,但前提是罗马尼亚也要同意;土耳其表示没有问题,还可以帮助南斯拉夫王国游说希腊;罗马尼亚和希腊持反对态度,担心动摇巴尔干公约未来的命运。于是,这个问题交由 1937 年 2 月成立的《巴尔干公约》常设委员会讨论。

南斯拉夫王国坚持认为,与保加利亚签约利大于弊,应该将它纳入法国的外交政策体系。法国遂出面说服罗马尼亚开绿灯,因为这可能是"东南欧和平的新因素",土耳其则派团出访雅典,做希腊的工作。同时,英国认为南斯拉夫与保加利亚条约将有助于"巴尔干地区的和平与合作"。在各方的努力下,到 1936 年 12 月底罗马尼亚和希腊对南斯拉夫与保加利亚条约不再说"不!"。这样,科谢伊万诺夫首相于 1936 年 12 月 31 日发表广播讲话,宣布保加利亚与南斯拉夫两国已就"永久友好"条约达成协议。

于是,1937 年 1 月 24 日,南斯拉夫与保加利亚两国在贝尔格莱德举行了隆重的条约签字仪式,对外宣称两国之间"将实现牢不可破的和平和真诚的永久友好"。①在同年 2 月召开的雅典巴尔干公约例会上,在其他巴尔干公约成员国对南斯拉夫与保加利亚条约的一片质疑声中,南斯拉夫王国首相斯托扬季诺维奇声称:(1)南斯拉夫与保加利亚条约绝不会改变南斯拉夫对其他巴尔干国家条约中所承担的一切义务;(2)南斯拉夫与保加利亚条约仅仅是争取和平的一个工具;(3)保加利亚准备同其他巴尔干国家在解决所谓"悬而未决"的问题后,也签订类似的条约。

然而,熟悉南斯拉夫与保加利亚关系的人士都不会忘记,两国之间历史遗留下来的政治、领土、民族、教会等问题太多,矛盾太深,积重难返,要在这一年半载内理清和解决这些问题是不可能的。同时,其他巴尔干国家也不愿意看到南斯拉夫与保加利亚关系走得太远,它们希望南斯拉夫与保加利亚关系应该在全巴尔干的总体框架内解决和发展,即在《巴尔干公约》的范围内得到解决和发展。

王国和《巴尔干公约》

20 世纪 30 年代初,巴尔干国家的政治家们看到,面对德意法西斯主义的抬头和威胁,巴尔干国家需要加强彼此间的合作和联合行动,以集体安全措施保障每个国家的民族安全。同时,法国和英国考虑到自己在巴尔干地区的传统利益,竭力促使不同立场的巴尔干国家和解和妥协,重新点燃早已不现实的"巴尔干联邦"或"巴尔干邦联"思想的火花,为结成巴尔干公约或联盟而努力。于是,走向集体安全的趋势已经成为主流现象,一个全巴尔干政治组织呼之欲出。

1933 年 9 月 23—27 日,小协约国在罗马尼亚的锡纳亚召开常设委员会会议,在讨论到未来的外交活动时,产生了分歧。罗马尼亚主张签订巴尔干国家间保障条约,在解决巴尔干问题时排除保加利亚参与;南斯拉夫则强调应该建立防止意大利进攻巴尔干的防御线。南斯拉夫国王亚历山大在出席锡纳亚会议后,到保加利亚会晤鲍里斯国王,又访问了土耳其和希腊,讨论建立全巴尔干地区组织问题。几天后,罗马尼亚外相蒂杜列斯库出访索非亚,亦遍访土耳其、希腊、南斯拉夫三国,主要目的也是商讨如何在罗马尼亚、希腊、土耳其、南斯拉夫之间缔结保障巴尔干各国边界现状的问题。经过罗马尼亚、南斯拉夫两国

---

① 南斯拉夫与保加利亚两国从来没有公布任何有关该条约的内容、附件或纪要等材料。至今,也没有在两国的档案馆里找到该条约的文本或任何蛛丝马迹。笔者大胆猜测,该条约根本就不存在,很可能是两国最高层根据各自当时的需要,编造的一个迷惑外界的善意谎言。

的穿梭外交和希腊、土耳其两国的外交努力，保加利亚仍然坚持不参加《巴尔干公约》的立场，但它提议巴尔干国家间可先签订双边互不侵犯条约。

至于阿尔巴尼亚是否也应该加入《巴尔干公约》，各国在酝酿阶段就没有统一认识。罗马尼亚、希腊、土耳其三国认为阿尔巴尼亚被意大利占领，不是一个独立国家，不同意接纳它；南斯拉夫则坚持说，如果阿尔巴尼亚不加入《巴尔干公约》，那南斯拉夫的边界安全就没有保障。

1934 年 1 月 22 日，小协约国在雅典开会时，也讨论了即将问世的《巴尔干公约》问题。该组织的成员国希望保加利亚也加入进来，但保加利亚还是坚持原先不加入的立场。2 月初，南斯拉夫、希腊、罗马尼亚、土耳其四国外长在贝尔格莱德会议上就公约的期限达成一致，即"2＋5"方案，2 年实验期，5 年条约期，即《巴尔干公约》有效期 7 年，到期可以顺延或者终止。

这样，1934 年 2 月 9 日，希腊、罗马尼亚、土耳其和南斯拉夫四国在雅典举行了《巴尔干公约》签字仪式。史书上又称《巴尔干公约》为"巴尔干协约"和"巴尔干联盟"。该公约的基本内容包括：公约四国严格遵守现有条约的义务和领土现状，保障"巴尔干所有边界的安全"。其中附加纪要说明，现存的罗马尼亚与保加利亚、罗马尼亚与南斯拉夫、南斯拉夫与希腊、阿尔巴尼亚与南斯拉夫、阿尔巴尼亚与希腊、南斯拉夫与保加利亚、希腊与保加利亚、希腊与土耳其和保加利亚与土耳其边界安全得到公约的保障；当公约四国的"利益受到可能的威胁"时，应当就所要"采取的措施"进行协商，"不得对任何一个巴尔干国家采取政治行动"；《巴尔干公约》自签订之日起生效，各成员国议会"须尽快通过"。公约组织对任何一个巴尔干国家开放，在缔约国一致通过后，方可吸纳入约。

1934 年 3 月 6 日，土耳其国民议会第一个批准了《巴尔干公约》，4 月希腊议会通过了该公约；6 月 16 日，南斯拉夫王国和罗马尼亚议会也同时批准了该公约。

1934 年 6 月起，巴尔干公约四国外长在日内瓦会议上开始缔结军事公约，即签署了土耳其与南斯拉夫和土耳其与罗马尼亚军事公约，而南斯拉夫与罗马尼亚军事公约则认为没有必要，因为它们在小协约国中有类似公约。希腊由于国内政局原因暂缓签署双边军事公约，若一旦发生针对公约国中任何一国的侵犯，它有义务严守"武装中立"。

接着，《巴尔干公约》开始建立组织机构。1934 年 10 月底，四国外交部部长在安卡拉会议上通过了《巴尔干公约》的组织章程：建立由四国外长组成的共同政策领导机构常设委员会,每年至少召开两次会议,其决议需要一致通过;常设委员会主席由四国轮流担任,第一任主席是希腊外长马克西莫斯;保证四国之间绝对平等;建立《巴尔干公约》经济委员会作为常设委员会的辅助机构。

当时的舆论普遍认为,《巴尔干公约》的诞生对于反对正在临近的法西斯侵略、对于加强巴尔干国家的边界安全和集体安全都值得肯定。法国对《巴尔干公约》给予充分的肯定,因它建立在凡尔赛体系的基础之上,符合法国的集体安全原则。南斯拉夫、罗马尼亚是小协约国的成员国,这自然有利于法国加强在巴尔干地区的影响。苏联对《巴尔干公约》组织的诞生表示欢迎,因为 20 世纪 30 年代初苏联支持欧洲集体安全原则,赞赏土耳其加入《巴尔干公约》时发表的支持公约目的和原则的声明。英国也是持赞同的态度,因为它在巴尔干地区的利益可以得到更加可靠的保障。

对《巴尔干公约》表示不满和反对的有意大利和德国。意大利反对《巴尔干公约》,一是因为它没有应邀参加该组织,二是它的巴尔干朋友阿尔巴尼亚和保加利亚被排除在公约之外。所以,意大利认为,《巴尔干公约》是"法国一手炮制的产物",是"反意大利的"。德国不可能对《巴尔干公约》熟视无睹,因为它坚持要修改"一战"后的现状。而且,它认为该公约对它的盟友保加利亚也是"不公平的"。

由上可以看出,《巴尔干公约》是艰难的反复谈判和协商妥协的结果。各国在签署公约时,怀抱着不同的动机和目的。其中受益最大的是希腊。它的目的是在巴尔干半岛不能出现"斯拉夫集团",通过公约它达到了这个目的,既使保加利亚继续处于孤立状态,又控制了南斯拉夫王国对萨洛尼卡港口日益膨胀的欲望。所以,希腊政府把签署《巴尔干公约》视为外交政策的胜利,燃放了 101 响礼炮,张灯结彩,敲钟庆贺,全国放假一天。

罗马尼亚建议将《巴尔干公约》组织与小协约国逐渐融合为一个组织,但没有被采纳。总的来说,《巴尔干公约》组织在稳步发展,成员国之间的关系在进一步加深融合。当然,这仅仅是一个良好的开端,前面的道路还非常复杂和漫长。

1934 年年底和 1935 年年初,《巴尔干公约》组织作为一个实体已经出现在国际舞台上,并在采取一些共同的行动。加入《巴尔干公约》的国家类似小协约国,也设有外交部部长理事会,每半年召开一次会议;秘书处和经济委员会也定期举行例会。这说明巴尔干国家的联合已不是什么神话,而是一种现实,它在国际舞台上已经得到显示。

1935 年年底,意大利入侵埃塞俄比亚,欧洲出现分裂。《巴尔干公约》组织采取统一立场,不卷入冲突,主张和平解决争端。实际上,《巴尔干公约》组织支持英国和法国反对意大利侵略的立场。1936 年 3 月,意大利与阿尔巴尼亚签订全面协议,欲完全控制阿尔巴尼亚。这使希腊和南斯拉夫惊恐不安。也正是从这时起,德国和意大利开始在国际舞台上联合行动,无论英国和法国,还是国际联盟,都束手无策。这对加入《巴尔干公约》国家的外交政策产生了消极影响。

《巴尔干公约》组织于 1936 年 5 月 4—6 日在贝尔格莱德举行外交部部长会议,讨论加强共同的武装力量,建立联合指挥部和混合军种,但未能达成共识。

1937 年 1 月,保加利亚和南斯拉夫签订友好条约,这引起希腊和罗马尼亚对南斯拉夫王国的强烈不满。《巴尔干公约》组织的基础开始动摇。1939—1940 年罗马尼亚完全被绑在德国的战车上;南斯拉夫王国严守中立;希腊和土耳其尽管宣称保持中立,但亲近英国。《巴尔干公约》组织名存实亡,走向解体。

1940 年 2 月 2—4 日,加入《巴尔干公约》的国家在贝尔格莱德举行了最后一次会议,研究《巴尔干公约》组织未来的命运问题。与会代表一致同意放弃分歧,将该组织再顺延 7 年,下次会议定于 1941 年 2 月在雅典举行。然而,欧洲和世界事态的发展打乱了《巴尔干公约》的计划。1941 年初,《巴尔干公约》组织便悄然自行消亡了。

两次世界大战之间巴尔干国家间的相互关系极其复杂,"维约派"和"修约派"的阵营针锋相对。希腊作为"维约派"的代表率先倡议成立《巴尔干公约》,其用意良好,也取得了一定的成效,为团结和联合巴尔干国家做出了力所能及的贡献。由于保加利亚和阿尔巴尼亚没有加入《巴尔干公约》组织,又由于巴尔干国家历史积怨太深一时难以消除,这个组织 6 年后就解体了。

当然,缔结《巴尔干公约》加强了南斯拉夫王国的国际地位,但并未消除邻国对它的威胁。由于各国资产阶级政府在制定对外政策时都从本国利益出发,所以,《巴尔干公约》同小协约国一样,并未发挥很大作用。1934 年 10 月亚历山大国王遇刺后,南斯拉夫与法国关系蒙上了一层阴影,导致王国政府的对外政策逐渐改变方向,由过去的亲法转向亲德。

王国与德国的关系错综复杂

1934 年 3 月,意大利、匈牙利和奥地利在罗马签订协定,结为"罗马三角"。墨索里尼抢先德国,加强了自己在中欧的阵脚,收紧了对南斯拉夫王国的包围圈。意大利试图在政治上和经济上孤立南斯拉夫王国。该协议出笼后,王国与匈牙利和奥地利的关系越发紧张。意大利及其盟友对南斯拉夫王国西部和北部边界的侵略意图迫使王国做出不情愿的选择。1934 年 5 月 1日,南德签订了贸易条约,加强经济联系。

紧接着,1934 年 5 月中旬,德国法西斯头目之一戈林马上访问贝尔格莱德,其中一项重要使命是瓦解小协约国,其借口是小协约的成员捷克斯洛伐克已同苏联缔结了互助条约。随之,纳粹的宣传品和伪装成旅游者的法西斯分子和团体接踵而来,在南斯拉夫畅通无阻。相比之下,法国的威望和影响不断下降,集体安全的思想已置之脑后。

希特勒德国对南斯拉夫王国的对外政策十分重视。这一方面是因为南斯拉夫王国在纳粹的侵略扩张计划中占有重要的战略地位,即它位于从中欧通往巴尔干地区的关键地理位置上。当德国还没有沿多瑙河而下吞并奥地利、控制匈牙利和罗马尼亚的时候,南斯拉夫王国的重要作用更为明显。另一方面是因为选中了南斯拉夫王国作为法国在巴尔干势力圈里的突破口和"薄弱点"。

德国开展了有计划拉拢南斯拉夫王国的活动。在政治方面,纳粹德国声称,它支持建立一个统一而又强大的南斯拉夫王国,并且宣传它来到巴尔干半岛不但不做任何破坏"现状"的事,而且支持南斯拉夫王国修改同邻国的边界。这使贝尔格莱德的君主集团没有把德国看作主要危险,相反却认为意大利是宿敌。

1934 年秋,戈林率领德国代表团借参加亚历山大一世国王葬礼的机会,再次造访贝尔格莱德,与帕夫莱亲王举行会谈。

当然,这时南斯拉夫王国的外交政策还没有出现"一边倒",它仍然希望采取"平衡政策",脚踏两条船:一方面与法国保持同盟关系,另一方面又与德国友好。

王国的这种目光短浅的政策在米兰·斯托扬季诺维奇政府执政时期表现得最为明显。表面上,该政府在大国的集团政策中保持中立,实际上却一步步把南斯拉夫引向纳粹德国的轨道。斯托扬季诺维奇是德国培养的外交官,他的夫人又是德国人,自然持亲德立场。

1937 年 10 月起,斯托扬季诺维奇遍访法国、英国、德国和意大利。他回国后强调,对南斯拉夫王国来说,最好的政治制度就是德国和意大利实施的制度。帕夫莱亲王也对共产主义思想的传播恨之入骨,最担心跟苏联接近。所以,当小协约的另外两个成员国捷克斯洛伐克和罗马尼亚支持苏联加入国联,并同苏联建立外交关系时,南斯拉夫王国态度暧昧,拒绝同苏联建交。这时,南斯拉夫王国是欧洲少有的几个未同苏联建立外交关系的国家之一。王国政府还在这一年同保加利亚和意大利签订了"永久友好"条约。这一政策违背了小协约国和《巴尔干公约》的原则,被认为是疏远和削弱这两个组织的行为和步骤。

值得指出的是,在德国"合并"奥地利之后,南斯拉夫王国资产阶级执政集团还错误地认为它的旧敌得到了报应,仍然没有看到德国带来的危险已迫在眉睫。所以,当慕尼黑阴谋出卖捷克斯洛伐克的时候,南斯拉夫王国和罗马尼亚没有向受害国提供任何援助,或采取公约规定的任何"共同行动"。这意味着小协约国的自动解散,严重动摇了《巴尔干公约》,使它名存实亡。

南斯拉夫王国对德国的接近还表现在德国资本渗入其各个经济领域,两国之间的贸易和经济关系迅速发展。南斯拉夫王国拥有丰富的战略资源,这是德国军火工业所竭力追求的。当然,这只是问题的一个方面。更主要的是,随着政治上巴尔干国家逐步倾向德国,经济上必然跟它紧紧拴在一起。30年代中期起,德国后来居上,取代法国和英国,在巴尔干国家的对外贸易中独占鳌头。

据南斯拉夫学者的资料,"二战"前夕,德国资本在巴尔干的影响越来越大,已超过了英法资本。同样,德国在南斯拉夫王国的进出口贸易中也各占一半,使王国成为仅次于亲德的保加利亚,在巴尔干是德国的二号贸易伙伴国。南斯拉夫王国向德国出口牛、猪、小麦和矿产以换回铁路客货车辆、机器和桥梁建筑材料。在贸易战的背后,掩盖着大国争夺巴尔干国家加入各自政治军事集团的实质。1939年第二次世界大战爆发前夕,德国在巴尔干各国进出口贸易总额中所占的比重如下:[①]

1939年第二次世界大战爆发前夕德国在巴尔干各国进出口贸易总额中所占的比重

国　　家	从德国进口(%)	向德国出口(%)
保加利亚	57.9	63.6
希　腊	31.2	43.2
南斯拉夫	50	49.9
罗马尼亚	48.5	35.9
土耳其	51.3	47.3

当然,表中反映的只是总的进出口贸易情况。至于某些重要的战略原

① ［南斯拉夫］米兰·斯卡昆:《巴尔干与大国》(Milan Skakun, *Balkan i Velike sile*),贝尔格莱德,"论坛"出版社1982年版,第49页。

料,德国人更是拼命抢购和掠夺。有资料说,仅1938年,德国一国就收购了南斯拉夫王国出口的全部铝土,占王国铝总产量的92.6%。还有,像南斯拉夫王国的铜,南斯拉夫王国、土耳其和保加利亚的铬,罗马尼亚的石油,都是德国搜刮的必需品。与此同时,巴尔干国家则变成了德国工业品的倾销基地。

1934年5月1日,南斯拉夫王国与德国签订了双边贸易协定。该协定甚至规定,德国购买王国农产品的价格应该低于国际市场的价格,以换取王国政府进口德国货物时使用划拨清算(非现款清算)。在1931—1935年,德国只占南斯拉夫王国出口的14.1%,1936年则接近25.44%,到了1939年已经占到49.9%。

这一切说明,东南欧国家不仅军事上和政治上,而且经济上也完全处于轴心国特别是德国的影响之下。

五、 王国的文化与教育

多样化文化

南斯拉夫王国自成立之日起,就是一个多民族、多元文化的国家。这种文化不仅受到古代中世纪罗马帝国、拜占庭帝国和奥斯曼帝国的传统影响,而且王国各地的不同宗教(东正教、天主教和伊斯兰教)和经济发展的差异也给文化打下了深刻的烙印。南斯拉夫王国的主要民族和地区都有自己独特的民族文化。

在两次世界大战之间,南斯拉夫王国已经走上欧洲资本主义发展道路,与西欧国家的经济和文化联系日益频繁,融入欧洲的步伐进一步加速。这个时期,法国对塞尔维亚政治、外交、财政、法律和文学艺术方面的影响极其强烈。德国对克罗地亚和斯洛文尼亚在经济和文化方面的作用越来越明显,直到希特勒上台以后才有所减弱。一批到法国、德国、奥地利等国留学的南部斯拉夫学生受到西欧进步思想和文化生活的感染,回国后在公众生活中成为一代新兴知识分子的中坚力量。

同样,尽管南斯拉夫王国不承认苏联,没有与它建立外交关系,但苏联文化的影响力几乎到处可以感觉到。尤其是"十月革命"之后逃到南斯拉夫王国的大批俄国侨民,他们中有将军、犹太商人、大学教授、驰名欧洲的科学家和建筑师、演员等,他们对推进王国的文化和教育发挥了积极的作用。这一切也为王国文化的多样性作出了贡献。

王国成立后,采取了多种措施力求建立统一的南斯拉夫文化。如前文所述,南斯拉夫王国希望建设成巴尔干半岛上一个南部斯拉夫人的统一国家,甚至提出了一个统一的南斯拉夫民族的理想。所以,王国希望作为意识形态的文化首先消除差别,实现统一。

但是,由于王国各民族政治上的不平等和各地区经济发展水平的严重不平衡,它不可能实现文化平等或者建立新的文化和艺术。无论是推行统一的塞尔维亚—克罗地亚书面语,还是普及规范的书写字母(基里尔字母或拉丁字母),都遭遇强大的阻力,特别是遭到克罗地亚和斯洛文尼亚知识界的反对。王国建立之初提出过形成一个"南斯拉夫新民族"的口号,现在又要实现文化一体化,实践证明这都是乌托邦式幻想。南斯拉夫王国的文化多元化现象仍是文化和艺术生活中的主流,文化上的个性必须得到保护和尊重。

当然,在多民族国家,民族文化的发展离不开整个国家的政治形势和民族政策。塞尔维亚作为王国最主要的民族,它的文化一直对其他民族产生着巨大的影响。塞尔维亚语作为王国的官方语,是广泛流行的语言。只有斯洛文尼亚较好地保留了自己的语言,因为斯洛文尼亚语跟塞尔维亚语的区别相对较大。实际上组成王国的塞尔维亚族、克罗地亚族和斯洛文尼亚族是同宗同族同文,他们之间语言、文化上的差别相较其他语言、文化是非常小的。所以,在克罗地亚族和斯洛文尼亚族的压力下,王国一度称其官方语为塞尔维亚—克罗地亚—斯洛文尼亚语。但在现实中,克罗地亚认为它的语言受到了塞尔维亚语的"侵蚀",要求成为并列的官方语。后来,南斯拉夫的官方语就正式叫作塞尔维亚—克罗地亚语。波黑、马其顿、黑山等地除口语和方言外,书面语都得使用塞尔维亚—克罗地亚语。

总的来说,南斯拉夫王国由于奥斯曼文化和奥匈文化的渗入,它既属于"东部文化区",这是拜占庭帝国在继承希腊文化的基础上,吸收亚洲文化因素,发展罗马文化和传播东正教的结果,马其顿和塞尔维亚就在这个文化区。同时,它又属于"西部文化区",即亚得里亚海文化,在曾被威尼斯统治 400 年的达尔马提亚地区,受到罗马、威尼斯、意大利文化的影响;它还属于"中欧文化区",斯洛文尼亚、克罗地亚和伏伊伏丁那这些地方曾是奥地利、奥匈帝国的统治范围。

这些文化现象在南斯拉夫王国境内都有明显的表现。另外,在王国还有一种文化现象,可称为"巴尔干山地文化区",主要是在波斯尼亚的崇山峻岭之中,其特点是封闭僵化,直到 20 世纪还保存着宗法制度的残余,是处于"东部文化"和"西部文化"之间的一种独特文化,在夹缝中生存。

在南斯拉夫王国有一个独特的民族文化团体,称为"玛蒂察"。这是早在19世纪就在南斯拉夫境内出现的民族性文化教育团体。1826年在布达佩斯建立了第一个"塞尔维亚玛蒂察",1842年在萨格勒布成立了"伊利里亚玛蒂察"(后称"克罗地亚玛蒂察"),1864年在卢布尔雅那创立了"斯洛文尼亚玛蒂察"等。这些文化团体对于唤醒民族意识起了重要作用。它们一直存在至第二次世界大战后。"玛蒂察"文化团体后来又称为"文化协会"或"学会"。

当然,各民族之间的文化存在区别和呈现多样化,这是社会发展中的正常现象。如果过分强调这种区别和多样化,则无论如何于社会进步是不利的。因此,西方文化和东方文化不应该成为南斯拉夫王国的分界线和冲突的理由,而应该成为不同文化和人们友好交往的桥梁。当然,这在南斯拉夫王国时期很难做到和实现,只有到了第二次世界大战后这种文化上的差异才得到法律的保护。

教育与学校

南斯拉夫王国初建时,不仅经济发展水平低下,而且居民接受教育的程度也较为落后。如果文盲率是衡量一个社会文化发展的基本标准的话,王国是欧洲文盲率最高的国家之一。在当时科学技术进步和学校教育开始普及的时代,王国的文化教育状况如下:据1921年的人口调查显示,当时12岁以上的总人口中有51.5%的人是文盲;到了1931年,文盲的人数仍占44.6%。小学生的入学率也只占学龄儿童的一半。

王国各地由于经济发展严重失衡,文盲率也因地而异,差别巨大。文盲率最高的马其顿,达到83.8%,其次是波黑达到80.5%,再次是黑山达到67%,塞尔维亚也达到65.4%,情况较好的克罗地亚为32.2%,文盲率最低的是斯洛文尼亚,只有8.8%。

早在南斯拉夫王国成立之前,各地区就重视教育,制定了义务教育法。塞尔维亚从1882年起颁布了6年义务教育法,克罗地亚和伏伊伏丁那规定的也是6年义务教育,而斯洛文尼亚根据1869年的法律规定了8年义务教育。1929年南斯拉夫王国通过的法律规定实行8年义务教育。但是,这些规定并没有贯彻执行,大多是纸上谈兵。

王国政府建立的学校数量少,入学率低,致使在校人数很少。据统计,王国建立初期,全国拥有5 600所小学,65万名小学生。在随后的20年里,学校增加到9 300所,小学生人数增加到150万人。但每年仍有约23万名农村儿童因为没有学校而无法入学。教师的人数也增长甚少。所以,农村的文盲率远远高于城市。

南斯拉夫王国有 4 种中学:最主要的是普通中学,另外是师范学校、商业学校和技术学校,但都不发达。大学只有 3 所,即 1918 年前创立的萨格勒布大学和贝尔格莱德大学,以及 1919 年开办的卢布尔雅那大学。在其后的 20 年内,大学获得迅速发展,大学生的人数从 2 000 人增加到近 2 万人。其中,农村子弟约占 1/5,全部大学生中约有 1/3 以上的学生主修法律,因为考试较为容易,且寻找工作比较方便。

王国各地区的教育立法不同,男女接受教育的程度也存在很大差别。据 1921 年的人口调查,在全国 13 岁以上的男丁中 59% 的人有文化,而在妇女中只有 38.8% 的人能识字。同时,妇女不仅没有选举权,而且在就业和工资等方面亦受到歧视。在边远和少数民族聚居地区这种不平等情况更加严重。

南斯拉夫王国的教育和文化统一由国家和地区的财政负担。1938—1939 年度的教育和文化经费占县一级预算的 4.23%、巴昂区一级预算的 15.26% 和国家预算的 5.7%。贝尔格莱德、萨格勒布和卢布尔雅那三地是王国的教育和文化中心。

文学创作

两次世界大战之间,南斯拉夫王国的文学创作带有明显的民族和地域特点,也是新老流派冲突的时期。20 世纪王国的文学已深受法国和德国文学的影响,产生了一大批优秀的文学家和诗人,他们的现实主义文学作品越来越受到社会的欢迎。

在众多的文坛大家中,有两位最杰出的代表人物彪炳青史。他们是塞尔维亚人伊沃·安德里奇(1892—1975 年)和克罗地亚人米罗斯拉夫·克尔莱扎(1893—1981 年)。他们在当时及后来都在南斯拉夫文学阵地占有特殊的地位,发挥了积极作用。

伊沃·安德里奇 1892 年出身于波斯尼亚特拉夫尼克附近多

伊沃·安德里奇

拉茨村的小手工业者家庭。家乡的德里纳河和架设在河上的大石桥以及古城和美好传说给他以丰富的精神营养,对他后来的文学创作产生非常重要的影响。安德里奇自家乡的小学毕业后,来到波斯尼亚的首府萨拉热窝上中学。1918 年他以《南方文学》为基地,发表了一系列充满爱国主义激情的诗歌,散文诗和文学评论。1920 年他进入萨格勒布大学,后转往波兰的克拉科夫大学,1923 年毕业于奥地利格拉茨大学,并获得法学博士学位。从 1921—1941 年,在南斯拉夫王国驻外使馆任职,但从未停止自己的文学活动。

第二次世界大战期间,安德里奇隐居在贝尔格莱德,拒绝同法西斯合作,埋头文学创作,写出了《特拉夫尼克记事》《德里纳河上的桥》《女士》等多部长篇小说。特别是《德里纳河上的桥》以一座大桥的兴废,追述了 16 世纪至第一次世界大战爆发期间波斯尼亚在奥斯曼帝国和奥匈帝国占领下所发生的重大历史事件,反映了波斯尼亚人民为争取民族独立而进行的英勇不屈的斗争。

1956 年,安德里奇曾应邀访问中国,参加鲁迅逝世 20 周年纪念大会,并写下《鲁迅故居访问记》等文。

1961 年他的代表作《德里纳河上的桥》获得诺贝尔文学奖。他是巴尔干国家第一个获得该奖的文学家。安德里奇 1975 年逝世后,南斯拉夫国家为他建立了几座纪念博物馆,并设立了以他的名字命名的文学奖金。

米罗斯拉夫·克尔莱扎是南斯拉夫现代文学中成就最高、影响最大的诗人、小说家、戏剧家、文艺理论家。1893 年出身于克罗地亚萨格勒布一个资产阶级家庭。青年时代曾在维也纳和布达佩斯求学,深受资产阶级民主思想熏陶和影响。大学毕业后在奥匈帝国的军队里服役,参加过第一次世界大战。战乱年代人民所遭受的苦难和克罗地亚资产阶级兴衰的过程给他留下了极深的印象,对他后来的创作具有决定性的意义。

他的文学生涯是在第一次世界大战后开始的,写出了一大批质量很高的作品,确定了他在南斯拉夫文坛上的重要地位。他于 1926 年访问苏联,写下了《俄国游记》,热情讴歌苏联的文化,同时又对斯大林的某些僵化观点持批评态度。

克尔莱扎主办过《火焰》《文学共和国》《今日》等文学刊物,讨论包括美学和哲学在内的一些现实问题。1941 年他开始从事戏剧创作,经历了从早期的浪漫主义倾向到后来的批判现实主义创作道路。他一生共创作了 60 部作品,小

米罗斯拉夫·克尔莱扎

说主要有《菲利普·拉丁诺维奇的归来》《在记忆的边缘》《克罗地亚战神》等，剧本《格列姆巴伊老爷们》被认为是两次世界大战之间南斯拉夫戏剧创作的高峰。1945 年,克尔莱扎任南斯拉夫百科全书主编、南斯拉夫科学艺术院副院长等职。

他的幻想剧《阿雷特伊》1960 年在南斯拉夫戏剧节演出时获一等奖。剧本《在兵营里》(又名《加利齐亚》)1965 年在诺维萨德戏剧节获演出奖。

克尔莱扎是南斯拉夫社会主义文学的奠基人之一。他的诗歌、小说、戏剧、评论已汇集出版 40 卷,对南斯拉夫当代文学产生了巨大影响。

艺术

南斯拉夫王国的雕刻艺术深受现代欧洲流派的影响。克罗地亚美术界早在 1916 年就由留博·巴比奇、泽·舒莱蒂奇和塔塔格里亚三人建立了"春天沙龙",每年举办绘画展览,一直持续到 1928 年。1929 年起出现了以画家马里扬·德托尼、克尔斯托·赫盖杜希奇等人为首的"大地派"画家。他们支持农民画家作画,试图把创作与现实联结起来。

当时,塞尔维亚画家约万·比耶利奇、佩塔尔·多布罗维奇、斯托扬·阿拉利察等人则是法国绘画新流派的代表人物。在波黑、黑山和马其顿等地也出现了新一代画家。

在雕刻方面,名列前茅的是克罗地亚人伊万·梅什特罗维奇。他的代表作有:《格尔古尔·宁斯基纪念碑》《什特罗斯马耶尔主教纪念碑》《阿瓦尔山上宏伟的无名英雄建筑群》《卡莱梅格丹国家公园里的谢恩法国纪念碑》等。这些作品现今是旅游者称赞的精品。

在建筑学领域,约西普·普莱奇尼克为斯洛文尼亚的现代建筑奠定了基础。他将奥地利直线派建筑传统和本土的民族浪漫主义风格相结合,为卢布尔雅那市设计了"三座桥"、大会广场、大学和国家图书馆等诸多知名建筑物。他曾应捷克斯洛伐克总统马萨里克的邀请,帮助改建了布拉格旧王宫。

在音乐界,因受到国内不同民族地区和国外流派的影响呈现多样化。1922 年克罗地亚萨格勒布高等音乐学校改名为音乐学院,1937 年贝尔格莱德音乐学院成立,1939 年卢布尔雅那高等音乐学校升级为音乐学院。王国各大城市都建立了音乐学校、音乐团体和音乐厅。到 20 世纪 30 年代末,产生了一批杰出的作曲家和音乐家,如:塞尔维亚的佩塔尔·科尼奥维奇、斯特万·赫里斯蒂奇,克罗地亚的亚科夫·戈托瓦茨、约西普·斯拉夫斯基,斯洛文尼亚的科戈伊·奥斯特尔茨。

1918 年以后,南斯拉夫王国开始有了自己的芭蕾舞团。20 世纪 30—40 年代贝尔格莱德、萨格勒布和卢布尔雅那的芭蕾舞团经常上演以本国民间故事为题材的芭蕾舞。与此同时,上述三地还成立了歌剧院和交响乐团。1924 年建立了南斯拉夫歌唱家协会,1926 年在贝尔格莱德举办了南斯拉夫音乐节。

作者点评

第一次世界大战的导火线是萨拉热窝谋杀案,塞尔维亚首当其冲成为奥匈帝国军队进攻的第一个战场。战争一开始,塞尔维亚就面对奥匈帝国、德国和保加利亚三个强大的敌人,每一场战斗都十分激烈。塞尔维亚军队迅速瓦解,塞尔维亚国家被打败。

1915 年严冬,塞尔维亚政府、塞尔维亚军队最高指挥部决定将整个政府、议会和军队一起经阿尔巴尼亚撤退到亚得里亚海滨地区。1915 年 10 月塞尔维亚军队还有 42 万人,11 月底到达科索沃时仅剩下 30 万人。他们在 1915 年 12 月穿越阿尔巴尼亚时约有 22 万人,而在 1916 年 2 月到达希腊科孚岛时已不足 15 万人。这时塞尔维亚全境已被德国、奥匈帝国和保加利亚等同盟国军队占领。

与此同时,黑山也遭到了类似塞尔维亚的命运。1916 年 1 月,奥匈军队占领了黑山,该国国王尼古拉逃亡意大利。

在科孚岛上经过几个月的休整后,10 多万塞尔维亚军队于 1916 年下半年起同协约国军队一起投入了萨洛尼卡战役。

1918 年秋,塞尔维亚军队同英国、法国和希腊等协约国军队一起,在萨洛尼卡战役中彻底打败了保加利亚军队。塞尔维亚军队随即收复了塞尔维亚全境,并向奥匈帝国腹地进军。1918 年 11 月 1 日,贝尔格莱德获得解放,塞尔维亚军队占领波黑和伏伊伏丁那。萨洛尼卡战役的胜利预示着第一次世界大战的结束。奥斯曼帝国于 10 月 30 日投降。奥匈帝国随即解体,在它的废墟上,11 月 13 日建立了奥地利共和国,11 月 16 日成立了匈牙利共和国。

在这场反抗外来侵略和争取独立的斗争中,南部斯拉夫各族人民蒙受了巨大的牺牲。据统计,在第一次世界大战中,南部斯拉夫地区有 1 100 万人口,损失了 190 万人,也就是说牺牲了近 18% 的人口,在协约国中这种损失是最惨重的。有学者认为,塞尔维亚在第一次世界大战中,全国一半的成年男子死于战争中。然而,人民用鲜血谱写了历史的新篇章。

第一次世界大战的战火烧毁了奥斯曼帝国和奥匈帝国大厦,南部斯拉夫人建立统一国家的努力终成正果。

1918 年 12 月 1 日建立了塞尔维亚人—克罗地亚人—斯洛文尼亚人王国。1929 年,国家改名为南斯拉夫王国,君主独裁制度取代了脆弱的议会民主制度。两次世界大战之间,南斯拉夫王国始终在实行中央集权制还是联邦制问题上犹豫徘徊,艰难选择。

第一次世界大战后,欧洲的政治地图发生了根本性的变化。随着边界的改变,一些国家消失了,另一些国家诞生了。大战之后欧洲被分裂为战胜国和战败国两类国家。同样,巴尔干作为欧洲地缘政治利益的重要地区,也与整个欧洲一样被分割成"战胜国"和"战败国",或者称为主张维持现状的"维稳派"和主张修改和约的"冒险派"。大多数巴尔干国家如罗马尼亚、南斯拉夫、希腊和土耳其属于前者,而保加利亚和阿尔巴尼亚则属于后者。这种状况决定了巴尔干半岛的整个命运。这种分野必然影响到巴尔干国家与欧洲大国的关系,也影响到这些国家"一战"后政治、经济和文化的发展。新诞生的南斯拉夫王国尤其如此。

当然,20 世纪 30 年代巴尔干国家的民族经济获得了较快发展,政党制度也日趋成熟,但仍是欧洲较为落后的地区。同时,它们为预防新的战争爆发,彼此间曾努力达成谅解和协议,南斯拉夫王国与夙敌保加利亚甚至承诺"永久和平",但由于该地区的固有政治文化和"通病",收效甚微。

《凡尔赛和平条约》之后,巴尔干仍然是大国利益冲突和施加影响的地区之一。南斯拉夫王国的外交政策和巴尔干地区的国际关系都离不开大国的间接和直接干预。但是,在经过巴尔干战争和第一次世界大战的洗劫之后,南斯拉夫王国和其他巴尔干国家一样,开始考虑彼此接近和合作的问题,积极改善双边和多边关系。南斯拉夫王国试图在欧洲大国的夹缝中求生存,但往往事与愿违。王国为了解决国内社会矛盾和民族问题,开始重视发展国家的民族经济,珍惜和平发展机遇,但这个机遇期仅仅持续了 20 年。由于历史的原因,在即将到来的新的世界大战中,南斯拉夫王国遭遇灭国的悲惨命运。

第二篇 第二次世界大战中的南斯拉夫
（1941—1945 年）

第三章
南斯拉夫王国崩溃和开始武装起义

一、 王国加入德意日三国公约

巴尔干国家难守"中立"

1939 年 8 月 23 日，德国与苏联签订互不侵犯条约，希特勒获得了首先向波兰、接着向英国和法国采取战争行动的自由，不用担心苏联从东部发起进攻。其时，巴尔干国家几乎无一例外地执行亲德国的政策，在国内加强了反对进步力量的措施，如通过保卫国家法、建立集中营、禁止工会组织活动、镇压罢工和反战示威游行、逮捕政治对手，等等。它们采取这些国内措施，目的是为了适应已经变化了的国际形势，尽量避免卷入冲突和保持中立，不想引火烧身，甚至坐山观虎斗。

南斯拉夫王国政府于 1939 年 9 月 2 日宣布"中立"。在政府声明中称，南斯拉夫将恪守中立，只要冲突不触及它的独立和它的领土完整。9 月 6 日，罗马尼亚王室会议宣称在战争业已发生的情况下严守中立的原则。9 月初，当意大利军队在阿尔巴尼亚整编集聚时，希腊不顾与英法发表的互相帮助的声明，也表示将严格保守中立。土耳其政府跟其他巴尔干国家一样，也正式宣布只要战火不烧到巴尔干和地中海地区，将信守中立政策。9 月中旬，保加利亚官方正式表态，将继续其和平外交政策，奉行中立政策。

在战争初期，巴尔干国家的中立政策对它们来说是一种明智的选择，在很大程度上也符合大国的利益。意大利在巴尔干和地中海地区是既得利益者，暂时不想使该地区的冲突扩大殃及自己；德国希望现阶段巴尔干地区的和平状态可以确保自己的原材料和粮食供应；英法集团在无法争取巴尔干国家与其更加紧密合作和结盟的情况下，也默认巴尔干国家的中立有利于牵制德国向东南欧渗透；至于苏联，当战火在接近其边境时，巴尔干国家没有马上倒向德国法西斯一边，也乐观其成。这样，巴尔干国家的中立政策实际上是战前已经确立的东南欧国际格局的继续，得到各方的认可和接受，尤其是得到英国和法国的认可。

但是，巴尔干国家的中立政策并没有牢固的基础。因为，无论在此之前还是战争开始之后，它们已经不大可能在两大集团之间徘徊了，它们的亲德倾向已越来越明显。应当看到，这种"中立"只是暂时的表面现象，甚至只是这些国家亲德国政策的遮羞布，对纳粹德国最有利。

1940 年上半年，欧洲战事的发展直接影响到巴尔干国家的生存和走向。特别在意大利 6 月 10 日宣布加入德国一边参战和法国失败、8 月底英国遭到德国大规模空袭后，巴尔干国家几乎都把自己的命运捆绑在德国的战车上。巴尔干国家的安全和生存在很大程度上取决于德意军事机器的主要打击方向。巴尔干国家的安全和领土欲望完全取决于德意发动的战争结果。

首先是土耳其和罗马尼亚对战争的态度发生了明显的变化。从 1940 年春季到德国入侵法国，土耳其一直坚持亲西方的方针，与英法签订了贸易支付协议，扩大了经济联系。意大利卷入战争后，军事行动扩展到地中海地区。6 月 14 日，英、法两国政府根据 1939 年 10 月 19 日的三国条约请求土耳其政府采取反对德意集团的军事行动，但被土耳其拒绝。眼看法国战败和英国软弱，土耳其选择置身于冲突之外，并努力讨好德国。1940 年夏，土耳其与德国签订了新的贸易协议，开始扩大与德国的经济联系。

罗马尼亚此时的意图更加明显。它之所以义无反顾地站到德国一边,是想在这场战争中保持住第一次世界大战中所获得的领土成果。它几乎是无条件地满足德国提出的石油供应清单。1940年5月27日,罗马尼亚与德国签署了石油协定。5月28日,罗马尼亚首相乔治·特特雷斯库在接见德国驻布加勒斯特外交代表时说,罗马尼亚政府已经放弃中立政策,决心扩大同德国的合作。紧接着,罗马尼亚政府撤换了主张东西方平衡政策的外长,任命被视为德国朋友的新外长扬·朱古尔图。然而,罗马尼亚的退让并没有换来所期待的结果。德国为了巩固在巴尔干地区的阵地,需要满足其朋友匈牙利和保加利亚对罗马尼亚的领土要求。

此时,罗马尼亚对法西斯德国百依百顺。1940年10月,德国军队开始进驻罗马尼亚,到这年秋季,罗马尼亚领土已经成为德国策划入侵苏联的基地之一。

1940年春,南斯拉夫曾打算加强同苏联的关系。一个南斯拉夫经济代表团访问了莫斯科,签订了贸易和航海条约以及1940—1941年两国换货与支付协定。1940年6月,南斯拉夫与苏联开始了两国建立外交关系的谈判,并于6月25日达成了建交协议。但随着欧洲战事的发展,1940年8月26日南斯拉夫政府发表公报称,将参加欧洲"新秩序"建设,却避而不谈中立立场问题。为向德、意示好,南斯拉夫政府采取了一系列措施,如:清除政府中几名亲西方的部长、在中学推广德语和意大利语教学、颁布限制犹太人条令、开始关注境内的日耳曼少数民族、建立集中营,等等。

南斯拉夫王国的统治集团决定一意孤行。他们出于对国内日益高涨的反战活动和对布尔什维克主义的恐惧,不顾共产党的警告、不顾人民群众的反对和英、法等国的劝告,走上了充当轴心国走卒的道路。

王国政府面临生死抉择

希特勒的威胁,英、法的引诱,一步紧似一步。王国政府的统治者正是在这两个集团之间举棋不定。但他们亲德、意的倾向越来越强。1939年2月24日,希特勒诱使匈牙利霍尔蒂政权加入了《反共产国际协定》;3月2日,又迫使罗马尼亚签订了向德国提供谷物和石油的经济条约。在这种形势面前,南斯拉夫斯托扬季诺维奇政府决定向意大利妥协让步。1939年1月,当意大利外交大臣齐亚诺访问贝尔格莱德时,帕夫莱亲王允诺不干预意大利侵占阿尔巴尼亚,并谈及南斯拉夫与意大利合伙"瓜分"阿尔巴尼亚的问题。这年

4月,意大利侵占阿尔巴尼亚,索古国王外逃。意大利以阿尔巴尼亚为基地,东邻南斯拉夫,南迫希腊。后来的事态发展证明了南斯拉夫自食其果。

1939年2月上台的德拉吉沙·茨韦特科维奇政府的对外政策仍然摇摆不定,徘徊观望。1939年5月11日,在意大利入侵阿尔巴尼亚一个月之后,帕夫莱亲王匆忙造访意大利。墨索里尼为帕夫莱举行了高规格的军事检阅,以显示意大利战争机器的强大和威力。5月18日,意大利外长齐亚诺又接待了秘密来访的南斯拉夫特使、政府副总理马切克,后者向意大利外长提出了四点"保证"和要求:(1)马切克不打算与贝尔格莱德和解;(2)将继续采取行动使克罗地亚从南斯拉夫分裂出来;(3)要求意大利提供1 000万第纳尔的贷款;(4)马切克准备在6个月内发动起义。

1939年年中,南斯拉夫政府拒绝英国关于南斯拉夫与英国、法国、波兰和其他巴尔干国家签订军事协定的建议。南斯拉夫外相青察尔·马尔科维奇向英国方面解释说,南斯拉夫与巴尔干之外的国家结盟是十分危险的,因为这会引起邻国不必要的激烈反应。

就是在这个时候,帕夫莱亲王于1939年6月1日正式出访德国,受到异乎寻常的热烈欢迎。希特勒设午宴招待亲王,并假惺惺地说:"第三帝国不会允许任何人侵犯南斯拉夫的领土。"言下之意,德国既不会允许意大利对南斯拉夫的领土欲望,也不会允许保加利亚收回马其顿和塞尔维亚的东南部地区。此时,希特勒还是在争取南斯拉夫成为自己的"潜在盟友",脱离英法的势力范围。同样,帕夫莱亲王也有自己的如意算盘:第一,借助与希特勒德国结盟对抗意大利的侵略图谋;第二,防止德国入侵南斯拉夫。但是,在此次访问中,帕夫莱亲王没有应允南斯拉夫加入三国公约,而是表示要等回国后跟政府商量;他也没有明确答应希特勒关于南斯拉夫退出国际联盟的要求。

1939年7月底,帕夫莱亲王访问了英国。在会谈中,亲王担心保加利亚日益强烈的对南斯拉夫的领土野心。英国则希望说服亲王同意它在亚得里亚海的博卡-科托尔港口建立军事基地。双方在各自利益攸关的问题上没有达成任何协议。亲王得出的印象是,南斯拉夫一旦遭到侵略,英国方面不会提供有效的军事援助。

1939年9月1日,波兰沦亡,第二次世界大战在欧洲爆发,东南欧小国面临严峻考验。起初,南斯拉夫执政集团也希望英法大国同轴心国双方妥协,把祸水引向苏联,中小国家好坐山观虎斗。

所以,南斯拉夫政府于9月2日宣布"中立",在政府声明中称,南斯拉夫将恪守中立,只要冲突不触及它的独立和领土完整。在这种复杂的局势中,中立政策对中小国家来说是一种明智的政策。不过,南斯拉夫的中立并没有牢固的基础。因为,无论在此之前还是战争开始之后,它已经不能在两大集团之间徘徊了,它的亲德倾向已越来越明显。

1940年,同盟国和轴心国对南斯拉夫的争夺加剧。1939年12月19日,英法两国决定鼓励和援助巴尔干国家,尤其是土耳其、南斯拉夫、希腊、罗马尼亚组成一个集团,以便协调使用他们的资源对付德国或俄国入侵。

1940年2月初,英法曾授意《巴尔干公约》四国代表在贝尔格莱德召集会议,讨论巴尔干的安全问题,特别是匈牙利和保加利亚的动向。6月24日,南斯拉夫在6月同苏联签订贸易和海运协定的基础上,不得不宣布承认苏联,并同它建立了外交关系,试图摆脱困境,寻求同苏联接近。当然,此举为时已晚。

早在1940年3月,意大利在唆使马切克签订关于一个独立的克罗地亚将达尔马提亚割让给意大利的协定方面毫无进展时,墨索里尼已经失去耐心,计划立即进攻南斯拉夫和希腊。但希特勒突然告诉墨索里尼不要贸然行动插手巴尔干半岛事务。

1940年9月27日,德、意、日三国在柏林签订了军事同盟条约,即三国轴心。从此,南斯拉夫也像其他东南欧国家一样,必须在支持还是反对轴心国的问题上作出选择。如果反对轴心国,就要同苏联友好和寻求英国的庇护,或者继续保持"中立";如果支持轴心国,就要参加三国公约。

毫无疑问,这时南斯拉夫已被推到了战争的边缘。它的邻国已落入法西斯的魔掌。巴尔干国家昔日的盟友英、法陷入战争,自身难保。在这极度危急的情况下,南斯拉夫国内民族矛盾再度激化,法西斯组织在德意的怂恿下,策划分裂国家。统治阶级内部就对外政策激烈辩论,争吵不休。

南斯拉夫的背向将对欧洲战争产生一定的影响,引起了世界上反法西斯国家和人民的注目。1940年5月,在遥远东方的一位中国观察家在讲到南斯拉夫在英、法、德、意激烈争夺巴尔干的斗争中进退维谷时,就写道:

>　……和英、法、意斗争相应的是南斯拉夫统治阶级内部也有亲英、法与亲德、意派的分歧。由于这两种力量的牵制,所以南国政府有时在英法的压迫之下表示反意的倾向,却又有时表示愿与意大利进行经济谈判……南斯拉夫确是目前英、法、意在巴尔干斗争的中心。南斯拉夫究竟到哪里去? 这不是取决于南国统治者的自由意志,而是取决

于帝国主义者在东南欧力量的对比和东南欧全部局势的变化。①

1940 年 10 月 28 日,墨索里尼终于按捺不住,出兵进攻希腊,在巴尔干地区开辟了新战场,并相信战事将会很快结束。希腊举国上下奋起抵抗,给侵略者以沉重打击。这时,希特勒军队在西线横冲直撞,轻而易举地占领了丹麦、挪威、荷兰、比利时和卢森堡等国,并做好南下巴尔干的准备。11 月 20 日、23 日和 24 日,匈牙利、罗马尼亚和斯洛伐克正式加入三国公约,希特勒军队已进驻匈牙利、罗马尼亚领土。南斯拉夫处于四面包围之中。

希特勒迫使南斯拉夫就范

迫使南斯拉夫就范,这是希特勒制订的 1941 年春季巴尔干行动计划的一部分。1941 年春,法西斯德国和意大利的军队已征服大半个欧洲,正积极准备进犯苏联。在匈牙利、罗马尼亚、斯洛伐克、保加利亚和阿尔巴尼亚这些邻国沦为德意集团的附庸,希腊遭到意大利入侵之后,南斯拉夫被绑上德意的战车,只是时间问题了。法西斯意大利外长齐亚诺在 1940 年 11 月 20 日的日记中,表达了希特勒拉拢南斯拉夫的迫切心情,他写道:"与希特勒再次会谈。他不谈别的,只谈南斯拉夫……希特勒打算请摄政王保罗(即帕夫莱)去柏林谈这笔大交易。"

然而,南斯拉夫上层统治集团既害怕本国人民也害怕苏联,表面上仍在谋求某种形式的"中立",暗地里却就在什么条件下加入德、意、日三国公约的问题同希特勒讨价还价。

1940 年 11 月 28 日,青察尔·马尔科维奇外相秘密前往德国会见里宾特洛甫和希特勒。在会见中,德国法西斯向马尔科维奇下达了最后通牒:南斯拉夫必须尽快加入三国公约,给它留下的时间不多了。

1940 年 12 月 13 日,希特勒下达了代号为"马丽塔"的进攻希腊的指令。该指令计划调遣驻扎在罗马尼亚南部的德军通过保加利亚入侵希腊,赶走在希腊的英军,占领爱琴海北部海岸,乃至整个沿海地区。时间很可能选择在 1941 年 8 月。

与此同时,1940 年 12 月 23 日,德国驻贝尔格莱德大使冯·赫雷约见南斯拉夫王国政府外相青察尔·马尔科维奇,转告希特勒关于希望南斯拉夫尽快加入三国互不侵犯条约的愿望。外相不敢正面回答这个问题,表示还需要

① 和培元:《帝国主义战争中东南欧的棋局》,《八路军军政杂志》1940 年第 2 卷第 5 期,第 67 页。

一段时间才能作出决定。

12月31日,希特勒在给墨索里尼的信中说,南斯拉夫参加公约只是时间问题,德国愿意"等待"。当然,这种"等待"也是有限度的。

1941年2月14日,希特勒在贝赫斯兴堡的山间别墅接见了南斯拉夫首相茨韦特科维奇和外相马尔科维奇。在这次会见中,南斯拉夫已公开表现出倒向轴心国的倾向。希特勒希望南斯拉夫尽快加入三国公约。他威胁说,南斯拉夫现在坚守中立很重要,希望巴尔干中立国家组成一个集团,不要重犯第一次世界大战的错误。那时,英国人登陆巴尔干半岛,突破了萨洛尼卡防线,致使德国开始在军事上走向失败。两位南斯拉夫高官带着沮丧的心情离开了希特勒的魔窟。

帕夫莱与希特勒会晤(1941年3月)

1941年3月1日,保加利亚加入三国公约后,35万德国军队随后到达保加利亚,这迫使帕夫莱亲王明白不可能再无限期等待了。3月4日,帕夫莱亲王对伯格霍夫进行了5个小时的闪电式访问。希特勒在谈话中称:

南斯拉夫对我们来说至关重要,如果它及时接受新秩序,无疑会在巴尔干起领导作用……我们对巴尔干没有任何领土欲望,对南斯拉夫也没有领土要求……德国唯一的希望是在东南欧和南斯拉夫出现和平和秩序,经济兴旺。德国热烈欢迎南斯拉夫走上同轴心国结盟的道路。只要它参加三国公约,它将得到它所渴望得到的一切,包括保持它的领土完整。

今天,希腊的崩溃指日可待,南斯拉夫将可以确保在爱琴海的出海口和得到萨洛尼卡。[1]

---

[1] [南斯拉夫]鲍格丹·克里兹曼:《南斯拉夫国家的对外政策1918—1941》(Krizman Bogdan, *Vanjska Politika jugoslovenske drzave* 1918—1941),萨格勒布,地球出版社1975年版,第124—125页。

希特勒还安抚亲王说,轴心国决不会利用南斯拉夫领土达到军事目的。亲王答应将向政府和内阁转告德国的愿望,并原则上已同意王国政府将加入三国公约。

据说,帕夫莱亲王一向和蔼友善,爱好艺术,但由于这个政权长期以来已走向衰微,所以亲王把中立政策发挥到了极致。他尤其害怕南斯拉夫或它的邻国的举动会招惹德国向南进入巴尔干地区。现在,在极度高压下,他口头答应南斯拉夫会步保加利亚的后尘。

3月6日,亲王召集内阁会议,邀请首相和大臣们共商对策。会议经过几小时的激烈辩论后,作出了参加轴心的决定,但要对外界严加保密。第二天,外相马尔科维奇通知德国驻南斯拉夫大使赫雷,说是南斯拉夫准备加入三国条约,但希望德、意作出如下的书面保证:第一,尊重南斯拉夫的主权和领土完整;第二,不向南斯拉夫要求军事援助,战时不许轴心国军队从南斯拉夫过境;第三,在建立欧洲新秩序时,要考虑南斯拉夫经萨洛尼卡获得爱琴海自由出海口的利益。

尽管南斯拉夫王国的统治者在亲德的道路上鬼鬼祟祟,但总会走漏风声。几乎同时,英、美首脑也接见了南斯拉夫王国驻这两个国家的使节,表示了对南斯拉夫王国动向的关注和不安,并要求南斯拉夫王国政府拒绝希特勒的建议,严守中立。

英美劝说南斯拉夫与希腊和土耳其结成统一战线的努力也宣告失败。3月7日,帕夫莱在接见美国驻南斯拉夫大使布里斯·拉奈时,谎称他的政府仍在徘徊之中。他还信誓旦旦地说什么南斯拉夫是坚决反对侵略的。"我们不会投降。""我们任何时候都不会屈膝乞怜。"拉奈提醒亲王,南斯拉夫除了拒绝德国的要求外,其他任何决定都会对盟国带来损失。帕夫莱亲王还拒绝了到塞浦路斯去同英国外相艾登会晤的要求,只派了一名少校军官到希腊英军司令部介绍南斯拉夫的军事形势、作战意图和一些军事方面的要求。

3月12日,英国政府通知南斯拉夫政府说,如果它肯站在盟国一边,可以保证南斯拉夫军队从南部到爱琴海方向的通道,南斯拉夫将获得同盟国的各种战争物资援助。西方国家渴望南斯拉夫和土耳其帮助遭受侵略的希腊,以防止德国占领莫拉瓦河和瓦尔达尔河。显然,英国所允诺的这些条件已不能使帕夫莱亲王回心转意,英国首相丘吉尔和美国总统罗斯福的干预也无济于事。

南斯拉夫王国已决心加入三国公约,向法西斯侵略者投降。从1941年

3 月 9—19 日,南斯拉夫与德国两国的高级官员又进行了几次会晤,多次交换电报和信件,双方就南斯拉夫加入三国条约的细则和具体问题原则上达成了协议。里宾特洛甫在向南斯拉夫政府发出的照会中诡称,"南斯拉夫参加同盟条约后,德国政府将永远尊重南斯拉夫的主权和领土不可侵犯"。他还保证:"在目前的战争中,轴心国政府将不要求南斯拉夫允许它们的军队通过南斯拉夫领土。"

3 月 13 日,在南斯拉夫王国的内阁会议上,帕夫莱亲王、茨韦特科维奇首相都提出,关于南斯拉夫加入三国条约的所有会谈、会议和决议,不仅要对人民严格保密,而且也不能让反对派甚至政府中持反对意见的人知道。

3 月 20 日上午的内阁会议是决定南斯拉夫王国命运的时刻。在德国的高压下,王国政府决定参加三国条约。茨韦特科维奇首相于当晚 9 时主持有各大臣参加的政府会议,宣布唯一的一项议程:是否参加三国条约? 会上 5 票赞成,3 位大臣表示反对,并当即辞职;国防大臣缺席。

3 月 22 日,德国向南斯拉夫政府发出最后通牒。3 月 23 日晚,在最后一次内阁会议上,帕夫莱亲王制止了关于是否加入三国公约的争论,决定派首相和外相去维也纳签字。于是,茨韦特科维奇和马尔科维奇悄悄溜出贝尔格莱德,从一个郊区火车站登上了去维也纳的火车。3 月 25 日,两人当着希特勒的面,在参加德意日轴心国军事同盟的协定上签了字。出席仪式的除德、意、日三国代表外,还有轴心国的卫星国代表。

王国政府为了替自己的丧权辱国行径披上一层美丽的面纱,说什么加入轴心国是因为在当时情况下别无选择。它甚至把法西斯国家的空口许诺当成令箭,欺骗社会舆论说,此举是"为了维护和平,保障独立和领土完整,以达到不允许武装力量通过南斯拉夫国土的目的"。签字当日,王国政府还通过电台和报纸试图让人们相信:采取这一行动只是一个形式,并没有规定在理论上和实际上损害南斯拉夫王国的领土完整、独立和民族尊严的条件。为了证明这一点,政府还公布了轴心国对王国政府的照会。

南斯拉夫王国政府本希望以投降乞求和平、维持其统治,结果却作茧自缚。参加三国公约的协议书生效后没两天,墨迹未干,该协议书连同王国政府一起被扫进了历史的垃圾堆。

"3·27"军事政变

南斯拉夫王国政府正在筹备举行隆重的庆祝仪式,正式向全国人民宣讲参加三国公约的意义时,一场突如其来的军事政变发生了。

1941 年 3 月 26 日早晨,当人们从广播里听到王国政府同德国缔结了加入轴心国的协定的消息时,群情激奋,全国各地立即自发地掀起了抗议浪潮,爆发了声势浩大的群众示威游行。当天,在贝尔格莱德、卢布尔雅那、斯科普里、萨拉热窝、斯普利特等城市的工厂、学校都发生了大规模的群众集会和示威运动。愤怒的群众向德国公使的汽车吐唾沫,高呼口号:"宁要战争,不要协定!""宁愿死亡,不做奴隶!""打倒卖国贼!""自由南斯拉夫万岁!"一些建筑物上挂出了南斯拉夫、英国、法国和美国的国旗,显示了对同盟国的信任。青年学生高唱南斯拉夫王国国歌,烧毁当日出版的报纸和希特勒的照片。他们结队到希腊驻贝尔格莱德领事馆门前,要求到希腊去当志愿兵,声援希腊人民的反法西斯斗争。拥有 30 多万会员的贝尔格莱德全国体育协会的 54 名理事联名给政府写信,反对参加轴心国集团。

南斯拉夫共产党正确地判断了形势,从 20 年来的地下活动中公开站出来,积极支持人民群众的反战活动。共产党员在大街小巷张贴传单,揭露政府的卖国投降政策,主张同苏联签订友好条约,实现国家政治生活的民主化。

3 月 27 日群众示威游行

与此同时,英美向南斯拉夫王国提出警告:如果它不悬崖勒马脱离轴心国,将冻结南斯拉夫王国在英美的资产,并从希腊北部向南斯拉夫发动进攻。

这样,在人民群众的推动下,在一些西方国家的支持下,1941 年 3 月 27 日凌晨三四点钟发生了军事政变。贝尔格莱德卫戍部队率先攻占了国防部、总参谋部、王宫和首都的军营;空军占领了市政府大楼、广播电台、火车站、邮电局;陆军控制了贝尔格莱德通往各地的交通要道。这是一场不流血的政变,仅死了一名在电台站岗的警察。政变出乎意料地取得成功,首相茨韦特科维奇和外相马尔科维奇等政府高级官员被捕。

政变的组织者是杜尚·西莫维奇(1882—1962 年)大将,南斯拉夫王国的空军司令。西莫维奇在南斯拉夫签订三国公约的前夕,就同陆军和海军大臣佩舍奇、总参谋长科斯蒂奇密等人密谋反对政府参加轴心国的举动。西莫维奇还几次觐见帕夫莱亲王,通报军队中反对德国情绪在滋长。但他深深感到亲王和政府的亲德行动很难刹车。是年2月底和3月初,西莫维奇已经在空军、陆军和首都卫戍部队中网罗了一些支持者,并与英国和美国驻贝尔格莱德使馆的武官建立了联系。最后,他确定空军的一位将军鲍里沃耶·马尔科维奇作为政变者的首领,自己在幕后指挥。政变成功,必须立即组织政府。

根据1931年的宪法,组阁必须有国王的谕令。于是,政变者在27日上午宣布亚历山大的儿子国王佩塔尔已成年(实际上佩塔尔要到1941年11月才满18岁)即位,摄政委员会被取消。随即,在这天中午成立了以西莫维奇为首的新政府。下午,帕夫莱亲王被"护驾"到西莫维奇将军的办公室,和另外两名摄政者一起签署了退位诏书。国王佩塔尔颁布的诏书称:

> 兹国家存亡之秋,予已决定亲掌王权。摄政深悉此举之重要,顷刻提出辞职。予已命杜尚·西莫维奇大将组织新政府。

帕夫莱亲王本想逃往斯洛文尼亚,但途中被截并被押回贝尔格莱德。第二天,他的全家和一些随从人员被逐放到希腊,因为亲王的妻子奥尔加是希腊人。

3月28日,佩塔尔二世国王在加夫里洛夫大主教的主持下宣誓继位,成为南斯拉夫王国的国王。但国王的宝座还没有坐热坐稳,他和他的国家就遭到灭顶之灾。

西莫维奇成立了基础广泛的新内阁,专门邀请反对政变的克罗地亚人马切克担任政府第一副总理。此举的目的是表明新内阁承认1939年的《茨韦特科维奇—马切克协议》,以牵制克罗地亚的分离主义倾向。同时,上届政府的所有克罗地亚大臣和斯洛文尼亚人民党以及南斯拉夫穆斯林组织的代表内阁成员也都被吸纳进新内阁。

西莫维奇内阁宣布成立,南斯拉夫公众的爱国热情再次被激发出来了。贝尔格莱德的大街小巷到处挤满了人。广场上,人们在跳舞,英法国旗高高飘扬,手无寸铁但英勇无畏的人们高唱起了塞尔维亚国歌。

西莫维奇政府是南斯拉夫王国的最后一届政府。从3月27日宣誓就职到4月6日希特勒入侵,仅仅存在了10天,是一个短命的政府。新政府既没有准备好应付一场战争,也没有时间动员人民进行一场这样的战争。以往各届政府遗留下来的一大堆问题,它是无法在短期内解决和克服的。当然,我们也应该看到,在三月事件中产生的西莫维奇政府,不得不对王国政府的对内对外政策进行较重要的调整。

第二次世界大战后,西莫维奇在回忆录中谈到,他的政府在 3 月 27 日以后主要做了以下几件事:(1)维护国家和人民的统一;(2)争取国外的援助;(3)推迟德国的进攻;(4)采取保卫国家的措施。这在某种程度上是夸大和美化了新政府。实际情况并非如此。该政府的对内对外政策始终摇摆不定,优柔寡断,甚至自相矛盾。

然而,留给西莫维奇政府的时间太少了。当新政府还在尊重民意或随从轴心之间犹豫不决的时候,当它的政策还没有来得及实施的时候,希特勒的军队已经敲开了南斯拉夫的大门。正如温斯顿·丘吉尔所指出的,通过 3 月 27 日政变,南斯拉夫人拯救了他们的灵魂,拯救了他们国家的未来,但拯救国土已经太晚了。

可以说,3 月 27 日的军事政变是一次民主的政变。这是人民对王国政府的投降不满的表现,也是南斯拉夫人民决心保卫国家和反对法西斯侵略的一次爱国主义演习,具有重要意义。它意味着轴心国和所有南斯拉夫亲法西斯势力道义上的失败。它鼓舞了欧洲和世界的反法西斯力量。南斯拉夫历史学家认为,"3·27"事件还意味着希特勒在侵略战争中迄今所遭到的第一次失败。我们甚至有理由说,"3·27"事件揭开了南斯拉夫人民反法西斯斗争的序幕。

二、 南斯拉夫被侵占和瓜分

希特勒下令消灭南斯拉夫

希特勒被南斯拉夫"3·27"事件深深地刺痛,盛怒之下,他在当日下午两点半,即在贝尔格莱德街头政变的枪声响过 12 个小时之后,马上召集德国最高统帅部成员开会。希特勒在会上声称,南斯拉夫的政变危及了德国进攻希腊的"马丽塔计划"和进攻苏联的"巴巴罗萨"的实施,因此,他要以"无情的严厉行动"粉碎南斯拉夫。希特勒曾经因塞尔维亚打响了第一次世界大战的第一枪而斥其为"塞尔维亚叛徒","3·27"事件似乎使希特勒有了报仇的机会。

根据 1940 年 12 月进攻希腊的"马丽塔"行动和 1940 年 12 月 18 日制订的入侵苏联的"巴巴罗萨"计划,预定是 5 月 15 日开始军事行动。由于希腊人民英勇抗击意大利侵略军和南斯拉夫人民坚决反对加入三国公约,法西斯侵略者不得不变更他们的战争日程表。

希特勒原先精心设计的用施加压力和签订条约使巴尔干国家就范,并进而侵入苏联的计划,也需要从根本上进行修改。"二战"后的研究成果揭示,预定参加对苏联战役的 11 个德国师在 4 月 17 日南斯拉夫投降 10 天内转移去实施"巴巴罗萨"计划。但是,由于南斯拉夫事态的发展,原定在 5 月 12 日发动对苏战争的日期被推迟到了 6 月 22 日,整整拖延了 6 周。这使法西斯德国丧失了战机,遇上了莫斯科严寒的冬天。战后,德国将领们和苏联学者都承认这一现实。

希特勒欲在进攻希腊的同时,一举消灭南斯拉夫。他作出这一决定不完全在于军事目的。他如此行动,一方面是为了震慑苏联和土耳其,显示德国的军事实力;另一方面是为了加强与那些将从南斯拉夫获得部分领土的盟友的团结。

会议刚结束,希特勒就在 4 月初向各高级将领发出了进攻和消灭南斯拉夫王国的命令,史称"第 25 号指令",行动的理由是:

> 南斯拉夫对于预定的"马丽塔"作战方案是一个不稳定的因素,而对往后的"巴巴罗萨"计划更是如此。
>
> 不必等待南斯拉夫新政府表明忠诚,立即做好一切准备,以期在军事上粉碎南斯拉夫,使其不再成为一个国家……空军的任务要尽可能提早行动,摧毁南斯拉夫的空军基地。
>
> 南斯拉夫的军事叛变已经改变了巴尔干的政局。即使南斯拉夫主动表示效忠,但目前必须把它视为敌人,因此必须尽快予以摧毁。

在这个指令中,希特勒还预计需要意大利、匈牙利和保加利亚军队的协调行动。他说:

> 为此,必须尽快行动,邻国要以积极的方式参加。只要求意大利和匈牙利在军事上帮助对付南斯拉夫,而在某种意义上也需要保加利亚协助。罗马尼亚的主要任务是防止俄国。①

---

① 贝尔格莱德军事历史研究所主编和出版的多达 100 多册的《南斯拉夫各族人民解放战争的文件与资料汇编》(Vojnoistoriski institut, *Zbornik dokumenata i podataka o narodnooslobodilačkom ratu jugoslavenskih naroda*)(简称《文件汇编》)第 2 卷第 2 册,贝尔格莱德,军事出版社 1954 年版,附录文件之 1,第 469 页。

3月28日,希特勒将进攻南斯拉夫的计划告诉了意大利、匈牙利、保加利亚等国,称德国将在几天之内消灭南斯拉夫并允许克罗地亚获得独立。当晚,希特勒通知墨索里尼暂时停止在阿尔巴尼亚的军事行动,把军队向南斯拉夫边界集结。

第二次世界大战后解密的档案透露了"第25号指令"的一些内容:

> 1. 将奥地利驻守在科鲁什卡和什塔尔斯卡边界地区的部队并入德国军队;
> 2. 克罗地亚将成为独立国家,由匈牙利管控;
> 3. 南斯拉夫西北部沿海地区、达尔马提亚和黑山属于意大利;
> 4. 马其顿应该归还保加利亚;
> 5. 南斯拉夫与匈牙利接壤的部分领土(到德拉瓦河)交给匈牙利;
> 6. 只有老塞尔维亚(不包括马其顿)由德国军事当局临时管理。

1946年4月1日,在纽伦堡法庭上,当英国法官问到纳粹战犯为什么还没有动用完外交手段,就迫不及待打击南斯拉夫时,里宾特洛甫回答说:

> 因为南斯拉夫新政府是由英国扶植建立的。这是英国军官在审讯我时,其中一个军官承认的事实。西莫维奇将军政变后,元首看得很清楚,新政府的幕后都是德国的敌人。

"第25号指令"计划从北面的格拉茨、西边的里耶卡和东边的索非亚同时发起进攻,朝贝尔格莱德方向靠拢,以迅速消灭王国的军队。同时,把南斯拉夫的南部分割开,在那里建立德意侵略军进攻希腊的基地。

在军事上进行紧急部署的同时,法西斯德国对南斯拉夫发动了政治和外交攻势。西莫维奇政府对希特勒的调兵遣将活动和入侵计划并非一无所知。早在政变两三天后,南斯拉夫王国驻柏林大使馆的武官就已经提醒过西莫维奇政府,要注意德国的侵略动向。但奇怪的是,它仍在幻想和平。直到4月3日,新政府才开始秘密动员,并计划4月7日实行总动员。这比希特勒的准备工作晚了一周,结果,瞬息万变的事态发展把南斯拉夫推到了灾难的深渊。

南斯拉夫沦陷和被瓜分

4月6日5时15分,轴心国军队在李斯特元帅的指挥下,从奥地利、匈牙利、罗马尼亚和保加利亚向南斯拉夫和希腊同时发起进攻。轴心国共动用了58个师(30个德国师、23个意大利师和5个匈牙利师)、2 170架飞机(德国1 500架、意大利670架)。而南斯拉夫王国军队参战时,只有31个师和415架飞机。尽管南斯拉夫有当时巴尔干半岛最强大的空军,但这些飞机中只有80多架是现代战斗机。这就是说,敌人的陆军兵力比南斯拉夫王国多了近1倍,而空军高出4倍多。已经在保加利亚和匈牙利集结的纳粹军队,大多是德国的机械化师,且有意大利军队在辅助方向上参加作战,而南斯拉夫军队分散在试图守卫的漫长的边界地区。

德军入侵贝尔格莱德

与此同时,匈牙利军队越过边界,进入巴奇卡和巴纳特地区;罗马尼亚封锁了其与南斯拉夫的边境。

德国轰炸机从被占领的罗马尼亚和匈牙利机场起飞、补给,井然有序地对南斯拉夫机场和首都贝尔格莱德进行了连续3天的轰炸。它们低空飞行,毫不担心遭到抵抗。这次军事行动被称为"惩罚"。到4月8日,贝尔格莱德一片死寂,几千平民横尸街头。动物园里,惊恐万状的动物从被炸坏的笼中逃出了烟与火的噩梦。大量具有历史意义的建筑物被炸毁和严重破坏,其中就包括国家图书馆和许多政府机构。同时,斯科普里、卢布尔雅那等城市也遭到空袭。

4月6日当天,德意以27个师(22个意大利师和5个德国师)的兵力入侵希腊。4月28日,德意法西斯军队占领了大陆希腊。

保加利亚境内的德国第12集团军分别从边境3个地区侵入南斯拉夫,占领了南斯拉夫南部的斯科普里、什蒂普和韦列斯等城镇。从保加利亚首都索非亚以西地区向南斯拉夫进攻的德军第1坦克集群在占领尼什之后,继续向前推进,对贝尔格莱德构成威胁。

在德国装甲纵队的攻击下,南斯拉夫北方4个军的兵力迅速崩溃,毫无还手之力。同时,匈牙利军队越过多瑙河,协助德军作战。南斯拉夫军队主力在一团混乱中被逼向南撤退。德军第2集团军对南斯拉夫西北部展开了猛烈进攻,克罗地亚和斯洛文尼亚地区的南斯拉夫军队失去抵抗能力。

德军装甲部队侵入尼什市

4月10日,萨格勒布失守,德、意法西斯如愿炮制了所谓的"克罗地亚独立国"。4月11日,卢布尔雅那被意军侵占。首都贝尔格莱德于4月13日被占领,政府部门和军事机关撤出该城,迁到波斯尼亚萨拉热窝附近的帕莱小镇和黑山的丛林,全国陷入混乱。这对本来就士气低落的王国军队里的军官心理上打击很大,无法组织有效的抵抗。

4月13日,西莫维奇政府制订了逃往国外的计划,随即作出了撤退的决定,包括国王、王室、政府首脑、将领、政党领袖等总共近200人。4月14日,王国最高指挥部参谋长达尼洛·卡拉法托维奇大将向军队下达了不抵抗的命令。

4月15日,国王佩塔尔二世及其随从人员携带国库里的黄金,从科托尔乘坐英国的一架"森德兰式"水上飞机逃到了希腊。第二天,西莫维奇和一批大臣要员也逃之夭夭。国难当头,民族存亡,资产阶级执政集团丢下国家和人民,苟且偷安,流亡国外。当 4 月 27 日德国军队占领雅典时,佩塔尔国王及其随从匆忙逃亡开罗,后又辗转流亡英国。"二战"期间,他执行反对南斯拉夫人民解放战争的政策。"二战"后死于美国。

南斯拉夫王国走上了投降的道路。王国政府因为在逃,便由王国军队最高指挥部与德、意军队媾和。王国政府在这点上耍了个花招,它让军队投降,而王国作为一个国家并未投降。果然,5 月 4 日流亡政府在伦敦宣布继续"抵抗"。这成为后来跟国内抵抗运动进行讨价还价的理由和借口。

4 月 17 日傍晚,在贝尔格莱德原捷克斯洛伐克驻南大使馆签署了关于德国和南斯拉夫王国武装力量之间实现停火的规定,即无条件投降书。这一天,一切有组织的军事抵抗宣告结束。在各地的王国军队接到命令后放下了武器,整师整师地投降了德、意侵略军,德、意军队轻易地俘虏了 30 多万王国的官兵。纳粹联军横扫南斯拉夫王国军队,王国彻底沦陷。

南斯拉夫王国军队垂头丧气的陆军军官

南斯拉夫王国就这样被占领和遭到德国、意大利、匈牙利、保加利亚等国的瓜分。首先,德国和意大利在南斯拉夫划分了占领区。德、意两国外长于 4 月 18—22 日在维也纳达成协议,将南斯拉夫从北部的卢布尔维那经过萨拉热窝,至南部的奥赫里德湖一分为二,划了一条分界线。①德占区总面积约 7 万平方千米,人口 520 万;意占区总面积近 4 万平方千米,人口约 200 万。意大利除占领黑山外,还占领了亚得里亚海的整个东海岸及附近岛屿。

接着,匈牙利和保加利亚资产阶级政府认为"雪耻"第一次世界大战的时机已到,乘人之危,攫取了它们垂涎已久的地区。匈牙利占领了普列科穆尔

————————

① 这条分界线后来曾几经修改:1941 年 5 月底才最后确定下来,一直存在到 1943 年 9 月意大利投降为止。

耶、梅久穆尔耶、巴纳特和巴奇卡,面积约 1.16 万平方千米,人口约 114 万;保加利亚占领了塞尔维亚东南部的皮罗特和弗拉尼亚地区以及马其顿的大部分地区,总面积约 2.8 万平方千米,人口约 126 万。保加利亚还与阿尔巴尼亚一起占领了科索沃。德国、意大利、匈牙利、保加利亚在瓜分了南斯拉夫领土后,建立了各自的占领制度。

以德国和意大利为首的占领国及其同伙瓜分南斯拉夫的情况如下:

1941 年南斯拉夫领土被瓜分情况

占领国和所占的 领土地区	占领面积 (平方千米)	占领区人口 (1941 年)	占总人口 (%)
德　国	9 600	775 000	4.9
意大利	10 600	760 000	4.8
黑　山		435 000	2.7
阿尔巴尼亚	28 000	795 000	5.0
克罗地亚	98 600	6 300 000	39.6
保加利亚	28 200	1 260.000	7.9
匈牙利	11 600	1 145 000	7.2
巴纳特	9 800	640 000	4.0
塞尔维亚	51 100	3 810 000	23.9
全南斯拉夫	**247 500**	**15 920 000**	**100.0**

资料来源:[德]马里-日宁·恰里奇:《20 世纪南斯拉夫史》,贝尔格莱德,“斯里奥”出版社 2013 年版,第 466 页。

南斯拉夫的一些历史书上称其为“四月战争”,即 1941 年 4 月 6—17 日的战争,仅仅进行了 11 天。其实,这很难称得上是一场战争。所谓“四月战争”的进程大体分为三个阶段:在战争的头几天里,南斯拉夫王国军队还有一些抵抗行动。当南部的马其顿战线和西北部战线崩溃时,王国军队节节败退;4 月 10 日德军进入萨格勒布后,以“克罗地亚独立国”为代表的第五纵队活跃,军心民心开始动摇,士气低落,政府准备与敌人谈判投降,逃亡国外;4 月 14 日起,王国军队正式与德军谈判投降条件,17 日在无条件投降书上签字。

本来,南斯拉夫王国军队总参谋部曾经制订了一个称作“R—41”的作战计划。根据这个计划,王国军队要在除阿尔巴尼亚以外的所有战线上进行防御。如果遭到敌人的强大进攻,即往南撤退到希腊,在那里同希腊军队一起组成战线,如若可能,同其他盟军形成战线。

　　王国军队总参谋部还以为袭击将来自北部平原地区,所以,将兵力集中在南斯拉夫与匈牙利和南斯拉夫与罗马尼亚边境的漫长开阔地区。而德军却以重兵从保加利亚西部突入,首先摧毁了尼什—斯科普里防线,截断了尼什至贝尔格莱德的铁路线。斯科普里陷落,实际上意味着马其顿战线的崩溃。德军切断了王国军队同希腊和英军的联系,南斯拉夫王国彻底孤立无援。

　　为什么南斯拉夫王国如此迅速地崩溃了呢? 一般认为,双方力量悬殊是一个重要原因。在进攻南斯拉夫王国前夕,希特勒军队正处于极盛时期,它已经侵占了除苏联以外的大部分欧洲国家。在西方资产阶级执政集团的绥靖政策影响下,德国军队所向披靡,各国资产阶级或君主政府的军队没抵抗多久,便宣布投降。当时南斯拉夫大约有 70 万人已经动员起来,但他们的31 个师人员不足,装备和机动性严重落后。纳粹德国 10 天的闪电战几乎没有遭遇有效的抵抗。塞尔维亚和斯洛文尼亚地区有零散部队的激烈反抗,而克罗地亚地区却很少组织抵抗。据统计,在这场闪电战中,德国军队损失不到 200 人,而南斯拉夫王国军队损失了约 3 000 人。

　　南斯拉夫研究“四月战争”的专家韦·特尔齐奇教授在他的两卷本专著《1941 年南斯拉夫王国的崩溃》中认为,悬而未决的民族问题,特别是塞尔维亚同克罗地亚之间的矛盾,是王国迅速垮台的重要原因之一。两次世界大战之间,在南斯拉夫王国出现的沙文主义、分裂主义和亲法西斯组织的活动,也使王国内部空虚,政局不稳,以致酿成了四月灾难。

　　尽管“四月战争”以南斯拉夫王国的失败告终,但由于广大爱国军民的抵抗,它对后来事态的发展有一定的积极影响。南斯拉夫的“3·27”事件和“四月战争”,以及希腊人民的顽强斗争,既打乱了希特勒的侵略部署,又牵制着德、意法西斯的部分兵力,特别是推迟了希特勒入侵苏联的计划。

　　这样,到 1941 年上半年,第一次世界大战后建立的凡尔赛体系彻底崩溃了。至此,整个巴尔干半岛都卷进了第二次世界大战。

傀儡政权纷纷出笼

　　德、意法西斯占领巴尔干半岛后,立即形成了两个占领区,其分界线始于阿尔卑斯山脉,经过斯洛文尼亚和克罗地亚、穿越波斯尼亚山区继续往东南方向抵达希腊中部和地中海岛屿。整个巴尔干半岛的北部和东部(包括保加利亚和罗马尼亚)的大半壁江山由德国直接占领,而半岛的西南部地区由意大利控制。整个巴尔干半岛在军事上由德国设在贝尔格莱德的东南欧司令部统一指挥。

南斯拉夫王国遭到法西斯践踏,军队或被打散或被俘虏,整个国家机器和领土区域被摧毁,建立了"新的秩序"和管理机构。原南斯拉夫王国出现了三个政府,即塞尔维亚的奈迪奇政府、克罗地亚的帕韦利奇政府和流亡伦敦的国王政府。

在被占领的南斯拉夫土地上建立傀儡政权,这是德、意法西斯早就策划好了的阴谋。1941年4月10日,德、意两国立即联合炮制了一个所谓的"克罗地亚独立国"。当天晚上,宣告"克罗地亚独立国"成立。4月15日,由墨索里尼豢养的安特·帕韦利奇①带领几百名全副武装的乌斯塔沙分子,从意大利的佛罗伦萨来到萨格勒布,就任"独立国"的首脑,成立乌斯塔沙政府。这个"独立国"的版图包括克罗地亚、斯拉沃尼亚、斯雷姆、达尔马提亚的一部分,以及波斯尼亚和黑塞哥维那的全部,总面积约有10万平方千米,人口接近650万。

实际上,这个"独立国"是德、意两国的势力范围和它们的工具,没有任何的独立性。5月18日,通过签订罗马条约,意大利正式成为克罗地亚独立国的"保护国"。意大利国王任命他的亲戚为克罗地亚独立国的"国王"。这个独立国还与三国公约的成员国建立了所谓外交关系。同时,它宣称塞尔维亚人是克罗地亚"历史上的死敌"。

4月17日,帕韦利奇下达了《保卫国家和人民令》,其中写道:

> 1. 谁想破坏克罗地亚人民的尊严或者利益,或者以任何一种方式威胁克罗地亚独立国的存在和国家政权,都会被视为民族的叛徒。
> 2. 谁犯下了本法第1条的罪行,将遭到处死。

6月7日,帕韦利奇在拜谒希特勒时竟称克罗地亚人没有斯拉夫血统,而是德国人的后裔。在整个战争期间,克罗地亚独立国几乎没有为克罗地亚,也没有为克罗地亚人民做一件值得人们记忆的好事。

在德意法西斯的策划和扶植下,南斯拉夫其他地区也出现了傀儡政权。在斯洛文尼亚,4月6日,一些原资产阶级政党的代表人物在卢布尔雅那拼

---

① 安特·帕韦利奇(1889—1959年)是乌斯塔沙运动的首领,1929—1941年侨居意大利,"二战"中充当德意法西斯的傀儡,后逃亡南美洲,1959年死于马德里。

凑了一个"斯洛文尼亚人民委员会",并立即建立了资产阶级政权,与敌人同流合污。

在黑山,1941年4月底,意大利驻阿尔巴尼亚的入侵军司令乌戈·卡瓦莱罗将军的部队在占领黑山后,扶植黑山的分裂主义者拼凑了一个所谓的"黑山临时行政委员会",充当意大利占领当局的傀儡。5月初,该委员会解散,成立了一个由13人组成的"黑山人咨询委员会",为成立黑山王国作准备。与此同时,意大利宣布将黑山的博卡—科托尔地区并入由它控制的阿尔巴尼亚,妄图将黑山合并进意大利。6月中旬,意大利国王维克托·埃马努尔三世来到黑山的策蒂涅,并娶了黑山最后一个国王尼古拉的女儿为妻。于是,黑山的统治者和分裂主义分子把意大利占领者美化为"黑山的解放者和朋友"。他们准备在意大利人的庇护下,宣布黑山为独立国,恢复君主制,"以摆脱塞尔维亚的压迫"。这个黑山与意大利合并的会议原定于7月12日召开,但由于7月13日爆发了人民起义,所以黑山分裂主义者及其头面人物的卖国活动宣告破产。

在塞尔维亚,德国占领当局于1941年8月29日宣布组成一个以王国政府军前国防大臣米兰·奈迪奇将军[①]为总理的"塞尔维亚政府"。该"政府"除拥有警察和宪兵外,还进行强制动员,组建了所谓的"塞尔维亚志愿军团"。人们形象地讥讽奈迪奇政府只是"德国塞尔维亚手套里的一只手",是地地道道的卖国政府,是希特勒在希腊和巴尔干其他国家如法炮制的统治手段和策略。

在马其顿、波斯尼亚和黑塞哥维那等地,资产阶级反动上层人士和宗教首领也迎合占领当局的需要,扮演了投敌分子的可耻角色。

在整个战争期间,南斯拉夫土地上还出现了一些其他反动武装组织。例如,斯洛文尼亚的"白卫军"和"蓝卫军";塞尔维亚、黑山、波斯尼亚和达尔马提亚等地的切特尼克、穆斯林军团;科索沃阿尔巴尼亚族的"巴利斯塔"分子、反共志愿警察、火力团、黑色三人行动小组、冲锋队、还乡团;甚至还在十月革命后就侨居南斯拉夫王国的俄国反动侨民,也组织了"俄罗斯自卫军团";等等。

上述事实使南斯拉夫历史学家伊万·博日奇等在其权威著作《南斯拉夫

---

① 米兰·奈迪奇(1827—1946年)是南斯拉夫王国将军,"一战"时曾指挥团、旅部队作战。两次世界大战之间任总参谋长和国防大臣。1941年南斯拉夫王国沦陷时指挥第三军作战,后成为亲德派。从1941年8月—1944年底任塞尔维亚傀儡政府总理,1946年畏罪自杀身亡。

史》中得出了这样的结论：

> 在欧洲被占领的国家当中，没有哪一个国家像南斯拉夫一样有这么多、这么顽固的卖国贼。但是，这些五花八门的卖国政权及其反动武装，不管他们怎样乔装打扮，都掩盖不了充当占领者忠实奴仆和卖国贼的真面目，都逃脱不了历史的惩罚。

在南斯拉夫形形色色的吉斯林（"二战"中北欧国家的敌伪政权和人物）和投敌分子中，要数以德拉戈柳布-德拉扎·米哈伊洛维奇①为首的"切特尼克"分子作恶的时间最长、危害最大。1941 年"四月战争"时，米哈伊洛维奇作为王国的一名军官躲进了深山，没有向占领者投降。5 月 13 日，他网罗了 26 名中下级军官，来到塞尔维亚西部林木繁茂的拉夫纳山（意即平顶山），开始招兵买马。他宣称自己是国王佩塔尔二世留下来"反对占领者和保护人民利益的"。然而，切特尼克运动具有明显的大塞尔维亚主义和反共性质。米哈伊洛维奇还命令他的下属"要无情地消灭共产党"。

到 1941 年 12 月，流亡政府授予米哈伊洛维奇陆军中将军衔，米哈伊洛维奇便扬扬得意自任王国留在国内部队的总司令。1942 年初，他又被任命为流亡政府国防大臣。据说，当时米哈伊洛维奇纠集的切特尼克有 1 万多人。

这时，切特尼克组织既被视为流亡政府在国内的军事力量，又被视为非共产党领导的一支武装抵抗力量。铁托领导的游击队最初为了团结一切反法西斯组织和人士，曾经试图团结和利用切特尼克运动。铁托甚至多次与米哈伊洛维奇接触和谈判，商谈在反对占领者这个共同敌人的斗争中进行合作。但米哈伊洛维奇依仗他的司令部里有英国军事使团和英国政府的军事物资支援，又有流亡政府的全力支持，对于与游击队合作三心二意，阳奉阴违。到了 1942 年，切特尼克运动已经变成一支消极抗敌、积极反共的部队。这也是米哈伊洛维奇走上自取灭亡道路的开始。

在整个第二次世界大战期间，巴尔干半岛的傀儡国家和政府不拥有任何

---

① 德拉戈柳布-德拉扎·米哈伊洛维奇（1893—1946 年），"二战"中切特尼克首领。"二战"前，他是王国军队第二集团军副总参谋长，曾任南斯拉夫王国驻国外武官。"二战"中，他组织、领导切特尼克与游击队对抗。1946 年被人民政权处决。

国际地位,得不到任何国际文件和条约的承认。它们的成立和活动是非法的、无效的。同时,所有傀儡政权都是为占领当局服务的,也都是反对犹太人和反对共产党的。它们的存在严重制约着巴尔干人民的反法西斯斗争。这一现实情况又迫使反法西斯抵抗运动面临双重任务:既要反对外国占领者,又要同国内的卖国贼进行斗争。

三、 南斯拉夫是欧洲反法西斯抵抗运动的旗手

南共是武装起义的组织者

南斯拉夫王国崩溃之日也是南斯拉夫各资产阶级政党崩溃之时。在王国政府瓦解的关键时刻,唯有南斯拉夫共产党同人民站在一起,肩负起了拯救民族危亡、反对法西斯侵略者和光复祖国的重任。南共清醒地分析了"四月战争"后的国内形势,及时地采取了准备发动武装起义的措施。

1941 年 5 月初,南共中央在萨格勒布召集了南共各地区(除马其顿外)的领导人参加的全国会议,研究了在占领条件下党如何开展工作和准备武装起义的问题。会议还讨论了同占领者及其仆从进行斗争,建立所有爱国力量的统一战线,反对消极等待,反对寄希望于外来援助等问题。会议决定各级党的领导机关立即成立地方军事委员会。

6 月底,铁托向共产国际通报了南斯拉夫的政治局势和南共的活动情况,指出"人民正在准备斗争"。他写道:

> 尽管南斯拉夫被帝国主义瓜分和确立了新的边界,但南斯拉夫共产党是统一的。党中央顺利地领导着全国各占领地区,并同这些地区保持着经常的联系。

南斯拉夫的广大工人、农民和知识分子以及各族人民群众,早就对王国政府的民族压迫和阶级剥削不满,同情共产党的革命活动。现在,当占领者和南奸卖国贼到处实行大屠杀和大恐怖的时候,他们必然把希望寄托在南共身上,期待南共来领导他们赶走敌人,解放祖国。1941 年夏天,南共号召人民拿起武器反对占领者和卖国贼的时刻已经来临。

7 月 3 日,斯大林在莫斯科发表广播演说,向苏联人民发出紧急动员

令。他向全世界呼吁,号召在德军后方开展游击活动,结成反法西斯的统一战线。

南斯拉夫共产党最先响应了这个反对法西斯侵略者的号召。7月4日,南共中央政治局在贝尔格莱德作出了开展武装起义的历史性决定。会上制订了在塞尔维亚进行武装抵抗的详细计划,重点摧毁占领者在城镇和乡村的据点。会议还决定建立游击队,把自发的起义变为有组织的全民武装斗争。党的几名主要领导人被派往全国各地,以指导那里的起义斗争。

7月4日的武装起义决定指出,起义的基本方式应该是建立游击队,重点放在农村。南共中央武装起义的决定特别强调要吸引农民参加起义和加入游击队,因为游击战是离不开农村的。南斯拉夫历史学家认为,采取游击战这种斗争形式,既考虑到了南斯拉夫的传统、农业国性质,又考虑到了敌人在数量上的优势,而且,还注意到人民解放斗争只有依靠农村,才能"从农民队伍和城市居民中源源不断地补充战士"。

爱德华·卡德尔在论述铁托的这一战略思想时说:

> 许多欧洲共产党人1941年以及1941年以后批评我国的武装起义是"农民起义",没有希望成功。他们指责我们"上了山",不留在城里搞斗争。可是,他们所接受的理论是让工人阶级在敌人最强大的地方与敌人打阵地战,即让工人阶级在最艰苦的情况下采取最艰巨的斗争形式……这意味着工人和各民族的解放战士,可以说是必须赤手空拳地去跟高度集中的敌人展开搏斗。只有瞎子和冒险家才会期望这种武装斗争的战略会有什么成果。

无论历史上还是在第二次世界大战中,游击战确实是弱小民族反抗侵略者的一种有力斗争方式。这种形式的游击战争具有强大的生命力,它正是恩格斯100多年前在《皮蒙特军队的失败》一文中所肯定的"小民族制胜大民族,不够强大的军队抵抗比较强大和组织良好的军队的唯一方法"。

7月12日,南共中央发表了告南斯拉夫各族人民书:

> 南斯拉夫各族人民:塞尔维亚人、克罗地亚人、斯洛文尼亚人、黑山人、马其顿人和其他民族!……你们虽在战争中被打败但并未屈服。切莫忘记你们的祖先为真理和自由而斗争的光荣传统。现在是时候了:你

们应当表明你们不愧是光荣的祖先的后代。现在是时候了,时钟已敲响:让我们像一个人那样,奋起战斗,抗击占领者及其走狗南奸卖国贼。……我们要把我们的国家变成阻止法西斯侵略者前进的铜墙铁壁。

南共的这一立场表明,它不再像"四月战争"时那样强调反对两个帝国主义集团,而是强调这场战争的反法西斯性质和人民解放性质。

南共是在极其严峻的国际环境下作出武装起义的重大决定的。当南斯拉夫人民揭竿而起的时候,纳粹军队已深入苏联国土,德意法西斯的铁蹄已踏入绝大多数欧洲国家,德意日轴心国的侵略势力正处于最嚣张的时期。

在原南斯拉夫崩溃和被占领后的不足3个月时间里,南共就作出了武装起义的决定,这是它充分相信人民群众的表现。南共的这种选择符合广大人民群众的愿望,因而得到人民的响应和支持。党本身也得到迅速发展。从"四月战争"起到武装起义前夕,南共就吸收了4 000名新党员,使党员的人数达到1.2万人,共青团员的人数达4万名。

南共关于武装起义的决定发出后,南斯拉夫各地迅速开始了起义,这在欧洲被占领国家里是罕见的,在巴尔干和欧洲的共产党中也是不多见的。南斯拉夫人民是英雄的人民,南斯拉夫共产党表现得像铁一样坚强。一位法国历史学家说得好,尽管1941年共产党的力量还不强大,但是,那时"共产党人是支离破碎的国土上唯一的政治组织。在大塞尔维亚和中央集权及其政治结构的废墟里,只留下了一样东西:共产党"。

1941年7月起,南斯拉夫各地先后爆发了武装起义。由于各地区具体情况不同,起义的发展是不平衡的。

武装起义和"乌日策共和国"

从占领之初起,德、意等占领当局就建立了一整套所谓"新秩序",实行恐怖统治。纳粹军队占领塞尔维亚全境后,于4月16日发布公告,实行类似戒严法的宵禁令和其他条例,并要求所有犹太人立即向警方登记。所有城市的文化生活迅速处于德国军政当局的严密控制之下,当局授权发行的唯一报纸叫作《新时代》。

德国占领当局开始大肆捕杀一切可疑分子。贝尔格莱德周围建立起了几个纳粹集中营,以关押"罪犯"。当时被关押的南斯拉夫军官和士兵以及政治精英多达20万人。同时,德国国防军统帅部还对入侵南斯拉夫的德军下达了指令,即如果一个德国士兵被杀,那么将处决 100 名平民;如果一个德国士兵负伤,那么 50 名平民将被处决。这就是德国军队所犯下的赤裸裸的战争罪行,法西斯当局的唯一目的是为了防止出现任何袭击和反抗活动。但是,哪里有白色恐怖,哪里就肯定会有红色反抗和斗争。

1941 年 7 月 7 日,是塞尔维亚鲁帕尼县的"白庙村"传统的赶集日。来自四面八方的农民们,肩挑手提着农产品和日用品涌向集市,有的还带着要出售的铁器刀具。这一切跟往年没有区别,不同的是人群里没有了熙熙攘攘,没有了高亢的吆喝声。人们的脸上略带愤怒的表情。这是塞尔维亚沦陷后的第一次集市日。

曾经参加过西班牙内战的人民英雄日基察·约万诺维奇,响应南共中央 7 月 12 日关于武装起义的号召,率领瓦列沃游击小组也混在赶集的人群中,并伺机袭击当地伪政权的市场宪兵巡逻队,打死两名宪兵,从而在"白庙村"打响了反法西斯武装起义的第一枪,发出了全民起义的信号。

接着,在塞尔维亚的其他地方也出现了游击活动,开始攻打伪警察局、破坏敌人的交通运输和其他设施。在城市和工业中心同样成立了游击小组。游击活动主要是炸毁敌人的各种设施,烧毁军用车辆和运输弹药的卡车,转换德国人设在十字路口的路标,敌人通常因此而迷路。

"瓦列沃"游击队战士(1941 年 9 月)

7月底,一支游击队还在敌人的心脏——贝尔格莱德的一家医院里成功地营救了南共中央委员亚历山大·兰科维奇,无一人伤亡。

武装起义开始时,有3个德国师和几个独立营盘踞在塞尔维亚。宪兵、警察和其他占领机构也非常强大。尽管这样,到1941年8月中旬,在塞尔维亚已经成立了21支游击队,游击队员大多是南共党员和共青团员。

武装起义在塞尔维亚西部达到了较大的规模。7月份,塞尔维亚人民解放游击队总司令部从贝尔格莱德迁到西部地区。这里山峦起伏,森林密布,远离大城市,是开展游击活动的理想场所。另外,这里的人民有光荣的斗争传统,对任何占领者都进行过强有力的打击。9月初,游击队已解放了塞尔维亚的许多村庄和十几个小城镇。

到9月中旬,塞尔维亚西南地区已经建立了全南斯拉夫第一个最大的解放区,人们称它为"乌日策共和国",其面积1.5万平方千米,拥有100多万人口。

1941年9月24日,乌日策市解放,9月底,整个乌日策地区解放。10月7日,经过选举成立了人民解放委员会作为革命的政权机关。次日,以铁托为首的南共中央、人民解放游击队最高司令部和其他军政机关进驻乌日策的国民银行大楼。这家银行当时存有大约6 000万第纳尔,其中约有1 200万银币、4 800万纸币。那时第纳尔还是流通货币,这是游击队的一笔巨大的财富。10月11日,乌日策市人民解放委员会通过决议,公布了向居民保证供应面包和燃料的决定,并担保人身和财产安全。10月18日,又宣布对劳动居民无限期地延缓偿付他们所欠的全部债务。接着,委员会还保证向该州的工人、职员和官吏支付日工资和10月份工资,并答应在短期内向无业者和难民以及经济困难户提供帮助,开办公共食堂。这些措施有利于稳定解放区的生活,有力地打击了投机倒把分子的活动。11月17日,乌日策州人民解放委员会诞生。10天之后,塞尔维亚人民解放总委员会也在乌日策宣告成立。

在乌日策,人民政权机关创立了法院,建立了游击队医院和州立医院各1所,修复了铁路和公路。在"一切为了前线,一切为了胜利"口号的鼓舞下,人民群众表现出高度的政治觉悟和生产热情。许多私人和公共的工场、手工业作坊和小企业昼夜生产,支援游击队。一家只有20名妇女的缝纫厂,每天生产约500件衬衣;拥有40名男工的缝纫厂每日缝制180套军装;制鞋厂有60名工人,每天可提供50双军用皮靴。在乌日策还有纺织厂、卷烟厂、皮革厂、打铁铺,等等。

这里,特别需要提到著名的乌日策兵工厂。这是游击队接管的一座生产和修理武器的兵工厂。游击队利用这个厂生产前线急需的武器弹药,在两个多月的时间里,该厂共制造了 16 500 支步枪、270 万发子弹、300 颗反坦克炸弹、1 万枚手榴弹和其他武器。修复了 4 500 支步枪、轻重机枪各 300 挺。这些武器除供给塞尔维亚游击队外,还运往波斯尼亚和桑贾克。这些枪支上都刻印着五角星,写有乌日策游击队(UPO)的字样。

尽管战时的物质条件十分艰苦,但乌日策的文化生活相当活跃。被封闭了 22 年之久的南共中央机关报《战斗报》在这里重新问世,其发行量达 1 万份。铁托亲自为它写了复刊词,卡德尔担任该报主编。最高司令部和乌日策人民解放游击队的报刊也出版了。游击队员和居民共同举行集会和演出革命文艺节目。11 月 7 日还在市广场召开了群众大会,庆祝十月革命 24 周年,并举办了关于苏联的展览。这种纪念活动在南斯拉夫是第一次,在欧洲被占领国家也是独一无二的。

"二战"后,这座城市被命名为"铁托乌日策"。原来的最高司令部所在地已改成"1941 年起义博物馆",成为对人民群众进行爱国主义和革命历史传统教育的基地和外国旅游者参观的场所。

"乌日策共和国"从 9 月 24 日解放到 11 月 29 日游击队在敌伪第一次大攻势中被迫撤退,只存在了 67 天。尽管"乌日策共和国"作为敌伪军队包围中的一片自由区存在的时间不长,但它为南斯拉夫其他地区的人民政权建设提供了宝贵的经验,激励着南斯拉夫其他地区游击运动的发展。

黑山(旧译门的内哥罗),地方小、人口少,在历史上以英勇不屈著称。尽管黑山属于落后地区,没有什么工业和产业工人,但黑山的党组织在南斯拉夫是强大的,起义准备工作也比较充分。7 月 13 日,黑山人民和游击队在各地同时起义,攻打意军在切沃、维尔帕扎尔等地的警备队。次日,起义者攻占了一个又一个城镇。意大利占领当局的中心和意军"梅西纳"师的司令部所在地策蒂涅处于包围之中。同一天,意大利占领军向罗马告急,不得不从驻扎在阿尔巴尼亚的军队抽调援军,前来镇压起义。

在黑山,参加起义的人数达到 3 万—4 万人,一切能参加战斗的人都投入了起义,起义者几乎占当时黑山人口的 1/10。短短的几天,意大利侵略者遭到意想不到的沉重打击,损兵折将近 4 000 人,占侵略军总人数的 1/5,黑山的绝大部分地区获得了解放。7 月 15 日,意大利外相齐亚诺在日记中惊叹,黑山的叛乱范围越来越大,"意大利和黑山之间在进行一场真正的战争"。

7月18日,在起义高潮中,南共黑山党委成立了黑山、博卡和桑贾克民族解放军临时最高指挥部。指挥部下有48个起义独立连和42个起义营。各路起义队伍开始集中攻打剩下的几座城市。起义者的胜利完全挫败了意大利法西斯在黑山建立傀儡政权的阴谋,动摇了意军在巴尔干战场上作战的决心。

到1941年末,在黑山成立了44个游击队营,拥有近万名游击队员。在黑山北部和西北部地区形成了一个解放区,其面积占黑山面积的3/4,人口占黑山总人口的80%。解放区建立了新的政权机关——人民解放委员会。接着,意大利法西斯当局进行反扑,在飞机、坦克和大炮的配合下,总共出动了近10万兵力,大举进攻游击队及其解放区,很快又重新控制了黑山的大部分地区。

游击队战士(1942年5月)

继7月7日塞尔维亚起义和7月13日黑山起义之后,7月22日在斯洛文尼亚、7月27日在克罗地亚和波斯尼亚和黑塞哥维那,也都爆发了武装起义,反法西斯怒火在全国各地燃烧。

在起义过程中,游击队由原先的每支几十人发展到几百人甚至上千人。斗争范围之辽阔和广大人民之踊跃参加,都说明武装斗争已具有全民性质。

欧洲反法西斯斗争的旗手

到1941年底,南斯拉夫各族人民的起义运动已发展为全民的反法西斯战争。因而,对轴心国来说,南斯拉夫已由进行侵略战争的人力和物力基地转而变成了需要不断投入新的人员和资金的战场,这是轴心国未曾预料到的。

首先,从南斯拉夫人民反法西斯武装斗争的实际发展来看是这样。在南斯拉夫刚开展武装斗争时,革命和反革命力量的对比是非常悬殊的。7月起义的前夕,德意法西斯军队和各种伪军的力量大体如下:德军约8.1万和6万准军事人员、意军约18万、保加利亚军5.5万、匈牙利军近2万;克罗地亚独立国的伪军11.4万、塞尔维亚的奈迪奇伪军5 000人、黑山伪军1 000人,敌伪总共兵力达到约50万。而这个时候游击队则刚处于创立阶段。

年终,形势发生了令人鼓舞的变化。敌伪的兵力稍有变动,所增无几。游击队则从无到有,由小到大成为一支公开的、有组织、有领导的反法西斯武装力量。据估计,当时活跃在南斯拉夫各地的游击队员约有8万人,分别建立了43支较大的游击队,10个游击营和1个无产者旅。

其次,从南斯拉夫游击队的贡献来看也是这样。尽管德意日法西斯以及它们的卫星国的实力在1941年达到了顶峰,在数量上和技术装备上明显占优势,从而使整个欧洲、亚洲和非洲处于黑暗和恐怖之中,但南斯拉夫各族人民的斗争从未停止。

游击队员们在极端困难的条件下,肩负起打击占领者和卖国贼的重任,为建立一个新南斯拉夫而浴血奋战。他们出没于南斯拉夫的山岳平川,在1941年的起义斗争中,临时解放的领土占全国领土的1/5,达到5万—6万平方千米;同时,还在黑山、塞尔维亚、波斯尼亚和黑塞哥维那等地创建了欧洲占领国里最早的解放区和人民政权机关——人民解放委员会。

到1941年年底,南斯拉夫的人民解放武装力量牵制着6个德国师、17个意大利师、5个保加利亚师和1个匈牙利师,以及吉斯林部队的其他武装力量。这些敌伪武装力量总共近60万人。特别是占领军的师团深陷在南斯拉夫,不能抽调出来派往别的战场。

南斯拉夫的游击战争在被奴役的欧洲开辟了一个反对轴心国军队的战

场,无愧是欧洲被占领国家的一面旗帜,成为反法西斯同盟的一股不可忽视的军事和政治力量。

作者点评

第二次世界大战是人类历史上最惨烈也是最悲壮的一段历史。随着1939年9月1日德国法西斯入侵波兰,"二战"在欧洲爆发。巴尔干半岛虽不是主战场,但也爆发了震撼欧洲的武装起义。南斯拉夫、希腊、阿尔巴尼亚等国人民的英勇斗争堪称欧洲反法西斯斗争的榜样。

1941年初南斯拉夫王国灭亡。但是,南斯拉夫各族人民没有屈服,他们拿起武器,组织游击队,积极投入到反法西斯抵抗运动的洪流之中。他们高呼:"宁愿死亡,不做奴隶!""消灭法西斯,自由属于人民!"南斯拉夫的反法西斯抵抗运动和英勇斗争享誉欧洲。在战火中,人民群众在南斯拉夫共产党的领导下不仅建立了自己的军队,而且成立了自己的人民政权组织。战争给南斯拉夫各族人民带来了深重的灾难和浩劫,却为新生的人民民主政权开辟了道路,奠定了基础。

1941年3月25日,南斯拉夫王国放弃"中立"政策,参加德、意、日三国公约。资产阶级君主执政集团的这一行动激起人民群众的抗议运动。3月27日,茨韦特科维奇卖国政府在一场军事政变中垮台,成立了以西莫维奇将军为首的新政府。

4月6日,德国和意大利不宣而战,开始大举入侵南斯拉夫。接着,匈牙利和保加利亚的军队亦配合发起进攻。12天后,南斯拉夫王国军队投降,国王和政府逃往国外。

南斯拉夫王国在军事上失败了,政府、国王和大多数政治家抛弃国家和人民,流亡伦敦。第一次世界大战后建立的、巴尔干半岛上的一个强大国家遭到肢解和瓜分。在德、意等国侵略者的扶植下,产生了多个傀儡政权和吉斯林武装力量。王国的各资产阶级政党纷纷偃旗息鼓,唯有南斯拉夫共产党肩负起救国救民的重担,号召各族人民奋起斗争,拯救祖国。在南斯拉夫共产党的组织和领导下,南斯拉夫各族人民发动武装起义,反对外国侵略者和南奸卖国贼。

在反法西斯斗争中,起义群众逐步建立了自己的正规军——第一无产者旅。到1941年底,被解放的领土占南斯拉夫领土面积的1/5以上,轴心国没有料到南斯拉夫已形成一个战场,牵制着大量敌军于巴尔干半岛。

　　南斯拉夫的沦陷也成为一块试金石。南共领导人民群众奋起反抗,成为民族的灵魂;而那些出卖灵魂的一小撮民族败类,却卖身投靠敌人,接受法西斯的庇护,把一个好端端的国家搞得支离破碎,四分五裂。他们是一帮历史的罪人,永远被钉在历史的耻辱柱上。

　　南斯拉夫是欧洲反法西斯抵抗运动一面光辉的旗帜!

第四章

南斯拉夫反法西斯人民解放战争

一、 生死攸关的 1942 年

成立第一无产者旅

1942 年是南斯拉夫人民解放战争极其艰苦而又不断深入发展的一年。年初,占领军和伪军连续两次发动攻势,妄图消灭南斯拉夫人民的武装力量,但他们没有达到目的。

这个时期,南斯拉夫分散在各地的游击队力量小,装备差。它们面对强大的装备优良的敌人,要求抵抗运动的各武装组织联合成一个有统一指挥的军事组织。

南共中央和游击队最高司令部在遭到德军 1941 年 9 月底至 12 月上旬的第一次攻势后丧失塞尔维亚西部解放区,撤离乌日策后,更加感到必须建立一支人数较多、行动灵活、相互配合、打破原先地域界限的游击部队。只有这样,才能进行较大的战斗行动,使游击战争向深度和广度发展。也只有这样,最高司令部才能更有效地调动部队,既可以粉碎敌人的大规模进攻,又可以掌握作战的主动权和进行战略转移。

为此,南共中央和游击队最高司令部于 1941 年 12 月 21 日颁布命令,要求在 22 日成立第一无产者旅(全称为第一无产者人民解放突击旅),规定了它的编制和旅旗,并决定该旅直属最高司令部指挥。

1941 年 12 月 22 日,第一无产者旅在波斯尼亚的小镇鲁多诞生,这是南斯拉夫人民解放战争中第一支流动的正规武装力量。当时该旅有 1 199 名指战员,其中党团员 661 人。在该旅成员中,有 740 名塞尔维亚人、378 名黑山人、26 名斯洛文尼亚人、19 名克罗地亚人、4 名马其顿人和 32 名其他民族的游击队员。这种民族构成反映了无产者旅的广泛性和代表性。这个旅之所以称为无产者旅,是因为其大部分成员是无产者,是来自城市、工厂和矿山的工人。

铁托向第一无产者旅授旗(1942 年 12 月)

接着,游击队最高司令部在 1942 年初为无产者旅颁布了条例,对无产者旅的组成和任务作出了详细规定。其中,规定无产者旅是在共产党领导下的南斯拉夫人民的军事组织。最后一条还规定无产者旅的战士在帽子上带有镰刀与锤子及五角星的标记。

第一无产者旅的成立,为南斯拉夫新型军队的诞生奠定了基础。因此,1941 年 12 月 22 日这一天作为南斯拉夫人民军的建军节写进了史册。在整个战争期间,这个旅驰骋南斯拉夫各地,参加了最著名的战役和最激烈的战斗,为军队培养了大批指挥员和干部,涌现出了许多荣膺勋章的英雄。

第一无产者旅的建立为形成更大规模的作战单位创造了条件,提供了经验,指明了目标方向。在整个战争期间,第一无产者旅始终同其他无产者旅一起完成最重要的任务。它走过的道路是光荣的,被誉为南斯拉夫革命军队的"胚胎"。

从游击队到人民解放军

到 1941 年秋,游击战的烽火已燃遍南斯拉夫各地。游击战既有利于宣传和动员群众,又有利于保存自己和消灭敌人。连德国法西斯也不得不承认游击队的这种战斗力和严密组织。1941 年 8 月中旬,德军驻塞尔维亚的高级顾问图尔奈尔在一份报告中称:"我们试用了一切手段,我们诽谤、谈话、威胁,但是无济于事。共产党人成功地把大多数人民集合在他们的口号周围。"这份报告承认游击队神出鬼没,组织严密,"这种组织也许是最秘密组织的典范"。

南斯拉夫游击队最早采取了建立人民解放军的措施。1942 年夏天,南斯拉夫人民解放游击队最高司令部决定对武装力量进行改编,开始建立师和军。1942 年 11 月 1 日,人民解放游击队最高司令部颁布命令,建立第一和第二无产者(突击)师。根据人民解放游击队最高司令部 11 月 9 日的命令,成立了第三、第四和第五师。根据同一个命令,还组建了第一波斯尼亚军,由第四和第五师、第六东波斯尼亚旅和波斯尼亚境内的全部游击队组成。

11 月上旬,随着师和军的建立,人民解放游击队最高司令部决定,将南斯拉夫人民解放游击队最高司令部改名为南斯拉夫人民解放军和游击队最高司令部。它拥有 8 个师,其中 5 个师编入 2 个军,而 3 个师,即第一师、第二师和第三师直属最高司令部指挥。11 月 22 日,最高司令部又命令在克罗地亚建立第六利卡师、第七班尼亚师和第八科尔敦师,并由这 3 个师组成人民解放军第一军即克罗地亚军。

1942 年 11 月 4 日,在克罗地亚的下拉巴茨和利卡成立了两所军事学校,设高级班和低级班,分别培养营和旅的指挥员以及排和连一级干部。同年 12 月 18 日,在克罗地亚第四作战区司令部还建立了海军处,为成立人民海军做准备。

克罗地亚游击队军官学校学员(1942 年)

随着人民解放军的建立,巴尔干国家反法西斯抵抗运动已经发生重要变化,具备了人民解放战争的形式。人民解放军成了抵抗运动的主力,无论从这支军队的工农知识分子等成分来看,还是从战斗目标分析,他们已经是一支人民的军队。他们的根据地在巴尔干农村,活动区域以山区为主,他们有严格的纪律和自我约束力,受共产党的直接领导,为建立人民的民主政权而战斗。

南斯拉夫人民解放军和游击队在继续成长壮大,到 1942 年年底人民武装力量已经拥有 43 支游击队、36 个步兵旅、9 个师和 2 个军,以及一些准军事组织,总共达 15 万人。他们抗击着驻扎在南斯拉夫的 15 万德军、33.5 万意军、9 万保加利亚军和 2.8 万匈牙利军,以及近 25 万人的吉斯林部队和 25 万人的伪军,敌伪兵力达到 85 万人。人民武装力量解放了 5 万多平方千米国土,占全国总面积的 1/5 强,超过了比利时、瑞士等欧洲国家的面积。

战争第二年,游击战取得多次胜利,其中值得大书特书的是比哈奇战役的胜利。1942 年岁末,波斯尼亚小镇比哈奇成了继乌日策之后最大的解放区。人民群众称这一大片连在一起的解放区为"比哈奇共和国"(纳粹德国的文献称它为"铁托国家")。在这里举行了南斯拉夫反法西斯青年第一次代表大会、妇女反法西斯阵线第一次全国代表会议、军医代表大会;还举办了南共和其他单位的许多次训练班。解放区的人民政权同社会政治组织和军队一起,抢收庄稼,生产服装、鞋帽以及军需品。

1942 年底,南斯拉夫游击战争的形势将建立一个全国性政治机构提上了议事日程。比哈奇理所当然地成为真正的人民政权的诞生地。

二、　决战 1943 年

奈雷特瓦和苏捷斯卡两次战役创造奇迹

1943 年,第二次世界大战发生了根本性的转折。年初,苏联红军在斯大林格勒保卫战中取得了重大胜利,西方盟军在北非战场和太平洋战场已从战略防御转入战略反攻。秋季,法西斯意大利投降,轴心国宣告破产。同盟国在各个战场的节节胜利鼓舞着各国被奴役人民战胜纳粹德国和争取解放的信心。

南斯拉夫人民的解放斗争在这一年也进展迅速,取得重大成就。他们接连三次粉碎敌人的攻势,在著名的奈雷特瓦战役和苏捷斯卡战役中写下了革命英雄主义的篇章。

1943 年 1 月 3 日,德军"E"集团军群最高指挥部的司令官亚历山大·列尔将军到达罗马,同意大利最高统帅部的高级指挥官们会晤,达成了在南斯拉夫立即实施第四次攻势作战方案,即代号为"I—III 号白色作战方案"。敌人的主要战略目标是分割解放区,围歼南斯拉夫人民解放军的主力和最高司令部。预计进攻时间是 1 月 15 日。

在这次攻势中,敌人集中了 4 个德国师、3 个意大利师和 2 个伪军师,总共约 8 万人,向 2 万人民解放军进攻。

由于气候恶劣,敌伪于 1 月 20 日才执行"白色 I 号方案"。战斗在科尔顿、巴尼亚、利卡和波斯尼亚克拉伊纳等地的解放区异常激烈。1 月 29 日,最高司令部所在地比哈奇失守,最高司令部决定率领几个主力师向黑塞哥维那突围。

2 月 8 日,德、意侵略军指挥官在贝尔格莱德策划于 2 月 25 日起开始"白色 II 号方案"。该方案确定在波斯尼亚发起新攻势的同时,要消灭那些突围的游击队。德军对被俘的游击队伤病员实行惨无人道的活埋和屠杀,重新恢复了占领初期"一对一百"的法西斯杀人逻辑,即如果杀死了一个德国人,便要杀死 100 个南斯拉夫人。

同一天,最高司令部在杜夫诺召开紧急会议,决定将克罗地亚第 1 军和波斯尼亚第 1 军暂时留下阻击敌人,其他师和旅转入反攻,向东南方向的黑塞哥维那、黑山、桑贾克和塞尔维亚突围,以避免正面作战。

在撤退途中,游击队同敌人展开了激烈的争夺战,付出了巨大的牺牲。3 月 5 日,主力部队和 3 500 多名伤病员到达奈雷特瓦河谷。这里山势陡峭,河流湍急。前面是急流滚滚的奈雷特瓦河,后面是穷凶极恶的追兵。在这危急时刻,铁托镇定自若,采取了迷惑敌人的计谋。他下令炸毁河上的桥梁,派部队向河右岸佯攻,摆出要背水决战的阵势。敌人以为游击队放弃了渡河的打算,要重新返回波斯尼亚,因而放松了对奈雷特瓦河的监视。3 月 6 日和 7 日,游击队利用夜幕的掩护抢修了一座半毁的铁路桥,铺上木板,把重型武器投入河里,开始强渡奈雷特瓦河,直插东部的黑塞哥维那。到 3 月 15 日,人民解放军所属的 5 个师完成转送伤病员的任务,连同最高司令部一起到达河的左岸。德军曾迅速调动部队堵截和出动约 150 架飞机空袭,并派了两支摩托化部队赶到亚布拉尼察,但是为时已晚。

奈雷特瓦战役是南斯拉夫人民解放战争中最重要的战役之一。1965 年铁托在一篇纪念奈雷特瓦战役的文章中,指出这是一次拯救伤员的战役,也是军事史上最人道的一次战役。他写道：

> 世界上很少有这样的军队——而我认为，根本就没有这样的军队——把为伤员生死而战视为自己的任务。你们知道，这对伤员起了什么样的作用。人人都知道，我们不会把他们弃之不顾，听凭敌人处置，而是我们将不惜任何代价抬着他们，拯救他们。
>
> 我们特别困难的是有 4 000 名伤员和病号。我们没有粮食，因此要是我们没有从意大利人那里缴获各种食品的话，我们就很惨了。我们首先保证伤员有吃的，剩下不多的食品再分给战士。但是，疲乏和饥饿使得许多战士筋疲力竭，常常因此而牺牲。

1943 年 5 月，德军发动了第五次攻势。在这次攻势中，人民解放军进行了可歌可泣的苏捷斯卡战役。

第五次攻势在德国军事文献中称为"黑色行动"（Schwarz）。攻势中，出动了德国、意大利、保加利亚的军队和伪军，总共 12.7 万人。在飞机、坦克和大炮的配合下，向刚刚进入桑贾克和黑山的 1.6 万名（另有 3 500 名伤病员）游击队疯狂进攻。攻势从 5 月 15 日持续到 6 月 15 日。

5 月 15 日，德军及其他占领军和伪军沿萨拉热窝东南边的福恰、戈拉察、杜尔米托尔至波德戈里察一线发动进攻，以彻底消灭人民解放军主力。

5 月 29 日，最高司令部决定停止向塞尔维亚进击，并选择苏捷斯卡河为突破口，以便向波斯尼亚中部和东部集结。但是，这时双方几万兵力已集中到泽兰戈拉山脉和苏捷斯卡河峡谷地段，形势十分危急。铁托下令兵分两路，突出重围：第 1 和第 2 无产者师以及 10 个旅同最高司令部一起，强渡苏捷斯卡河，突破敌人的包围圈，向北方的波斯尼亚东部进击；而另外 2 个师和 6 个旅，以及中央医院的伤病员一起，穿过

强渡苏捷斯卡河（1943 年 5 月）

塔拉河往东返回桑贾克。几天后,这次突围失败,军队被困苏捷斯卡河谷。

6月初,在苏捷斯卡河中游坚蒂什特一带发生了最惨烈的战斗。德军封锁了各个山口和隧道,敌人的飞机和大炮狂轰滥炸,游击队伤亡惨重。铁托的手臂在6月9日的空袭中被炸伤,英国驻南斯拉夫人民解放军最高司令部军事使团的首席代表威廉·斯图尔特上尉被炸身亡,而另一位军事使团负责人威廉·迪金上尉也负了伤。

人民解放军部队白天打仗,夜里行军。战士们既不能睡觉,也没有食物充饥,只能吃马肉和野草。在这次力量悬殊的战役中,人民解放军投入战斗的部队损失了1/3,牺牲近8 000名指战员。人民解放军部队经过30天的浴血奋战,终于突破敌人的包围,进入波斯尼亚东部,并于7月初在那里建立起一片解放区。

苏捷斯卡战役是一曲革命英雄主义的凯歌。人民解放军和游击队官兵的豪言壮语是:"只要我们中间还有人活着,敌人休想通过!""我们要么全部牺牲在这里,要么设法从这里脱身。"铁托在评价这一战役时说:

> 无论在军事上还是在政治上,苏捷斯卡战役都具有巨大意义。因为在这次战役中取得的胜利使得有关我们的斗争的真相得以传到国外,传到全世界,使人们知道谁在这里战斗。在此以前,南斯拉夫的斗争被神秘化了,被说成是切特尼克和鬼知道什么样的卖国贼在进行,我们则不得不咬紧牙关,既同德国人作战,又同意大利人作战;既反对保加利亚占领者,又反对匈牙利占领者。
>
> 我们粉碎了敌人铁一样的包围。尽管我们饥饿和疲倦,我们还是立刻从敌人那里夺回了东波斯尼亚。这样的军队只有共产党才能培育出来。

第四次和第五次反"围剿"的胜利,大大提高了南斯拉夫人民解放军和游击队在世界人民反法西斯斗争中的声望,世界舆论高度评价了南斯拉夫人民为民族独立和自由而战的英勇献身精神。7月3日,地中海盟军司令部亚历山大元帅在致最高司令部的信中,对南斯拉夫人民解放军在苏捷斯卡战役中的英雄气概表示赞叹,他说:"在这个你们反对侵略者斗争的危急时刻,我们谨向你们祝贺,并表示良好的祝愿。你们最近的成就和对列尔元帅的重大胜利,也鼓舞了我们的战士。"

意大利投降

1943年,轴心国的一个重要成员意大利已经日暮途穷,在作死亡前的挣扎。意大利在第一次世界大战中浑水摸鱼,侵占了克罗地亚和斯洛文尼亚亚得里亚海岸的城镇和岛屿。"二战"中,又瓜分了南斯拉夫的斯洛文尼亚、克罗地亚、波斯尼亚、塞尔维亚、科索沃、马其顿的部分领土和黑山全境。整个亚得里亚沿海地区被并入意大利版图。意大利法西斯还侵占了非洲的埃塞俄比亚、欧洲的阿尔巴尼亚和希腊等地。

但是,随着战事的发展,到1943年7月,意大利法西斯在北非、希腊和南斯拉夫战场遭到盟军和南斯拉夫以及希腊解放军的打击,接连丢城失地,到处被动挨打。它的投降只是时间问题。

意大利军队在斯洛文尼亚投降(1943年9月)

1943年9月9日,法西斯意大利终于宣布投降。这一重大事件对南斯拉夫人民解放战争产生了积极的影响。笼罩在南斯拉夫上空的占领制度的乌云在慢慢散去,人民解放斗争迎来了新的机遇。人民解放军用从意军那里缴获来的武器和装备动员和武装了8万名新战士。人民解放军原来的旅和师得到了补充,又建立了一批新的师和军。同时,克罗地亚独立国的后台倒塌,使它面临丧失地盘和乌斯塔沙部队失去斗志的绝境。

　　由于意军退出战争,德国最高统帅部不仅调派几个师占领了意大利的大部分领土,而且决定要填补巴尔干半岛的真空,以解除意大利师团的武装,如有可能,还企图改编和指挥这支武装力量。

南斯拉夫游击队缴获的意大利坦克

　　这是因为意大利在巴尔干半岛有人数可观的兵力。据 1943 年 8 月 1 日意大利最高统帅部的公报,当时意军在巴尔干半岛驻有 32 个师和 6 个旅,总共 67 万多人。

　　希特勒大本营的决策者们认为,他们应该获得这些意大利师团的装备,并取代意大利人的占领和统治。

根据希特勒 7 月 26 日的指令,在南斯拉夫的德军进行了改组。8 月,在贝尔格莱德成立了"F"集团军群司令部,它包括驻守在南斯拉夫的德军和部分意军,以及保加利亚占领军。意大利投降后,德军从东线、欧洲其他战场调来部分兵力,加强了在巴尔干半岛的力量。德军指挥部的报告说,在巴尔干半岛,那里的游击队活动大量增加,所以需要有一支规模越来越大的占领军。

南斯拉夫人民解放军第一批空军战士(1943 年 11 月)

到 1943 年 11 月底,南斯拉夫人民解放军已拥有 26 个师、10 个独立旅、108 支游击队和其他一些较小的军事单位。人民解放军发展到近 30 万人,抗击着近 45 万占领军(即 24 个德国师、9 个保加利亚师和 3 个匈牙利师)和近 18 万伪军。南斯拉夫各地的解放区已扩大到近 13 万平方千米,将近占全国总面积的一半,解放区的人口已超过 500 万。

粉碎敌人的第六次攻势

面对南斯拉夫战场出现的这种新形势,德国最高统帅部命令德军在斯洛文尼亚、克罗地亚沿海地区和南斯拉夫内地对人民解放军和游击队发动了一系列的猛烈进攻。这些军事行动从 1943 年 9 月 24 日持续到 1944 年 1 月,统称第六次攻势。

敌伪投入的兵力有:德国 21 个师,约 25 万人;匈牙利 3 个师,近 2.7 万人;1 个保加利亚军及其警察部队,约 12 万人;乌斯塔沙和"护国军"近 13 万人;加上切特尼克和奈迪奇的伪军,总共达 60 万人。当时,南斯拉夫人民解放军和游击队还不足 30 万人。显然,敌人在数量上和装备上都远远超过人民解放军。

德军在这次攻势中改变了以往的策略。他们不再只朝一个目标进攻,围歼最高司令部和游击队,而是在南斯拉夫各地同时发动突袭,瓦解各地的游击队,以确保主要城市和交通线的安全,攻占亚得里亚海岸。所以,在原来的意占区战斗最为激烈。战斗先从亚得里亚海沿岸开始,逐渐扩大到斯洛文尼亚和内地的马其顿、塞尔维亚,最后集中攻击波斯尼亚中部和西部的人民解放军。

从 9 月 24 日—11 月 12 日,敌人主要进攻斯洛文尼亚和克罗地亚沿海地区。德军出动了包括"赫尔曼·戈林"装甲师在内的 3 个师。稍后,德军又投入了 2 个师。这些师团主要来自意大利北部的德国第 2 坦克集团军。人民解放军则同敌人在弗尔赫尼卡—拉凯克—里耶卡一线展开了争夺战。

1944 年 1 月初,德军的 6 个师和 4 个独立团的强大兵力包围波斯尼亚的中部和西部,企图消灭这一解放运动的老根据地。

这一系列相互联系而又相对独立的军事行动,是德军向人民解放军和游击队发动的范围最广、持续时间最长的一次。在这次攻势中,由于意大利投降,人民解放运动处于全面的高涨时期,人民解放军和游击队依靠高昂的战斗情绪,良好的组织和正确的指挥,克服粮食和装备的重重困难,又一次战胜了强大的敌人。正因如此,南斯拉夫人民解放军和游击队在粉碎敌人攻势的同时,决定在比哈奇会议的同一天(11月29日)召开反法西斯人民解放委员会第二次会议,进一步推进人民政权建设的发展。

三、 人民政权建设取得突破性进展

人民政权初露雏形

在反法西斯抵抗运动中,"二战"后建立什么性质的政权问题在巴尔干抵抗运动中具有非常重要的现实意义。在巴尔干反法西斯抵抗运动的特殊环境下,争取民族解放的斗争已经不是一般的民族解放运动,而表现为一场革命和内战。这样,各种政治力量和党派迟早会碰到战后国家体制的问题。随着战争进程的发展和巴尔干抵抗运动的壮大,战后更换政权是不可避免的。

在建立人民政权的过程中,巴尔干各国抵抗运动的发展程度不同,各国在战争中的地位也不同,它们大多建立了人民政权的雏形,但具有各自的特点和形式。南斯拉夫则是建立人民政权的先行者和成功者。

1942年,欧洲抵抗运动在希特勒德国的凌厉攻势面前,遇到各种困难。这迫使以共产党人为首的抵抗力量考虑如何团结社会各阶层和各派政治力量,借鉴20世纪30年代就已经开始的"人民阵线"的经验,成立新的统一战线组织。

反对法西斯侵略者和本国反动派的斗争是全民族的任务,需要动员和组织各阶级和阶层的群众,以及与进步政党和爱国人士团结一致,积极参加这场关乎民族存亡的斗争。因此,巴尔干抵抗运动一开始,社会各阶层群众就提出了如下的主要任务:第一,民族解放,消灭占领者和法西斯。当时"消灭法西斯,自由属于人民"的标语口号张贴在城乡各地,响彻巴尔干山脉上空;第二,对战后社会进行革命的民主改造,为建立更加美好的社会打下基础。

南斯拉夫第一个在巴尔干国家中成立了民族解放阵线。南斯拉夫共产党人从武装斗争之初便着手在解放区广泛地建立新的革命政权——人民解放委员会,也就是说,把武装斗争同革命政权建设有机地结合在一起。

随着人民解放战争的发展,在南斯拉夫的解放区和个别沦陷区,很快出现了第一批人民政权机构。早在 1941 年的 7 月起义中,黑山人民于 7 月 19 日在科拉欣选举产生了第一个革命政权机关——人民解放委员会;8 月,在塞尔维亚和克罗地亚等地也出现了地方的人民解放委员会;9 月 5 日,在塞尔维亚的克鲁帕尼成立了第一个县一级的人民解放委员会。

在起义的头两三个月内,南斯拉夫各地建立的人民政权机构名称很不统一,有的称为"人民解放阵线委员会""解放委员会",有的称为"革命委员会""人民委员会",等等。这些人民解放委员会既是战斗机关,也是革命机关和政权机关。它们均处于萌芽阶段,后来则成为建立新型国家的基础。

人民政权建设在塞尔维亚西部和舒马提亚取得了显著的成绩。闻名巴尔干半岛的"乌日策共和国"就诞生在这里。乌日策人民解放委员会成为各地人民解放委员会的缩影和典范。

人民解放委员会的任务和活动是多方面的。概括起来,主要是保障前线的各种需要和维持后方的社会秩序。这也就是说,人民解放委员会除了战争时期的军事管理委员会职能外,还具有该地区政权的全部职能。

关于人民解放委员会的工作内容和它的性质,南斯拉夫历史学家作了如下的概括:[1]

> 它们既是斗争机关,也是革命机关和政权机关。它们都处于萌芽阶段,后来则成为建立新型国家的基础。它们同在斗争和革命过程中建立的新型军队一起,成为争取新社会制度的基本保证和最坚固的基础。

"阿夫诺伊"第一次会议

1942 年底,随着南斯拉夫人民解放运动的发展,迫切需要成立一个新型人民政权中央机构,而其条件业已具备。当年 11 月 26—27 日,在比哈奇召开了全南斯拉夫反法西斯人民解放代表大会。南斯拉夫各民族和各反法西斯团体的 54 名正式代表出席了会议。

大会总结了南斯拉夫一年半以来武装斗争的经验,肯定了南共的领导作

---

[1] [南斯拉夫]杜尚·日夫科维奇:《1941—1942 年南斯拉夫人民政权的建立和发展》(Dušan Živković, *Postanak i razvitak narodne vlasti u Jugoslaviji 1941—1942*),贝尔格莱德,人民图书出版社 1969 年版,第 35—36 页。

用,揭露和谴责了米哈伊洛维奇的切特尼克、帕韦利奇的乌斯塔沙、伦敦流亡政府和其他傀儡组织的叛卖活动,号召南斯拉夫各族人民同法西斯侵略者及其走狗进行更加坚决的斗争。

"阿夫诺伊"第一次会议(1942 年 11 月)

铁托在大会贺词中强调说:"我们没有可能建立一个合法的政府,因为国际关系和条件还不允许我们这样做。但是,我们拥有这样的权利,即在当前的艰苦环境下建立一个政治机构,一个将团结全体人民群众并组织和领导我国人民的政治机构。"①铁托在这里所指的是当时苏联和英美国家仍然承认伦敦流亡政府,而不承认"阿夫诺伊"所产生的机构为最高政权机构,即准政府组织。

这个政治机构就是大会上成立的南斯拉夫反法西斯人民解放委员会,简称"阿夫诺伊"(AVNOJ)。它是人民解放战争的最高政治代表机构,也是解放区的最高人民政权机构。会上还选举产生了"阿夫诺伊"执行委员会,行使最高行政机关的职权,主持日常工作。执行委员会还统一领导地方各级人民解放委员会的工作。执行委员会由 9 人组成,主席是民主党派知名人士伊万·里巴尔(1881—1968 年)博士和 3 名副主席。当选执委会委员的除共产党人外,还有其他反法西斯团体的著名代表。执委会下设管理、财政、经济、

---

① 　[南斯拉夫]斯·奈绍维奇、布·佩特拉诺维奇:《"阿夫诺伊"和革命 1941—1945》(Slobodan Nešović i Branko Petranović, *AVNOJ i revolucija*),贝尔格莱德,人民图书出版社 1983 年版,第 263 页。

文化教育、社会问题、人民保健、宣传鼓动和宗教事务等部门，由执委会成员分工负责。

会议通过了《关于建立南斯拉夫反法西斯人民解放委员会的决议》《关于南斯拉夫反法西斯人民解放委员会组织的决议》《告南斯拉夫各族人民书》。第一项决议在讲到该委员会的基本任务时写道："南斯拉夫各族人民要继续团结奋斗，去争取最终的解放，并在获得解放的兄弟共同体中为实现完全的自由和平等创造条件。"第二项决议强调"阿夫诺伊"是"南斯拉夫全国和各党派从事人民解放斗争的政治代表机构"。因此，"'阿夫诺伊'是由一切积极参加过和正在献身于反对法西斯占领者及南奸卖国贼的各民族和各党派的代表组成的"。

这次会议后，人民解放阵线开始成为广泛的群众性组织，同时还建立了新的群众性组织，如妇女反法西斯阵线和人民青年反法西斯联盟。它们都于1942年底在比哈奇召开了代表大会，成长为战后全南斯拉夫的社会政治组织。

成立反法西斯妇女阵线（1942年）

"阿夫诺伊"作为全国范围内的最高政治代表机构的出现，标志着人民政权建设的一个新阶段。如果说人民解放委员会只是人民政权的萌芽，那么"阿夫诺伊"第一次会议产生的代表机构便是新型国家组织的雏形。尽管这次会议没有宣布成立政府，而且"阿夫诺伊"执委会也"既非议会，又非政府"，但它实际上却起到政府的作用,或者说,起到"小政府"的作用。

因此,南斯拉夫学者认为,尽管由于历史的、国际的影响,当时未能成立正式的最高立法和国家机构,但"'阿夫诺伊'第一次会议无论在南斯拉夫还是在欧洲,都是建立人民革命政权的第一次全民行动。从后来的发展情况看,这一事件具有深远的立宪意义"。

"阿夫诺伊"第二次会议及其决议

1943 年年底,国际和国内条件对南斯拉夫人民解放斗争更加有利。苏联红军和英美军队继续向德军发起凌厉进攻。10 月,在莫斯科召开了同盟国外长会议,同盟国正准备就战后的欧洲制度举行首脑会谈。南斯拉夫人民解放运动的领导通过各地区的反法西斯人民解放委员会,奠定了南斯拉夫未来联邦共同体的基础。为此,南斯拉夫反法西斯人民解放委员会("阿夫诺伊")第二次会议召开,这标志着南斯拉夫人民解放斗争过程的总转折和人民政权建设进入一个全新的阶段。

这年年中起,南斯拉夫各地开始组建全地区性反法西斯人民解放委员会。1943 年 6 月 13 日和 14 日,克罗地亚反法西斯人民解放委员会最先成立,成为克罗地亚人民解放斗争的最高政治机构。会议通过了政治宣言和告克罗地亚人民书,指出克罗地亚是南斯拉大各族人民统一的自由、民主共同体中的一部分,不承认流亡政府代表南斯拉夫。

接着,在 10 月 1—3 日,斯洛文尼亚选举产生了斯洛文尼亚人民解放委员会,并将其作为最高政权机构,承认"阿夫诺伊"是南斯拉夫唯一的代表机构,表示斯洛文尼亚将生活在民主南斯拉夫共同体中,同其他民族一起建设共同的未来。

11 月 15 日和 16 日,建立了黑山和博卡反法西斯人民解放委员会;11 月 26 日和 27 日成立了波斯尼亚和黑塞哥维那反法西斯人民解放委员会;11 月初,成立了马其顿反法西斯人民解放会议筹备委员会。

在塞尔维亚和伏伊伏丁那,人民解放总委员会和科索沃—梅托希亚地区人民解放委员会同当地总司令部一起,也完成了建立人民政权机构的工作。

这些反法西斯人民解放委员会的建立和开展活动为成立全国性新机构创造了条件。1943 年 11 月 29 日,即"阿夫诺伊"第一次会议周年纪念日,"阿夫诺伊"第二次会议在波斯尼亚古都亚伊策举行。在全国各族和各地的 268 名全权代表中,有 142 人突破敌人的重重封锁,经过长途跋涉冒着生命危险出席了会议。马其顿、伏伊伏丁那和科索沃等地的代表由于未能穿越敌人的包围，而未与会，还有个别代表牺牲在赴会途中。

代表们听取并讨论了南斯拉夫人民解放军和游击队最高统帅铁托关于国内外政治和军事形势的报告，通过了本届会议的宣言，会议通过了三项主要决议。

第一项决议确认，南斯拉夫反法西斯人民解放委员会从人民解放运动的政治代表机构变成"南斯拉夫的最高立法和执行代表机

出席"阿夫诺伊"第二次会议的代表(1943年11月)

构，成了南斯拉夫各族人民和国家主权的最高代表"。"阿夫诺伊"主席团相当于议会，在委员会召开的两届会议之间具有最高政权机构的权力。伊万·里巴尔博士再度当选为主席团主席。

此外，根据这项决议，成立了南斯拉夫全国解放委员会，它是具有人民政府特征的机关，铁托当选为该委员会的主席，卡德尔等人当选为副主席。委员会下设国防、新闻、外交、内政、教育、国民经济、财政、交通、卫生、经济复兴、社会政策、司法、粮食、建筑、森林和矿产等部门。负责这些部门的除南共代表外，还有过去资产阶级政党的、支持人民解放斗争的代表。

第二项决议强调，要"在联邦制原则的基础上建设南斯拉夫"，承认南斯拉夫各民族一律平等的权利。决议指出：为了实现南斯拉夫各族人民的主权原则，为了使南斯拉夫成为各族人民的真正祖国，为了使南斯拉夫永远不再成为任何霸权主义集团的领地，南斯拉夫要根据联邦原则来建设。这个原则……就是保证塞尔维亚人民、克罗地亚人民、斯洛文尼亚人民、马其顿人民、黑山人民及波斯尼亚和黑塞哥维那人民的完全平等。

第三项决议，是《关于剥夺流亡在国外的所谓南斯拉夫政府的合法政府的权利和禁止国王佩塔尔二世回国的决定》，表达了建立共和国政体的强烈愿望。决议列举了流亡政府和国王通过他们在国内的代理人德·米哈伊洛维奇通敌的罪恶事实，决定剥夺伦敦流亡政府的一切权力，无论在任何场合和任何人面前，它都无权代表南斯拉夫人民；重新审查该政府在国外以南斯

拉夫名义签订的一切国际条约和协定,以确定是否废除、重订或承认它们。决议还宣布国王和王室成员一律禁止返回南斯拉夫,国家政体问题留待全国解放后由人民根据自己的意志来解决。

"阿夫诺伊"第二次会议通过了将斯洛文尼亚沿海地区、斯洛文尼亚的其他被割领土以及伊斯特拉、里耶卡、扎达尔和克罗地亚其他地区与岛屿并入南斯拉夫版图的决定。

"阿夫诺伊"第二次会议的全体代表承认南斯拉夫共产党是人民解放斗争的组织者和领导者。同时,他们一致通过了《关于承认南斯拉夫人民解放军并向它表示感激的决议》和《关于在人民解放军中设立元帅称号的决议》。在1943年11月30日"阿夫诺伊"主席团召开的第一次会议上,授予最高统帅铁托以南斯拉夫元帅军衔。最后,会议决定成立一个委员会,专门调查占领者和卖国贼的战争罪行。从这时起,铁托作为南共中央总书记开始将党的、军事的和行政的权力掌握在自己手中,持续三四十年。

亚伊策会议的决议在南斯拉夫历史上写下了光辉的一页。这些决议符合德黑兰会议的精神,受到了世界舆论的普遍重视和赞扬。它堪称"划时代的转折"。英国军事使团的负责人迪金认为,这届会议"标志着整个南斯拉夫游击斗争的顶峰""产生了深刻的历史影响"。

由于这次会议及其决议意义重大,所以1943年11月29日这个日期镶嵌在南斯拉夫联邦共和国的国徽上,成为南斯拉夫的国庆节,永远书写在人民解放斗争的历史上。

四、 关键的 1944 年

德军空降德尔瓦尔失败

1944年5月,盟军即将在法国登陆,苏军进展神速,已经抵达罗马尼亚边境。南斯拉夫人民解放运动在欧洲被奴役国家的影响不断扩大。这一切使希特勒孤注一掷,向德军下达了在波斯尼亚西部和克罗地亚南部大举进攻的命令。这就是敌人的第七次攻势。

德军的战略目标是以最快的速度包围解放区的主力部队,瓦解和消灭南斯拉夫人民解放军,控制具有战略意义的交通线,并设法俘获铁托。为了实施这一计划,驻南斯拉夫德军司令部纠集了约48万敌伪兵力。激烈的战斗始于塞尔维亚和马其顿,很快蔓延到波斯尼亚、桑贾克、黑山、黑塞哥维那、利卡、科尔敦、巴尼亚等地。

德军在波斯尼亚德尔瓦尔的空降行动是这次攻势的高峰。当德军获悉南斯拉夫人民解放军最高司令部及盟国军事使团已从亚伊策迁往德尔瓦尔城后,便秘密挑选了一支精锐的伞兵,准备空降到该城,活捉铁托等领导人。希特勒指望这次行动成功,就像他借助伞兵在意大利劫走了墨索里尼那样。于是,德军最高统帅部下达命令,以空降部队和坦克与摩托化部队相配合进攻德尔瓦尔城。这次战斗的代号为"跳马"行动。

空降也是为了执行希特勒"要不惜一切代价抓住总司令铁托"的指令。为此,每个德国伞兵都身揣一张铁托像,谁如果能够抓到活着的或者被打死的铁托,将得到10万金马克的奖赏。

5月22日凌晨,德军开始了突然袭击。首先,德军从萨格勒布、萨拉热窝等地的机场出动大批飞机,对德尔瓦尔城进行轮番轰炸。接着,德国运输机空降近700名伞兵到最高司令部不远的地方。同一时候,附近的德军坦克和摩托化部队也一齐出动。德国伞兵着陆后,挨个询问:铁托在哪里?铁托呢?但没有任何人提供情况。

当时,在该城的游击队力量十分薄弱,只有最高司令部所属的军官学校的130名学员和1个营的警卫部队。他们立即投入了战斗。铁托等领导人和英美苏三国军事使团的成员隐蔽在德尔瓦尔附近的一个山洞里,等待支援。城里游击队和敌人在进行激烈的巷战。由于人民解放军部队的及时增援,特别是第6利卡师急行军赶到,在德尔瓦尔市区和郊区居民的援助下,

南斯拉夫游击队和人民解放军主要领导人:(从左至右)巴卡里奇、米卢蒂诺维奇、卡德尔、铁托、兰科维奇、武克曼诺维奇-泰波和吉拉斯(1944年6月摄于维斯岛)

经过几个小时的战斗,德国空降部队几乎全部被歼。战斗结果是,敌人死亡近1 000人、伤2 000人、97人被俘。人民解放军缴获了4门大炮、击毁1架飞机、摧毁20辆坦克。德尔瓦尔的保卫者牺牲200人、近400人负伤。一架苏联军用飞机将铁托送到意大利的巴里,后又转移到亚得里亚海上的维斯岛。德国人只缴获了铁托的一套制服和一双长筒靴,并把这些"战利品"送到维也纳展出,进行欺骗宣传。

空降德尔瓦尔是德军在南斯拉夫战场试图消灭最高司令部的最后一次尝试,但这次空降的目的并未得逞。可以说,这次空降德尔瓦尔是德军在第二次世界大战中最不成功的一次军事行动。

在这场战斗中,青年们表现得特别勇敢顽强,不怕牺牲。因此,5月25日这一天被定为南斯拉夫青年节。铁托的战友们还把这个死里逃生的日子作为铁托的生日(实际上铁托生于1892年5月7日)来庆祝。

附录一　敌伪的七次攻势

从1941年秋季开始,德国和意大利等法西斯军队勾结南斯拉夫境内的切特尼克和乌斯塔沙等反动武装,先后对南斯拉夫人民解放军和游击队发动了七次扫荡和围剿,妄图消灭游击队和解放区。但是,敌伪的七次强大军事攻势并没有达到预期的目的,都遭到了失败。游击队和解放军的力量则由弱变强,在1945年解放了全南斯拉夫。

第一次攻势,1941年9—11月,德国占领军纠集8万兵力进犯解放区。当时,游击队仅有1.5万人,武器装备极差。在敌强我弱的情况下,游击队为了保存实力,放弃了乌日策解放区,退到桑贾克、黑山、黑塞哥维那和波斯尼亚东部,并建立了第一无产者旅。

第二次攻势,1942年1—3月。德国军队和乌斯塔沙分子共3万余人联合进攻游击队,游击队力量仅4 500余人。游击队遭受重大损失,退守波斯尼亚东南部山区,解放福恰城,成立第二无产者旅。

第三次攻势,始于1942年4月中旬,持续到6月,德国和意大利军队联合对解放区发动最大一次扫荡。游击队转战到比哈奇一带,力量逐步扩大到15万人,建立了2个军、9个师。这时游击队虽然处于守势,但牵制了德军6个师、意军18个师、保加利亚军5个师、匈牙利军3个师的兵力,消耗了敌军的有生力量。

第四次攻势,1943年1—4月,德军6个师和意军3个师以及伪军向比哈奇解放区的进攻,目的在于消灭波斯尼亚西部、巴尼亚、科尔敦和达尔马提亚以及克罗地亚独立国其他地区的南斯拉夫人民解放军和游击队。游击队2万余人保护3 000名伤病员突出包围,进入黑山。

第五次攻势,1943年5月15日—6月15日,德军指挥部纠集意军、保加利亚军和伪军共12万兵力,企图打进黑山和黑塞哥维那境内,铁托亲自指挥几个师进行抗击,发生了著名的苏捷斯卡战役。人民解放军的这几个师被围困在多山地区,严重缺乏粮食弹药,随军医院还有数千名伤员。但人民解放军突破敌人的包围圈,在波斯尼亚东部建立了新的解放区。这一战役打破了敌人企图消灭解放军主力的计划,是人民革命力量由弱变强的重要转折。

第六次攻势,德国占领当局为了控制亚得里亚海岸,打通交通干线,于1943年9月22日—10月14日发动第六次攻势,企图消灭在斯洛文尼亚沿海地区、克罗地亚沿海地区以及上科塔尔的南斯拉夫人民解放军和游击队。但敌军除了占领几个城市和交通枢纽以外,一无所获,以失败告终。

第七次攻势,1944年5月25日,敌军在大势已去的情况下,孤注一掷,向人民解放军最高司令部所在地德尔瓦尔发动空降袭击,企图消灭解放军的指挥中枢。南共和南斯拉夫人民解放军的领导机关突围转移到亚得里亚海的维斯岛,击破了敌人的计划。

附录二　游击队与各种伪军的力量对比

南斯拉夫游击队与伪军的力量对比　　　　　　　　　（单位:人）

年　份	游击队人数	伪军人数	力量对比
1941年年底	80 000	150 000	1:2
1942年年底	150 000	300 000	1:2
1943年年底	300 000	390 000	1:1.3
1944年年底	500 000	260 000	2:1
1945年4月1日	800 000	230 000	3.5:1

解放贝尔格莱德

1944年年中,在欧洲战场,苏联红军发动了全面大反攻。西方盟国几经拖延,最终于这年6月6日在诺曼底登陆开辟了第二战场,德国法西斯临近最后的崩溃。在太平洋战场,英美军队和中国抗日军民取得了重要进展,而日本军国主义者节节败退,处于守势。

1944年8月24日,苏军强渡普鲁特河,把敌军主力22个德国师和部分罗马尼亚军队包围在基什尼奥夫以南的森林地带,接着歼灭了这股敌军。此后,苏军分头向罗马尼亚中部和东部推进。

8月23日,罗马尼亚人民在首都布加勒斯特和全国主要城市举行武装起义,推翻了安东尼斯库政权,建立了罗马尼亚新政府。新政府立即宣布退出反苏战争,对德宣战。8月31日苏军进入布加勒斯特。

9月5日,苏联向保加利亚宣战;9月8日,苏军进入保加利亚;9月9日,保加利亚共产党与王国部分政府军一起,在首都索非亚和其他城市发动武装起义,一举推翻了亲法西斯的政府,建立了祖国阵线民主政府。由此,苏军打开了通向德国在欧洲的最后一个盟国匈牙利的通道,也为进军南斯拉夫创造了条件。

这时,南斯拉夫人民解放军和游击队的活动范围已遍及南斯拉夫全境。到1944年年中,人民解放军和独立旅,游击队及其他作战单位一起,已拥有39个师,总共近35万名战士。他们完全解放或控制的地区占南斯拉夫领土的2/3以上,牵制着近50万占领军和25万伪军。在南斯拉夫的每一个地区,几乎都有游击队和人民解放委员会在活动。

南斯拉夫战场在英美的意大利战场和苏联战线之间起到了联结作用,它的战略地位对盟国未来的军事行动而言变得更加重要。德国最高统帅部也看到了这一点,惊呼南斯拉夫人民解放运动"已经纳入盟国的总战略,从而被承认为独立的交战一方"。正是在这种情况下,英、美、苏三国1943年先后同南斯拉夫人民解放运动建立了联系,奉行了新的政策。

特别是1943年12月14日,苏联政府宣布向南斯拉夫派遣军事使团,这对南斯拉夫人民反对法西斯侵略者的斗争是一个很大的帮助和鼓舞。但是,由于路途遥远和其他技术上的原因,军事使团1944年1月中旬离开苏联取道德黑兰和开罗,直到2月23日才到达德尔瓦尔解放区。使团团长是陆军中将科涅夫。他的参谋班子里包括游击战专家戈尔什科夫将军,还有一些情报官员。苏联军事使团的到来标志着人民解放运动第一次同苏联红军建立了正式的联系。此前,铁托的游击队没有得到来自苏联的任何援助。

1944年下半年,同盟国乘胜追击,向法西斯德国发起了总攻势。在南斯拉夫战场,战斗活动在各地广泛展开,这与苏联红军向巴尔干半岛胜利进军是分不开的。在这些战斗中,贝尔格莱德战役又占有重要地位。到1944年底,奈迪奇政权倒台,塞尔维亚、马其顿、黑山和达尔马提亚已全部获得解放,南斯拉夫人民解放军投入了彻底解放南斯拉夫的战斗。

这年8月28日,铁托命令在塞尔维亚的人民解放军和游击队攻占塞尔维亚的西部、南部和东部的最重要地段,为实施贝尔格莱德战役作准备。

为了尽快实施贝尔格莱德战役,铁托于9月19日乘飞机离开维斯岛前往莫斯科。铁托和斯大林就一系列重大军事政治问题举行了会谈,着重研究了由南斯拉夫与苏联两国军队共同解放贝尔格莱德和由苏联向南斯拉夫提供物资、技术援助的问题。斯大林还特别劝说铁托接受国王回国,并同流亡政府的政治家们合作共事,一起成立联合政府。斯大林的逻辑是,人民解放运动已经足够强大了,可以暂时与国王妥协。

9月28日,南斯拉夫全国解放委员会和苏联最高统帅部就上述问题签订了专门协定。遵照协定,苏联红军部队参加解放塞尔维亚和伏伊伏丁那的战役,而在南斯拉夫领土上,红军部队承认和尊重南斯拉夫全国解放委员会政权机关的领导。一旦完成作战任务,苏军将迅速撤出南斯拉夫,前往匈牙利作战。同时,苏联政府还决定向南斯拉夫提供装备12个步兵师和2个航空师的武器和军用物资。①当日,苏联政府发表声明,重申了协定的内容。

10月5日,铁托回国途中在罗马尼亚的克拉约瓦乌克兰第三方面军司令部会见了保加利亚祖国阵线政府的一个军事代表团。经过协商,双方签订了南斯拉夫人民解放军同保加利亚祖国阵线军队进行军事合作,反对共同敌人德国侵略者的协定。

这样,南斯拉夫、苏联、保加利亚三国军队完成了解放塞尔维亚的准备工作。10月14日晨,南斯拉夫与苏联两国军队开始从阿瓦拉山攻城。当时,参加整个贝尔格莱德战役的双方的兵力和装备对比情况如下:南斯拉夫、苏联和保加利亚的军队共66万人,敌人只有15万人。因而,三国参战部队在兵力上超过敌人4.4倍、大炮2.1倍、坦克3.4倍和飞机3.6倍。在这种优势下,尽管德军和伪军在贝尔格莱德等地顽固抵抗,但无法抵挡南斯拉夫、苏联、保加利亚三国军队的攻势。

10月15日,攻城部队突破敌人的防御体系,打开了一条狭窄的通往萨瓦河桥的通道,把敌人的阵地分割开。次日,突击部队向市中心发起冲锋。

20日,南斯拉夫与苏联两国军队攻克德军的最后一块阵地——卡莱梅格丹(又称“土耳其城堡”),红旗飘扬在这个古老城堡的上空。经过一周的鏖战,

解放贝尔格莱德(1944年10月20日)

---

① 据2002年俄罗斯《绝密》月刊公布的档案材料,“二战”期间苏联向铁托提供的军事援助大约有:15.5万支步枪、3.8万支冲锋枪、1.6万挺机枪、6 000门火炮、69辆坦克和491架飞机。

贝尔格莱德终于获得解放。当日,莫斯科用324门大炮鸣放24响,庆祝苏联红军和南斯拉夫人民解放军的胜利。

贝尔格莱德的解放宣告贝尔格莱德战役结束,说明南斯拉夫人民解放军在苏联红军的帮助下取得了重大的军事、政治和精神上的胜利。贝尔格莱德解放后,立即成了新南斯拉夫的政治、文化和行政中心。南共和人民解放运动的领导机关进入该市。在庆祝胜利的群众大会上,铁托元帅向解放者和英雄城市的居民们说:"即便是在最困难的时刻,我一直在想:我们是从贝尔格莱德开始的,我们定会在贝尔格莱德结束。"

贝尔格莱德解放一周后,铁托在10月27日的讲话中,不仅已经察觉到盟国的幕后交易,而且对这种交易表示强烈不满。他愤怒地说:

> 我们再也不会成为儿童的游戏球或者交换的筹码。在这场严酷的斗争中,我们争得了作为我们盟友和战争中平等伙伴的权利。我们不仅争得了为建设南斯拉夫,而且为建设新的、更加幸福的欧洲的平等伙伴的权利。

贝尔格莱德的解放还推动了南斯拉夫其他地区的解放斗争。到11月底,马其顿的4个师在保加利亚第1军和第4军的帮助下,同从希腊方面来的德国"E"集团军群进行了激烈战斗,解放了马其顿全境。12月初,达尔马提亚获得新生,德国第264师和米耶奇神父的切特尼克部队被消灭。从10月中旬—12月下旬,人民解放军部队同阿尔巴尼亚人民解放军1个师和保加利亚第2军共同解放了科索沃。到1944年底,黑山、桑贾克和黑塞哥维那东部结束了争取解放的斗争。

至此,南斯拉夫东部和东南部已经解放,彻底解放南斯拉夫的第一阶段战役已告结束。1945年初开始,人民解放军开始了解放全国的第二阶段战斗。

铁托—舒巴希奇协议

第二次世界大战结束阶段,铁托在坚持南斯拉夫反法西斯人民解放委员会第二次会议决议的前提下,就成立联合政府问题同流亡政府首相舒巴希奇举行了两轮会谈。铁托领导的人民解放运动为保卫革命成果、维护国家主权和独立进行了坚持不懈的斗争。

早在1944年年初,丘吉尔接连给铁托写了3封信,建议南斯拉夫全国解放委员会与王国政府开始会谈。丘吉尔坚持说,在解决战后南斯拉夫国家未来的政治体制问题时,国王有权回到南斯拉夫。

2月9日,铁托写信回答丘吉尔,提出了会谈的3个条件:

> 1.开罗政府必须解散,德拉甘·米哈伊洛维奇必须作为占领者的盟友审判;
>
> 2.盟国承认南斯拉夫反法西斯人民解放委员会为南斯拉夫唯一合法机关,而佩塔尔国王承认南斯拉夫反法西斯人民解放委员会的各项决议;
>
> 3.如果国王接受这些条件,南斯拉夫反法西斯人民解放委员会将与王室合作,至于君主的问题待南斯拉夫全国解放后由全体人民决定。

1944年5月下旬,在英国的调解下,丘吉尔迫使南斯拉夫流亡政府极右翼保皇分子鲍日达尔·普里奇内阁解散,从美国请回资产阶级温和派代表人物伊万·舒巴希奇博士,让他组织内阁。6月1日,他被佩塔尔国王任命为流亡政府的新首相。

对人民解放运动来说,舒巴希奇是一个可以接受的谈判对手,因为他较早地脱离了南斯拉夫王国政府,流亡国外。他上任后,发表了承认人民解放军的伟大成就和关于联合南斯拉夫一切爱国力量以加速结束战争的声明。6月9日,他离开伦敦前往亚得里亚海东岸的维斯岛,同全国解放委员会的代表会谈。

在6月14日开始的会谈中,舒巴希奇主张以伦敦流亡政府为基础,吸收人民解放运动的代表参加,甚至把国王佩塔尔吹捧为最高统帅,而指挥几十万军队的铁托只能充任舒巴希奇政府的国防大臣。以铁托为团长的全国解放委员会代表团明确指出,"阿夫诺伊"第二次会议的决议是会谈的基础,舒巴希奇的建议意味着取消人民解放运动及其军队,意味着复辟君主制度和把几十万人流血取得的革命成果拱手交给英国人。经过激烈辩论和争吵,舒

铁托与舒巴希奇在维斯会谈(1944年6月)

巴希奇的幻想破灭,不得不采纳全国解放委员会的方案。

6月16日,双方签署了《南斯拉夫全国解放委员会和南斯拉夫王国政府协议》,又称《维斯协议》。协议规定舒巴希奇必须承诺如下义务:

1. 舒巴希奇内阁的大臣们应该是没有政治污点的人士;

2. 向南斯拉夫人民解放军提供援助是流亡政府的基本义务;

3. 舒巴希奇需要发表支持亚伊策南斯拉夫反法西斯人民解放委员会的声明;

4. 新内阁必须立即停止对德拉甘·米哈伊洛维奇及其塞尔维亚切特尼克的支持。

该协议规定舒巴希奇政府的内阁成员要由战争期间未与占领者合作的民主分子组成;该政府要承认人民解放斗争的民主成果,并承担支援国内军队和人民的义务。同时,它应该动员国外的所有南斯拉夫爱国力量,援助国内的斗争。舒巴希奇答应将发表声明,承认铁托指挥的人民解放军,谴责一切卖国贼,号召全体人民参加彻底解放全国的斗争。全国解放委员会也承诺将发表宣言,同舒巴希奇政府合作,在战争结束之前不提出南斯拉夫的国家政体问题。这个协议称为《维斯协议》,它朝着实现民族团结和成立联合政府的道路迈出了可喜的一步。正如南斯拉夫学者杜尚·普伦恰在《第二次世界大战中南斯拉夫的国际关系》一书中所指出的:

铁托—舒巴希奇协议是人民解放运动在国际上的一个重大政治胜利。人民解放战争的成果和"阿夫诺伊"第二次会议的决议并未受到损害。

遵照协议,1944年7月3日,舒巴希奇重组新政府,6名大臣中有2名是国内派出的知名人士。8月8日和17日,舒巴希奇和铁托分别根据协议的规定发表声明,确认了《维斯协议》的精神。

在国际和国内舆论的压力下,舒巴希奇政府本着业已达成的协议,采取了某些有利于人民解放运动的措施:从外交机构中清除最顽固的通敌分子,冻结南斯拉夫王国在国外的资金,向人民解放军转交盟国的援助,让人民解放运动的代表参加国际组织,南斯拉夫商船队用五角星旗代替旧三色旗,等等。有的学者说,这样,流亡政府"实际上变成了南斯拉夫全国解放委员会的外交委员会"。

　　1944 年 8 月 18 日，以铁托为首的全国解放委员会代表团和以舒巴希奇为团长的王国政府代表团继续会谈，集中讨论了成立联合政府的问题。舒巴希奇仍然建议全国解放委员会派代表参加他的政府，即统一到南斯拉夫王国政府中去。铁托在发言中拒绝由全国解放委员会派人去参加舒巴希奇政府，因为王国政府流亡在外，它既没有人民，也没有军队，更没有国土。他要求两个政府共同努力，以争取全国的彻底解放。

　　8 月 29 日，国王佩塔尔二世颁布诏令，撤销米哈伊洛维奇国防大臣的职务，承认铁托是南斯拉夫武装力量的唯一领袖。

　　西方盟国在得知铁托不允许国王返回南斯拉夫的消息后，英国首相丘吉尔亲自出马，继续敦促铁托改变主意，以尽快组成联合政府。

丘吉尔向铁托施压

　　《维斯协议》签订之后，舒巴希奇向英国政府通报了会谈情况，后者对协议未明文规定国王佩塔尔的地位和君主政体问题不满。7 月 15 日，地中海盟军司令官威尔逊受英国政府之命邀请铁托访问意大利，同正在那里休假的佩塔尔国王会面，商讨共同组织联合政府事宜。7 月 20 日，南共中央开会决定拒绝这种安排，认为同国王直接打交道是违背“阿夫诺伊”第二次会议的决议和《维斯协议》的。

　　7 月底，英国政府见军方的试探失败，便正式向铁托发出邀请信，说是要磋商如何在巴尔干半岛进一步开展反对德国人的斗争。为了采取共同的军事行动，铁托接受了邀请。

　　8 月 6 日，铁托率领代表团来到意大利，在那不勒斯和罗马等地先后拜会了威尔逊将军、驻意大利盟军司令官亚历山大将军以及盟军的其他高级将领，并同他们举行了会谈。双方讨论了盟军在物资上援助南斯拉夫人民解放军和盟军在意大利的医院对游击队伤病员开放等问题。

　　8 月 12 日和 13 日，前来意大利视察盟军前线的英国首相丘吉尔和铁托在那不勒斯郊区的卡塞塔会谈了 3 次，双方主要讨论了战争结束阶段协调军事行动、南意边界领土、南斯拉夫未来的社会制度等问题。[①]当然，双方争论的焦点仍然是国王和君主制问题。

———————

① 　丘吉尔和铁托在会谈中涉及了广泛的问题。关于会见和谈判的记录稿详见［南斯拉夫］迪·比贝尔主编：《铁托—丘吉尔，绝密》(*Tito—Churchill-strogo tajno*)一书，贝尔格莱德、萨格勒布两市联合出版，1983 年版，第 258—295 页。

铁托、丘吉尔和舒巴希奇(1944年,那不勒斯)

丘吉尔认为,战后南斯拉夫如果不实行共和制,仍保留王国制,那它的国际地位会更加巩固。因为英国实行立宪君主制,民主才获得了繁荣,焕发异彩。他特别担心战后南斯拉夫联邦会倒向苏联一边。他露骨地说,塞尔维亚农民是亲英的,他们反对土地集体化。他还力图说服铁托战后在南斯拉夫不要按照苏联的样板建立社会主义制度。丘吉尔的王牌是:如果铁托不同意佩塔尔二世回国,将不承认铁托的政权和南斯拉夫反希特勒同盟国的地位。最后,丘吉尔甚至要铁托同意佩塔尔国王作为一名战士或飞行员回到南斯拉夫。铁托援引"阿夫诺伊"第二次会议的决议,拒绝了丘吉尔的劝说。他解释说,国王的命运要由全国人民来决定,现在重要的是采取协同作战行动,而不是讨论君主的前途问题。

卡塞塔会谈实际上是南斯拉夫全国解放委员会和英国政府之间的谈判。铁托作为欧洲被占领国家抵抗运动的一位领导人,能同世界著名的外交家丘吉尔面对面谈判,并迫使丘吉尔改变自己的主意,这本身就是南斯拉夫人民解放运动在国际舞台上的一个胜利。

丘吉尔无法迫使铁托就范,转而想借助斯大林的干预,达到英国在巴尔干半岛利益的最大化。

丘吉尔和斯大林划分势力范围

1944 年 10 月 9 日,丘吉尔亲赴莫斯科,同斯大林讨论了欧洲和巴尔干问题。关于这次会晤,丘吉尔在《第二次世界大战回忆录》里写道:

> 我们在 10 月 9 日下午抵达莫斯科,晚上 10 点我们在克里姆林宫进行了第一次重要会晤。当时在场的只有斯大林、莫洛托夫、艾登和我,另有译员皮尔斯少校和帕甫洛夫。这是达成协议的合适时机。我说:"让我们安排一下巴尔干的事情吧。你们的军队已经占领罗马尼亚和保加利亚。我们在那里有我们的利益、使团和谍报人员。我们不要在小事情上造成误会。至于英国和俄国,你看,你们在罗马尼亚保持 90% 的优势,我们在希腊保持 90% 的影响,在南斯拉夫各占 50%,如何?"
>
> 我把纸条从桌子上推到斯大林面前。斯大林听完了翻译,停了一会儿,然后拿起蓝铅笔,在纸条上画了一个大钩,之后便把纸条还给了我们。解决全部问题所用的时间还没有写这张纸条所用的时间多。此后是一段长时间的沉默。写着铅笔字的纸条在桌子中间放着。最后我说:"人们会不会认为,对于千百万人命运攸关的这样一个问题,我们解决得如此轻而易举,这是否显得有些玩世不恭? 还是让我们烧掉这个纸条吧?""不,您还是把它保存起来吧。"斯大林说。

南斯拉夫时事评论员雷·菲亚奇科曾在《在雅尔塔的幕后》一文中说,丘吉尔那张闻名的纸条上写的是:

丘吉尔和斯大林划分势力范围手迹

罗马尼亚	俄国	90%
	其他国家	10%
希　腊	大不列颠	
	(同美国协商)	90%
	俄国	10%
南斯拉夫		50%：50%
匈牙利		50%：50%
保加利亚	俄国	75%
	其他国家	25%

丘吉尔从莫斯科回国后,于 10 月 27 日在下院称,他同斯大林"就棘手的

巴尔干问题达成了圆满的协议",也就是说,双方"就所有这些国家,即就希腊、罗马尼亚、保加利亚、南斯拉夫和匈牙利分别地以及就所有这些国家整个地达成了很好的工作协议,以便集中力量对付敌人,以便确保战后的协议,如果可能的话"。

1944年10月21日,苏联《真理报》也发表文章说,苏联和英国一致同意在南斯拉夫奉行共同的政策。

尽管当时舆论界还不知道丘吉尔和斯大林达成了按对半开的原则在南斯拉夫划分利益范围的协议,但英苏双方确实在施加压力,要求全国解放委员会和流亡政府尽快成立南斯拉夫联合政府。铁托和舒巴希奇正是按照英苏建议的精神开始了第二轮会谈。

五、 胜利的 1945 年

《贝尔格莱德协议》和联合政府成立

10月20日贝尔格莱德获得解放后,铁托和舒巴希奇在这个自由城市继续举行会谈。经过反复磋商,双方于11月1日签署了关于成立南斯拉夫联合政府的第二个协议,即《贝尔格莱德协议》。该协议规定,"阿夫诺伊"继续保持最高立法机构的地位,而由全国解放委员会和王国政府的代表共同组成联合政府。这个政府将在全国解放后的3个月内举行立宪议会选举,而关于国家体制的最终形式问题将在战争结束后由人民通过全民投票来决定。在此之前,王国政府及其国王都不得回国。在此期间,国王的职权将由国王任命并经全国解放委员会主席铁托同意的摄政委员会来行使。摄政者们的任务是批准第一届南斯拉夫联合政府。

《贝尔格莱德协议》签字后,卡德尔和舒巴希奇于1944年11月18日访问莫斯科,向苏联政府通报了协议内容。苏联和南斯拉夫代表团在斯大林主持下举行了会谈,并于11月24日发表了会谈公报。苏联政府认为,成立南斯拉夫联合政府是必要的,表示支持。

12月7日,铁托—舒巴希奇会谈公报发表,双方就产生联合政府和立宪议会选举以及与此有关的问题表明了共同看法。舒巴希奇将《贝尔格莱德协议》的内容书面通知了国王。

铁托—舒巴希奇协议受到国内外进步舆论的欢迎,却引起国王及其王室保守势力的强烈不满。1944 年 12 月 20 日,舒巴希奇将《贝尔格莱德协议》的内容书面通知了国王。国王对将权力移交给摄政委员会这一条款大为恼火,借口生病,避而不见舒巴希奇,以拖延批准协议的时间,从而制造政府危机,迫使舒巴希奇内阁自动辞职。

国王的这一态度遭到了一直袒护他的英国政府的反对。1945 年 1 月 4 日,丘吉尔致函佩塔尔国王,要求他不要延误时机,立即接受《贝尔格莱德协议》。佩塔尔对此并不甘心,又打电报给美国总统罗斯福和罗马教廷,祈求他们进行干预,不要设立摄政委员会。君主和保守分子活动的唯一目的是让英美等大国出面反对《贝尔格莱德协议》的规定,战后让国王和流亡政府全体成员回国,恢复君主统治。

1 月 11 日,佩塔尔发布文告,仍声称不接受摄政委员会,特别反对全国解放委员会作为一个合法政府机构,因为这意味着剥夺了他的王权。他甚至召集流亡伦敦的南斯拉夫少数右翼资产阶级首脑人物开会,策划推翻舒巴希奇内阁。国王的倒行逆施引起国内各地人民群众的抗议游行,这使他在国内和国际上处于更加孤立的境地。

1 月 21 日,铁托发出最后忠告,如果国王不立刻承认《贝尔格莱德协议》,如果王国政府不在近日内派代表来贝尔格莱德,全国解放委员会将采取行动,单方面成立政府。

1 月 29 日,国王迫于人民和同盟国的压力,几经犹豫后被迫签署诏令,同意将自己的权力移交给摄政委员会,但他对未来的全民投票仍抱有一线希望。

在 1945 年 2 月召开的苏、美、英三国首脑克里米亚(雅尔塔)会议上,斯大林、罗斯福和丘吉尔同意承认南斯拉夫新政府,条件是南斯拉夫反法西斯人民解放委员会应该扩大,成为临时国民议会,1938 年旧南斯拉夫最后一届国民议会的议员,凡是没有与占领者合作的,都可以参加。"三巨头"还要求在南斯拉夫民主联邦临时政府里由民主党首领米兰·格罗尔(1876—1952年)担任政府副总理;伊万·舒巴希奇担任外交部长。只有作出这些让步,南斯拉夫才能得到国际承认。

王国流亡政府的多数成员在经过 3 年又 10 个月的流亡生活后,于 2 月 17 日到达贝尔格莱德,参加组织联合政府的工作。3 月 2 日组成摄政委员会。斯尔贾·布迪萨夫列维奇博士(原大臣)、安特·曼迪奇博士(律师)和杜尚·塞尔内茨工程师 3 人被钦定为摄政者。同日,佩塔尔二世签署诏书,将权力转交摄政委员会。

　　3月5日,摄政者宣誓就职。同一天,舒巴希奇政府和铁托的全国解放委员会同时宣布解散。3月7日,南斯拉夫民主联邦临时政府诞生。实际上,它是全国解放委员会的继续和扩大,铁托任总理兼国防部部长,舒巴希奇任外交部部长,铁托的战友卡德尔和曾流亡国外的原民主党首领米兰·格罗尔担任副总理,原流亡政府和其他政党的代表分别充任不管部、垦殖部、邮电部和新闻部的部长,其他22个部长职务由原全国解放委员会的代表担任。从政府的组成来看,南斯拉夫国内人民解放运动的代表占绝对优势,从而捍卫了人民解放战争的革命成果。

　　临时政府成立后,铁托总理代表政府发表了声明。他指出,政府面临着结束战争和重建国家的艰巨任务,对内要广泛团结一切没有同占领者及其走狗勾结的人,夺取解放战争的最后胜利,迅速建设遭到严重破坏的家园;对外要加强与盟国的友好关系,收复第一次世界大战后被外国侵占的土地。

　　这样,还在第二次世界大战彻底结束之前,南斯拉夫民主联邦临时政府便成了合法的政府,得到了包括正在从事抗日战争的中国人民在内的世界进步人士的祝贺和承认。早在1945年3月9日,《新华日报》就发表评论,欢呼"南斯拉夫新的民主联合政府,已在铁托元帅主持下成立。南斯拉夫的民主团结实现了"。

　　接着,新南斯拉夫获得国际承认。英、美、苏三国相继于3月20日、28日和29日承认了临时政府。新政府又同苏联和新近解放的东欧人民民主国家发展友好合作关系。铁托再次访问苏联,并于4月11日在莫斯科签订了南斯拉夫与苏联友好、互助和合作条约。

1945年4月11日,铁托访苏签订友好条约

第二次世界大战接近尾声,南斯拉夫人民在进行武装斗争的同时,也开展了艰巨的政治斗争和外交斗争。其目的是要向世界舆论表明,只有南斯拉夫人民解放运动才是国内反法西斯抵抗运动的唯一代表,只有人民才能决定新南斯拉夫的命运。

同时,铁托—舒巴希奇协议的产生和实施,是反希特勒同盟施加压力的结果,也是南斯拉夫人民反对大国控制,坚持独立自主原则立场的结果。这场斗争揭露了大国干涉南斯拉夫人民解放斗争进程和破坏南斯拉夫团结的野心,保证了新南斯拉夫的顺利诞生。铁托—舒巴希奇协议是革命策略的原则性和灵活性相结合的典范。

南斯拉夫民主联邦临时政府成立(1945年3月)

1945年5月27日,铁托在卢布尔雅那发表演说,在谈到临时政府成立和得到国际承认时,对盟国在新南斯拉夫问题上的态度提出了批评。他说:

> 我们不会承认强加给我们的历史不公的决议,因为这不是我们自己的决议。不许拿我们的新南斯拉夫做交易,搞阴谋活动。我们不是交易的棋子,不会为别人买单,或者把我们拉入势力范围。

第二次世界大战后,东欧各国政权从资本主义过渡到人民民主制度,通常经过 3 个阶段,即:共产党和其他政党组成联合政府的阶段;共产党占优势和反对派逐渐削弱的阶段;共产党执政、反对派退出政府和实行经济全面国有化的阶段。南斯拉夫的情况则有所不同。还在 1945 年 11 月,当多数东欧国家已经解放一年还未宣布成立共和国,仍处于摄政委员会和联合政府阶段时,舒巴希奇等旧南斯拉夫的代表人物已宣布退出刚刚成立半年多的临时政府,停止了合作。南斯拉夫在东欧国家中第一个建立共和国,这是铁托—舒巴希奇协议的积极成果,也是南斯拉夫走上人民民主道路的一个特点。

流亡政府自动消亡

南斯拉夫民主联邦临时政府的成立,标志着南斯拉夫伦敦流亡政府的灭亡。

从战争一开始,在大部分被占领国家,国内强大的游击运动同国外流亡政府之间就战后的政治体制问题展开了激烈的斗争。国内抵抗运动有强大的势力,但得不到国际上(西方盟国)的承认;流亡政府没有人民群众、没有国土、没有正规军队,却得到英美同盟国的承认和支持。事实上,谁都知道,在军事势力上占绝对优势的共产党领导的反法西斯抵抗运动很可能在战后掌握政权。于是,越是接近战争结束,流亡政府的活动就越加活跃。流亡政府采取的方式是要么同抵抗运动公开对抗,像南斯拉夫的切特尼克运动的部队;要么向人民解放运动渗透,像希腊所发生的情况。

在整个战争期间,巴尔干国家的流亡政府都试图阻止各自国内的人民参加武装抵抗运动,而号召他们"积蓄力量",消极等待"自由时刻"的到来。例如,还在 1941 年 7 月 22 日,南斯拉夫流亡政府就通过伦敦电台发表声明,号召南斯拉夫人民耐心接受占领,"在没有得到伦敦方面的信号之前"不要轻举妄动。

1941 年春,南斯拉夫和希腊沦陷,这对英国的巴尔干政策是当头一棒。丘吉尔作为"外围战略"的倡导者,把巴尔干半岛视为未来打击德国和阻止苏联军队西进的屏障。而且,这对"二战"后英国巩固在欧洲、中东等地的地位也十分重要。为此,即便南斯拉夫与希腊两个国家已经灭亡,也要努力支持这两国的内部亲西方特别是亲英势力,首先是接纳两国以国王为代表的流亡政府。英国还特别看重南斯拉夫卡拉乔尔杰维奇王朝的佩塔尔二世国王。

在英国看来,佩塔尔二世年轻、政治经验少,但名声不错,他的王朝几乎得到了所有党派的同情和支持。

丘吉尔首相尽管对南斯拉夫与希腊两国政府的迅速崩溃不满,但他还是给予两国在伦敦的流亡政府经济上和政治上全力支持。在英国的庇护下,南斯拉夫流亡政府不承认国内的反法西斯抵抗运动及其机构。它在国际上继续作为国家的合法代表进行招摇撞骗,宣布与德国处于交战状态,与反希特勒同盟国一起签署大西洋宪章,一心想成为联合国的创始国。它的最终目的是回到国内,恢复旧政权,建立西方式议会民主国家。

南斯拉夫流亡政府寄人篱下,但极不稳定。在战争期间,佩塔尔二世更换了7届流亡政府,就其组成和活动来说,更多的是具有大塞尔维亚性质,而很难说代表全南斯拉夫。它幻想建立一个包括的里雅斯特、戈里察、伊斯特利亚、科鲁什卡(即卡林西亚)、阿尔巴尼亚和保加利亚在内的"大南斯拉夫"。它竭力想在国外组建一支南斯拉夫军队,与同盟国军队肩并肩战斗,但始终未能如愿。它不顾国内存在强大的反法西斯游击队和人民军队,却扶植一支亲英国和亲国王的切特尼克部队,作为流亡政府的"王国军队"和英国在巴尔干地区推行其政策的工具。切特尼克运动的首领德拉甘·米哈伊洛维奇被授予将军军衔,还被流亡政府任命为国防部部长。

南斯拉夫流亡政府的存在对英国有利无弊。英美全力扶植和帮助流亡政府为自己的政策服务,通过伦敦电台宣传南斯拉夫米哈伊洛维奇将军军队的所谓"战绩",向他们提供大量物资援助,如电台、军用物资和资金等。

英国政府从道义上和物资上帮助南斯拉夫和巴尔干国家流亡伦敦的政府以及它们在国内的武装力量,其目的是为了削弱巴尔干国家由共产党领导的反法西斯抵抗运动,战后扶植巴尔干国家的亲英政权执政,缩小苏联在巴尔干半岛的影响力。

1941年年底和1942年年初,南斯拉夫流亡政府与希腊流亡政府进行多次谈判,并草签了条约,试图在战后建立南斯拉夫和希腊邦联,作为未来巴尔干联邦的基础。预计未来的邦联或联盟还将包括保加利亚、罗马尼亚和阿尔巴尼亚。

1942年1月15日,两个流亡政府在伦敦签订了巴尔干联盟协定。该协定号召巴尔干各国人民大敌当前抛弃历史上的不信任和分歧,推行"独立和自由的"对外政策,并提出了"巴尔干属于巴尔干各国人民"的行动口号。这种设想遭到苏联和美国的强烈反对,它们认为,这是"一纸空文,毫无政治依据"。

1944年5月,已经成年的佩塔尔二世不顾自己的祖国战斗正酣,耗费大量金钱,在伦敦隆重举行了与希腊公主的婚礼。次年,他们的爱情结晶在伦敦的"克拉里奇斯"饭店212房间呱呱落地,这就是他们的独生子亚历山大。

从此,该饭店的 212 房间被丘吉尔宣布为享有主权的南斯拉夫领土,这为尔后亚历山大王子成为南斯拉夫合法的王位继承人提供了法律依据。亚历山大同英国王室关系密切,伊丽莎白王后是他的教母。

随着铁托领导的南斯拉夫全国解放委员会与王国流亡政府谈判成立联合政府,到 1944 年底,南斯拉夫流亡政府自动解散,彻底退出了历史舞台。

全国获得解放

1945 年初,南斯拉夫人民解放军开始了解放全国的第二阶段战斗。此时,南斯拉夫人民解放军拥有 49 支游击队、209 个步兵旅、16 个炮兵旅、3 个工兵旅、1 个坦克旅和 1 个骑兵旅,57 个步兵师和 2 个航空师(199 架飞机),12 个军和 3 个集团军。另外,还有外籍部队 8 个营、10 个旅和 2 个师,以及 12 座军官学校。还有空军和海军。武装力量的总人数达到 65 万人。这样,南斯拉夫的武装力量由 1941 年的游击队从小到大、由弱变强,成长为世界反法西斯战场上的一支强大人民军队。

这时,在南斯拉夫战场上的德军主要是由亚历山大·冯·列尔指挥的"E"集团军群。德军拥有 16 个师、4 个军、18 个旅和 17 个独立团,总兵力在 40 万以上。同时,还有克罗地亚独立国的 16 个师和 3 个旅、塞尔维亚伪军近 2 000 人、斯洛文尼亚伪军约 5 000 人和切特尼克近 3.5 万人。各种伪军加在一起近 19 万人。[①]

3 月 1 日,最高司令部发布命令:南斯拉夫人民解放军更名为南斯拉夫军,最高司令部改称总参谋部。3 月 2 日,由第 8 军各师在克罗地亚成立了第 4 集团军。

3 月中旬,南斯拉夫各集团军开始了总攻势。3 月 20 日,第 4 集团军首先朝着左翼向沿海地区进发,经过两周的艰苦战斗,击退了德军的抵抗,解放了利卡、戈尔斯克—科塔尔和克罗地亚沿海及其岛屿。3 月 29 日起,南斯拉夫第 1、第 2 和第 3 集团军从斯雷姆、波斯尼亚和斯拉沃尼亚等地转入进攻。第 2 集团军于 4 月 6 日解放了重要战略城市萨拉热窝和波斯尼亚中部一些城市后,挥师北上。4 月 11—12 日,第 3 集团军的部队强渡德拉瓦河,解放了奥西耶克。4 月 12 日,第 1 集团军突破了德军和伪军构筑的最坚固防线——斯雷姆,收复

---

① 双方兵力情况见集体著作:《解放贝尔格莱德——1944 年 10 月 20 日》(*Oslobođenje Beograd—20 oktobra 1944*),贝尔格莱德,游击图书出版社 1964 年版,第 37 页。

武科瓦尔和茹潘尼亚、文科夫齐等地。这样,到 4 月下旬,德军从德拉瓦河至亚得里亚海的整个防线崩溃,开始向奥地利方向集结,准备撤退。

这时,第二次世界大战在欧洲已接近最后的胜利,战争已转入德国本土的心脏地区。纳粹德国已临近覆灭。然而,德军"E"集团军群却仍在南斯拉夫的斯洛文尼亚境内负隅顽抗。他们正策划把从意大利和南斯拉夫溃逃出来的德军和南斯拉夫的全部伪军转移到奥地利,向西方盟军投降。但此时被团团围困的德军和伪军已成瓮中之鳖,插翅难逃。5 月 1 日和 2 日,南斯拉夫第 4 集团军的部队攻克了里雅斯特,以及克罗地亚和斯洛文尼亚沿海第一次世界大战后被意大利侵占的地区。第 1 集团军和第 2 集团军的部分部队于 5 月 8 日攻下第二大城市萨格勒布。同日,斯洛文尼亚第 7 军和第 29 师解放卢布尔雅那。5 月 10 日,第 3 集团军攻克马里博尔市后,向奥地利的格拉茨市挺进。

1945 年 5 月 1 日,南斯拉夫人民解放军解放的里雅斯特市

众所周知,1945 年 5 月 9 日,纳粹德国已正式投降。第二次世界大战在欧洲其他地区的战斗已经结束,全世界人民都在欢庆这个战胜法西斯的日子。但是,在斯洛文尼亚境内的枪声并未停止。英雄的南斯拉夫军民又同几十万残存的德军和伪军进行了 7 天鏖战,直到 5 月 15 日敌人缴械投降,停止任何抵抗行动。

1975 年,铁托在纪念战胜法西斯 30 周年时撰文回忆说:

> 我们现在把 5 月 9 日作为胜利日来庆祝,这完全是正确的。但是,我们到 1945 年 5 月 15 日才结束对德国人和伪军的战争。一大批敌人,有德国人、乌斯塔沙、切特尼克、白卫军,麇集于斯洛文尼亚,麇集于奥地利边界附近。我军被迫与他们作战,一直打到边界。阻止了绝大部分敌人突破到奥地利境内……我军包围了这一群敌人,他们无路可走。经过激战,他们被迫投降……就这样,我们不得不打了 6 天仗,才把自己的国家从敌人手中最终地解放出来。

从 3 月 20 日—5 月 15 日,南斯拉夫的国土全部获得解放。在战争结束阶段的最后战斗中,南斯拉夫军队已达到 80 万人。在整个 1941—1945 年人民解放战争期间,南斯拉夫战场上人民解放军与敌伪军的变化情况如下:

1941—1945 年南斯拉夫战场上敌伪军变化　　　　（单位:万人）

时　间	德　军	意　军	保加利亚军	匈牙利军	伪军部队
1941 年 4 月	45.8	34.0	—	8.0	—
1941 年 12 月	11.4	27.5	4.6	2.5	14.1
1942 年 12 月	15.0	33.5	9.0	2.8	24.9
1943 年 12 月	39.0	—	10.0	3.2	36.0
1944 年 9 月	27.0	—		3.0	27.0
1944 年 12 月	41.0	—			19.0
1945 年 5 月	10.0				8.5

资料来源:[南斯拉夫]弗拉迪米尔·韦列比奇:《二战中南斯拉夫》,附录 1。"南斯拉夫观察"出版社,贝尔格莱德,游击图书出版社 1987 年版。

南斯拉夫人民解放军和游击队的变化和伤亡情况　　　　（单位:万人）

时　间	人　数	负　伤	牺　牲
1941 年年底	8		
1942 年年底	15		
1943 年年底	30		
1944 年年底	50		
1945 年 3 月	80	共 42.5	共 30.5

资料来源:[南斯拉夫]弗拉迪米尔·韦列比奇:《二战中南斯拉夫》,附录 2。

这样,南斯拉夫各族人民在经过 4 年的英勇斗争之后,终于肃清了占领军和伪军,赢得了人民解放战争的最后胜利。人民解放战争胜利结束,为社会主义南斯拉夫的诞生和获得国际承认打下了坚实基础。

奈迪奇政权倒台

从 1941 年南斯拉夫王国被占领起,米兰·奈迪奇就被德国人看中,扶植为一个较为"可靠"的傀儡政府。所以,佩塔尔二世立即将奈迪奇免职。在整个战争期间,奈迪奇将军及其政府一直死心塌地为德国法西斯卖力,参与镇压铁托领导的抵抗运动。

1944 年 10 月,贝尔格莱德战役的胜利加速了塞尔维亚奈迪奇伪政权的倒台。1944 年夏,还在贝尔格莱德战役的酝酿阶段,奈迪奇及其追随者就已经意识到他们的末日即将到来。

于是,这个伪政府企图在德军的保护下,通过同米哈伊洛维奇的切特尼克合作,成立一个"大塞尔维亚联邦",把桑贾克、黑山、波斯尼亚东部、斯雷姆等地区都纳入其版图,以建立一条"坚固的反共防线",阻止塞尔维亚"布尔什维克化"。

为此,1944 年 8 月 13 日,奈迪奇和米哈伊洛维奇在拉热尼村达成了下面的五点协议:

1. 奈迪奇保证向米哈伊洛维奇的军官支付薪水(每月 1 亿第纳尔)。
2. 奈迪奇请求德国人给切特尼克提供 5 万支步枪、300 万发子弹、500 支轻机枪和 500 门迫击炮。
3. 所有这些武器不得用来反对德国人。
4. 奈迪奇的一切武装力量均由德·米哈伊洛维奇指挥。
5. 需要向切特尼克补充一批军衣和军鞋。

8 月 17 日,奈迪奇将米哈伊洛维奇的要求转告了德国东南战线司令部的魏克斯将军。魏克斯对此表示满意,答应满足切特尼克的部分要求,条件是奈迪奇和切特尼克必须牢牢守住塞尔维亚。接着,奈迪奇政权和德国人给切特尼克送出了第一批武器和装备。

9 月 6 日,米哈伊洛维奇和奈迪奇政权的武装力量(塞尔维亚志愿军、塞尔维亚国家军和塞尔维亚边防军)的代表在恰恰克附近开会,策划一旦德国人从塞尔维亚撤走后,立即占领该城,并向世界宣布:贝尔格莱德是由德·米哈伊洛维奇领导下的武装力量占据的。然后,邀请国王回国,俄国人也就面临既成事实。

这些反动势力相信,只要控制国内的局势就可以取胜,因为外部条件对他们是有利的。他们断言,苏军南下多瑙河必然要同英美盟军发生公开的冲突。那时,"共产主义将会无声无息地灭亡"。然而,尽管奈迪奇等反动派机关算尽,到头来却落得个孤家寡人。在南斯拉夫与苏联军队的强大攻势下,奈迪奇政权和切特尼克在政治上和军事上都惨遭失败。

9 月底,反革命营垒内部发生分裂,纷纷各自逃命。米哈伊洛维奇在塞尔维亚遭到失败之后,连同他的切特尼克司令部藏到波斯尼亚山区去了;廖蒂奇带领塞尔维亚志愿军尾随德军逃向斯洛文尼亚沿海地区;而奈迪奇和他的政府成员躲到了维也纳,后被盟军俘获,交还给南斯拉夫人民政权。奈迪奇政权在贝尔格莱德解放前夕已经土崩瓦解。

克罗地亚独立国灭亡

意大利投降后,克罗地亚独立国便失去了靠山,日趋衰败。这时,它实际控制的面积只有原来的 1/3。

克罗地亚独立国的一大罪状是,该政权的最重要目的是像希特勒德国一样,要建立一个种族最纯洁的克罗地亚人国家。为此,克罗地亚境内的塞尔维亚人、犹太人和吉卜赛人将被从这个国家清除出去或屠杀掉。

该政权的乌斯塔沙部队是最野蛮、最凶残的一支杀人部队。乌斯塔沙是20 世纪 20 年代在克罗地亚建立的极端恐怖主义组织,其第一号头目一直是安特·帕韦利奇。乌斯塔沙分子被疑参与了杀害亚历山大国王的活动,其在国外的组织遭到解散,在王国内的乌斯塔沙分子约 500 余人流窜到意大利的西西里,帕韦利奇留在西西里并接受墨索里尼的援助。与此同时,在奥地利还有部分乌斯塔沙分子,称为德意志派,建立了"克罗地亚同盟"。第二次世界大战前夕,乌斯塔沙并入克罗地亚农民党,实行沙文主义分裂政策。战时,乌斯塔沙从事恐怖活动,屠杀了大量平民和进步人士,反对人民解放运动,犯下了滔天罪行。

无数的材料证明,1941 年 6 月大约有近 190 万塞尔维亚人生活在克罗地亚独立国的范围之内。克罗地亚独立国当局宣布,1/3 的塞尔维亚人将被驱逐到塞尔维亚;另外的 1/3 塞尔维亚人将皈依天主教(这主要是在两次世界大战之间被迫皈依了东正教的克罗地亚人);还有 1/3 的塞尔维亚人将被直接杀死。①"二战"后揭发的材料称,被驱逐和屠杀的塞尔维亚人远不止这个数字。

至于犹太人,克罗地亚独立国当局命令他们佩戴表明身份的肩章,认定他们是"非雅利安人",一律剥夺他们在克罗地亚的"生存空间"。在 1941 年 6 月开始的一次有计划、有预谋的屠杀中,克罗地亚独立国杀死了 2.6 万犹太人。乌斯塔沙首恶分子后来辩称,这些犹太人的罪行是犹太人医生在两次世界大战之间在克罗地亚进行了"几十万例堕胎手术""以减少克罗地亚族居民"。

1943 年意大利投降,克罗地亚独立国失去了靠山,既断绝了政治和经济、军事来源,又遭遇越来越强大的克罗地亚人民解放军和游击队的打击。

1944 年夏季,克罗地亚人民解放武装力量获得迅速发展,已拥有 17 个师,分编成 5 个军,约 11 万名战士。这使克罗地亚傀儡政权更加惊慌失措。

克罗地亚独立国统治集团内部矛盾重重。一派主张继续坚持乌斯塔沙的路线,顽固到底;另一派以克罗地亚农民党和马切克为代表,提出改弦更张,成立一个新的政府。资产阶级中的一部分人越来越倾向于重新思考与德国人的关系,试探西方盟国的态度。于是,1944 年 8 月,资产阶级当权者提出建立一个包括奥地利、克罗地亚和匈牙利的多瑙河联邦,如果有可能,还将吸收塞尔维亚、保加利亚、罗马尼亚和捷克斯洛伐克参加。这个联邦将受到英国和梵蒂冈的庇护,跟西方盟国建立联系。

1944 年 10 月,贝尔格莱德解放后,克罗地亚伪政权已摇摇欲坠。1944年底,属克罗地亚独立国管辖的巴拉尼亚、波斯尼亚和黑塞哥维那的绝大部分地区已获得解放。只是由于德国人在克罗地亚建立了坚固的斯雷姆防线,才延后了这个伪政权的垮台。

1945 年 3 月,南斯拉夫民主联邦临时政府成立,帕韦利奇决定倒向西方盟国一边,以苟延残喘。该政权一方面蒙蔽市民和农民,让他们穿上军装向斯洛文尼亚的科鲁什卡突围,在那里和盟国军队会合。他们散布幻想说,南斯拉夫将分成两部分:塞尔维亚将属于俄国的地区,克罗地亚将属于英美的

---

① "二战"中到底有多少塞尔维亚人被乌斯塔沙杀害,塞尔维亚学者与克罗地亚学者的统计数据相差甚远。特别是南斯拉夫联邦解体后,这个问题经常被不同政治家和学者利用。塞尔维亚称,大约有 50 万塞尔维亚人被乌斯塔沙屠杀;克罗地亚则说,只有 10 万人。双方都在指责对方伪造历史,掩盖真相。南斯拉夫国内外学者普遍倾向于这一颇具争议的数字必定超过 30 万男人、女人和儿童。

地区。另一方面,帕韦利奇用专机运送他的大臣弗兰契奇到意大利盟军司令部请求他们派军队占领克罗地亚,在弗兰契奇交给西方盟军的备忘录中称:

> 克罗地亚独立国已经存在 4 年时间,具备一个主权国家的全部特征。它存在的第一年,在事实上和法律上得到三大强国(德国、意大利和日本)以及其他若干国家的承认⋯⋯克罗地亚国家政权希望并请求你们尽早向克罗地亚派遣军事使团,以便能了解实际情况。他们同时请求你们的军队开抵我国地区,从而使克罗地亚人民在自己的国家内受到你们的强大保护。

然而,1945 年春南斯拉夫军队在克罗地亚境内的节节胜利,打破了帕韦利奇的如意算盘。4 月 12 日,斯雷姆防线已被突破。卖国贼此时所发出的绝望哀鸣,已无法拯救他们的命运;相反,盟军当即逮捕了弗兰契奇,并把他交给铁托处置。

帕韦利奇企图同米哈伊洛维奇的切特尼克携手合作也未得逞,顽固派米哈伊洛维奇带着队伍回塞尔维亚"打游击",结果全军覆灭。斯洛文尼亚卖国贼鲁普尼克(1880—1946 年)于 5 月 3 日匆匆宣布成立"斯洛文尼亚人民国",以求在西方的羽翼下生存下来,但这个怪胎仅仅存在了两天。

1945 年 5 月 7 日,在新南斯拉夫军队逼近萨格勒布的情况下,帕韦利奇带领最贴身的随行人员秘密逃命,经马里博尔躲进了奥地利腹地的森林。5 月 8 日,"护国军"和乌斯塔沙部队像一群群无头苍蝇,不战而弃城。萨格勒布获得解放,克罗地亚独立国顷刻土崩瓦解。

乌斯塔沙像切特尼克和其他伪军一样,以为到了边境地区,德国军队会帮助他们逃到国外。但是,这个时候德军自身难保,列尔将军和他的 15 万名官兵也成了俘虏,伪军遭到抛弃,只好任凭死神的摆布,四处流窜。

5 月 15 日,"护国军"和乌斯塔沙部队抵达南奥边界地区,进入绝境。10 多万乌斯塔沙分子纷纷投降。新南斯拉夫军队将难民遣返家园,把乌斯塔沙分子送到战俘营,对"独立国"的主要罪犯进行了审判。克罗地亚独立国彻底灭亡。一部分乌斯塔沙分子流亡国外,继续从事反对新南斯拉夫的恐怖和破坏活动。

1945 年 6 月,那些作恶多端的乌斯塔沙领导人被审判定罪。这场审判不仅涉及克罗地亚独立国和乌斯塔沙的军政头目,而且波及相当多的克罗地亚天主教神父,他们中的一些人犯有强迫皈依罪和战争罪。其中,包括遭到审判的大主教斯特皮纳茨。1946年11月,斯特皮纳茨大主教被判处监禁,随后被减刑为软禁,直到1960年去世。但是,关于对他的评价的争论至今仍是塞尔维亚和克罗地亚学者之间一个时常冒出来的话题。

米哈伊洛维奇的可耻下场

从历史上看,切特尼克是塞尔维亚民族主义武装组织,出现于19世纪末期,是在反对奥斯曼帝国的斗争中形成的。1903年年中,还在马其顿成立了切特尼克行动中央委员会。第一次世界大战期间,切特尼克有4个支队,同塞尔维亚军队一起参加过战斗。两次世界大战之间,切特尼克变成王国里一个反动的民族主义组织。在第二次世界大战期间,切特尼克在米哈伊洛维奇的指挥下,拒绝与反法西斯人民解放运动合作,成为德意法西斯占领者的残酷的帮凶。

在1941年爆发武装起义的最初几个月,切特尼克得到迅速发展。米哈伊洛维奇成功地网罗了将近1万名原南斯拉夫王国的军官和士兵,号称要开始积极的抵抗。而实际上,他却在为最终德国战败而保存实力,他向德国占领当局传递明确的信息说,他的部队不会挑战德军。

接着,米哈伊洛维奇派人与流亡政府取得了联系,报告说他领导的部队正在塞尔维亚和波斯尼亚与德国占领者和克罗地亚独立国的乌斯塔沙战斗,保卫塞尔维亚人的利益。其实,早在1941年底,切特尼克就与意大利建立了联盟关系,并从意大利获得一些粮食和武器。1942年1月,伦敦流亡政府决定任命米哈伊洛维奇为国防部部长,对切特尼克在黑塞哥维那的所谓"支配作用"给予了肯定。

1941年11月,米哈伊洛维奇中断与游击队签署的一项避免正面冲突的临时协议,并与德国代表谈判达成一项暂时的妥协,即切特尼克不向德国人缴械投降,而是化整为零,分散部队,开始把枪口对准游击队。英国人一度也被米哈伊洛维奇的假象蒙蔽,到1942年底都视他为"盟军英雄"。1943年,英国政府才把援助米哈伊洛维奇的军需品转到铁托一边。

1943年意大利退出战争的前夕,已经解除了与切特尼克的联盟关系,一部分切特尼克士兵甚至投奔了游击队。到这年年底,米哈伊洛维奇已经龟缩到塞尔维亚。他的近5万名兵力锐减,不得不与德国占领者缔结各种协议以继续留在原地。

1944年4月,米哈伊洛维奇已经预感到末日即将来临,便完全投靠德国法西斯,以求苟延残喘。他甚至在黑山地区帮助德军打了一场"胜仗",上演了一场颁发勋章的闹剧。远在伦敦的佩塔尔二世国王授予米哈伊洛维奇"卡拉乔尔杰维奇勋章",惶惶不可终日的希特勒则给他送来了德国铁十字勋章。

1944年10月,贝尔格莱德解放前夕,米哈伊洛维奇曾勾结奈迪奇和巴尔干其他国家的反革命势力,企图建立反共战线。但是,随着奈迪奇政权的垮台,这一计划告吹。随后,他又摇身一变,派人到意大利与盟军联系,盼望英美军队从亚得里亚海登陆,这种希望也落空了。而且,从1944年9月起,英国和美国驻切特尼克的军事使团都撤出了米哈伊洛维奇的司令部。

于是,切特尼克再次公开同德国人合作。11月3日,米哈伊洛维奇的代表同"E"集团军群司令部的军官接触,双方达成了如下协议:

> 1. 米哈伊洛维奇的切特尼克运动将派遣一个军官小组到阿尔巴尼亚北部与盟国军队取得联系。在此之前,德军将帮助各地的切特尼克集中到萨拉热窝地区。
>
> 2. 待到盟军司令部探明情况后,如果南斯拉夫落到布尔什维克手里,则切特尼克随德军北撤;如果英国和俄国宣布南斯拉夫独立,则切特尼克先留在萨拉热窝一带,继续同铁托作斗争。

实际上,这一协议由于形势的急剧变化没有实现。1945年1月,一部分切特尼克夹杂在几十万形形色色的人流中向南斯拉夫西北方向逃窜。他们打算在斯洛文尼亚或意大利建立一支反对新南斯拉夫的反革命武装;另一部分以米哈伊洛维奇为首的切特尼克则汇合到了波斯尼亚中部和东部,加上逃难的农民,人数达四五万人。他们仍在"保存力量",指望在德国人的保护下,静观事态的发展。

1945年3月,米哈伊洛维奇认为德国人在波斯尼亚至少还能坚持一年。于是,4月15日,他写信给一些反革命武装组织,并派遣特使去找帕韦利奇和天主教会,建议联合所有的反动势力,共同向新南斯拉夫反扑。也就在米哈伊洛维奇垂死挣扎的时候,波斯尼亚全境获得解放。米哈伊洛维奇趁南斯拉夫军队在斯雷姆战线和斯洛文尼亚歼灭德军之机,带领1.2万名切特尼克从波斯尼亚中部进入塞尔维亚,以发动反对人民政权的游击战。

5月中旬,切特尼克部队到达苏捷斯卡河谷和泽兰戈拉山,同南斯拉夫人民解放军的留守部队发生战斗,被打死和被俘 9 000 多人。原先被强迫拉来给切特尼克带路的农民也反戈一击,并回到了各自的家园。米哈伊洛维奇和几十个死心塌地追随他的切特尼克向维舍格勒方向突围成功,躲进了波斯尼亚东部和塞尔维亚西部交界的森林,在波斯尼亚—桑贾克—黑山之间的深山里过着土匪生活。

5 月 16 日,那些逃往斯洛文尼亚的切特尼克到达南奥边境地区后,精疲力竭,已毫无战斗力。残存的 5 000—6 000 名切特尼克分子全部向新南斯拉夫军队缴械投降,被押送到马里博尔战俘营。而那个从 1941 年一开始就梦想成为全南斯拉夫抵抗运动领袖的米哈伊洛维奇也逃脱不了历史的惩罚。1946 年 3 月,米哈伊洛维奇被人民政权的保安机关擒获。6 月 3 日,南斯拉夫最高法院的军事法庭在贝尔格莱德公开审判米哈伊洛维奇及其同伙的罪行,持续了一个半月。7 月 15 日,法庭宣布判处这个罪大恶极的卖国贼死刑,立即执行。米哈伊洛维奇在被处决前夕发表了一份最后声明,除了哀叹“时局和斗争岁月的无情”外,承认仅在 1945—1946 年期间致使 10 万人死亡。这当然只是这个罪大恶极卖国贼罪行的一小部分。

南斯拉夫对战胜法西斯的贡献

第二次世界大战是人类历史上规模最大、最残酷的一场战争,它给南斯拉夫带来了史无前例的浩劫和破坏。据南斯拉夫关于确定占领者及其走狗战争罪行委员会 1945 年公布的材料,就人力损失而言,南斯拉夫仅次于苏联和波兰,占第三位。南斯拉夫的伤亡人数高达 170.5 万人,占全国人口的 10.8%。[①]在南斯拉夫这 170 万人中,战场上牺牲了 30.5 万名战士,有 42.5 万名战士受了伤,更多的人死于集中营、饥饿和疾病。此外,约有 350 万南斯拉夫人曾被关进俘房营和集中营,坐过监牢或被强迫劳动。

战争还使南斯拉夫的经济蒙受毁灭性打击。德国法西斯焚毁村舍、滥伐森林、掠夺资源,使 50 万幢房屋被烧毁或遭损坏,它们占战前房屋的 1/6 左右,涉及全国 26% 的居民,即近 400 万人无家可归;有 24.2% 的果园和 38% 的葡萄园被烧光,农业丧失了 60% 的牲畜;35% 工业设备、一半以上的铁路

---

① 关于战争中死亡人数也是南斯拉夫抵抗运动中的争论问题之一。也有学者对南斯拉夫官方 170 万人死亡提出异议,认为比较可信的数字是 100 万人实际死亡,即大约 50 万塞尔维亚人、20 万克罗地亚人、9 万波斯尼亚穆斯林、6 万犹太人、5 万黑山人和 3 万斯洛文尼亚人死亡。

和 3/4 以上的机车与车厢被毁,有 22 个矿场被毁坏;大批学校和医院、文化古迹被烧毁或遭破坏。在战争中,南斯拉夫财富遭受的直接损失约为 91 亿美元(按 1946 年的比价计算)。南斯拉夫受到的这种物质损失相当于美国损失的 7.2 倍、希腊的 3.6 倍、英国的 2.4 倍、荷兰的 2 倍。巨大的损失使生产瘫痪,经济崩溃,1945 年仅有 30% 的设备尚有开工的能力。从这些统计数字可以看出,南斯拉夫各族人民为争取自由和民族独立,付出了高昂的代价,作出了重大的牺牲。

同时,南斯拉夫人民主要是依靠自己的力量打出来的,谱写了一曲革命英雄主义的凯歌。铁托总统曾经指出:

> 我们的解放是我们自己的成就。全世界也都知道,我们不是在谈判桌上争得新南斯拉夫的,而是在战场上用我国人民每 10 个人牺牲 1 个的代价争取到的。

南斯拉夫人民为战胜希特勒法西斯的共同事业作出了当之无愧的贡献。这种贡献表现为:

第一,南斯拉夫各族人民的反法西斯斗争取得了令人赞叹的成就,获得反希特勒同盟中平等一员的地位,在战争废墟上建立起了南斯拉夫民主联邦人民共和国。

第二,南斯拉夫人民的流血牺牲和英勇斗争为欧洲被占领国家的人民树立了光辉榜样,特别鼓舞了巴尔干各国人民的反法西斯斗争。

第三,南斯拉夫的人民解放斗争没有照搬任何一国的经验,而是制定符合本国情况的战略策略,从而丰富了马克思主义的思想宝库,走上了具有自己特点的社会发展道路。

长期以来,传统史学认为,南斯拉夫共产党人能够建立和巩固自己政权的重要原因是:铁托在战争和革命中表现出来的个人魅力和组织领导能力;游击队和人民解放部队由多民族组成,具有较高的军事与政治素质。也就是说,有杰出的领导人、民众的大力支持和一支强大的军队。

南斯拉夫人民解放战争的基本特点

在第二次世界大战结束时,反法西斯力量的胜利为欧亚一些国家走上社会主义道路创造了条件。南斯拉夫共产党从当时外部的客观条件和国内的主观条件出发,认为第二次世界大战中出现的革命形势跟十月社会主义革命是不同的。在"四月战争"中,旧南斯拉夫在军事上土崩瓦解,遭到占领和瓜分,它作为一个独立国家已不复存在。尽管国王及其政府逃亡国外,但他们并不能代表正在战斗的南斯拉夫。因此,人民起义的斗争锋芒既要对准法西斯占领者,也要对准那些企图恢复资本主义旧制度和同占领者同流合污的卖国贼。只有这样,才能使人民解放运动具有广泛的群众性和生命力,才是不可战胜的。

因此,南共从武装斗争一开始,就提出民族解放斗争包括三个方面的内容,即民族解放、反法西斯和社会革命。党把争取民族解放的斗争和争取社会解放的斗争有机地结合在一起,使"人民解放战争和社会主义革命作为一个统一的过程互相交错,一起发展"。正因为这样,南斯拉夫学者普遍认为,还"在抗击法西斯侵略者和本国卖国贼的解放斗争中,就进行了社会主义革命,并为新的社会、经济和政治制度打下了基础"。这就是说,"在为期4年的反对德、意、保加利亚、匈牙利占领者和卖国贼的人民解放战争中,南斯拉夫也进行了社会主义革命。……从国家解放之日起。政权的革命更迭即告结束。这是第二次世界大战中在欧洲进行的唯一的一场革命"。

把1941—1945年的人民解放战争转变为社会主义革命,毕其功于一役,这是南斯拉夫人民解放战争的最大特点,也是南斯拉夫对社会主义理论和实践的贡献。正如铁托所指出的:

> 我国的革命是独特的,我国的社会主义道路也是独特的。

概括起来,南斯拉夫人民解放战争具有如下基本特点:

第一,南斯拉夫共产党是人民解放运动的唯一组织者和领导者。南斯拉夫王国沦陷和绝大多数资产阶级政党瓦解后,只有共产党勇敢地挑起了战争和革命的重担,领导人民起义和斗争。它有坚强的以铁托为首的领导核心,广大党员身先士卒,站在斗争的第一线。在起义前夕的1.2万名党员中,有9000人为自由献出了生命。另外,还牺牲了10万名共青团员。党及时地提出了符合南斯拉夫实际的策略口号,始终发挥了组织和领导作用。

第二,人民解放运动的宗旨不仅是要反对占领者和卖国贼,而且要建立一个反映人民意愿的新社会制度。在打碎旧的资产阶级政治组织和国家机器的同时,建立起了工人阶级和劳动人民的政权机关——人民解放委员会。

特别是1943年年底全国解放委员会的成立,已经奠定了未来南斯拉夫的政权基础。尽管那时未直接提出进行社会主义革命的口号,但"人民解放运动的社会结构和政治结构本身,以及这一运动使解放区建立的政府的性质,决定了人民解放战争和民主革命同社会主义革命之间产生直接联系的必然性"。

第三,在战争过程中,争取民族解放的斗争和进行社会主义改造的努力几乎是同时进行的,紧紧融合在一起。还在战时,人民政权机关就颁布法令,没收敌人的财产和资本家的工厂,实行了一系列民主改革。因此战争结束时,82%的工业和银行已掌握在新国家手里,还开始了土地改革。这些措施实际上带有社会主义改造的性质。这样,在战争结束阶段和此后建立人民共和国与主要生产资料国有化之后,社会主义的任务已基本完成。

第四,南斯拉夫是东欧最早宣布为共和国的国家,这也是它走上社会主义道路的一个特点。东欧各人民民主国家和中国,一般都认为本国的革命分为两个阶段,即人民民主革命阶段和社会主义革命阶段。也就是说,往往把战前某一历史时期至大战结束,称为无产阶级领导的人民民主革命(在中国则称为新民主主义革命)。随着战后人民共和国的建立和进行社会主义改造,标志着社会主义革命的开端。得出这个结论和沿用这个公式,无疑是参照了共产国际的指示和苏联的经验。但南斯拉夫的情况则不同,它几乎没有经过这个过渡阶段。还在1945年,多数东欧国家已经解放一年了,还未宣布建立共和国,仍处于联合政府和摄政委员会阶段时,旧南斯拉夫的代表人物已宣布退出刚刚成立半年多的临时政府,停止了同新南斯拉夫政府的任何合作。南斯拉夫共产党已牢牢地控制了全国的政权,并开始了国有化和加强了法制。

第五,建立了一支强大的革命武装力量——人民解放军。他们纪律严明、有科学的组织系统和灵活的战略战术。他们在战争中是战斗的主力,人民利益的代表者。在解放初期又挫败了西方大国的干涉和挑衅,捍卫了革命成果,成为新南斯拉夫的坚强支柱。

第六,缓解了历史上遗留下来的复杂的民族矛盾,为实现南斯拉夫各民族的兄弟团结奠定了基础。在反法西斯人民解放委员会第二次会议上,确立了各民族一律平等,并在此基础上建立多民族的南斯拉夫民主联邦的原则。

第七,人民解放运动执行了正确的对外政策,争取了同盟国的支持和承认。同时,又同流亡政府进行了原则性的斗争,禁止国王回国,消灭了君主专制度复辟的企图,粉碎了乌斯塔沙和切特尼克发动内战的阴谋。

　　由此可见,人民解放战争解决了历史向南斯拉夫社会提出的基本问题。通过这场战争,南斯拉夫成了一个多民族的自治社会主义国家,成了一个在世界上享有崇高威望的国家。我们完全可以说:"南斯拉夫革命是一种特有的现象。南斯拉夫革命证实了一条规律:20 世纪的任何一场社会主义革命都不会以同样的形式出现。"

作者点评

　　历史进入到 1942 年,南斯拉夫在世界人民和中国人民的心目中,已经不仅是一个被占领国,而且是一个反法西斯的战场了。南斯拉夫各族人民反对外国侵略者和国内卖国贼的解放斗争已发展成为真正的人民战争。南斯拉夫人民的斗争已瞩目世界,为欧洲其他被占领国家的人民做出了榜样。

　　1943 年是世界反法西斯同盟胜利的一年,也是南斯拉夫人民解放战争发生转折的一年。世界上对南斯拉夫人民解放军和游击队更加同情和钦佩,因为他们为反法西斯同盟的军事胜利作出了贡献。

　　这年年初,苏联红军在斯大林格勒保卫战中取得了重大胜利,西方盟军在北非战场和太平洋战场已从战略防御转入战略反攻。秋季,法西斯意大利投降,轴心国宣告破产。同盟国在各个战场的节节胜利鼓舞了欧洲各国被奴役人民战胜纳粹德国和争取解放的信心。南斯拉夫人民的解放斗争在这一年进展迅速,取得了重大成就。他们接连粉碎敌人的三次攻势,在著名的奈雷特瓦战役和苏捷斯卡战役中写下了革命英雄主义的篇章。到 1943 年末,人民解放军和游击队已拥有 30 万名装备较好的战士,解放了一半的国土。

　　1943 年年底,南斯拉夫人民解放运动通过各地区的反法西斯人民解放委员会,奠定了南斯拉夫未来联邦共同体的基础。为此,召开了南斯拉夫反法西斯人民解放委员会("阿夫诺伊")第二次会议,这标志着南斯拉夫人民解放斗争过程的总转折和人民政权建设进入实质性新阶段。

　　1944 年年中起,第二次世界大战进入结束阶段,南斯拉夫人民解放运动在全国蓬勃发展。人民解放军为彻底解放全南斯拉夫,开始转入反攻。到 1944 年年中,南斯拉夫人民解放军、游击队及其他作战单位一起,已拥有 39 个师,总共近 35 万名战士。他们完全解放或控制的地区占南斯拉夫领土的 2/3 以上,牵制着近 50 万占领军和 25 万伪军。

　　1944 年,贝尔格莱德和塞尔维亚的解放拉开了彻底解放全国的序幕。

人民解放军同反法西斯同盟各国军队配合向纳粹德国发起的最后攻击即将开始,南斯拉夫的军事政治形势一片大好。正如当时中国作者所说,南斯拉夫"无数可歌可泣、惊心动魄的材料涌向全世界一切人的面前。而当人们更多获得了真实的材料时,就更急于去知道其中的详情了,因为大家知道这些不仅是值得我们去赞叹与歌颂的对象,而且正是这一个世纪的人民斗争的光辉的范例之一"。[1]中国人民对南斯拉夫共产党领导的人民解放斗争非常关心,并且给予崇高的评价。

1945年3月,南斯拉夫临时政府宣告成立,新南斯拉夫最终得到国际承认,建立了人民共和国。第二次世界大战胜利结束,南斯拉夫走上了人民民主发展道路。

正如铁托1975年在战胜法西斯30周年的讲话中所言:"实际上,我们是自己解放了自己的国家的。战争接近结束时,我们得到了比较大量的援助,因为以前不存在获得援助的条件。事情就是这样,这是历史真相。"

第二次世界大战的历史是一部血泪史,可歌可泣,教训深刻。对于第二次世界大战中巴尔干国家的历史,西方国家的历史学科一般很少涉及,偶尔提及也只是讲英国和美国军事使团于战争后期在巴尔干地区活动的作用。其实,南斯拉夫、希腊等国的反法西斯抵抗运动在"二战"史上留下了浓墨重彩的一笔,是"二战"史研究中不应该忽视和淡化的。"二战"这段历史不应该被忘记,法西斯的阴霾至今未散。人们对于严重践踏历史事实和恶意挑战国际法理的行为应该进行无情的揭露和反击。

---

[1] 《人民的反法西斯力量是摧毁不了的!》,《新华日报》1944年11月27日。

第三篇　南斯拉夫联邦时期
（1945—1991 年）

第五章
人民民主时期的南斯拉夫（1945—1953 年）

一、人民民主的政治和经济

建立人民共和国

第二次世界大战后，摆在南斯拉夫面前的是如何解决好在饱经战争浩劫、生产力低下、资本主义尚未得到充分发展的国家里建设新社会这一新的课题。人民民主制度面临的首要任务是：打碎旧的国家机器，建立新的国家政权，形成新的政党制度，制定人民共和国宪法。

"二战"前，南斯拉夫同其他巴尔干国家阿尔巴尼亚、保加利亚和罗马尼亚一样，都保留着西欧已经抛弃的君主专制形式，君主政体和保皇政党有很大势力和社会影响。从"二战"结束阶段的 1944 年起，巴尔干国家相继进入从资产阶级君主政权向人民民主政权的过渡阶段。南斯拉夫则拒绝国王及其流亡政府回国,抛弃君主政体,只与流亡政府的代表人物共同建立了临时联合政府。因为在战火中经受了考验的共产党人根据本国的具体情况,采取武装斗争的方式完成了夺取政权和建立新的政治制度的任务。南斯拉夫没有像俄国那样建立苏维埃政权,而是取消君主制度,建立了人民共和国。

1945 年 8 月 5—7 日,在贝尔格莱德召开南斯拉夫人民阵线第一次代表大会。在代表大会通过的人民阵线纲领中,表达了实行共和制的愿望:

> 人民阵线认为,为了维护我国人民的兄弟团结,南斯拉夫联邦制国家和真正的民主跟君主统治形式是不相容的。人民阵线将为人民自由参加立宪议会选举,投票赞成唯一能反映我国全体人民利益的共和国形式而努力。

铁托当选为人民阵线主席。他在发言中也谈到君主制问题。他说,取消君主制不是关系到君主个人的问题,而是涉及一种制度的问题。在南斯拉夫联邦不可能再复辟君主制,在革命中产生的政府从现在起有权为共和国而斗争。

紧接着,1945 年 8 月 7—26 日,在贝尔格莱德举行了南斯拉夫反法西斯人民解放委员会第三次会议,也是最后一次会议。8 月 10 日,扩大后的反法西斯人民解放委员会改名为临时国民议会,并选举了主席团。临时国民议会通过了一系列法令,其中较重要的有立宪议会选举法、出版结社和集会自由法、土地改革法,等等。

这时,普选活动已进入紧张的准备阶段。昔日的资产阶级政党和保守势力,以及教会和各种反对派力量,在战争中本来已经偃旗息鼓,现在又活跃起来。他们对选举法和候选人名单不满,并进行一系列

临时国民议会(贝尔格莱德,1945 年)

非法活动,反对建立联邦制和共和制国家。有些资产阶级头面人物还以辞去临时政府中的高级职务相威胁,阻挠和拖延立宪议会的选举。临时国民议会的绝大多数代表是由南斯拉夫共产党及其友好民主党派的代表组成,但仍有 119 名南斯拉夫王国的代表参加。

　　8 月 20 日,代表民主党的副总理格罗尔在议会组织反对派发难,他本人首先提出辞职。9 月 10 日,议会反对派鼓动国外侨民政治家向正在伦敦举行的同盟国外长会议递交请愿书,要求盟国出面组织南斯拉夫新政府,筹备即将举行的选举。盟国外长会议没有理睬这个请愿书。于是,10 月 6 日,外交部部长舒巴希奇和另一位部长尤里伊·舒特耶也退出了政府,表示抗议。

　　但是,反对派的阴谋未能得逞。1945 年 11 月 11 日在全国按期进行了普选。年满 18 周岁的公民都踊跃参加了选举。有史以来,南斯拉夫人民第一次当家作主,真正按自己的意愿选举人民代表。在全国 838.3 万名登记的选举人中,有 743.2 万人参加了投票,占选民总数的 88.66%。人民阵线获得了全部选票中的 672.6 万张,约占 90.5%。

1945 年立宪议会选举情况

院	选民 (千人)	投票情况							选出代表
		总　共		赞成人民阵线		不投人民阵线			
		选民	%	选民	%	选民	%		
联邦院	8 383	7 432	88.7	6 725	90.5	707	9.5		……
民族院	8 383	7 413	88.4	6 575	88.7	838	11.3		175

　　这次选举向全世界人民显示了南斯拉夫人民争取新的国家制度,要求建立人民共和国的强烈愿望。

　　11 月 29 日,立宪议会第一次会议正式召开,宣布成立人民共和国,定国名为南斯拉夫联邦人民共和国。①它包括下列联邦单位,即 6 个共和国:塞尔维亚(包括伏伊伏丁那和科索沃—梅托希亚两个自治区)、克罗地亚、斯洛文尼亚、波斯尼亚和黑塞哥维那、马其顿、黑山。1946 年,各共和国举行了议会选举。从此,在南斯拉夫最终废除了君主制,以佩塔尔二世为首的卡拉乔尔

---

①　1945 年 11 月 29 日这一天后来成为南斯拉夫的民族节日——共和国日。但南斯拉夫的国庆日是 1943 年 11 月 29 日,即南斯拉夫反法西斯人民解放委员会第二次会议召开的日子。南斯拉夫联邦解体后这些节日已取消。

约瑟普·布罗兹·铁托总理

杰维奇王朝退出了历史舞台。与此同时,摄政委员会和临时政府也停止了活动。

在第一届政府中,铁托元帅任第一任总理兼国防部部长,卡德尔任副总理和管理委员会主席,原共和民主党领导人雅沙·普罗达诺维奇任副总理,外交部部长是原流亡政府外交家斯塔诺伊·西米奇。

这样,新南斯拉夫在政治上粉碎了国王复辟的阴谋,建立了联邦人民共和国,避免了发生内战的危险,开始在经济上剥夺占领者及其帮凶的财产,采取了早期的国有化措施,使南斯拉夫从一个半殖民地的国家走上了向人民民主发展的道路。

战后重建措施

南斯拉夫在建立人民共和国后,一手抓政权建设,另一手抓经济建设,其注意力开始从政治领域转向恢复和发展经济方面,全面实行恢复遭到战争破坏的经济、进行土地改革和有组织的五年计划。

"二战"后,南斯拉夫是在非常困难的条件下进行建设的,重建国家的任务十分艰巨。针对这一情况,南斯拉夫共产党提出战后头两年社会经济改造的主要任务是:

(1)最广泛地动员人民群众,尽快地完成恢复经济的工作。

(2)剥夺占领者帮凶们的财产,以作为国营经济的基础。

(3)实行土地改革,消灭封建残余和限制农村的资本主义因素,以巩固工农联盟。

(4)国家政权采取一系列措施,限制和排挤资本主义因素。

南斯拉夫还在人民解放战争结束之前就开始实施没收人民公敌和卖国贼财产的法令,扩大了新南斯拉夫经济中的国营成分,成了社会经济改造的最早行动。正如南斯拉夫著名经济学家鲍里斯·基德里奇指出的:"我国社会主义经济的出现,并不是实行正常的国有化的结果,而是没收人民公敌财产的结果。"同时,没收人民公敌和卖国贼的财产,也是"剥夺剥夺者的一种特殊形式,是在卫国战争中最广泛的爱国主义基础上进行的一种剥夺"。这正是南斯拉夫革命和国有化的一个特点。

1945年下半年起,新南斯拉夫就开始改革货币制度,取缔投机倒把等经济犯罪活动,取消了农民欠国家的债务,特别是通过了土地改革和实施农垦法。这样,通过采取没收政策,实行土地改革,以及采取国家管制等办法,国家控制了银行、工业企业和对外贸易,外国资本家的企业也收归了国有。于是,有学者认为,到1946 年年底,整个工业的 55% 已掌握在国家手中。

国家为了确立人民民主经济制度,还必须把私营经济企业收归国有。1946 年通过的有关国民经济的主要法令就有 7 个,主要涉及建立计划经济和对私营经济实行国有化问题。1946 年 12 月 5 日,颁布了关于私人经济企业国有化的法令,其在第 1 条中列举了要实行国有化的 42 个经济部门和工业部门,所有的主要生产资料、银行和其他信贷机构都成了国家所有制。结果,"使 42 个经济部门的所有较大的企业(即联邦和共和国一级的企业)和 70% 的地方工业收归国有,同时给这些厂主以最低限度的补偿费。这项法令使全部银行、批发商业、交通运输工具、90% 的零售商业都成为国家财产"。

土地改革和土地国有化

第二次世界大战刚刚结束 3 个月,南斯拉夫临时国民议会就于 1945 年 8 月 23 日颁布了《土地改革和农垦法》,开始实行土地改革。其第 1 条开宗明义指出:"为了将土地分配给无地或者少地的农民,将在南斯拉夫联邦人民共和国全境进行土地改革,以实现耕者有其田原则。"

根据这项法律,无偿地没收大地主的全部土地、牲畜、生产资料和房屋,以及城市资本家、银行、股份公司和德国人占有的土地;没收教会和寺院超过 10 公顷以上的多余土地;没收商人、手工业者、官吏和其他非农业人口超过 3—5 公顷以上的土地;没收富农超过土地法规定的 20—35 公顷的多余土地。对被没收的多余土地,按其一年的总收入付给补偿金。所有这些被没收的土地一律归国家所有,纳入土地基金,总面积达到近 157 万公顷。国家将其中 51% 的土地分配给约 32 万户无地和少地的农民,49% 的土地用来兴办国营农场和林场、农业合作社以及国营企业、保健机构,等等。

在土地改革的同时,政府还宣布取消农民的债务,并进行农垦,作为解决农业和农民问题的一种方式。这时约有 6.6 万户军属和烈属从贫瘠的地区迁到了富饶的伏伊伏丁那和斯拉沃尼亚平原地区。他们每户平均分到近 2 公顷土地,还分得了耕畜、农具和房屋等。

南斯拉夫是一个小农国家,第二次世界大战前农民有一定数量的土地,他们是小块土地的所有者。南斯拉夫王国在 1919 年曾实行过土地改革,宣布废除一切形式的封建关系,剥夺了大土地所有者的土地,分给农民。但在资本主义制度下,土地改革不可能彻底执行,虽然有大约 60 万农民家庭获得了土地,但他们因偿还不了土地赎金而不得不借用高利贷,结果债务缠身,甚至重新出卖了土地。

鉴于这种情况,南斯拉夫共产党考虑到广大农民的要求和本国的历史特点进行了土地改革,没有像苏联那样实行土地全盘国有化。如果照搬外国的经验,把土地全部收归国有,"这就可能触及农民对土地占有的根深蒂固的社会传统,其结果便会造成工人同农民之间产生社会纠纷"。这是南斯拉夫实行土地改革继而进行农业社会主义改造的一个特点。

通过土地改革建立了农业的公有制成分,土地改革的完成为个体农民走上合作化道路创造了条件。1946 年 2 月 25 日,南斯拉夫通过了农民劳动合作社统一示范章程;接着,又颁布了建立农业合作社的有关条例。

为了较好地组织生产和合理使用现有耕地,南斯拉夫于 1951 年专门通过了《国营农场、国营机构和农民劳动合作社土地合并条例》。根据这一条例的规定,把个体农民在社会所有制农业组织中间的私有土地与社会所有制农业组织外围的土地进行了调换,有利于实行土地合并。

1953 年 5 月 27 日,南斯拉夫通过了《全民所有制农业用地基金和分土地给农业组织法》,缩小了个体农户占有土地的最高限额。根据这一法律,将农民超过 10—15 公顷耕地限额的土地有偿地收归全民所有,这次收回了 6.6 万多户农民的约 27.5 万多公顷耕地,并分别交给农场或合作社耕种。这次土地变更,在南斯拉夫有"小土地改革"之称。此后,南斯拉夫将国家所有制改为社会所有制,国营农场也改为社会所有制农场,合作社的土地一部分是国家拨给的,一部分是个体农民的私有土地。

南斯拉夫在实行土地改革和恢复经济措施后的另一重大举措是模仿苏联,推行五年计划这种发展经济的模式。

计划经济艰难起步

1946 年下半年起,南共中央和南斯拉夫联邦政府以苏联的五年计划为蓝本,着手制订五年计划草案。1947 年 4 月 28 日,南斯拉夫联邦人民共和国国民议会通过了 1947—1951 年发展国民经济五年计划。第一个五年计划的基本任务是:(1)消灭经济上和技术上的落后现象;(2)加强国家的经济实力及国防力量;(3)巩固和进一步发展国民经济中的社会主义成分和新的生产关系;(4)提高全体劳动人民的社会福利。

铁托宣读第一个五年计划纲要(1947 年 4 月)

另外,第一个五年计划还特别强调加速不发达共和国的经济发展,使它们迅速摆脱经济上和文化上的落后状态,使波斯尼亚和黑塞哥维那、马其顿、黑山等共和国的工业产值的增长明显超过全国的平均速度。

为了实现第一个五年计划的基本任务,南斯拉夫也像苏联和其他东欧国家一样,把加速工业化和电气化,特别是发展重工业,放在计划的首位。在五

游行群众承诺 1946 年的小麦产量翻番

年计划的法令中强调,必须确保工业迅速发展和建立新的工业部门,同时要对现有的企业进行合理化改造。计划还规定要建设强大的能源基地,兴建一系列大规模的水电站和热电站,以实现国家电气化。

第一个五年计划对农业发展给予了充分的关注。预计到本五年计划完成时,农业总产量将比战前增加20%。细粮作物平均每公顷的产量将比战前增加15%,玉米产量将增加20%,经济作物产量将增加8%—30%,畜牧业生产到1951年要达到或超过战前水平。

1947年开始实施第一个五年计划规定的近200个建设项目,无论在工业比较发达的共和国还是工业最落后的地区,都兴建了一批对国民经济颇有影响的骨干企业,如重型机床厂、机器制造厂、电机设备厂、钢铁厂、电缆厂、煤矿、水电站和热电站等。

应当指出,南斯拉夫的第一个五年计划是在特别困难的国内外条件下实施的。它作为东欧各国第一个实行五年计划的国家,由于缺乏经验,曾经按照苏联的模式建立了中央集权式的经济管理体制。在优先发展重工业的前提下,出现了工农业之间和工业内部结构的比例严重失调。整个工业生产,特别是重工业、机器制造业、能源等部门的生产增长得很快,而农业、日用消费品生产的增长速度却十分缓慢。实施"一五"计划的第二年,因苏联与南斯拉夫关系恶化,苏联和其他东欧国家对南斯拉夫实行经济封锁和施加政治压力,迫使南斯拉夫大力加强国防建设,扩大军费开支,从1950年起,每年的军费高达6亿多美元,占国内生产总值的23%,结果使得许多建设项目延缓实施,或者暂时停止。1950年和1952年的大旱造成农业歉收,致使工业的农业原料严重不足。加上五年计划的指标偏高和农业合作化速度过快等因素,"一五"计划未能按期完成,被迫延长了一年。

"一五"计划期间,南斯拉夫的文化教育有了迅速发

青年义务劳动队庆祝项目竣工(萨格勒布)

展,但仍不能满足社会的需要。1953年,南斯拉夫全国有1 699万人,10岁以上居民的文盲率仍占25.4%。

南共第五次代表大会

1948年7月21—28日,南斯拉夫共产党在贝尔格莱德举行了第五次代表大会。这是1928年在德累斯顿召开第四次代表大会以来的第一次重要会议。来自全国各地的2 000多名代表出席了大会,其中有工人代表979名、农民代表525名、知识分子代表499名、职员代表154名、学生代表139名、军人代表102名和其他代表48名。90%以上的代表参加过人民解放战争,他们的平均党龄为7年零3个月,代表全国的46.8万名正式党员和5.16万名预备党员。

在会上,南共领导人就南共的组织工作、宣传鼓动工作、社会主义经济建设和南共纲领、章程草案等作了报告。大会的主要精神反映在铁托的政治报告中。他分析了南共从1919年成立到这次代表大会召开所走过的道路,特别讲到南共在组织领导人民解放战争和"二战"后社会主义

南共"五大"代表对大会决议进行表决(1947年7月)

建设中的作用。通过这些分析,欧洲共产党和工人党情报局(简称"共产党情报局")决议中所列举的攻击南共的所谓事实不攻自破,成为诬陷。

铁托还在报告的最后部分着重谈到了南共和共产党情报局的关系问题。他从南共"二战"后所执行的对内对外政策,它的国际主义精神和南共对马克思列宁主义的科学态度等方面一一驳斥了共产党情报局的攻击和谎言。他在大会闭幕时说:"同志们,我要提醒大家,我们正处在严重的形势下和严峻的时期。我们党面临艰巨的考验。只要我们保持党内的坚定团结和一致,只要我们不丧失信心,我们的胜利就有了保证。"

7月28日,除5名代表持反对立场外,其他与会代表一致同意和通过了铁托的政治报告和《关于南共和情报局关系的决议》。这个决议不长,但是立场坚定,旗帜鲜明。实际上是"五点声明":第一,大会再一次坚决拒绝共产党

情报局的决议;第二,共产党情报局的决议是"不公正的、不准确的和不正确的";第三,南共忠于国际无产阶级和反帝民主阵线的团结一致;第四,南共将尽力改善同联共(布)的关系。决议的第五点是这样结束的:"南共第五次代表大会认为,南共并没有被开除出共产党情报局,因为它没有参加共产党情报局的最后一次会议。"①南共中央政治局并不是对这场冲突的性质抱有幻想,而是希望通过这一声明来避免共产党情报局发动更大规模的进攻。这反映了南共当时的斗争策略。所以,会议是在"铁托!斯大林!"的欢呼声中闭幕的。

出席南共"五大"的代表们在发言和讨论中,表示坚决支持南共中央维护革命成果和民族独立的斗争。会议是在政治上团结和"铁托,我们跟你团结在一起"的气氛中进行的。代表们投票选举了以铁托为总书记的党中央,它包括63名中央委员和42名候补中央委员。

"五大"的召开对南共的发展,对它进一步动员群众建设社会主义有着重大的意义。大会对南共的历史发展作出了正确的评价,通过了在社会主义条件下党的新纲领和章程,提出了党在今后一个时期的任务。它的胜利召开标志着南斯拉夫开始了一个新的发展阶段。因此,《南斯拉夫共产主义者联盟简史》认为,"五大"不愧是南斯拉夫工人运动和社会主义南斯拉夫发展中最重要的事件之一。

勇于创新的工人自治制度

20世纪40年代末,南斯拉夫正处于从人民民主向社会主义过渡的时期。当时的南斯拉夫联邦国家曾遇到两个头痛的问题:一是国内有沉重的政治经济和民族历史旧账,面临发展经济和提高人民生活水平的艰巨任务;二是国外有西方资本主义大国的封锁和共产党情报局的围攻,需要努力探索有别于苏联和其他东欧国家的发展道路。这一严酷的现实使南斯拉夫加速了选择自己道路的决心和实验。

苏联和东欧国家对南斯拉夫的围攻打击无疑是一件坏事,但是,这也为南斯拉夫共产党人重新思考和调整自己的对内对外政策提供了机会。为了保持和巩固政权,铁托等领导人不得不在经济上向西方靠拢,在意识形态上远离苏联。1950年正是这种转变的节点。

---

① ［南斯拉夫］《南斯拉夫共产党第五次代表大会速记记录》(*Peti kongres Komunističke partije Jugoslavije* (*stenografske beleške*)),贝尔格莱德,共产党人出版社1948年版,第844—846页。

我们说,如果一个党能在逆境中经得起考验,坚持真理,并大胆改革,以摸索建设符合本国情况的社会主义,那它就会变坏事为好事,从被动变为主动,为丰富和发展科学社会主义作出自己的贡献。

南斯拉夫共产党人正是从这个时候起,开始走独特的社会主义道路。勇于革新的南斯拉夫共产党人对苏联社会主义模式的利弊和南斯拉夫如何建设社会主义的问题进行了深入讨论,就社会主义所有制的性质、社会经济关系问题,工人阶级夺取政权后国家的消亡问题,国家在管理经济中的作用和社会主义计划经济等问题,提出了自己的看法,并踏上了一条冒险探索、实现制度革新的令人惊异的历程,创立了社会主义自治制度。

他们认为,在马克思主义学说中,就有关于工人自治思想的论述。马克思和恩格斯在《共产党宣言》中明确指出:"代替那存在着阶级和阶级对立的资产阶级旧社会的,将是这样一个联合体,在那里,每个人的自由发展是一切人的自由发展的条件。"其中的核心思想是要吸收全体劳动者来管理推翻资产阶级统治后的新国家。当时南斯拉夫共产党人认为,工人不光只是简单从事生产劳动,同时还应该直接参加管理生产资料,并支配劳动成果以及管理一切社会事务。他们认为,实行工人自治便可以为实现这一任务创造条件。

据称,要求工人自我管理的第一个法律是米洛万·吉拉斯、爱德华·卡德尔和鲍里斯·基德里奇3人在一辆小轿车里想出来的。他们在聊天谈话中一致赞成把国有企业的支配权从运转不灵的中央计划机构转移到自治的但仍然由共产党控制的工人委员会。因为马克思早年就提出过创建"生产者自由联合",但这是对斯大林主义的彻底分离。

关于成立工人委员会的第一个正式文件是1949年年底通过的。这年12月23日,南斯拉夫联邦政府经济委员会和工会联合会中央理事会联合签署了《关于在国营经济企业建立工人委员会及其活动的指示》。在这个指示中,强调了工人在管理经济和进行经济监督中的作用,工人委员会要积极参与

斯普利特水泥厂第一个工人委员会成员(1949年12月)

解决"企业的所有重大问题"。同年 12 月 31 日,在斯普利特水泥厂成立了全南斯拉夫第一个工人委员会,由 13 名工人组成。紧接着,在全国 215 个大企业里出现了第一批工人委员会,对工人自治进行试点。

到 1950 年年中,南斯拉夫各地有 529 个企业选举出了工人委员会。它们拥有 15 328 名成员,其中工人 9 856 人、职员 4 106 人、工程师 432 人和技术员 934 人。这些企业占全国工业企业总数的 12%。

第一个关于工人自治的法律是 1950 年年中颁布的。6 月 27 日,南斯拉夫联邦议会公布了《关于劳动集体管理国营经济企业和高级经济联合组织的基本法》,即通常所说的《工人自治法》或《基本法》。该法对工人自治概念做了如下规定:"工厂、矿山、交通、运输、商业、农业、林业、公用事业和其他国营经济企业,成为全民的财产,将由劳动集体代表社会,在国家经济计划的范围内,按照法律和其他法规确定的权利和义务进行管理。"把工厂交给工人管理后,就开始了工人自治。

在南斯拉夫,工人对企业的自治管理是通过企业的工人委员会来进行的。工人委员会由工人以普遍、平等、直接、无记名投票方式选举产生。管理委员会由工人委员会选出。这些委员会的委员实行任期制,并可以罢免。委员均不脱产,不付报酬。企业的经理是管理委员会的当然委员。

铁托宣布在工人企业实行工人自治(1950 年 6 月)

铁托在议会通过该法时强调:"今天,我们在自己的国家里建设社会主义,我们不用抄袭任何刻板公式,而是要考虑到我国的特殊条件,遵照马克思主义科学和思想来走自己的道路。"《工人自治法》的诞生,标志着南斯拉夫社会主义自治制度的开始。南斯拉夫社会主义自治制度的核心内容是:通过工人委员会实现非官僚主义化;管理、政治和文化非集中化以及社会生活各领域的民主化。[①] "三化"的基本思想是实现广大人民群众尽可能地参加经济和社会领域的管理。

南斯拉夫党和国家的第二号领导人卡德

---

① ［德］马里-日宁·恰里奇:《20 世纪南斯拉夫史》(译自德文 Мари-Жанин Чалич *Истор ијајугославије у 20 веку*),贝尔格莱德,"Слио"出版社 2010 年版,第 238 页。

尔在讲到工人委员会的意义时说:"工人委员会已经成为特别有力的社会主义政治因素,在这种因素中,工人阶级的自发社会主义倾向和他们自觉的社会主义行动完全协调一致起来……正是工人委员会给了生产及整个经济以新的推动力,使在现有物质条件下最大限度地加速生产力的发展成为可能。"

其后,南斯拉夫的几部宪法,都明确规定了工人自治的原则和工人的自治权利。工人自治对南斯拉夫战后社会经济和政治生活的一切领域产生了重大的积极影响,促进了社会关系的变革和发展,开创了南斯拉夫独特的建设社会主义的道路。

二、 南斯拉夫处于东西方夹缝之中

"一边倒"与苏联结盟

20 世纪 40 年代中期到 50 年代初,东欧各人民民主国家都把同苏联友好列为对外政策的"中心",相继同苏联缔结友好同盟互助条约,致力于在政治、军事、经济上建立"牢不可破的关系"。"忠于盟国"是各国外交政策的"支柱",各国执政党把确认苏联共产党这个中心作为"检验国际主义的试金石",对外"一边倒"是东欧各国外交的主旋律。

在"二战"的后期和战后初期,南斯拉夫一直把苏联看作世界和平的支柱和自己的榜样,并在对外政策问题上与苏联和东欧人民民主国家协调一致,这种立场是举世皆知的。战后头两年,南斯拉夫与苏联和东欧人民民主国家建立了友好合作关系。南斯拉夫党和国家领导人同东欧人民民主国家的领导人进行了互访,并签订了一系列的政治、经济和文化协定。南斯拉夫在早期的重建国家和经济改造中,在召开党的代表大会和制订五年计划方面,也都借鉴了苏联的经验,听取了斯大林的意见。这条"苏化"的道路直到南斯拉夫与苏联冲突公开后才被迫停止。

当冷战开始后,南斯拉夫打算接受"马歇尔计划"。但在铁托的国际威望提高的时候,斯大林把南斯拉夫共产党寻找自己道路的努力看成一种背叛,而不是创新和贡献。1948 年和 1949 年共产党情报局先后通过指责南斯拉夫共产党的决议,把南斯拉夫开除出共产党情报局和人民民主阵营,并号召人民起来推翻以铁托为首的南共领导。

从此,苏联对南斯拉夫在政治上施加压力,经济上实行封锁。这杀一儆百的举措的结果是,凡不按苏联模式,坚持走民族道路的东欧共产党领导人均被扣上"反苏""右倾民族主义""铁托分子"等罪名加以清洗,从而完全阻塞了东欧各国建立社会主义制度多样性的探索途径。

成立人民民主国家联邦方案流产

在"二战"后巴尔干人民民主国家的早期对外关系中,建立保加利亚与南斯拉夫联邦问题是保加利亚与南斯拉夫两国外交政策中一个非常重要的问题。短短几年中,保加利亚和南斯拉夫两国之间的国家和政党关系经历了从好到坏的复杂过程。

从目前公布的档案材料来看,谈判建立保加利亚和南斯拉夫联邦的问题始于1944年秋季。这年9月25—27日,季米特洛夫和铁托在莫斯科举行了两次会谈,双方就"新保加利亚和新南斯拉夫之间相互关系基本问题达成了共识","制定的路线是建立'保南联盟',它将成为从亚得里亚海到黑海的南部斯拉夫人的联邦"。①

当时斯大林认为,为了稳定"二战"后的欧洲局势,需要加强斯拉夫世界的团结,建立斯拉夫各民族的平等联邦。首先,使保南两国结成政治、军事、文化和关税联盟。随着时间的推移,将联盟变成南部斯拉夫联邦。

接着,保加利亚和南斯拉夫两国政府为组建联邦做准备。保加利亚与南斯拉夫两国和两国共产党频繁交换文件和派团互访,共商联合大事。从1944年11月—1945年1月,共拟订了8个建立保加利亚与南斯拉夫联邦的条约草案,其中保加利亚3个、南斯拉夫3个、苏联1个和保加利亚与南斯拉夫共同方案1个。出台这么多条约草案,既反映了双方建立联邦的迫切心情,也反映出两国在一系列问题上存在分歧,需要进行磋商和向苏联领导人咨询。

1944年12月21日,保加利亚与南斯拉夫两国共产党人经过反复讨论和交换意见后,商定在彻底打败德国法西斯后,保加利亚与南斯拉夫联邦条约将包括:建立防御联盟,两国不参加签署一方反对另一方的协议;就共同安全问题相互磋商;签订关税同盟和贸易、铁路运输协定;改变和取消签证制度;在各个领域互相帮助,全面合作,兄弟友好;保加利亚同意皮林马其顿地

---

① [保加利亚]伊尔乔·季米特洛夫:《季米特洛夫日记选编》,马细谱等译,广西师范大学出版社2002年版,第310页。本小节中的部分引文大多引自《季米特洛夫日记选编》。

区同马其顿合并,但在实现保加利亚与南斯拉夫联邦时,南斯拉夫应将"一战"后划给塞尔维亚的土地归还保加利亚;等等。

可以说,保南两国对于尽快结成联邦没有分歧。但是,在如何组建联邦的原则上一开始就存在不同观点。南斯拉夫主张成立一个由7个联邦单位组成的联邦国家,即一元联邦("6+1"),它们是:保加利亚、塞尔维亚、克罗地亚、斯洛文尼亚、马其顿、黑山、波斯尼亚和黑塞哥维那,设立一个共同议会、一个联邦政府、一个统一的关税区、一个统一的军队司令部,等等;保加利亚则坚持成立一个南部斯拉夫人的联邦,即二元联邦("1+1"),也就是以保加利亚与南斯拉夫两国各代表一方为基础,而不是7个单位的联邦关系。

由于两国的立场相差悬殊,谈判有被搁置的危险。斯大林决定召见两国代表团,亲自过问此事。1945年1月28日,斯大林在接见保加利亚与南斯拉夫两国代表团时指出:"保加利亚和南斯拉夫联盟在欧洲历史上具有转折性质,具有重大的历史意义。由此便奠定了建立斯拉夫各国人民联邦的基础。这些人民需要互相帮助,互相保护。"同年4月8日,季米特洛夫和铁托在莫斯科再次会晤,进一步讨论了未来两国签订联邦条约的问题。

1946年6月5日,季米特洛夫与铁托率领各自代表团在莫斯科再次举行会谈,继续讨论两国关系问题。6月7日,保加利亚与南斯拉夫两国代表团在克里姆林宫受到斯大林接见。保加利亚与南斯拉夫双方达成如下协议:两国联邦条约等到战后对保加利亚和约签订后再签署,双方同意塞尔维亚与保加利亚接壤的边界地区与皮林马其顿地区同时交换。

季米特洛夫于1947年7月26日率团前往南斯拉夫访问,受到铁托等领导人的热烈欢迎和热情招待。7月30日在铁托的行宫布列德岛发表了两国未来关系的《布列德协议》。南斯拉夫宣布,放弃巴黎和会上规定的保加利亚应向南斯拉夫承担的战争赔款要求,同时南斯拉夫也不要求皮林马其顿地区直接并入马其顿共和国。双方还确定了友好合作和互助条约的文本。

根据《布列德协议》,双方将立即着手下列工作:(1)缔结长期友好互助合作条约;(2)发展经济合作,确定各自货币的比价,成立关税同盟,协调两国的经济计划;(3)签订专门协定,建立有关双方边界地区共有财产的新规定,取消两国居民出入境签证和解决有关的国籍问题;(4)扩大两国铁路和公路之间的联系;(5)对边界事件和联合国安理会调查委员会的工作,以及涉及两国利益的一切重大国际问题(特别是多瑙河管理问题),进行密切的磋商和协调一致的工作;(6)促进两国人民之间的文化合作;(7)发表一项专门公告,说明南斯拉夫政府代表南斯拉夫各族人民放弃《凡尔赛和平条约》中对保加利亚所规定的2500万美元赔款这一兄弟情谊的举动。应该说,《布列德协议》为实施近一个世纪以来南部斯拉夫人建立联邦的思想迈出了实质性的一步,反映了南部斯拉夫人长期以来联合的愿望。

1947年11月25日,铁托率团访问保加利亚。两天后,在黑海边的小镇埃夫克西诺格勒德,南斯拉夫与保加利亚两国代表团正式缔结联邦条约,双方"对所有问题看法完全一致"。两国领导人都为最终取得的成果感到满意和高兴。他们做了一件前人一直努力想做而未能做到的事。他们开始构想未来联邦的蓝图。

铁托与季米特洛夫在索非亚会谈(1947年11月)

1948年1月14日,季米特洛夫怀着喜悦的心情出访罗马尼亚。也许是出于想进一步实现南部斯拉夫人梦寐以求的大联合,也许是被保加利亚与南斯拉夫谈判的成功所刺激,1月17日,季米特洛夫在一次记者招待会上竟讲了一些关于将保加利亚与南斯拉夫联邦扩大成巴尔干联邦或多瑙河联邦的设想。但是,他的讲话和观点立即激起了斯大林的强烈不满。1月24日,斯大林急电季米特洛夫,指出他在记者招待会上的发言是"轻率的"和"有害的"。电报称:

> 您在罗马尼亚记者招待会上讲到建立人民民主国家联邦或者邦联,其中包括希腊、波兰、捷克斯洛伐克和其他国家。在莫斯科的朋友们认为这是有害的,因为它对新民主主义国家有害,而有助于英美同这些国家作斗争……很难理解是什么迫使您在记者招待会上作出如此匆忙和轻率的讲话。

斯大林突如其来的批评像一声惊雷,使季米特洛夫无所适从。他当即电复斯大林,称"电报奉悉,感谢您的批评,定将做出必要的结论"。1月30日,他又正式急电斯大林,表示以后一定"吸取教训,三思而行",决不"重犯错误"。

其实,斯大林的这种指责未免文过饰非。据南斯拉夫学者的研究,"二战"后斯大林也是主张人民民主国家"大联合"的。他的设想是首先由波兰和捷克斯洛伐克结成联邦,然后罗马尼亚和匈牙利实现联邦,最后是南斯拉夫和保加利亚组成联邦。第一步将东欧建设社会主义的 6 国结成联邦;第二步,这些联邦都纳入苏联。至于阿尔巴尼亚,斯大林要南斯拉夫"吞掉"阿尔巴尼亚,然后阿尔巴尼亚自然也加入了巴尔干联邦。

斯大林之所以反对这种全巴尔干或泛巴尔干联邦,是因为人民民主国家推行类似的独立外交政策,既会脱离苏联的控制和与其分庭抗礼,又会引起欧美大国的干预和打乱苏联的外交部署。更令斯大林不能容忍的是,这些卫星国在采取如此重大的步骤时不同他事先商量。

1948 年 2 月 10 日,斯大林决定邀请保加利亚与南斯拉夫两国代表团立即访问莫斯科,举行苏联、保加利亚、南斯拉夫三方最高级秘密会谈。斯大林临时召集这次会晤,表面上是为了研究《布列德协议》,而实际上是为了重新讨论和评价苏联与保加利亚、南斯拉夫的分歧问题。这时,斯大林既担心保加利亚与南斯拉夫两国消除历史积怨建立联邦,也担心出现更强大的"人民民主国家"联邦,这将对苏联向它们发号施令形成威胁。斯大林还认为,南斯拉夫想在巴尔干地区扮演"领导角色",对铁托等领导人的疑心越来越重。同时,南斯拉夫方面也出现动摇,怕斯大林将其传统盟友保加利亚作为"特洛伊木马"加入南斯拉夫与保加利亚二元联邦。

莫斯科秘密会晤没有就建立保加利亚与南斯拉夫联邦达成一致,因为斯大林的态度模棱两可。从此,苏联、保加利亚、南斯拉夫三方再也无法坐在一起协商了!面对斯大林态度的转变,保加利亚与南斯拉夫两国领导人已预感到组建联邦要放慢速度,它也不能扩大到其他国家。而且,其"出生证"牢牢掌握在斯大林手里。

1948 年 3 月 15 日,季米特洛夫率领保加利亚代表团访苏,同苏联签订了《保加利亚、苏联友好、合作和互助条约》。他在莫斯科一直停留到 3 月 24 日,但双方只字未提及保加利亚与南斯拉夫联邦问题。相反,苏方却给了季米特洛夫一份材料,是南共中央会议上的一些发言。苏共认为,这是一些"托洛茨基式的和反苏的"言论。同时,苏联领导人还向季米特洛夫介绍了苏共中央致铁托和南共中央信函的内容。

回到索非亚后,季米特洛夫对保加利亚与南斯拉夫联邦已打上问号。保共中央书记处强烈谴责南斯拉夫共产党人的"反苏立场"。5 月 10 日,保共中央致信苏共中央,表示站在苏共一边,同意召开欧洲共产党和工人党情报局会议,批判铁托和南共的"错误",公开加入反对南斯拉夫行动的行列。

这就可以认为,保加利亚与南斯拉夫联邦的半途而废,是因为发生了两件意外的事情:首先,斯大林站出来表示反对正在酝酿中的保南联邦,认为建立联邦的计划有可能使巴尔干国家和东欧人民民主国家独立于苏联,并为此严厉批评了季米特洛夫的"轻举妄动";接着,1948年共产党情报局抛出了一个关于南共的"决议",对南斯拉夫发起围攻,苏南关系开始恶化。保加利亚正是在苏联的压力下指责说,建立联邦的阻力"来自南共"。保南两国的政治关系也开始恶化,一切协定都被废除,成立联邦的谈判自然告吹。

显然,建立保加利亚与南斯拉夫联邦的尝试胎死腹中,这与斯大林突然改变态度有直接关系。这样,保加利亚与南斯拉夫联邦也就无法摆脱流产的厄运。巴尔干历史学家认为,1944—1948年组建保南联邦和巴尔干人民民主国家联邦失败的原因是多方面的。至少有三个至关重要的因素:第一,南斯拉夫和保加利亚领导人就联邦共同体的形式和马其顿问题存在分歧;第二,苏联的西方盟友反对建立强大的巴尔干共产党国家;第三,斯大林与铁托之间爆发了冲突。其结果是,巴尔干半岛处于冷战之中,南斯拉夫遭到孤立和封锁,希腊和土耳其与西方一体化,而保加利亚和阿尔巴尼亚仍留在东方集团里。

苏联与南斯拉夫之间爆发震惊世界的冲突

"二战"后初期,南斯拉夫既要顶住来自西方大国的种种威胁和压力,同时又要面对来自东方盟友的孤立和冲突。其中,最突出的事件是南斯拉夫与苏联冲突。

从"冷战"期间披露的南共中央和联共(布)中央来往的信件和冷战后解密的档案来看,苏联与南斯拉夫冲突具有历史的必然性。它既有南共与联共(布)之间的历史积怨,又有战后初期两国交往过程中出现的矛盾和困难。战后初期,南斯拉夫与苏联在相互交往过程中,产生了国家利益方面的矛盾和冲突。南共中央前宣传部负责人德迪耶尔在《苏联与南斯拉夫冲突经历》一书中谈到当时的两国关系时,指出冲突的核心是:经济关系、争夺南斯拉夫原料和对南斯拉夫经济的全面垄断。

在贸易问题上,南共认为苏联不是真心帮助它实现工业化,而是想控制它的国民经济的重要部门。在苏联军事专家和经济专家的待遇问题上,南斯拉夫要求苏联降低苏联专家的报酬或减少专家人数,苏联则报怨南斯拉夫对苏联专家不够信任。在南共党内和南斯拉夫国内问题上,联共(布)在大范围内对南共进行指责,包括:指责南共忽视马克思主义理论,忽视苏联在社会主义阵营中的决定性力量,过高估计南斯拉夫在发展社会主义道路上所取得的成就,过低估计农村的阶级斗争和富农的危险,对共产党在国家体制中的地位和作用采取了机会主义和取消主义的态度,等等。

斯大林把他和莫洛托夫在 1948 年 3 月 27 日就苏联与南斯拉夫关系若干问题所写的信函转发给了东欧其他 7 国共产党。这封信说:

> 我们知道,南斯拉夫领导同志中间流传着反苏言论,例如说"联共(布)在蜕化变质""在苏联,大国沙文主义盛行""苏联想从经济上把南斯拉夫占为己有""共产党情报局是联共(布)制服其他党的工具",等等。这些反苏言论通常还用"左"的词句加以掩饰,说什么"社会主义在苏联已不再是革命的了""只有南斯拉夫是革命的社会主义真正的体现者"。
>
> 在南共的生活中感觉不到党内民主。党的中央委员会大部分不是选举产生,而是遴选的。党内不展开批评和自我批评,或者几乎不展开。富有特征的是,党负责干部问题的书记是国家安全部部长,换言之,党的干部被置于国家安全部部长的监视之下。
>
> 在南斯拉夫共产党内感觉不到阶级斗争政策的精神。农村以及城市里的资本主义成分正在全力增长,而党的领导没有采取措施来限制资本主义成分。

接着,南共中央收到了匈牙利、捷克斯洛伐克、罗马尼亚和保加利亚等国共产党领导机构的信,它们在这些信中表示赞同联共(布)中央的立场及其 3 月 27 日的信。

4 月 13 日,铁托和卡德尔代表南共中央,联名签署了答复苏共中央的公开信。该信说:"我们研究过苏维埃制度并把它作为范例,但是,我们正在我们的国家以略微不同的形式发展社会主义""我们打算用最好的形式来实现社会主义"。该信还指出,南斯拉夫领导人"一直不惜困苦和牺牲,不断在南斯拉夫人民群众中传播关于苏联的真理,培植对这个社会主义国家的爱戴",建议苏联派代表团访问南斯拉夫,解除"对南共的诬告",以期两党、两国达到真诚的和解。

5 月 4 日,联共(布)又写给南共中央一封由斯大林和莫洛托夫签名的长信,全面描述苏联与南斯拉夫分歧并严厉指责南共。南共认为,"就这封信书写的方式而论,是一份字斟句酌的起诉书"。该信最后说:

　　铁托同志和卡德尔同志在来信中建议派一名联共(布)中央代表到南斯拉夫弄清苏联与南斯拉夫分歧问题。我们认为这一途径是不正确的,因为要谈论的不是核实个别事实的问题,而是原则性的问题。众所周知,苏联与南斯拉夫分歧问题已转达给九国共产党中央,他们有自己的情报局。不让其他党参与这件事是错误的。因此,我们建议在即将召开的共产党情报局会议上研究这个问题。

　　东欧的匈牙利、波兰、捷克斯洛伐克、罗马尼亚、保加利亚等国共产党或工人党,西欧的意大利和法国共产党,在4月中旬或5月初先后通过决议,同意苏联对南共的指责。

　　5月18日,联共(布)中央政治局写信通知铁托:“联共(布)中央建议6月上半月,大约6月8日至10日,召开九国共产党和工人党情报局会议,以讨论南斯拉夫共产党的现状问题。”5月19日,联共(布)代表麦谢托夫在贝尔格莱德把这封信面交给了铁托。铁托对麦谢托夫说:“不,我不去。我们是被告,邀请我们上被告席,而我们不知道这是为了什么。”

　　5月20日,南共中央再次开会,决定不接受共产党情报局会议邀请。当日,铁托在致苏斯洛夫的信中,将这一决定告诉了苏方。南共中央在一项声明中说:

　　南共中央委员会一向乐意参加情报局的工作。但是,鉴于送给我们的情报局议事日程,其内容是解决联共(布)中央和南共中央之间的分歧问题,南共中央不接受这个议程,因此不能派代表出席这次会议。

　　两天以后,莫斯科又送来一封长信,说是南共拒绝派代表参加情报局会议是“转向民族主义立场”。

　　6月28日,共产党情报局的会议在布加勒斯特附近当年的王宫里,在地下的一座并不大的、密不透风的会议厅里举行。会议在南共缺席的情况下,通过了《关于南斯拉夫共产党情况的决议》。这个决议由日丹诺夫起草,并经过斯大林的审阅和修改。决议指责南共与参加情报局的各国共产党处于对立地位。在讨论这个决议时,日丹诺夫说:“我们有材料表明,铁托是帝国主义的间谍!”

　　6月29日,铁托主持的南共中央全体会议通过了关于对南斯拉夫攻击的答复。文件长达 8 页,逐点批驳了情报局的指责,指出这种指责是以不确切的、没有根据的断言为依据的,是试图在国内外诋毁南共的威信,在国内和国际工人运动中、在群众中引起混乱,是试图削弱南共的团结和它的领导作用。当天晚上,南共《战斗报》刊登了南共的这一答复,同时还刊登了共产党情报局的决议全文。其后,铁托在一次讲话中说:"我们应该以实际行动来证明是非,而不是用空话来粉碎强加在我们身上的不实之词和诽谤。"

1952 年 11 月 1—7 日,南共在萨格勒布举行了第六次代表大会。铁托在大会的第二天作了政治报告。他说:

> 苏联早在战前、战争期间,特别是自（1943 年）德黑兰会议以来,就不仅放弃了保卫小国主权的政策,而且放弃了尊重小国主权、尊重小国人民意愿的政策。苏联为什么要这么干? 它这么干是因为它出卖了社会主义原则,走上了老沙皇俄国的道路、大俄罗斯国家利益的道路、实现这些利益的帝国主义方法的道路,并竭力用国际无产阶级的革命利益来掩饰这一点。

> 苏联奉行这样的非社会主义的对外政策的原因何在? 原因在于苏联的现实,在于这个国家的整个内部结构——经济的、政治的、文化的。苏联在内部发展中早就背离了社会主义的发展而走上了迄今闻所未闻的官僚制度的国家资本主义道路。官僚主义在苏联成了目标本身。它愈来愈变成凌驾于社会之上的剥削者势力,这股势力不仅阻碍革命和革命思想的任何进一步发展,而且逐步消灭十月革命的成果,愈来愈具有反革命的性质。

这场冲突险些导致战争。起初,莫斯科指望南共内部的"健康力量"能把铁托搞下台,当这种努力落空后,莫斯科决定从南斯拉夫周边全线向其施加军事和政治压力,使冲突公开化、军事化。

1956 年以后陆续披露的材料显示,苏联当时打算从匈牙利、罗马尼亚和保加利亚三个方面进攻南斯拉夫。苏军和东欧人民民主国家的军队共同采取行动。预计行动分为三个阶段进行:第一阶段在南斯拉夫境内制造大规模动乱,特别要在反政府力量最强大的城市和企业作乱;第二阶段建立临时国家机构,人选是南斯拉夫不同政见者以及南斯拉夫边境地区的国内反对派代表;第三阶段,由临时国家机构以"起义者"的名义要求邻国共产党政府(如罗马尼亚和匈牙利政府)帮忙。待"起义政府"得到东欧盟国承认后,宣布推翻铁托政权,建立亲苏政府。

苏联唆使与南斯拉夫交界的匈牙利、罗马尼亚、保加利亚和阿尔巴尼亚不断制造边界冲突,1950年的边界冲突达937起,而到1952年增加到2 390起。这一切针对南斯拉夫的敌对行动的根本目的是要推翻以铁托为首的南斯拉夫革命政权。

然而,当西方确定苏联的意图后,美国、英国和西欧国家开始公开支持南斯拉夫,向其提供财政和军事援助。1949年秋季,尽管苏联竭力反对,联合国还是讨论了南斯拉夫问题,从而使南斯拉夫在国际上获得了支持。苏联迫于形势不得不放弃使用武力推翻铁托的计划。

在意识到不可能进攻南斯拉夫以后,斯大林和他的亲信策划了多次刺杀铁托的行动,但也以失败告终。苏联过高地估计了南斯拉夫境内的亲苏力量和反铁托的势力,在还来不及调整计划的时候,世界形势发生了变化:朝鲜战争打响了;南斯拉夫与美国和西方国家频繁接触,得到了可靠的军事、经济援助和政治支持;它还与希腊和土耳其签订了《巴尔干公约》。1953年斯大林作古,一场针对南斯拉夫的战争引而未发,一切反对南斯拉夫的计划变成了一纸空文,铁托和南斯拉夫死里逃生。

在这个时期,南斯拉夫共产党和政府采取了一系列措施,克服面临的困难,以维护国家的主权和独立。南斯拉夫加强了全民防务,做好了重新开展游击战争的准备;压缩了建设项目,降低了五年计划的指标;镇压了国内的共产党情报局分子;开始寻求西方的贷款和援助;等等。

西方国家干涉南斯拉夫的企图失败

"二战"后,南斯拉夫在巴黎和会上和其他的国际活动中,都把实现世界和平、捍卫南斯拉夫的民族利益和加强各国之间的文化、政治和经济关系,作为自己对外政策的基础。这样,到1946年上半年,它同23个国家建立了外交关系。南斯拉夫与西方国家关系的基本原则就是铁托在1945年5月19日的讲话中所表述的:"南斯拉夫准备跟西方盟国政府合作。但是,与此同时,南斯拉夫不允许歧视它和拿它的权利作交易。"

然而,这时南斯拉夫与西方国家的关系是紧张的,其原因不在南斯拉夫,而在于西方大国的扩张主义野心及其政策。它们反对南斯拉夫,一方面由于它没收了外国资本家的财产而触动了西方国家资产阶级的利益;另一方面它们害怕南斯拉夫同苏联和东欧人民民主国家建立密切的同盟关系。

首先,西方大国利用南斯拉夫和意大利边界,即所谓"的里雅斯特问题",制造危机,寻找干涉的借口。1945 年 5 月 2 日,南斯拉夫人民解放军突破德军的防线,解放的里雅斯特后,他们和盟军的新西兰部队共同占领该市。但 6 月中旬,在西方盟军的压力下,新南斯拉夫的军队被迫撤出该市。

根据 1947 年 2 月 10 日的对意和约,南斯拉夫收复了第一次世界大战后被意大利占去的部分南斯拉夫领土,如里耶卡、扎达尔、拉斯托夫等地。但的里雅斯特城、卡纳尔河谷、戈里察、特尔日奇和靠近索查河下游的地区仍归意大利所有,近 20 万南斯拉夫居民生活在上述地区。

在大国的裁决下,的里雅斯特及其周围有争议的地区,暂时划为自由区,成为联合国安理会监督的中立区和非军事区。这个面积为 700 多平方千米的自由区分为 A、B 两区。A 区包括的里雅斯特城及其以西的一个狭长地带,由英美军队共管;而 A 区以南的地区为 B 区,由南斯拉夫军队控制。B 区的绝大多数居民是南斯拉夫人。例如,1950 年 4 月 16 日在该区举行的选举结果表明,南斯拉夫人民阵线获得了 89% 的选票,而意大利天主教社会党仅得到 11% 的选票。

1948 年 8 月 20 日,英、美、法三国不顾南斯拉夫的反对,单方面发表了三国宣言,支持意大利对 A、B 两区的主权要求。对此,南斯拉夫政府发表声明,提出了抗议,并建议就的里雅斯特问题举行南斯拉夫与意大利之间的谈判。

西方大国还拒绝南斯拉夫 1945 年提出的修改南斯拉夫与奥地利边界和战争赔款的建议。从民族的和历史的原因出发,南斯拉夫要求将奥地利境内斯洛文尼亚少数民族居住地区并入南斯拉夫。因为在奥地利的科鲁什卡、格拉迪什奇和什塔耶尔斯卡地区生活着近 20 万斯洛文尼亚人和克罗地亚人;而且,这些地区是第一次世界大战结束后通过不合理的公民投票划归奥地利的。1949 年上半年,西方大国为了维护奥地利的利益,坚持奥地利的边界保持 1938 年 1 月 1 日德国合并奥地利之前的状况,反对奥地利支付战争赔款,因为它不是希特勒的盟国。6 月 22 日,南斯拉夫就此向美、苏、英、法四国政府提出了抗议。

这时,南斯拉夫与希腊边界的局势也被西方大国加以炒作和利用。在第二次世界大战中,希腊人民为反对德意法西斯的共同事业作出了当之无愧的贡献。但在战争结束阶段的 1944 年,英国开始武装干涉希腊,并挑起了 1946—1949 年的希腊内战。南斯拉夫曾给予希腊游击队大量的食品、武器和医药援助,一些希腊人逃入南斯拉夫境内。英国就借口南斯拉夫支持了希腊游击队而向南斯拉夫施加压力,不断制造边界事件。

与此同时,西方盟国也没有放弃经济封锁这一惯用的伎俩。它们既不向遭到严重破坏的南斯拉夫经济提供援助,又在贸易上采取歧视政策;同时,美国还扣留了1941年存入美国的南斯拉夫国民银行的黄金储备,美国飞机多次侵犯南斯拉夫领空;等等。

在"二战"后反对南斯拉夫的大合唱中,还有一个小小的罗马教廷梵蒂冈。在第二次世界大战中,罗马教廷既同流亡伦敦的南斯拉夫王国政府保持外交关系,又向"克罗地亚独立国"派驻使节。当1946年南斯拉夫宣布政教分离,并审判站在占领当局一边的克罗地亚的斯特皮纳茨大主教时,梵蒂冈策划了反南斯拉夫运动,这导致1952年12月南斯拉夫同梵蒂冈断绝外交关系。

这时,南斯拉夫确实处在一个非常困难的时刻,它既要顶住来自西方大国的种种压力和威胁,又要面对来自东方盟友的挑衅和攻击。

参加巴尔干联盟公约

从1953—1955年,南斯拉夫、希腊和土耳其三国签订了4个条约,成立了一个地区组织,史称"巴尔干联盟"或"巴尔干公约"。该联盟的宗旨是在联合国宪章的基础上积极开展巴尔干地区合作,以维护地区的和平发展,实现自由、独立和一体化。

20世纪50年代初,在冷战全面展开的形势下,对南斯拉夫的军事威胁已经不是来自苏联,而是来自意大利。意大利是1949年4月建立的《北大西洋公约》(北约)军事政治同盟的12个创始国之一。它依靠美国军事上和经济上的支持,要求占据的里雅斯特整个自由区。南斯拉夫没有能力在军事上遏制意大利的领土欲望,只好通过外交努力,寻求本地区希腊和土耳其的帮助。希腊、土耳其两国已是北约的成员国。如果南斯拉夫能同这两个巴尔干邻国签订防御条约,将会提高它的政治和军事威望。美国为了削弱苏联在巴尔干地区的影响,向希腊、土耳其两国提供了大量的财政和军事援助,并竭力拉拢南斯拉夫。

1953年2月28日,南斯拉夫、希腊、土耳其三国在土耳其的安卡拉签订了《安卡拉条约》,规定三国在和平年代和战争时期建立政治与军事合作。条约成员国的总参谋部将定期会晤,每年举行外交部长磋商。三国承诺不参加针对其中任何一国的同盟,不签订与该条约相矛盾的协议,以和平的方式解决彼此之间的争端。《安卡拉条约》有效期为5年。条约还对三国的经济、技术和文化合作给予高度重视。

在冷战和集团利益占主导地位的年代,南斯拉夫、希腊、土耳其三国取得谅解,缔结了一个主张地区广泛合作的条约,这对当时的巴尔干地区和欧洲都具有重要意义。所以,铁托在评价这一条约时说:"这一纯属地区性条约的缔结是旨在维护独立和确保国内能有和平的发展以及巩固欧洲这一地区的和平……它纯属防御性质。因此,它不威胁任何人,而是一个小的集体安全的工具。"

1954 年 8 月 9 日,南斯拉夫、希腊、土耳其三国又在南斯拉夫的布列德缔结为期 20 年的政治合作和互相援助条约。其中有一条规定,"对缔约国任何一方的侵略被视为对所有缔约国侵略"。三国从政治合作走向军事合作。

1955 年 3 月 2 日,三国再次在安卡拉签订了成立协商议会条约。议会下设委员会和全体会议。每个国家派出 20 名议员,议会的决议以简单多数通过。

这三个社会制度不同的国家结成同盟,开展广泛的合作,为社会主义同资本主义、为东方与西方和平共处作出了尝试,树立了榜样。然而,《巴尔干公约》从成立到巩固的这 3 年,希腊和土耳其这两个北约成员国围绕塞浦路斯独立问题发生争论;同时,共产党情报局国家对南斯拉夫的军事威胁已减弱,苏南关系得到改善;朝鲜战争结束;法国在印度支那战争中失利,致使国际环境和巴尔干地区的局势出现缓和迹象。

1955 年初,苏东 8 个社会主义国家正在筹划组建华沙条约,即友好合作互助条约。苏联想阻止南斯拉夫与西方接近,哪怕是使它成为东西方之间的"缓冲区"也是外交上的成功。从 1951 年起,美国和西欧北约国家则利用南斯拉夫与苏联冲突的机会,向南斯拉夫提供援助,以加强北约的南翼,利用联邦德国、巴尔干、南朝鲜和日本等地对苏联形成军事包围圈,并试图使南斯拉夫脱离社会主义道路。

南斯拉夫清楚地知道,它加入有希腊、土耳其参加的巴尔干公约,已经进入东西方的缓冲地带,也间接地进入了北约势力范围,它生存在东西方的夹缝之中。这时,铁托意识到,如果再继续发展《巴尔干公约》,南斯拉夫有可能偏离社会主义道路。于是,南斯拉夫开始探索不结盟的外交政策。近年来的解密档案显示,在 1953 年 4 月《巴尔干公约》刚成立不久,莫洛托夫就质问南斯拉夫"为什么要参加《巴尔干公约》",并拿的里雅斯特问题向南斯拉夫施压,以朝鲜问题和德国问题换取美国在《巴尔干公约》问题上让步。苏联上述外交活动的目的只有一个:让南斯拉夫退出《巴尔干公约》,恢复巴尔干原先划分的势力范围。在苏联看来,《巴尔干公约》是在英美的唆使下签订的,是北约的一个分支,其矛头指向苏联和其他社会主义国家。

这样,随着南斯拉夫与苏联关系正常化和筹建不结盟运动,巴尔干公约就失去了继续存在的意义。它形式上从来没有宣布解散,却无声无息地停止了活动。到1961年时,因南斯拉夫已成为不结盟运动的倡导者,所以它不可能再留在《巴尔干公约》里面。南斯拉夫学者后来在解释这一现象时认为,在东方看来,南斯拉夫已从旁门进入北约的军事政治体系;而西方则看到,南斯拉夫作为一个社会主义国家在一定程度上已突破北约的南部防线,它的行为有可能削弱北约的凝聚力。对于东方苏联东欧国家对南斯拉夫的担心是可以理解的,但是,美欧外交家们绝对没有想到,半个世纪前北约第一个争取的对象南斯拉夫,后来却成了这个组织东扩和南下的最大障碍。1999年以美国为首的北约居然对南斯拉夫发动了疯狂的战争。在北约入侵南斯拉夫联盟的时候,一位南斯拉夫国际问题专家不无讥讽地说,如果不是美欧政治家们目光短浅,南斯拉夫早在1951年便最早进入了今日的欧洲联盟,而在1953年便加入了北约。这对欧美地缘战略家们是莫大的历史讽刺。

接受美国等西方国家援助

南斯拉夫为被迫断绝与苏联和东欧国家的关系付出了沉重的代价,导致20世纪50年代初其进出口贸易为零。

南斯拉夫与经互会成员国进出口　　　　　　（单位:%）①

年份	1948	1949	1950	1951	1952	1953	1954	1955	1956
出口	51.6	14.0	0	0	0	0	2.3	8.7	20
进口	48.4	14.3	0	0	0	0	11.6	8.9	21

南斯拉夫在苏联与南斯拉夫冲突中遭到苏联和东欧人民民主国家的经济封锁,经济形势极为困难。1949年成立的经互会也把南斯拉夫拒于门外,欲在经济上迫使南斯拉夫就范。

同以苏联为首的共产党情报局的决裂,使南斯拉夫变成东欧一个独特的国家,从而也使南斯拉夫成为社会主义国家中与西方关系最好的国家。这正是"东方不亮西方亮"。

---

① [保加利亚]科伊乔·佩特罗夫:《戈尔巴乔夫现象——改革年代:苏联东欧与中国》,社会科学文献出版社2001年版,第234页。

西欧和美国决定利用苏联与南斯拉夫矛盾,给予南斯拉夫援助,帮助一个"共产党国家"来对付苏联。作为试探,美国于 1948 年 7 月宣布解冻南斯拉夫储存在美国银行的黄金;1949 年初,美国单方面提出放宽对南斯拉夫的出口审批程序。当时其他社会主义国家在这两个问题上都享受不到这种待遇。同年 9 月,美国制定了对南斯拉夫的专门政策,它的进出口银行决定向南斯拉夫提供 2 000 万美元贷款。到 1950 年春,这种银行贷款总额已达到 4 000 万美元。这些贷款数额不多,也没有对外声张,看起来是普通交易,但却是真正的"政治贷款"。这年年底,美国杜鲁门总统给国会写信,要求以立法形式向南斯拉夫提供紧急援助,认为无论从军事战略上还是未来对南斯拉夫政策上讲都是有益的。

整个 1951 年,南斯拉夫因中断了同苏联和东欧人民民主国家的经贸联系以及严重的自然灾害,不仅经济困难,而且面临苏联的军事威胁,它不得不寻求美国的经济援助和军事合作。这年 1 月,南斯拉夫派遣弗拉基米尔·韦莱比特将军访美,希望美国向南斯拉夫提供武器和军事装备,使南斯拉夫建立一支 45 万—60 万人的军队,防御苏联的进攻。3 月,美国答应赠送南斯拉夫一批过时的武器装备,总共价值为 1 600 万美元。5 月,南斯拉夫人民军总参谋长科查·波波维奇访问华盛顿,南斯拉夫与美国两国正式签订军事协定,南斯拉夫从美国获得"薛尔曼"式坦克和"塞伊伯尔"型战斗机。紧接着,英国、法国等西欧国家也同南斯拉夫签署了类似的军事协定。这时,西方国家把南斯拉夫是"共产主义国家"放在一旁,试图利用南斯拉夫达到自己的政治目的。

据南斯拉夫学者的统计,从 1951—1955 年,南斯拉夫从美、英、法等国得到的直接财政援助达到 6 亿美元和干旱救济款 1.5 亿美元,西方的军事援助高达 35 亿美元。许多专家认为,当时遭到战争严重破坏的德国只从美国得到了 13 亿美元的援助款。这说明 1948 年后的南斯拉夫对西方国家来说是多么重要。

1948 年后,西方国家给予南斯拉夫各种名目的贷款和援助确实数额巨大。根据各种不同的统计,到 1960 年总额超过了 20 亿美元。仅 1950 年,美国就向南斯拉夫提供了 6 420 万美元的援助。同一年,南斯拉夫还从美、英、法三国获得 49 290 万美元的援助款。在 1950—1955 年,南斯拉夫从美国得到的经济和军事援助达 12 亿美元;而在 1955—1960 年,南斯拉夫从美国又获得了总共 6.2 亿多美元的援助。或者说,从 1946—1962 年,南斯拉夫从美国共获得了 17 亿美元的经济援助,其中 65% 是赠款。整个 50 年代为 12 亿美元,即每年平均为 1.2 亿美元。

在经济援助中,尽管西方国家追求强烈的政治目的,但这些援助在很大程度上帮助解决了南斯拉夫的饥荒,增加了南斯拉夫对西方的外贸出口,减少了财政赤字,促进了经济发展。所以,整个50年代南斯拉夫建立了自己的重工业,10年内工业生产增加了两倍,GDP年均增长率达到9.2%。这是巴尔干国家中最高的速度,这也是其他东欧国家十分羡慕的事。南斯拉夫无疑是东欧改革开放最早的国家。

此外,从1955—1964年,南斯拉夫以优惠价格购买了670万吨美国小麦。1965年3月17日,美国同意卖给南斯拉夫70万吨小麦,约5 300万美元,分12年付款。为此,一份美国报纸写道:

> 可以期待,最近南斯拉夫将再次购买100多万吨美国小麦。这样,南斯拉夫将成为购买美国小麦的最大美元付款买主。在今年的经济年度南斯拉夫决定购买120万吨美国小麦,价值8 000万美元,在3—17年内付款。只有日本才能支付美元购买如此之多的美国小麦。

在外贸方面,西方国家也打破禁令,纷纷从南斯拉夫进口农产品和工业品。例如,1948年南斯拉夫从东欧人民民主国家进口的商品占其外贸进口的45%,当时美国只占4%。到了1962年,经互会国家约占南斯拉夫进口额的21%,而美国和加拿大两国却占到19%。

20世纪60年代初,南斯拉夫与苏联关系有了较大的改善。南斯拉夫开始购买苏联武器,美国国会怀疑南斯拉夫用美国贷款添置苏式军事装备,决定停止援助南斯拉夫,并提高了进口南斯拉夫商品的关税。这时南斯拉夫与美国关系比50年代稍有降温,而南斯拉夫与苏东集团的关系却在升温。

同苏联和其他东欧国家关系正常化

1950年以后,苏联和东欧国家对南斯拉夫的压力仍在增长。于是,1951年11月10日,南斯拉夫向联合国提交了《关于苏联、波兰、捷克斯洛伐克、匈牙利、罗马尼亚、保加利亚、阿尔巴尼亚等国政府对南斯拉夫进行侵略活动的白皮书》,控诉这些国家违反国际惯例和准则,对南斯拉夫采取敌对行动。

1953年3月斯大林的去世使苏联与南斯拉夫之间弥合裂痕有了条件。在苏联对内对外政策发生变化的情况下,赫鲁晓夫采取了大胆的改善同南斯拉夫关系的措施。同年6月,苏联建议同南斯拉夫互换大使,以实现关系正常化。这时，其他东欧国家也纷纷仿效苏联的做法。匈牙利和保加利亚分别于 8 月和 9 月同南斯拉夫恢复了外交关系。

与此同时，南斯拉夫政府建议同社会主义邻国举行边界问题谈判，要求停止边界冲突和恢复经济关系。接着，南斯拉夫同罗马尼亚签订了多瑙河航运协定，同保加利亚、捷克斯洛伐克、匈牙利和苏联等缔结了专门贸易协定和其他协定。到 1954 年底，苏联和东欧国家反对南斯拉夫的宣传已经停止，在这些国家的南斯拉夫流亡组织也中止了公开的活动。这些国家的领导人在各种会议上向党员和人民群众解释同南斯拉夫关系正常化的必要性。但是，由于长期片面宣传的结果，南斯拉夫在人们的脑海中仍是一个被扭曲了的形象。

南斯拉夫与苏联关系的真正转折发生在 1955 年。这年的 5 月 26 日—6 月 2 日，赫鲁晓夫率领苏联政府高级代表团访问了南斯拉夫，同以铁托为首的南斯拉夫政府代表团举行了会谈。赫鲁晓夫在贝尔格莱德机场宣布，苏联与南斯拉夫两国关系史上的"乌云密布的时代已经过去了"。他希望双方冰释前嫌，排除实现两国关系正常化和增进两国人民之间友好关系的"一切障碍"。他相信苏联与南斯拉夫"两国人民之间的政治、经济和文化合作将得到发展和加强"。

赫鲁晓夫和布尔加宁访南斯拉夫（贝尔格莱德，1955 年）

在会谈过程中,南斯拉夫与苏联双方就两国关心的国际问题交换了意见,并且全面研究了两国政治、经济和文化关系方面的问题。据 6 月 6 日公布的《贝尔格莱德宣言》称:"会谈在友好和互相谅解的气氛中进行。"

《贝尔格莱德宣言》标志着南斯拉夫与苏联关系进入了一个新阶段。赫鲁晓夫承认 1948 年以来谴责南斯拉夫是错误的,承认南斯拉夫是社会主义国家。两国领导人一致同意和解,保证尊重主权和互不干涉别国内政的原则,宣言特别承认每个国家都有权按照自己的方式建设社会主义,其他国家不得加以干涉和施加压力。

该宣言最重要的内容有:

(1) 双方将采取一切必要措施创造正常的谈判局面,在此基础上调整并保证两国关系的正常发展,以便在两国政府共同关心的一切领域中扩大两国的合作。

(2) 尊重主权、独立和领土完整,尊重两国相互关系中以及与其他国家关系中的平等地位。

(3) 遵守相互尊重和不以任何理由(无论是经济、政治还是意识形态性质的)干涉他国内政,因为内部制度问题、不同的社会制度问题以及社会主义发展的不同形式问题完全是各国人民自己的事情。

(4) 谴责任何侵略和任何在政治上及经济上支配他国的企图。

《贝尔格莱德宣言》最重要的精神是平等和尊重各自建设社会主义的道路和国际关系中不同地位的原则。南斯拉夫一贯捍卫其自己决定本国的社会、经济发展道路的权利。它的这一立场得到了苏联等国的承认。实现南斯拉夫与苏联国家关系正常化,这是两国共同努力的结果,也是对和平和社会主义的一个贡献,是南斯拉夫坚持自治社会主义道路的胜利。

苏联代表团从南斯拉夫回国途中取道保加利亚和罗马尼亚,同这两个国家的领导人(后又同捷克斯洛伐克和匈牙利的领导人)进行了会晤,通报了访问南斯拉夫的结果。

在这种情况下,1956 年 4 月,共产党情报局被宣布解散。决议指出,在共产主义运动出现新的情况这种形势下,共产党情报局的工作内容已不适应这种条件了。这个组织的解散,再一次说明在"二战"后的环境下建立一个国际共产主义运动的指挥中心来控制各国的工人阶级政党,是不可能的,也是有害的。

1956 年 6 月 1—23 日,即贝尔格莱德会晤一年之后,铁托率领南斯拉夫党政代表团对苏联进行了国事访问。这是 1946 年过去 10 年后铁托第一次访问莫斯科。访问结束时，于 6 月 20 日签订了关于南共联盟和苏联共产党关系的声明，即著名的《莫斯科宣言》。

　　由于南斯拉夫与苏联双方的共同努力，南斯拉夫与苏联两国两党的关系取得了突破性的进展。《莫斯科宣言》后，南斯拉夫同其他社会主义国家的关系也实现了正常化，恢复了多方面的合作。

作者点评

　　第二次世界大战后，所有巴尔干国家的政治、社会经济和精神领域都发生了深刻的变化。各国都在努力医治战争创伤，克服落后经济，变农业国为西欧式工业国。但各国经历的道路是不一样的。

　　"二战"后，人民有了自决的权利，开始选择自己的社会制度和管理模式。同样，战争中的胜利者也获得了推广和加强自己模式的机会。西方国家是这样，苏联也是这样。南斯拉夫和其他东欧国家一样选择了亲苏联的人民民主道路。

　　人民民主制度登上历史舞台可以理解为是苏联与它的西欧伙伴妥协的结果。它既不是苏联的无产阶级专政的苏维埃政权，也不是西欧的资产阶级专政的民主制度，它是从资本主义向社会主义过渡阶段的一种政权形式。人民民主制度也是东欧人民的选择和创新。

　　一是人民民主的政治。南斯拉夫是东欧最早宣布为人民共和国的国家，这也是它走上社会主义道路的一个特点。南斯拉夫还在 1945 年，多数东欧国家已经解放一年了，还未宣布建立共和国，仍处于联合政府和摄政委员会阶段时，旧南斯拉夫的代表人物已宣布退出刚刚成立半年多的临时政府，停止了同新南斯拉夫政府的任何合作，南斯拉夫共产党已牢牢地控制了全国的政权，并开始了国有化和加强了法制。

　　二是人民民主的经济。战后早期南斯拉夫多种所有制经济并存，随后私人所有制经济形式受到限制，倡导国家所有制和合作社集体所有制。开始工业企业、厂矿、商业、银行国有化；土地改革，实行"耕者有其田"原则；开始恢复和发展国民经济五年计划。

　　三是人民民主的外交。南斯拉夫开始也是实行"一边倒"与苏联和人民民主国家之间缔结和平友好合作条约。本应该是患难与共、团结一致、互相帮助、一致对外的大好时期，然而由于苏联急于控制东欧国家，强烈渴望推广苏联建设社会主义的经验和模式，从而使苏联与"兄弟国家"南斯拉夫发生了震惊世界的欧洲共产党和工人党情报局事件及严重冲突,走到了战争的边缘。这对随后的苏联与南斯拉夫关系带来了消极影响。

这个时期,人民民主国家实行以共产党为主导的一党政治制度,在公有制为主的基础上多种经济成分并存,开创了一个较为生动活泼的政治局面。但随着"冷战"开始和1948年的苏联与南斯拉夫冲突,这些国家被迫接受了苏联社会主义模式。其后,开始强化阶级斗争,实行计划经济,加快了向社会主义过渡的速度。这对东欧人民民主国家造成一定的伤害。

南斯拉夫共产党人被迫重新学习马克思主义,探索自己的社会发展道路。他们勇于创新,确立了工人自治的原则和工人的自治权利。工人自治对南斯拉夫战后社会经济和政治生活各领域产生了重大的积极影响,促进了社会关系的变革和发展,开创了南斯拉夫独特的建设社会主义的道路。

第六章

南斯拉夫联邦的政治经济体制

一、社会政治生活

社会政治生活的基本特征

第二次世界大战结束阶段,南斯拉夫政治生活的第一个特点是,战火中消失或者与占领当局合作的政党又恢复活动,政治生活十分活跃。1945年8月25日,南斯拉夫民主联邦共和国颁布了结社法,为旧政党恢复活动和成立新政党提供了法律基础。法律允许各共和国和自治区以及全联邦境内都可以成立政党和公民团体,但必须得到国家机关的批准。

根据这个法律,一批旧政党开始恢复活动,它们有:南斯拉夫共和民主党、人民激进党、民主党、南斯拉夫社会党、南斯拉夫社会民主党、人民农民党、统一农业工人党、独立民主党、克罗地亚共和农民党等。其中有两个党还参加了人民阵线组织。

接着,南斯拉夫民主联邦国民议会主席团于1946年6月2日又对结社法进行了补充修订。1965年3月联邦政府再次公布了新的公民结社法。新的法律事实上已经不允许成立新的政党,只能建立各种公民团体和协会。

其时,南斯拉夫政治生活的第二个特点是,南斯拉夫共产党是社会政治生活中的一支主导力量。南斯拉夫共产党在南斯拉夫王国时期就是一个左翼政党,但遭到打击迫害,处于地下活动。第二次世界大战爆发后各资产阶级政党要么自动消失了,要么与占领当局合作,反对人民解放战争。所以,"二战"后,这些资产阶级政党尽管可以公开活动,但它们在社会政治生活中已经丧失了威信和影响。于是,南斯拉夫的多党制开始向以共产党为核心的一党制转变。

南斯拉夫强调,实行社会主义民主就是要使社会政治组织具有更加积极的、职能化的作用;要把社会的某些职能由国家转移到自治组织,要通过吸引最广泛的社会阶层参加社会事务的管理;要由民主机构和组织从外部对国家实行民主监督。这是发扬社会主义民主的重要途径。

社会政治组织发挥积极作用

"二战"后头几年,社会政治组织开始大量涌现。根据南斯拉夫宪法,社会政治组织是一般政治组织或团体的统称,它们有:人民解放阵线、人民解放委员会、人民解放战争战士协会联合会、公民联合组织、宗教共同体、南斯拉夫工会联合会、南斯拉夫反法西斯妇女阵线、南斯拉夫自治者代表大会、南斯拉夫共产主义者联盟、南斯拉夫社会主义青年联盟、南斯拉夫劳动人民社会主义联盟、南斯拉夫大学生联合会,等等。据不完全统计,在南斯拉夫联邦的社会政治组织和公民团体有 300 多个。

这些组织在建设和发展社会主义自治制度中发挥着积极作用。他们同其他公民组织,如文化、科学、体育、经济等协会和联合会一起,在共同纲领的基础上联合在南斯拉夫劳动人民社会主义联盟之中。南斯拉夫联邦共和国政府正是通过这些政治组织与人民群众保持联系,并得到他们的信任和支持。社会政治组织是南斯拉夫社会政治制度的重要组成部分,它们都选派自己的代表或代表团参加联邦议会社会政治院,在各级权力机关中发挥各自的作用。

在诸多的社会政治组织中,人民阵线(后改名为南斯拉夫劳动人民社会主义联盟)规模最大,是除南共联盟之外最重要的社会政治力量。

人民阵线是于 1945 年在南斯拉夫共产党的倡议和领导下成立的,其前身是 1941 年建立的广泛的反法西斯人民解放阵线。人民解放阵线成为发动武装起义和团结、动员人民群众投入反法西斯解放斗争的一支重要政治力量。1944 年,人民解放阵线开始建立自己的机关,并与政权机关分开,开展社会活动。1945 年 8 月,人民解放阵线第一次代表大会通过了阵线的章程和纲领,接受南共的政治和行动纲领,并决定改名为南斯拉夫人民阵线。"二战"结束初期,人民阵线在巩固人民政权、组织选举、肃清旧政党残余、恢复国民经济的过程中起了难以替代的作用。这样,通过建立人民阵线这种方式就使刚刚兴起的多党政治制度受阻。人民阵线拥有700万—800万成员,在南共联盟的领导下开展工作,从基层到中央有自己的领导机构。

这个全民政治组织为适应社会政治出现的新变化,在1953年2月举行的第四次代表大会上改名为南斯拉夫劳动人民社会主义联盟(简称"南社盟")。

1960年南社盟第五次代表大会通过的社盟章程规定:南社盟是劳动人民群众性的政治组织。每个有选举权的南斯拉夫公民,凡接受社盟宗旨和章程的都可以成为社盟员,群众性团体和组织也可以集体加入社盟。

南社盟是南斯拉夫最广泛的、有组织的社会力量的统一战线。它包括南共(南共联盟)、工会、青年联盟、妇女联盟以及老战士协会等,还包括最广泛的群众团体,如经济学家协会、工程师技术员协会、作家协会、医生协会,等等。南社盟的任务是,使南斯拉夫全体劳动人民接受南共联盟的政策主张;对社会生活各个领域的问题提出政治倡议,协调意见;确定社会活动的共同纲领、选举代表团和代表的共同标准以及挑选干部的准则;保障劳动者和公民了解国家情况,实行社会监督;等等。南社盟的机关报《战斗报》是南斯拉夫全国非常有影响的大报之一。历史上它曾是南共的机关报。

南社盟还同国外130多个进步的、争取解放运动的组织建立了广泛的联系。

这个劳动人民的群众性政治组织一直存在到1990年停止活动。此时,多党制已成为南斯拉夫境内政治生活的主导力量。在短短的几个月时间里,南斯拉夫境内出现了约270个政党组织,但其中的绝大多数政党很快分化改组退出了政治舞台。

还有,如人民解放战争战士协会联合会也在社会上享有崇高的地位,它俗称"老战士协会",是参加过人民解放战争的指战员、伤残军人和后备役军人等组成的群众性社会团体。1961年1月,由3个专门的战士协会合并组成。战士协会联合会的成员由1941—1945年参加人民解放战争和曾经援助过人民解放运动和人民解放战争的人员组成。

"老战士协会"成立的宗旨是:进一步发展和巩固人民解放战争和社会主义革命的成果;在人民之间和各民族之间建立社会主义的、民主的社会关系;捍卫自由的和独立的社会主义南斯拉夫;在社会、专业和文化方面帮助自己的成员。

"老战士协会"在南斯拉夫社会中履行着一个特殊的政治职责。该组织的活动主要是发扬革命传统,加强各民族的团结,维护社会主义自治制度,因而在南斯拉夫具有权威性,享有很高的威望。

二、 南共联盟的执政地位

南共的光辉道路

南斯拉夫共产党(南共联盟,Савез комуниста Југославије,CKJ)的前身是 1919 年成立的南斯拉夫社会主义工人党。该党在 1920 年的第二次代表大会上改名为南斯拉夫共产党。1952 年改称南斯拉夫共产主义者联盟。它经历了三个发展阶段。第一阶段从成立到南斯拉夫王国存在时期;第二阶段是1941—1945 年人民解放战争和革命年代;第三个阶段,即南斯拉夫联邦时期。

1919 年 4 月,根据塞尔维亚社会民主党(1903 年建党)的倡议,在贝尔格莱德召开了南斯拉夫境内各地社会民主党和社会主义小组的统一大会,取名南斯拉夫社会主义工人党,西马·马尔科维奇(1888—1937 年)和菲利普·菲利波维奇(1876—1938 年)当选为党的书记。该党一经成立,立即加入了列宁领导的第三国际。1920 年 6 月,在武科瓦尔举行了第二次党的代表大会,制定和通过了党的纲领和章程。党的基本目标是:通过革命道路推翻资本主义秩序和建立南斯拉夫苏维埃共和国。在这次会上,宣布党改名为南斯拉夫共产党。

到 1920 年年中,即该党第二次党的代表大会前夕,党员人数已超过 6.6万人,党在人民群众中的威信日益提高,很快成为南斯拉夫王国政治生活中的一个重要因素。在 1920 年 11 月 28 日举行的王国立宪议会选举中,共产党获得 59 个席位,占议会 14%的议席,成为议会中的第三大党。

1920 年 12 月底,王国政府操纵国民议会的表决机器通过了保卫国家法,禁止共产党从事任何宣传活动、建立组织和出版报纸,宣布共产党为非法,党领导的工会组织也被取缔。

从此,南斯拉夫共产党开始了漫长的地下活动时期。王国政府对共产党实行白色恐怖。

约瑟普·布罗兹·铁托 1934 年出狱后,于 1936 年底被委任为党的组织书记,次年成为党的主要领导人。不久,以铁托为首的党中央从莫斯科迁到了国内,以崭新的面貌和鲜明的立场制定了正确解决国内社会问题的政策。

1940 年 10 月 19—23 日,在萨格勒布举行了南共地下时期中断了 6 年之后最大的一次代表会议,即第五次全国代表会议。这次会议是在第二次世界大战业已爆发和南斯拉夫面临法西斯战争威胁的情况下举行的。所以,战争和保卫国家问题是会议的一项重要议程。会议认为党的首要任务是反对帝国主义战争和法西斯的进攻,反对王国政府将南斯拉夫拖入战争的政策。南斯拉夫沦陷后,南共领导南斯拉夫各族人民开展武装反法西斯斗争,并赢得了人民解放战争胜利,建立了人民政权。

正是这个党于 1948 年在与以苏联共产党为首的欧洲共产党和工人党情报局发生冲突时获得了胜利。1949 年,南斯拉夫却被开除出"社会主义阵营"。从此,勇于创新的南斯拉夫共产党人在党内掀起了学习和重新领会马克思主义理论的运动,思考自己所走过的道路。1958 年通过的《南共联盟纲领》认为:

> 把任何国家的社会主义发展的道路和形式宣布为唯一正确的,就是教条,它妨碍世界社会主义改造的进程。社会主义的总目标是共同的,但是社会向这些目标发展的速度和形式是不同的,而且由于各国或世界各部分的不同具体条件也必须是不同的。
>
> 各个社会主义国家不能采用一样的方法和速度来解决发展社会主义社会关系方面以上任务以及类似的任务。道路、方法和速度取决于每个国家的具体条件、阶级力量的对比、社会主义经济前提的发达程度、政治结构和传统以及群众的社会觉悟。

南共在跟共产党情报局作斗争中尽管困难重重,但它的队伍仍在不断成长壮大。据统计,从 1948 年 6 月—1952 年秋季,有 6 万名党员被开除出党,3.1 万多名党员受到其他处分,有 1.2 万多名党员被关进了监狱。这些人主要是同情和支持共产党情报局决议的人。另外,有一批农民党员因对农业合作化运动不满,也离开了党。即便这样,在 1948 年五大以后的 4 年时间里,党员人数仍增加了 63%。1948 年年底,南共拥有 53 万名成员,1950 年为 60.7 万人,1951 年为 70.4 万人,到 1952 年 6 月,南共党员人数已达到 77.9 万人。党员人数占全国成年居民的 8.43%,占全国总人口的 4.72%。

情报局事件前后南斯拉夫共产党党员人数变动情况如下① 　单位:千人

年　份	年初党员人数	吸收新成员	开除出党人数	年底党员总数
1948	285.147	215.987	13.521	482.938
1949	482.938	78.889	27.654	530.812
1950	530.812	105.836	26.636	607.443
1951	607.443	133.550	34.357	704.617
1952	704.617	119.941	43.744	772.920
1953	772.920	25.096	72.467	700.030
1954	700.030	20.666	56.179	654.669
1955	654.669	24.889	34.181	624.806

南共早在 20 世纪 40 年代末和 50 年代初就开始摆脱斯大林社会主义模式,进行了艰难的"南斯拉夫试验",探索了符合自己国情的"南斯拉夫道路"。据南斯拉夫学者统计,南共联盟的人数从 1970 年的 105 万和 1980 年的 200 万,到 1986 年已经达到 217 万,占当时全国总人口 2 230 万的 9% 以上。另一项统计称,1945—1971 年,每 100 名国家职工中有 85 名南共联盟盟员,而在南斯拉夫就业人员总数中每 4 个人中就有 1 名南共联盟盟员。

从 20 世纪 60 年代中期起,南斯拉夫在政治体制改革方面提出了"非国家主义""非政治化"等口号,即减少党和国家对经济事务的控制和干预。其中,一个重要方面是改革党政干部政策,采取了四项主要措施,即轮换制、非职业化、职务单一化和通过削减专职的政治干部和增加工人、妇女以及青年人在干部队伍中的比例,改善党委会的社会成员构成等。

所以,南斯拉夫的革命是独特的,它的社会主义建设的道路也是独特的。南斯拉夫是英雄的国家。南共联盟经受了战斗的洗礼,无愧是"二战"结束初期南斯拉夫建设和改革过程中的积极倡导者和领导者。

南共第六次代表大会

1952 年 5 月 27 日,南共中央第五次全会作出了召开第六次代表大会的

---

① 　[南斯拉夫]伊沃·巴纳茨:《同斯大林一起反对铁托——南斯拉夫共产主义运动中的情报局分裂主义分子》(Ivo Banac, *Sa Staljinom protiv Tita—Informbirovski rascjepi u jugoslavenskom komunističkom pokretu*),萨格勒布,地球出版社 1990 年版,第 149 页。

决定。大会的主要议题是讨论自治条件下党的作用和任务。

1952 年 11 月 2—7 日,在萨格勒布举行了南共第六次代表大会。铁托在大会上作了题为《南斯拉夫共产主义者为社会主义民主而斗争》的政治报告。他分析了五大以来国家政治生活的变化和南共的组织发展状况,南斯拉夫参加国际合作的问题。

这次大会是在南斯拉夫已经开始工人自治的情况下召开的。所以,大会的一项重要任务是确认工人自治制度。大会高度评价了自治的积极意义,认为它对于建立新的社会主义关系、新的社会经济关系和政治关系将产生深刻的影响。代表大会指出:"业已导致社会主义关系在生产领域中建立的工人管理企业,以及劳动人民的自治,对于进一步发展和巩固社会主义民主和社会主义,具有转折性的决定意义。"南共号召全党动员起来,为实行自治原则和民主化过程而奋斗。

同时,代表大会也注意到自治道路上会遇到不少障碍,妨碍自治和民主化进程的主要危险来自领导人的官僚主义、旧社会的习惯势力残余,以及中央集权制和本位主义。

南共在这次大会上改名为南斯拉夫共产主义者联盟,因为这个名称最接近马克思的共产主义者同盟。这次大会通过了《南斯拉夫共产主义者联盟章程》。新章程认为,经过各级党校的培养已经成长起一大批干部,因而可以取消党员的预备期和不设候补中央委员。章程强调权力下放,充分发挥基层党组织和下级领导的主动性和独立性,以发扬党内民主和克服官僚主义。六大选举了 109 人组成的中央委员会。党中央政治局改名为执行委员会,成员由 8 人扩大到 13 人,由 6 人组成执行委员会书记处,铁托重新当选为联盟的总书记。

六大的召开有利于经济领域的工人自治和实行早期的民主化措施,是社会主义社会关系发展中的转折性事件,有利于促进南斯拉夫社会的进一步民主化。但是,第六次代表大会通过的《南斯拉夫共产党第六次代表大会关于南斯拉夫共产主义者联盟的任务和作用的决议》中,第一次提出了党政分开,强调要将南共联盟的"领导作用"改成"引导作用"。

显然,南共联盟过早提出的党的消亡的概念在实践中遭到误解,导致党的作用在一段时间里受到削弱,党员意志消沉,资产阶级自由化思想开始抬头。

南共联盟的所谓引导作用

南共联盟此时与同一时期其他东欧国家执政党相比,并没有通过宪法形式确定它在国家社会生活中的领导作用,而是使用了六大的一种新提法,即"党的引导作用"。六大决议中在讲到南共联盟的直接任务时,只是"对群众进行政治思想教育",称党在自己的工作中,"不是也不可能是经济生活、国家生活和社会生活的直接有效的领导者和发号施令者",而是通过说服的办法,使党的"路线和观点,或者它的个别成员的观点被采纳"。南共的六大决议还主张党的工作公开化,非党员可以监督党组织。早在 1951 年 6 月,党中央就建议下级党组织不要再把党的个别领导人的理论著作当作必须学习和执行的官方文件,除非党中央对此有明确的决议。

因此,所谓南共联盟的引导作用,一般可以概括为:

(1) 南共联盟不在权力机构范围内实行垄断,废除党政不分、以党代政、包办一切的工作方法和活动方式;

(2) 对于权力机关和社会自治机关所遵循的原则不是发号施令、指挥一切,而是引导与协调全体劳动者和公民的自治利益;

(3) 不把劳动人民社会主义联盟、工会、社会主义青年联盟等社会政治组织变为自己的传送带,体现政治平等原则;

(4) 南共联盟组织和盟员应密切联系群众,宣传和解释南共联盟的纲领和政策,并引导群众接受南共联盟的纲领和政策,并且要自觉地接受群众监督,不搞特权。

南共联盟在 1958 年通过的《南斯拉夫共产主义者联盟纲领草案》中进一步认为,南斯拉夫社会发展的目的与方法有别于其他东欧国家,它提倡在社会生活各个领域内发扬民主和实现自治,反对把党和国家混同起来,使执政党官僚化。然而,这个纲领及其有关观点当时却遭到了所有社会主义国家的无情批判和谴责。

我们说,尽管这些愿望是好的,是使党和社会生活民主化和非官僚主义化的一次大胆尝试,有利于当时提出的党政分开和实行政治体制改革。但是,在当时国内国际条件下,大会过早地提出党和国家的消亡问题,宣传解释工作又没有跟上,反而起了消极作用,致使一些盟员曲解大会的决议,从而一度出现了纪律涣散和思想混乱的现象。

这一新提法出现后,南共联盟领导核心日趋"联邦化",使国家丧失了维护统一的领导核心和凝聚力。六大后,南共联盟中央与各共和国、自治区(省)南共联盟之间不再是上下级关系而是三者平行的关系;由"协商一致"取代了"民主集中制"原则。实践证明,这种理论导致南共联盟大权旁落,为自身的削弱和瓦解撕开了裂口。结果,党内持不同政见的高级领导人开始向党发难,党内发生分裂。

当然,社会主义自治制度的建立过程就是一场改革的过程。改革不可能一蹴而就,一帆风顺。改革意味着跟过去关于社会主义的某种传统观念决裂,必然会遇到党内外的阻力。特别是党内少数高级领导干部也有抵触情绪。他们因循守旧,惯于维持现状,担心实行社会主义自治制度会"涣散组织",前途多舛。他们纷纷质疑铁托的领导能力。吉拉斯事件和兰科维奇事件的发生正是南共联盟领导作用削弱造成的后果。

甚至西方学者当时也认为,南共联盟这种理论和实践,"具有思想上的狂热性和空想主义色彩……同时它也推动吉拉斯走得过快、过远,他公开提出了立刻解散党,使党消融在广泛的群众阵线组织——社会主义者同盟中的观点"。

铁托痛失左膀右臂

受到南共第六次代表大会决议的影响,南共联盟内部少数党的领导人迷恋行政管理时期形成的习惯,对工人管理企业和社会主义自治制度产生抵触情绪,甚至主张完全放弃党对经济组织和政治组织的领导权。

1954 年,南共联盟中央书记米洛万·吉拉斯[①]在批判斯大林专制独裁和发扬民主自由的借口下,公开要求实行西方的多党制度,取代一党领导。从1953 年 10 月 11 日—1954 年 1 月 7 日,吉拉斯在党报《战斗报》和《新思想》杂志上发表了 18 篇文章,反对南共联盟的政治路线,否定工人阶级是社会的领导力量,主张取消共盟组织,放弃建设社会主义,主张多党民主制,鼓吹无政府自由主义。

吉拉斯的文章及其观点在南共联盟内外引起了严重的不安和思想混乱。因此,在 1954 年 1 月 16—17 日的南共联盟第三次非常全体会议上,吉拉斯的这种小资产阶级无政府主义思想和对社会主义的质疑受到了批判。全会指出:"吉拉斯的观点代表修正主义,抛弃了科学社会主义,对工人阶级的历史作用丧失了信心。"全会决定将吉拉斯开除出中央委员会和撤销其共盟内

---

① 米洛万·吉拉斯(旧译德热拉斯)1911 年出身于黑山的农民家庭。1932 年加入南共,1937 年进入铁托改组的南共中央委员会,1940 年当选为南共中央政治局委员。在 1941—1945 年的人民解放战争中他一直同铁托战斗在一起,后任临时政府部长。1952 年当选南共中央执委会委员和中央书记。1953 年任南斯拉夫联邦副总理。1994 年 1 月逝世。

外的一切职务。

但是,吉拉斯并未因此而罢休。1954年年底,乘铁托访问印度之际,吉拉斯向《纽约时报》记者发表谈话,表示反对南共联盟和现政权,要求建立两党制等。后因吉拉斯向国外发表反对南斯拉夫的著作而几度被判入狱。

不可否认,吉拉斯是南共的一位理论家。他在"二战"期间和战后初期,特别是在抵制共产党情报局控制的斗争中,始终支持铁托的立场,深得铁托的信任。当时一些内部文件和对外宣传多出自他的手。他以自己的全部智慧证明南共忠于马列主义,而斯大林有违社会主义原则。他在反对斯大林官僚主义和教条主义的斗争中给人留下了深刻的印象。

同样,不可否认,吉拉斯正是在无情鞭挞斯大林错误的斗争中,犯了思想方法上的错误,他从一个极端走到了另一个极端。首先,他运用了一种简单的比较方法,即斯大林使俄共(布)的机关官僚化,那么南斯拉夫的一切也是斯大林主义的产物。于是,他在反对官僚主义的旗帜上,亮出了"新阶级"的口号,要同"党内官僚阶层"作斗争。接着,他又在讲话和文章中利用西方社会民主党人的观点,力图对无产阶级政党和社会主义作出新的解释。他认为斯大林的过失在于苏联的社会制度和"俄国共产党的退化"。由于南斯拉夫的社会制度跟苏联的社会制度同属一个类型,又由于苏联的许多观点对南斯拉夫的宪法、政治生活和行政管理均产生了严重后果,所以他认为南斯拉夫的一切都是从斯大林那里批发来的,并对此猛烈攻击。他说:"我们在实践中自以为是纯洁的马克思主义产物的许多理论和作法,事实上只是来自斯大林的遗产。"吉拉斯从批判斯大林的错误发展到怀疑马克思列宁主义,怀疑南共的政策,直到否定列宁主义的党和社会主义制度。这就是西方人常说的,在倒洗澡水时,连盆里的孩子也倒掉了。到了1953年斯大林去世后,当赫鲁晓夫开始谋求同南斯拉夫和好时,吉拉斯仍不理解这种变化,不赞成铁托的决策。

可以说,吉拉斯过多地看到了社会主义实践中的错误,过分地低估了当时社会主义运动在这些(苏联东欧)落后国家的进步意义。所以,当"理想与现实的落差"使他对现实社会主义"极度失望"时,他愤怒,他批判,他与铁托等战友分道扬镳。铁托允许党内有温和的多元化思想,但他不能忍受任何多元的民主化措施。铁托没有别的选择,他只能镇压这种对他的挑战。铁托需要批判吉拉斯,一方面是为了制止党内和社会上的自由化和民主化思潮,另一方面是在斯大林死后需要同苏联实现关系正常化。

应该说,即使到今天,对"吉拉斯事件"的评价也是不一致的,甚至有截然相反的结论。以南斯拉夫和国际共产主义思想界为代表,多对吉拉斯以批判为主;西方学者则对吉拉斯其人其事持一种肯定的态度。吉拉斯作为政治家、理论家和作家,给我们留下了许多值得认真研究和思考的问题。

12 年后,南斯拉夫联邦副总统和南斯拉夫联邦安全和情报首脑亚历山大·兰科维奇[①]也被铁托解除党内外一切职务。1966 年 7 月 1 日,南共联盟中央在(布里俄尼)第四次全会上揭发兰科维奇在长期担任国家保安机关和南共联盟组织工作期间,将保安机关置于共盟和社会之上,长期不受共盟和社会的监督,以至滥用国家保安机关的职权,非法安装窃听装置,结成派别(被称为"兰科维奇集团"),企图控制共盟组织、国家机关以及整个社会生活,进行权力争夺。

南共联盟中央第四次会议确认,兰科维奇集团的活动使共盟组织内外、社会上下产生互不信任,危及到南斯拉夫各族人民的团结,危及到共盟组织及其团结,危及到南斯拉夫社会主义社会的发展,而兰科维奇对此负有主要责任。铁托更是担心兰科维奇的权力越来越大,是继续改革的阻力,他与安全部门一起企图建立"独立王国"而取代自己。所以,在这次会议上,解除了兰科维奇在共盟内外的一切职务,并将其开除出南共联盟,根据联邦议会的决定解除其共和国副总统的职务。同时,兰科维奇集团的另一个主要成员、联邦执委会内务委员会主席斯·斯特法诺维奇也被开除出南共联盟中央。全会还认为,确立和采用由个人以中央委员会和国家机关的名义来领导保安工作是有害的。因此,全会决定改组国家保安机关,并根据宪法和法律确保对保安机关及其工作实行真正的社会监督。

亚历山大·兰科维奇

铁托在全会开幕词中严厉指出:

(我们党)如果搞派别斗争,那就有可能分裂。但我们不允许发生这种情况。

---

① 亚历山大·兰科维奇—"马尔科"(1909—1983 年)1909 年出身于塞尔维亚中部一个裁缝家庭。1940年成为南共中央委员。"二战"后,他同铁托和卡德尔一起是南斯拉夫的"三巨头"。1963 年,兰科维奇在同卡德尔的竞争中胜出,成为南斯拉夫联邦共和国副总统,仅次于铁托的"第二号人物"。

希望那些又在蠢蠢欲动地搞地下政治活动的黑暗势力、民族主义分子、霸权主义分子、兰科维奇分子、吉拉斯分子以及其他反社会主义和反自治的势力不要想入非非,不要以为由于共盟公开讨论自己的缺点和困难,他们的活动和阴谋就能得逞了。①

　　在全会上,兰科维奇这位倔强的塞尔维亚人作了两次发言,他认为安全部门的工作很难做,但他从未对敌对势力和民族分裂主义手软。这个部门出了问题,他只负有"道义上和政治上的责任"。

　　当时,南斯拉夫各共和国对"兰科维奇事件"的反应和评价是有区别的。例如,有的塞尔维亚学者认为,四中全会"摧毁了一个统一国家的强力部门",在"政治上清除了"兰科维奇及其同伴。这种"大清洗"(大约 1 500 名党员被开除出党)不仅导致党发生分裂,出现"自由化",而且对南斯拉夫国家不利,也是对塞尔维亚广大党员的不信任。更为严重的是,从这位以铁腕手段解决民族问题的人物解职后,民族冲突开始升级,出现了南斯拉夫从未有过的社会动荡,连续几年游行示威不断,经济和社会改革受挫。还有的作者强调说兰科维奇下台加速了南斯拉夫的"邦联化",为"它的瓦解创造了条件"。这样,"自治社会主义不仅没有减缓民族对立情绪,反而加速了这一进程"。

　　所以,后来许多塞尔维亚党员和群众都认为,这是铁托"针对塞尔维亚的阴谋"。忠实执行铁托路线的兰科维奇被解职,克罗地亚人当上了内务部长,科索沃趁机要求成为共和国,这一切使塞尔维亚共和国同铁托、同其他共和国和自治省的矛盾加深,一时难以弥合。受到这种刺激,塞尔维亚民族主义情绪也开始抬头。

　　苏东社会主义国家也指出,兰科维奇的下台将使南斯拉夫的社会和经济生活开始"全面自由化",将催生民族分裂主义。西方国家则兴高采烈,认为南斯拉夫将"取消党对社会生活的垄断"。

　　铁托失去吉拉斯和兰科维奇两位左辅右弼之后,党心、人心受到沉重打击,社会不断动荡。与此同时,南共联盟也遭到了以苏联党为首的原社会主义各国共产党的围攻、谩骂,甚至武力威胁,被无辜扣上"修正主义""帝国主义奸细"的帽子,长时间被"妖魔化",受到无端攻击。铁托本人虽说在内外压力下没有变成孤家寡人,却也只好拖着染病的身躯,带领一帮"志同道合者",

---

① ［南斯拉夫］铁托:《铁托选集(1961—1973 年)》,人民出版社 1982 年版,第 356 页。

继续哼着自治社会主义的小调,顽强举着不断改革和"不结盟"的旗帜,漫不经心地沿着一条理想主义的小道前行。

三、 制定和完善宪法制度

南斯拉夫联邦属于宪法制国家。早在 1943 年 11 月南斯拉夫反法西斯人民解放委员会第二次会议通过的一系列决议均属于宪法性文件。"二战"后,从 1946—1981 年,南斯拉夫先后颁布了四部宪法和几批宪法修正案。南斯拉夫宪法的制定基本上是仿照 1936 年苏联宪法,但与苏联和其他东欧国家不同的是,它的根本大法经常发生重大变化,或者重新修订。但是,宪法制的一些基本原则,如联邦制、社会主义自治制度、南共联盟的引导作用、突出工人阶级的主导地位、民族平等等并未改变,而是在不断深化和完善。

在南斯拉夫,除联邦宪法外,各共和国和自治省均制定自己的宪法,但是各共和国和自治省的宪法的基本原则不能与联邦宪法相抵触。

制定人民民主宪法

1946 年 1 月 31 日,新南斯拉夫颁布的第一部宪法为《南斯拉夫联邦人民共和国宪法》,通过第二次世界大战取得的人民革命的一切成果以宪法形式确定下来。宪法规定了新的国家制度和新的社会关系,指出了国家的发展前景。宪法第 1 条宣布:"南斯拉夫联邦人民共和国是共和制的联邦人民国家,是建立在有自决权包括分立权基础上自愿在联邦国家共同生活的各平等民族的共同体。"

宪法建立在民主和联邦的原则基础之上。宪法中的许多内容在人民解放战争即将结束的阶段就已经实行了,如联邦制、民主集中制、选举权、男女平等、信仰和宗教自由、土地改革的原则等。宪法特别强调各民族根据民族自决权可自愿参加或退出联邦,人民通过自己产生的代表实体——人民委员会和各级议会行使权力。南斯拉夫的所有制有国家所有制、合作社所有制和受国家保护的私有制。宪法还专门论述了南斯拉夫的社会经济制度,强调为了全国人民的利益,国家可以将某个经济部门或企业国有化。

从这时起,临时国民议会改为人民共和国的第一届议会。联邦议会由联邦院(直接由人民选举产生)和民族院(由 6 个共和国和 2 个自治单位的议会选出)组成。议会设立主席团,是集体领导机构,起着"集体总统"的作用。主席团设主席 1 人。

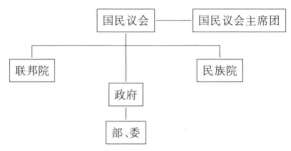

根据 1946 年宪法议会制度组成

　　首部宪法明文昭示"兄弟情谊和团结"的精神,强调各民族之间的"四个平等"原则:不论种族出身和宗教信仰,所有公民拥有平等的权利和义务;所有的共和国,它们的少数民族和占多数的居民都拥有平等的权利和义务;所有的南斯拉夫人的"民族和其他种族集团"应该得到平等的地位;所有南斯拉夫人被认为为第二次世界大战的胜利作出了平等的贡献。

　　南斯拉夫联邦人民共和国第一部宪法承认有 5 个民族,即塞尔维亚民族、克罗地亚民族、斯洛文尼亚民族、黑山民族和马其顿民族。波黑的波斯尼亚族还没有被承认为一个单独的民族。除这 5 个民族外,宪法第 13 条保障各少数民族有权自由使用本民族语言和发展本民族文化。

　　首部宪法还正式认定伏伊伏丁那和科索沃两个地区为塞尔维亚共和国的组成部分。伏伊伏丁那已于 1945 年 3 月 6 日自愿成为塞尔维亚人民共和国范围内的自治单位;科索沃和梅托西亚也于 1945 年 6 月 10 日根据自愿表达的愿望,成为塞尔维亚共和国的自治单位。当时,在如何处理科索沃和阿尔巴尼亚族的宪法地位问题上,南斯拉夫已有所警觉。也就是说,宪法没有将分布在塞尔维亚、马其顿和黑山的三部分阿尔巴尼亚族人统一到科索沃。否则,一个"大科索沃"一旦出现,后来的科索沃问题会更加严重。

　　这样,新南斯拉夫在政治上粉碎了南斯拉夫国王复辟的阴谋,建立了共和国,避免了国内战争的危险,在经济上剥夺了占领者及其帮凶的财产,采取了早期的国有化措施,使南斯拉夫从一个半殖民地式的国家走上了人民民主和社会主义发展道路。

　　随着工人自治制度的进一步发展,南斯拉夫经济和社会生活的各个领域在发生深刻的变化,执政党和国家的工作重心也从国家机关转到工人自治,并向社会自治延伸。这一切社会经济关系的变化在南斯拉夫是同"非集中化""非官僚化"和"民主化"过程分不开的,而这一政治进程的变化要求提供国家的法律依据和保障。

1953 年 1 月 13 日,南斯拉夫联邦议会颁布了人民民主时期的第二部宪法,即《关于南斯拉夫联邦人民共和国社会组织和政治组织的基础与联邦权力机关的基础的基本法》,以宪法形式确认社会主义自治原则为社会经济制度和政治制度的基础,并把工人自治从工矿企业扩大到国民经济所有部门以及教育、科学、文化、保健等部门。

宪法确立了工人自治的原则,并进一步确认社会主义原则、工人阶级的领导地位和作用的原则、社会自治原则、人民权利平等原则、执行权的地方分权原则、社会和政治制度统一的原则等为宪法原则。

第二部宪法的一个特点,是添加了"国家的消亡"这个主题。在南斯拉夫,首先是强调各共和国的消亡。所以,宪法中各共和国失去了 1946 年宪法被授予的脱离联邦的权力,而是号召创建一个单一的南斯拉夫人的国家;改组了第一部宪法确立的两院制的联邦议会;任命铁托为全南斯拉夫国家的总统;建立了一个新的联邦执行委员会,以削减各共和国的权力。

宪法强调这一切符合马克思主义"国家的消亡"的理论。

1963 年新宪法

1959 年起,南斯拉夫成立了几个委员会研究修改宪法问题,以适应业已发生的社会经济变化和进一步发展社会主义社会关系。1960 年 12 月,成立了以爱德华·卡德尔为主任的宪法问题委员会,负责起草新宪法。

1963 年 4 月 7 日,《南斯拉夫社会主义联邦共和国宪法》获得联邦议会通过,正式公布。这部宪法被称为"社会主义宪法",以区别于前两部"人民民主宪法"。它的颁布,标志着南斯拉夫开始全面实行社会主义自治原则,故俗称"自治宪章"。宪法宣布社会自治和公民参加决定社会事务是不可变更的社会主义南斯拉夫的政治体制。宪法规定:南斯拉夫联邦人民共和国改名为南斯拉夫社会主义联邦共和国。它的"一切管理形式,包括政权在内都是工人阶级和全体劳动人民为自己所创立的,目的在于组织一个作为生产者自由共同体的社会"。

新宪法产生于工人自治向社会自治的过程中,所以它给予市镇、共和国经济中的自治机构以更大的权力。它强调劳动人民自治、自由的联合劳动、社会所有制和按劳分配是基本原则。宪法指出,任何人不得享有社会生产资料的所有权,任何人不得通过剥削他人劳动直接地或间接地攫取物质利益和其他利益。宪法还规定保证南斯拉夫统一的市场和货币信贷制度,向不发达的共和国和自治省提供物质和其他援助,以加速它们的发展。

宪法承认和保护农业中的私有制。规定个体农民每户土地的最高限额为 10 公顷,保障农民的经济地位,鼓励他们自觉地同合作社进行合作。公民可以从事个体手工业和服务业的劳动,并可以在法定的限度内使用他人作为补充劳动。这是因为当时南斯拉夫还存在三种所有制,即社会所有制、个人所有制和私有制。

新宪法规定联邦议会既是国家的最高权力机关,又是社会自治机关,由 5 个院组成,即联邦院、经济院、社会福利院、教育文化院和组织政治院。共和国一级的议会也照这一模式建立。该宪法的设计师卡德尔设想,新增设 4 个专门的机构,让它们处理经济问题、教育和文化、福利和卫生以及机构政策。联邦的权力第一次被削弱,旨在有利于各共和国和自治地区。而且,宪法恢复了各共和国脱离联邦的权力,如果各共和国一致同意的话。

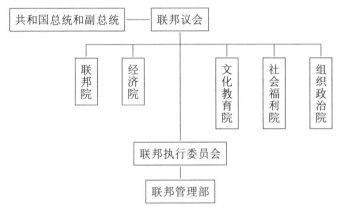

根据 1963 年宪法议会制度的组成

宪法规定联邦总统的职权同联邦执行委员会主席(即总理)的职能分开,总统任期 4 年,可以连选连任一届,但对铁托总统不加限制。联邦执委会是联邦议会的执行机关,行使联邦政府的职能。当时的联邦执行委员会主席是佩·斯坦鲍利奇,联邦议会主席是爱·卡德尔。

宪法实行限制各级领导干部再次当选的制度,规定定期轮换制为宪法原则。各级议会和政府成员及其主要政府官员的任期每届为 4 年,均不能连续两次以上担任同一职务。议会的一些议院曾实行过每两年改选一半成员的制度。议会议员不能担任政府官员。在南共联盟和其他社会政治组织及一些团体和联合体中,轮换制也被作为政治原则加以贯彻执行。

尽管这部宪法规定任何选举产生的职位(包括共和国主席在内)都不得超过两次连任,但宪法委员会在解释这一规定时提出"有一个人例外",这个人就是铁托。宪法委员会强调指出,铁托是南斯拉夫全体劳动人民和民族的功臣,社会主义社会需要他。所以,"任何选举规则对他没有约束力"。尽管铁托本人坚决反对这一规定,但宪法委员会没有采纳他的意见。从此,铁托便不自觉地接受了对他政治上的颂扬和生活上的特权,成了他亲手建立的制度和热爱他的人民的"牺牲品"。

南斯拉夫在联邦、共和国和自治省两级设有宪法法院。它们共同的职能是维护宪制和法制,关注、分析和监督宪法的贯彻,审查各种法令和规定是否符合宪法或与联邦法律相一致、提出修改法律的建议、保护公民的自由和权利,等等。

宪法还规定公民不仅有选举权,而且也有撤换官员的权利。限制官员连任制有利于改革干部制度,使能干的人得到施展才能的机会,对加强集体领导和防止领导职务终身化有好处。它体现了政治制度民主化,为政治制度改革迈出了重要一步。

宪法问题委员会主席卡德尔4月7日在议会两院联席会议上作了关于新宪法的报告。他指出,宪法保证劳动组织支配从简单生产到扩大再生产的资金,确定农业社会主义改造的方向是发展大型的农场和发展农民同社会所有制劳动组织的合作。宪法的各项规定旨在减少产生官僚主义——集中主义、本位主义和无政府主义的可能性。国家不仅是自治的工具,也是保卫革命成果的政权。分散和集中的职能对社会的发展都是必需的。卡德尔强调说,联邦和共和国关系有两个原则:联邦确定政治、经济制度的统一,共和国可独立和灵活地做出决定。

当然,任何一部宪法也只具备相对的稳定性。1963年宪法通过后,它的某些条款又成为南斯拉夫社会进一步发展的障碍。1963—1965年,南斯拉夫在分配方面和经济体制等方面颁布了一系列改革措施,宪法制度又需要进一步完善。鉴于国内经济、政治状况的变化和发展,在1967年、1968年和1971年对1963年宪法提出三次修改,并通过了42项宪法修正案。

这些宪法修正案进一步确认了南斯拉夫社会政治经济的深刻变革,为新宪法的诞生打下了基础。南斯拉夫学者指出："1971年对宪法的修改开始了南斯拉夫宪法制度发展的最后阶段,使社会主义自治发展进入了第三阶段。"这就是实行联合劳动和建立在联合劳动基础之上的代表团制阶段。

1974年宪法

1974年2月21日,南斯拉夫第四部宪法《南斯拉夫社会主义联邦共和国宪法》应运而生。宪法规定,南斯拉夫社会主义联邦共和国是各民族自愿联合的联邦国家,是建立在工人阶级和全体劳动者的权利和自治基础上的国家。

宪法包括联合劳动、社会契约、自治协议等实行全面社会自治的原则,规定代表团制作为宪法规范。这部新宪法是世界上独一无二的以自治为基础的宪法。概括起来,新宪法阐明了南斯拉夫社会主义自治制度的基本原则,具有如下几个特点:

第一,宪法规定,联邦议会是最高权力机关和政治决策中心,各项重大的政策和法令都由它制定和通过,政府各机构的主要领导人由它选举或任命。联邦议会由两院组成,即联邦院,共和国和自治省院。在两院中,各共和国和自治省都有平等的代表权。联邦院由220人组成,即每一共和国各选出30名代表,每一自治省各选出20名代表;共和国和自治省院则由每个共和国推选出12名代表,每个自治省推选出8名代表,共计88名代表组成。两院根据各自的权力进行活动,传统上采用的两院共同决策的制度已被摒弃。联邦议会每4年选举一次。共和国议会和自治省议会都设3个院,即联合劳动院、区院和社会政治院。

第二,联邦主席团是国家的集体元首,主席团主席即共和国总统。主席团是根据1971年宪法修正案设立的,目的在于解决总统的继承问题,确保铁托之后国家的稳定和团结。起初由每个共和国3名、自治省2名成员,共22人组成。1974年宪法规定,由每个共和国及自治省议会各选出1名代表和南共联盟主席共9人组成。主席团设主席、副主席各1人。铁托在世时一直担任主席团主席,副主席由委员轮流担任,任期1年。联邦主席团成员任期5年,连选连任不得超过两届。主席团每年从自己的成员中按共和国和自治省间的字母顺序轮换,选举主席和副主席各1人。

根据宪法规定,联邦主席团的权限是:在国内外代表国家;统帅武装力量和管理国防方面的事务;考虑国内外政策,建议联邦议会确定内外政策和通过法律法令;有权要求联邦执委会采取措施保证政策法令的贯彻执行;有权制止执委会通过的某些措施的实施并提交联邦议会决定,必要时可以召集执委会会议,并有权向议会提出对执委会的不信任动议;等等。

第三,联邦执行委员会的执行机关行使联邦政府的职能。执委会主席(即总理)和委员由联邦议会选举产生,任期4年,以连任两届为限。在执委会中,每个共和国至少要有3名代表,每个自治省2名代表,并照顾民族的代表性。

第四,新宪法再次强调,在南斯拉夫还存在三种所有制:社会所有制、个人所有制和私有制。自然财富、生产资料和联合劳动的收入都是社会财产;属于私有财产的有:直接从事农业劳动者可以有不超过10公顷的农业土地,手工业和其他劳务中使用的小工具和生产资料、住宅等。

第五,在"二战"后第一次将南共联盟和军队的地位与作用写进了国家的根本大法。南共联盟的主席被指定为联邦主席团的当然成员。各共和国和自治省的情况也是这样。军队进入议会和共盟领导机关的人数有所增加。除联邦宪法外,各共和国和自治省均有权制定自己的宪法,但是各共和国或自治省的宪法的基本原则不能与联邦宪法相抵触。

南斯拉夫每个共和国都有自己的领土疆界,自己的国徽和国旗;各共和国按宪法有权制定自己的法律、计划和预算,选举自己的政权机关;等等。每个共和国都是拥有民族主权的实体。各民族在政治上、经济上、在发展本民族的文化和语言上都享有平等的权利。

与此同时,各共和国的权限和独立性得以无限膨胀。自1950年实行工人自治后几十年里,共和国和自治省的权力不断扩大,联邦大权全部下放,实际上仅剩下外交和国防权力。这部宪法规定共和国具有国家性,规定在联邦议会中讨论涉及南斯拉夫利益的问题时,实行"协商一致"的原则,只要有一个共和国的代表投反对票,决议就不能通过。实际上,宪法同时还提高了自治省的地位,基本上与共和国平起平坐。

新宪法出来后,在南斯拉夫引起激烈的争论。各共和国和自治省因为获得了更大的权力而高兴,但塞尔维亚却感到对它不公平。它同伏伊伏丁那和科索沃两个自治省的关系很难处理。其结果是,塞尔维亚等于"失去了自治省",它的有关国防、安全、国际合作等重大决议无法在自己的土地上实行。两个自治省名义上位于塞尔维亚,而实际上常常同塞尔维亚对立。所以,塞尔维亚有的学者认为,"联邦利用自治省在秘密进行分裂塞尔维亚"。毫无疑问,这一现象影响了塞尔维亚和联邦的关系和稳定,为而后南斯拉夫联邦解体埋下了隐患。

根据新宪法,南斯拉夫联邦在行政上实行四级管理。最低的一级叫作地方共同体,它是按居民的住宅划分的;地方共同体之上是区一级,全国共有400多个区;第三级是共和国和自治省一级,即6个共和国和2个自治省;第四级是南斯拉夫联邦。

四、 社会主义自治制度取得重大成就

从工人自治到社会自治

南斯拉夫多数学者把社会主义自治制度的发展分为3个阶段,即1950年起的工人自治阶段、1963年起的社会自治阶段和1974年起的联合劳动阶段。

20世纪50年代,南斯拉夫工人自治制度继续发展,它从最初的"工厂交给工人管理",逐步扩展到其他企业和非经济领域;也就是说,工人自治已越出工厂、企业的范围,延伸到整个社会。1955年,工人自治制度已扩展到铁路运输、邮电、广播电视和银行等部门。工人自治在向社会自治过渡。

从1950—1952年,南斯拉夫联邦颁布了一系列经济法并采取了许多措施,以进一步保证社会主义自治制度的实施。1950年起,在行政管理和法律制度上实行了一些变革,并精简了机构。到这年7月,党政部门精简了10万人,仅联邦管理部门的工作人员,从1948年的47 300人降到1956年的10 328人。

1951年2月,撤销了国家管理委员会;4月,解散联邦计划委员会,将铁道部、交通部、邮电部合并为交通运输委员会,联邦一级的管理和行政机构大为减少,它们的职能转交给共和国,各共和国把原来属于自己管辖的经济部门转交给各市县;5月和9月,取消了消费品的价格管制和农产品的统销限制,开始走向自由市场;11月,南共中央决定放慢农业合作化速度,停建农民劳动合作社;12月,联邦议会通过了《国民经济计划管理法》,宣布放弃中央集权的国家计划,改为社会计划,国家只规定国民经济各部门发展的主要比例,指令性经济开始转入市场经济。

1952年2月,联邦矿业和电力工业部被撤销。同年4月,农业、林业、轻工业、建筑、商业和物资各部也被取消。到这时为止,联邦只掌管外交、外贸、内务和国防事务,各级地方政府作出政治和经济决定的权力扩大了。与此同时,根据南共中央的建议,取消了党内高干专用商店、特种别墅和疗养地。

1953年1月,联邦议会颁布《关于南斯拉夫联邦人民共和国社会组织和政治组织的基础与联邦国家权力机关的基础的基本法》,以宪法形式确认社

会主义自治原则为社会经济制度和政治制度的基础,并把工人自治从工矿企业扩大到国民经济所有部门以及教育、科学、文化、保健等部门。

在 1957—1961 年的"五年计划"期间,南斯拉夫把投资方向转向消费品、旅游业和农产品加工。计划的设计者看到,"二战"后奥地利和希腊正是依靠旅游业摆脱了它们在两次世界大战之间的贫困。他们还看到,像西欧国家出口经过加工的农产品可以获得更大的利润。这种投资方向的改革也有利于落实工人自治制度的外延发展。

1963 年,南斯拉夫联邦议会通过的新宪法再次肯定自治原则,确认工人自治已从经济部门扩展到社会生活各方面。除党和军队机关以外,国家机关和社会事业单位都实行自治原则。从 1963 年开始到 60 年代末,南斯拉夫社会主义自治制度已由工人自治扩展到社会自治阶段。

南斯拉夫党和国家领导人在认真总结 1961 年上半年经济改革以来经验教训的基础上,决定实行新的经济和社会改革,以进一步扩大企业的自主权,在更加广泛和更加深入的范围内实行工人自治制度。

1964 年 12 月 7—13 日,南共联盟召开第八次代表大会。与会者以极大的注意力讨论了自治的进一步发展和社会经济关系的非国家集权化问题,改革作为一项重要内容得到大会的承认。

1965 年 7 月 24 日,南斯拉夫联邦议会正式通过在全国进行社会经济改革的决议和法律。这次改革的主要目的是进一步利用商品货币关系,发挥市场的作用,实行自治计划商品经济。围绕这次改革,联邦政府在这一年共颁布了近 30 个涉及社会和经济体制改革的法令,其具体内容包括:(1)扩大企业对扩大再生产资金的支配权。或者说,企业成为商品生产者,在扩大再生产方面享有更大的权利;(2)调整价格。商品价格原则上按市场供求关系形成,并按国家市场行情进行调整,以提高产品在世界市场的竞争能力,价格的最高限制将取消,但在价格方面实行严格的社会监督;(3)实行第纳尔贬值、降低关税率、放宽进口限制,国家除通过社会计划进行协调外,主要通过税收、价格、信贷、外汇、外贸等方面的经济法令和政策进行调节。

1965 年改革措施的出台,既总结了以往的改革经验,又对南斯拉夫以后的社会政治生活和经济生活产生了有力的刺激作用。当时的报刊在评论这次改革时写道:"对这次改革的评价,可以说,它是继实行工人自治之后,在南斯拉夫经济中涉及面最大的一次改革。所以,可以想象,这次改革从根本上会触动经济活动和社会事业的一切领域。"

60 年代自治经济稳步发展

20 世纪 50 年代中期至 60 年代中期,是南斯拉夫社会经济的稳定发展时期。由于南斯拉夫同苏联和东欧国家实现了关系正常化,它的国际地位也得到提高,又由于它制定了社会经济发展的改革战略,贯彻工人自治原则和尊重经济发展规律,所以南斯拉夫迎来了社会和经济发展的新时期。

南斯拉夫学者认为,1953—1963 年是南斯拉夫社会经济稳定发展的 10 年,或者说,是伟大转折的 10 年。历史学家杜尚·比兰吉奇在《南斯拉夫社会经济发展的思想和实践 1945—1973 年》一书中说:"从 1953—1954 年开始至 1964—1965 年结束的 10 年时期,是一个相对和平发展和几乎所有社会生活的领域都取得了巨大成就的时期。"

这期间,南斯拉夫工业的发展速度在世界上是比较快的。南斯拉夫是一个自然资源比较丰富的国家,拥有大量的铁矿、有色金属和其他工业原料。继 20 世纪 50 年代对外开放以来,南斯拉夫又从国外引进了不少专利,购进了技术和设备,培训了技术干部。通过这些当时难以被人们理解的措施,南斯拉夫加强了同主要资本主义国家的经济联系。南斯拉夫借助西方的技术和资金,建立了一批工业项目,如电机、运输机械、化学工业、石油工业等。

到 1960 年年底,南斯拉夫已基本上实现了 1961 年应达到的国内生产总值水平,年增长率不是预计的 9%而是 12%左右。这一成就刺激了个人消费的急剧增长,年增长率在 10%以上。小汽车的数量几乎增加了 3 倍,电冰箱的数量增加了 8 倍。在住宅建设方面,完成了在城市建造近 20 万套住房的计划。

这个时期,南斯拉夫发展经济的主要注意力仍然放在发展重工业和生产资料的生产上,同时开始重视加工工业和消费品工业的生产。1956 年以后,由于改变了投资结构,政府对轻工业和农业的投资增加较多,它们的增长速度加快了。在工业各部门中,发展最快的是生产资料的生产,其次是加工工业和消费品的生产。

60 年代的经济获得迅速发展得力于南斯拉夫联邦的政治经济改革措施。1965—1971 年被视为南斯拉夫继 50 年代之后的第二次改革高潮。这个时期改革的重点是开始实行市场经济,主张取消国家对经济的控制,特别是取消对投资决策的控制。以价格改革为例,最初南斯拉夫建立的是标准价格制度,后来又转为统一价格制度,即政府为每一种商品确定了固定价格。1962 年,由政府确定价格的工业产品占 67%。1965 年的改革允许生产组织可以把 62 类工业品的价格提高 5%—59% 不等,并允许对其他 18 类工业品自由定价。1967 年联邦议会通过关于价格的制定和社会监督法,规定劳动组织可以根据市场的情况自主地确定自己的产品和劳务价格。实行这种价格体制有利于更好地发挥市场的调节作用。

1967 年 7 月,联邦议会通过了关于外国人对南斯拉夫联合劳动组织投资法。该法规定,在合资企业中,外资可占 49%,必要时还可以提高。外国资方可以将 80% 的利润汇走,余下的 20% 应投资南斯拉夫企业,外资所得利润的课税率为 35%。同时,外资不能在银行、保险、国内运输、贸易、公用事业、社会事业和科研部门投资。实行这一鼓励外资的法令,有利于把西方发达国家的生产资金和技术吸收到南斯拉夫经济中来,使南斯拉夫经济更容易立足于世界市场。实际上,从 1965 年起,美国、英国、联邦德国、意大利等国的资本已开始向南斯拉夫的石油、汽车制造、制铝、水泥、木材、电讯器材、水力发电等工业部门,以及旅馆和旅游等行业投资。南斯拉夫采取的这些利国利民的措施,当时其他社会主义国家连想都不敢想。

1950—1970 年的社会经济指标

年　　份	1950 年	1960 年	1970 年
人均国内生产总值(美元,按照 1966 年价格计算)	216	333	520
婴儿死亡率(每千个安全出生的婴儿)	118.6	87.7	55.2
文盲率(占 10 岁以上人口的比例)	25.4	19.7	15.2
每名医生服务的人口数	3 360	1 474	1 010
收音机(每千人)	21	78	166
汽车(每千人)	0.4	2.9	35
人　口			
城市人口所占比例(%)	21	28	39
非城市人口所占比例(%)	79	72	61
农村人口所占比例(%)	64	50	38

资料来源:[美]约翰·R.兰普:《南斯拉夫史》,东方出版中心 2016 年版,第 341 页。

60 年代中期起,南斯拉夫在政治体制改革方面提出了"非国家主义",即减少国家的干预控制;"非政治化",即减少党对经济事务的控制等口号。其中,一个重要方面是改革党政干部政策,具体采取了以下四项主要措施:

(1)"轮换制"。保证在每次选举时都能更新党委会,并使党的干部轮换一次(类似于政府和议会中的轮换制),党委会成员更换率超过 1/4。

（2）"非职业化"。把更多的政治职务交给非专职人员担任，以削弱全脱产党员干部的数量；鼓励干部在任期届满后返回原工作单位，以减少专职干部的数目。在正常情况下，担任同一职务不得超过两届。

（3）"职务单一化"。自 1964 年起，排除一个干部在党政组织和政府部门中同时担任几个职务的现象。

（4）通过削减专职政治干部和增加工人、妇女以及青年人的比例，改善党委会的社会构成。

为此，在 1966—1967 年对联邦和共和国高级领导人进行了大换班。实践表明，这些措施取得了积极的效果，但在贯彻过程中也存在一些问题，如：党委会不断更换成员容易导致工作缺乏连续性和缺少经验；限制任期后许多干部就到别的岗位任职，主要在党和政府部门交换领导职务；不让身兼数职，有的人就谋求成为议员或终身干部。

20 世纪 50 年代后半期和 60 年代南斯拉夫经济高速度发展的一个消极方面是，经济中出现了比例失调现象。这表现在农业投资少、工业部门内部和采掘工业和加工工业的落后上。例如，这时 1/5 的钢铁依赖进口，外贸出现赤字，外债开始增多。同时，还存在一批"政治"工厂，生产效益很差。

第二次自治者代表大会（1971 年 5 月 8 日）

在这个时期，南斯拉夫已经深深吸引西欧人和东欧人的目光。南斯拉夫的经济增长率令人羡慕，人民的生活水平变得越来越好。国内生产和西方进口带来了粮食和消费品的较为充足的市场供应。无论西方旅游者和学者，还是前来参观的波兰人、捷克斯洛伐克人和匈牙利人都对此赞不绝口。与其他东欧国家的人民相比，南斯拉夫人民能够自由地谈话，无忧无虑地生活和学习或者出国旅游。在他们的眼中和笔下，南斯拉夫呈现如下的特点：第一，面向西方市场开放，特别是意大利市场。开放意味着允许本国工人到西方工作，并迫使企业提高效率和质量，增强竞争力；第二，1965 年起的经济改革已经成为主流，许多过去不可思议的事情正在发生，变成了现实；第三，学术自由和思想活跃。媒体、学校、宗教团体畅所欲言，城市文化十分繁荣。这种变化预示着南斯拉夫的发展变得更加自信、更加稳定。

农业社会主义改造的特点

对于南斯拉夫的农业社会主义改造，长时间以来外界有一种不正确的看法，认为它没有像其他社会主义国家一样进行农业合作化运动，而停留在个体劳动生产的基础上。其实，这是一种偏见。的确，截至 1968 年，南斯拉夫原来的农民劳动合作社几乎荡然无存，但除农场和农工综合体外，南斯拉夫的合作制形式却是多种多样的。

1965 年，卡德尔在《关于农业发展的迫切问题》一文中指出，南斯拉夫处于各种经济力量自由竞争的条件下，农业也应该摆脱某种教条主义和技术统治主义僵化的残余，"在农业中实行某些行政强制措施，在一定条件下是必要的、可能的，但不应该是普遍性的，而仅仅是在具备物质条件时所采取的辅助手段"。如果不具备顺利成功的物质条件而对农业普遍实行某种行政措施，就会同所有的农民发生冲突，就会使农业倒退，"在农业方面，我们也应该更加非政治化，即更多地依靠经济规律"。显然，发展生产，提高劳动生产率等，不能靠政治运动去实现。

在农业政策方面，南斯拉夫既反对让个体农民放任自流，又反对农业的未来在于私有农户或农业合作化，而是将经济规律和自治原则引入农业，努力实现农业的社会化。为此，联邦政府制定了比较灵活的农业政策。坚持自愿、民主、形式多样地逐步过渡和照顾各方面的物质利益。南斯拉夫强调不搞命令主义，主张个体农户之间的自由联合。既允许个体农民之间可以租赁土地，又鼓励个体农民同社会所有制农业组织进行生产合作。有关法律规定，对出租土地给社会所有制农业组织长期使用的个体农户可减免土地税。

为了把广大的小商品生产者纳入社会主义的生产形式，而又不致侵犯土地的个人所有权，南斯拉夫从 50 年代中期起，选择了综合农业劳动者合作社、农场同个体农户之间进行社会主义协作的形式。

这种合作的形式多种多样,主要有如下几种:(1)劳务合作。由社会所有制农业组织向个体农民提供机器、化肥、良种及其他技术帮助,或代他们耕地、播种、收割运输等。(2)生产合同。双方签订生产合同,由社会所有制农业组织对个体农民提供贷款,以用于购买再生产物资,如化肥、种子等,个体农民按合同要求在自己的土地上进行生产,年终按规定的产品数量和质量交付产品。(3)共同投资、共同生产。按各方投入的生产费用共同进行收入分配,这是一种较高级的合作形式。据称,上述形式能给双方带来经济效益,并有利于实现农业生产的现代化和个体生产的社会化。

这种合作制受到农民群众的欢迎,发展较快。1955 年底出现了第一批个体农户同综合农业劳动者合作社的协作形式后,到 1964 年已有 150 万个体农民参加各种形式的生产合作,其中农业和种植业 96 万人、畜牧业 44 万多人。参加合作制的个体农民,由于采用较先进的农艺技术,提高了劳动生产率。

到 1963 年,属于社会所有制的土地和参加合作社的土地分别达到 13%和 15%。它们占农业总产量的 33%和农产品收购量的 60%以上。但是,全国仍有 80%以上的耕地由私人耕种。

从 50 年代起,由于放弃强迫农业合作化的政策和开放农产品市场,农民弃农经商或从事运输的现象严重,农村出现两极分化和贫富不均。为了防止小农破产和土地集中,1959 年政府颁布了《农田使用法》,规定如果土地所有者不按照政府规定的耕作方法和农艺措施经营使用土地,其土地将受到 1—5 年的"强制管理"。1962 年 7 月,南共联盟七届四中全会又决定修改关于现有土地最高限额的法令,规定不经常从事农业生产的农户,不得占有 3 公顷以上的土地。

20 世纪 60 年代末至 70 年代,随着农工联合企业在苏联东欧各国的出现,南斯拉夫也开始建立这种大型的社会主义农业组织。农工联合企业是 60 年代在农场的基础上按社会自治原则发展起来的,它拥有大量的社会所有制生产资料,采用现代化的机器设备和技术。农工联合企业发展较快,小的农工联合企业一般占地面积为 0.5 万—1 万公顷,大型农业联合企业则在 3 万公顷以上。它们联合了农产品生产、加工和销售等过程,形成为农工商一体化整体。因此,这些企业劳动生产率较高,在农业生产中发挥着重要作用,特别是在种植业方面,主要农产品的单位面积产量已达到世界先进水平。

1979 年,南斯拉夫共有 2 000 个农场和农工联合企业,其职工人数占全国农业劳动力的 5%,耕地面积占全国总耕地面积的 16%左右,总产值占全国农业社会总值的 27%。其中,小麦产量占全国总产量的 36.5%,玉米产量占 16.6%,甜菜产量占 75.5%。它们提供的商品农产品占全国商品农产品的一半,其中小麦占 60%—70%、商品肉猪占 40%、禽类占 80% 以上。

以当时蜚声南斯拉夫内外的贝尔格莱德农工联合企业"佩科贝"为例,它拥有土地近 9 万公顷,各种型号拖拉机 1 500 台和联合收割机 450 台。饲养 5 万头牛(其中奶牛 2 万多头)和 12 万头猪。1977 年生产粮食 15 万吨、蔬菜 0.7 万吨、葡萄等水果 4.8 万吨、饲料 30 万吨、牛奶 16 800 万升。1977 年的出口额为 1 500 万美元。在 9 亿美元的总收入中,农业占 28.6%、工业占 34.1%、商业占 31.2%、其他占 6.1%。"佩科贝"的分厂分布于全国各地区,职工 2.3 万余人,其中 83% 是熟练和高度熟练的工人和技术人员。

"佩科贝"还拥有现代化的屠宰厂、奶制品厂、肉制品厂、面粉厂、面包厂、饲料厂、榨油厂、制糖厂、水果和蔬菜加工厂等 30 多个工厂。它有独立的销售网,在全国各地设有 620 家商店。20 世纪 80 年代,贝尔格莱德农工联合企业受到中国人的关注,成为主要的参观学习项目之一。

随着工业和整个经济的发展,在非农业部门就业的农民越来越多。于是,在农村继续涌现出许多混合型家庭。这是南斯拉夫农业发展中的一种趋向。工农混合型家庭,有的同土地有密切的关系,有的联系较少。这类家庭在总农户中所占的比例呈上升趋势,从 60 年代末的 43% 上升到 70 年代末的近 70%。在工业发达的斯洛文尼亚等地,这种现象尤为普遍。

与混合型家庭相联系,农民兼工人的数量增长也较快。1976 年全国混合家庭中农民工人的人数相当于农业以外各行业全体就业人数的 38%,混合型家庭人口数占全体农户人口数的一半。他们的耕地占全国耕地的 42%,非农业收入占他们全部收入的 65%。农民工人成了农村居民的生活模式。这一切加速了农村半城市化和城市化的变革过程。于是,农业人口从 1948 年占总人口的 67.2% 下降到 1980 年的 28.8%。

因此,我们有理由说,南斯拉夫农民的生活水准正在接近城市居民,处于相当高的层次。根据南斯拉夫农学家 1981 年的调查统计,个体农户的生活水平得到了改善和提高。下列情况可以证明这一点:(1)生活水平接近于城镇居民;(2)许多农户拥有现代化住宅;(3)35% 的农户的家具已经现代化;(4)有 93% 的农户用电;(5)50% 的农户有电视机、60% 的农户有电冰箱、30% 的农户有洗衣机;(6)17% 的农户有小汽车;(7)18% 的农户有拖拉机;(8)文化水平提高了;(9)农村的交通条件大为改善;(10)农户中部分成员在城镇就业,工资收入增多。

当然,非农业化的不良后果也日益暴露出来了。一方面,由于青壮年农民从事非农业工作,离乡又离土,农业人口出现"老年化"现象,农村的传统遭到破坏;另一方面,由于不少农户主要靠非农业活动的收入生活,农民对土地和务农的兴趣减弱,影响农作物的产量。尽管 1973 年起,南斯拉夫政府采取农业长期发展措施,称为"绿色计划",后又提出"把粮食作为南斯拉夫的石油"这一口号,并已实现人均占有粮食约 750 千克,但整个农业还存在不少困难和问题。加快农业发展和提高农业劳动生产率,仍是政府的一项长期任务。

70 年代的"经济奇迹"

到 20 世纪 70 年代中期,经过从 1947—1974 年 20 多年的努力,南斯拉夫的工业生产年平均增长速度达到约 10%,工业总产值比 1939 年增加了 14 倍,是 1946 年的 17.5 倍。国内生产总值从 1947—1973 年增长了 5 倍,人均收入增加了 3.7 倍。[①]南斯拉夫在 1967—1977 年吸引的外国投资达到 3.25 亿美元,大部分是美国公司的投资。同样,这期间农业生产也实现了翻番。从 1946—1974 年,农业生产年平均增长 4%。农用拖拉机增加了 30 倍,从 1951 年的 6 266 台增加到 1974 年的 195 125 台。从事农业生产的人口明显减少,从 1931 年占全国人口的 3/4,降低到 1971 年的占 38%。

1952—1970 年宏观经济增长(年度变化的百分比)　　　　　(单位:%)

时　　期	1952—1960 年	1961—1965 年	1966—1970 年	1952—1970 年
实际国内生产总值	**6.7**	**6.2**	**4.8**	**6**
制造业和采矿业	12.3	10.7	6.1	10.1
建筑业	4.9	9.5	4.7	6.1
消费	**4.8**	**4.7**	**6.3**	**5.2**
实际个人收入	1.3	9	5.9	7
出口额	**12.5**	**12**	**8.2**	**11.1**
进口额	**8.4**	**8.3**	**11.7**	**9.8**
固定投资总额	**9.7**	**7.5**	**6.3**	**8.2**

---

① [南斯拉夫]布·佩特拉诺维奇、莫·泽切维奇:《南斯拉夫 1918—1984》文件汇编(Branko Petranović i Momčilo Zečević, *Jugoslavija 1918—1984*, zbirka dokumenata),贝尔格莱德,"工作"出版社 1985 年版,第 1033 页注释。

续表

时　期	1952—1960 年	1961—1965 年	1966—1970 年	1952—1970 年
投资类型(占%)				
经济的	77.6	67.1	60.1	63.6
非经济的	22.4	32.9	39.9	36.4
部门(占总额%)				
制造业和采矿业	36.7/26.7*	25.2	23.3	
农业	11.7/16.4*	11.7	9.7	

注:* 指 1952—1956 年和 1957—1960 年。

资料来源:[美]约翰·R.兰普:《南斯拉夫史》,东方出版中心 2016 年版,第 327 页。

　　1976 年 7 月,南斯拉夫联邦议会通过 1976—1980 年社会发展计划。该计划的重点是改变经济结构的失调,进一步发展能源、原料和农业。到这个五年计划结束,南斯拉夫已发展成为一个具有中等经济发展水平的工业农业国家。在这 5 年中,GDP 的年平均增长速度为 5.6%,工业年平均增长速度为 6.8%,农业年平均增长速度为 2%。显然,这个时期南斯拉夫放慢了发展速度,工农业生产的增长速度均低于以往年代的平均水平。

　　1978 年 6 月,南共联盟举行第十一次代表大会。铁托在报告中指出,在过去的 4 年中,南斯拉夫克服国际经济形势带来的许多困难和不利因素,

南共联盟第十一次代表大会(1978 年 6 月)

社会主义自治关系和生产力方面获得了迅速发展,社会经济关系方面的基本任务实现了。4 年中,工业生产增加了 1/3,1978 年 1 个月的产值比 30 年前全年的产值还多。在农业方面,玉米、甜菜和向日葵取得了创纪录的产量,小麦获得高产。人民的生活更加富裕。4 年中,就业人数增加了将近 85 万人,人民的购买力提高了将近 1/4。

1980 年,南斯拉夫人均 GDP 已达到 2 500 美元,居世界第 35 位。这时,电冰箱、电视机、洗衣机等耐用消费品已进入千家万户。1968 年时南斯拉夫人只有 8% 的家庭拥有私人小汽车,而 1976 年时已上升到 36%;1973 年时平均每 4 家才有 1 台电视机,而 1976 年时则已经每两家有 1 台电视机;每千人拥有的洗衣机,从 1973 年的 90 台增加到 1977 年的 135 台。20 世纪 70 年代,家用电器已经成为南斯拉夫的大众消费品。1977 年每 1 000 人中拥有小汽车的数量为 91 辆,这在苏联和东欧国家中也是跟民主德国和捷克斯洛伐克一起处于领先地位。

南斯拉夫联邦政府十分重视居民的住房建设,多年来每年用于建造住宅的投资约占 GDP 的 9%—10%。按人口平均的住房面积计算,1980 年城市居民人均达到 14.4 平方米,农村居民人均近 20 平方米。

南斯拉夫联邦 9 人主席团成员(1979 年 5 月)

从 60 年代末到 70 年代,南斯拉夫有 80 家大型国营联合企业按照市场规则运作,开辟国外市场,充满活力,为 70 年代的经济繁荣作出了贡献。它们中的企业效益超过苏东集团中任何地方的企业。这些企业在巴尔干半岛、在欧洲都具有广泛影响,享有较高声誉。

南斯拉夫社会主义自治制度连同其政治和经济方面的许多改革措施,打破了传统的行政命令式的管理体制,为各共和国和自治省搞活经济创造了良好的条件,带来了 20 世纪 70 年代下半期南斯拉夫联邦经济的发展和人民生活水平的普遍提高。但是,这种自治制度导致联邦职权过于分散,各共和国权力过大,致使在政治和经济领域潜伏着一些矛盾。其中,南斯拉夫联邦统一的经济市场就遭到了分割。各地区为了维护本地区利益,常常设置各种人为障碍,实行地方保护主义,限制向其他地区供应原材料,或者禁止从其他地区采购商品,从而使宏观经济失去调控,联邦的经济和发展计划落实起来遇到困难。

附录　几个社会效益较好的知名大型联合企业

1. "火花"是斯洛文尼亚的巨大电器和电子设备联合企业。这个大型联合企业拥有职工 2.5 万人。其主要产品有:电信器材、自动控制设备、汽车电器设备、消费品和其他电器配件等。该企业还开发了微型电子、计算机系统、光电子、现代电信系统、信号系统、电子消费品和工业用自动控制装置等。

"火花"倡导与西欧合伙人的营销协议,它的年出口量约占其年产量的 3/4。它在全国设有广泛的贸易网,并在世界 16 个国家中设有代表处或贸易处。1980 年的产品出口额为 1.45 亿美元,其中向美国和其他工业发达国家出口占 43%,向发展中国家出口占 23%,向经互会国家出口占 34%。

2. "石油天然气"工业联合企业。这家企业的前身是 1949 年创立的开采石油和天然气企业。1970 年起联合了贝尔格莱德高级石油产品炼油厂、诺维萨德的"南斯拉夫石油"等企业,统称"石油天然气"联合企业。

该企业拥有现代化的石油钻探部、实验室、设计局、天然气管道输送和石油加工设备建造安装部,以及负责进口原料、出口产品和劳务的营业部。主要业务是:石油和天然气的勘探和开采、生产和加工;石油产品的生产;石油、天然气及其产品的运输等。主要产品有:原油、天然气、液化天然气、汽油、高级汽油、柴油、工业用燃料油、溶剂、喷漆燃料、润滑油和润滑脂、沥青和其他化工产品等。1980 年拥有 1.7 万多名工人,其按年总收入计算居全国第二位。

3. "红旗"汽车制造厂。该厂位于塞尔维亚的克拉古耶瓦茨市,它生产的"旗帜"牌小汽车以意大利"菲亚特"汽车公司技术许可证为基础,并获得了 3 000 万美元的外国投资。该联合企业共有职工 4.7 万名。1980 年,该企业的总收入在南斯拉夫 140 个最大的生产组织中居第 8 位。

这个汽车制造厂的主要业务是：生产轿车、载重汽车、动力、工具、机器和半成品，生产各种备用零件，维修该厂的产品，在国内外销售产品和转让技术等。该企业的产品向34个国家出售，同意大利的"菲亚特"汽车公司、波兰华沙轿车厂、苏联"陶里亚蒂"汽车厂进行长期工业合作。80年代初，"旗帜"牌小轿车曾打入美国市场，但由于交付延误，最终未能抓住美国市场的商机。

该企业不仅有自己的技术发展机构，还同国内外的各种科研机构合作，与全国各地的200多家企业进行生产协作。

4."博尔"铜矿。位于马其顿的"博尔"铜矿有着70多年的历史，20世纪70年代是南斯拉夫唯一的生产铜矿的企业。几十年来，"博尔"铜矿还以欧洲最大的产铜者而著称。该矿不断更新发展，是南斯拉夫大型企业产量和效益中的佼佼者，1980年的总收入在南斯拉夫140家最大的生产组织中居第5位。

该企业主要生产和加工铜、银和金，并从事化工等其他生产活动，共有职工2.4万人，其中有2000人受过高等教育。"博尔"得到英国和法国的投资，实现了现代化。它以高质量的产品销往欧洲多国，依靠企业的利润提供了进一步现代化所需的资金。

5."希巴德"林业、木材加工和销售联合企业。这本来是一家老厂，70年代已经成为南斯拉夫最大的森林、木材加工和销售联合企业，经营波黑共和国森林80%的业务。1976—1980年，该企业实际生产规模年平均增长率为8%，劳动生产率年平均增长率为6%，就业年平均增长率为2.5%，出口年平均增长率为3%。它的经营范围，包括从护林、造林、采伐、锯木和生产木板、纤维板、家具，直到国内销售、进出口业务。此外，它还承包设计和建筑工程，为大饭店、国际会议、中心剧院提供成套木器设施，凡与木材有关的整个生产、销售过程都融为一体，并致力于发展科研事业，把高等和中等林业教育包括在内。

"希巴德"拥有职工7.5万人，位居全国各企业之首。按社会产值数居全国第2位，而按总产值则为全国第5位。它为全国提供木板产量的36%、纤维板产量的37%、门窗产量的22%、家具产量的20%以上。它的规模不仅在南斯拉夫，即使在欧洲也名列前茅。

"希巴德"设有进出口公司，为各单位进口森林机械、技术工艺，还进口本国不生产的某些优质木材、树胶等，同时它也通过其设在世界各地的9家公司和11家代表机构推销本企业的产品。所以，其总产量的30%，家具产品的50%，远销国外。

作者点评

20世纪50年代中期，东西方集团进入"冷战"年代，东欧国家普遍采用苏联社会主义模式。尽管每个东欧国家的历史和现实情况不同，各国执政党自始至终都面临三个根本性的问题：党的自身建设和发展，如何成为社会和人民的领导力量；如何领导和管理好国家，发展各领域的生产，提高人民的生活；处理好与各兄弟党和友好国家的关系，开展积极外交，提高国家在世界中的地位和形象。

这期间,南斯拉夫和其他东欧国家一样,都实行党政不分、议行合一的制度,其最高权力机关,如阿尔巴尼亚的人民议会、保加利亚的国民议会、罗马尼亚的大国民议会和南斯拉夫的联邦议会,尽管名称不一,但它们都在国家机构体系中处于最高地位,不与国家行政机关、审判机关和检察机关分权,不受它们的制约。

社会主义经济的一大特点是,有计划和按比例发展国民经济。除社会主义工业化和农业集体化外,实行以五年计划为核心的计划经济。社会主义经济的基础是生产资料的社会所有制,建立了一套计划和管理生产与消费的庞大官僚机构,由国家确定商品价格和工资制度。这种经济高度集中并且有组织性,但造成工业畸形发展,农业滞后,生产者缺乏积极性,不关心经济增长,不顾市场需求。结果是,成绩很大,但问题较多;国家计划失败,市场却逐渐兴旺。

应该说,南斯拉夫由于实行工人自治制度和社会主义自治制度,它的经济、社会、文化都获得了迅速发展,取得了令人敬佩的成就。20世纪60年代,南斯拉夫开始进行政治经济改革,同样取得了可喜的成绩,甚至出现了70年代的"经济奇迹"。据南斯拉夫学者的统计,从1945—1988年的40多年间,南斯拉夫联邦政府共进行了60次各种改革,其中宪法改革5次、经济体制改革13次、经济政策改革12次、教育改革5次,等等。这些改革的一项主要内容是促使南斯拉夫经济转变为市场经济,以转变联邦政府的职能,巩固社会主义自治制度。

南斯拉夫一度成为原东欧地区改革开放的典范,人们津津乐道的一块乐土。

第七章

铁托之后的南斯拉夫联邦

一、 继续坚持社会主义自治制度

铁托逝世与"轮流坐庄"制

铁托，一位杰出的领导人逝世，犹如一颗巨星陨落，世界为之震惊！

约瑟普·布罗兹·铁托是南斯拉夫社会主义联邦共和国总统、南共联盟中央主席团主席。1892 年 5 月 25 日出身于克罗地亚库姆罗韦茨村的一个贫苦农民家里。早年当过学徒并成为一名锁匠，先后在萨格勒布、斯洛文尼亚、捷克斯洛伐克、德国和维也纳等地的工厂里当过工人，参加了工会和社会党。

第一次世界大战期间，铁托在奥匈帝国军队的克罗地亚军团服役，由于被指控进行反对军队的宣传曾受到短期监禁。他在喀尔巴阡前线受了重伤后成为俄国战俘。在沙俄战俘营中，他开始接触俄国的工人运动。1917 年二月革命后，他逃出战俘营，来到圣彼得堡，并参加了七月示威游行。他又一次被捕和判刑。但在押往西伯利亚的途中，铁托得以逃脱，并投身国际红色卫队。不久，加入了布尔什维克党，并结婚成家。

1920 年，铁托回到克罗地亚，在萨格勒布参加工人运动。在南斯拉夫王国宣布共产党为非法以后，他带领全家来到克罗地亚的大特洛伊斯特沃，从事地下活动。随后，他又到其他一些地方组织地下党和工会。

1927 年，他担任萨格勒布党组织的领导工作。1928 年被判 5 年徒刑。他在敌人的法庭上和监狱中进行积极的政治斗争，决不妥协，提高了他在群众中的威望。服刑期满后，他不顾当局对他的软禁，仍在萨格勒布进行秘密政治活动。这时,他开始使用"铁托"这个地下活动常使用的名字。

1934 年,铁托当选为南共中央委员。1935 年,他来到莫斯科,在共产国际巴尔干局工作。1936 年回国担任南共中央组织部部长。1937 年年底,他担任南共的主要领导职务,主持中央委员会的工作,领导了大规模的反法西斯群众斗争运动,使党日益壮大。

1941 年 4 月,南斯拉夫被德意法西斯侵占,铁托在全国范围内组织武装抵抗运动,开展反对法西斯和争取民族解放斗争。他领导游击战争,成立解放区,建立革命政权,成为欧洲被压迫人民反法西斯的旗手。

"二战"后,铁托领导南斯拉夫各族人民建立了人民民主共和国。在 1948 年的欧洲共产党情报局事件中,他顶住压力,维护了南斯拉

铁托 1937 年使用过的假名(卡尔松)护照

夫的国家主权和独立。1950 年,铁托率先提出在企业中实行工人管理,发展了社会主义自治制度。铁托还提出全民防御的理论,保卫社会主义的成果和安全。铁托为促进和加强南斯拉夫多民族的团结做出了不懈的努力和贡献。

铁托是世界公认的不结盟运动的创始者和组织者,为世界和平作出了积极的贡献。铁托生前访问过世界许多国家,会见过许多国家领导人,是著名的国务活动家和政治家。

铁托曾三次获得南斯拉夫民族英雄勋章。1974 年获得尼赫鲁国际谅解奖金;1977 年,苏联最高苏维埃主席团授予铁托十月革命勋章。1974 年 5 月,南斯拉夫联邦议会选举铁托为共和国终身总统;南共联盟第十次代表大会选举他为南共联盟终身主席。

铁托作为一个党和国家领导,在进行自我评价时说:

　　我知道,个人可以有很大的作为,但是如果他不称职而又身居这样的岗位,他又同样可能坏事。例如,德国人由于希特勒而受了罪,因为他不是一个聪明人。他们先是把他奉为上帝。一个人必须始终了解本国人民的愿望,考虑本国人民的愿望。如果看不到这种愿望,只看到自己,

把自己凌驾于人民之上，那就完了。只有在了解并理解来自人民、群众和生活的一切，才能取得成就。正是由于我们来自人民，我们懂得评价什么是正确的，我们了解我国人民的愿望，我们相信他们，我们才能为实现这些愿望而展开斗争。

1980 年 5 月 4 日，铁托逝世。铁托领导南斯拉夫党和国家近 40 年，他的逝世对南斯拉夫联邦是一个重大的损失，南斯拉夫联邦各族人民沉浸在悲痛之中，世界人民表示深切哀悼。

5 月 8 日，在规模空前的安葬仪式上，来自 127 个国家的 209 个代表团出席。其中有 122 个政府代表团、68 个政党的代表团、4 个解放运动的代表团、9 个国际组织的代表团和 6 个其他代表团。在这些高级代表团中，有 38 位国家元首、5 位国王、7 位副总统、6 位议长、22 位总理、47 位外长。世界上没有哪一位领导人在去世时能赢得这么多人数的高规格嘉宾参加哀悼。这充分说明铁托生前得到了世界各国人民的尊敬和爱戴。

铁托纪念屋（贝尔格莱德）

铁托虽然离世，但他的思想和事业却永远留在南斯拉夫人民心中。铁托病重期间和逝世前后，西方报刊发表了大量的文章和报道，对南斯拉夫的未来提出了种种猜测。一些人怀疑铁托之后南斯拉夫联邦能否保持独立发展和继续走自治社会主义道路；一些学者断言，这个联邦国家不久会解体，民族情绪对立，宗教势力活跃，经济崩溃，外交政策转向；等等。

南斯拉夫各族人民以实际行动作出了回答。他们决心克服面临的困难，继承铁托未竟的事业，走铁托开创的道路。南斯拉夫党和国家作出决定，继续坚持社会主义自治制度，加强各族人民的团结，继续执行不结盟的外交政策。

铁托在世时，以他个人的智慧和威望，缓解和处理了国内出现的种种社会问题。在他死后，许多问题和矛盾立即暴露出来，南共联盟面临严峻的考验。南斯拉夫共产党人决心适应铁托去世后出现的新形势,采取措施,继续坚持南斯拉夫的社会主义自治制度。

铁托逝世后,南共联盟决定取消党和国家领导人的终身制,实行集体领导和定期轮换制。在 5 月 4 日铁托逝世的当天,南斯拉夫联邦主席团会议便决定:由于铁托去世,共和国总统的职能终止,联邦主席团副主席拉扎尔·科利舍夫斯基接任联邦主席团主席。联邦主席团行使国家集体元首和武装部队统帅的职能,同时确定联邦主席团委员按各共和国和自治省次序轮流履行一年一期的主席团主席的职务。

6 月 12 日,南共联盟中央全会决定取消南共联盟中央委员会主席职务,南共联盟中央主席团执行主席改为主席团主席,南共联盟中央主席团则由各共和国和自治省 1 人加上军队 1 人共 9 人组成,一年轮换一次。与此同时,联邦主席团由 6 个共和国和 2 个自治省各 1 人加上南共联盟 1 人共 9 人组成,按各共和国和自治省字母顺序"轮流执政"。南共联盟只是联邦政府最高领导层的 1/9。

根据 1981 年通过的宪法修正案,联邦的议会主席、副主席和各议院主席也实行一年任期制。后来,除政府机关外,南斯拉夫各级权力机关和社会政治组织以及其他一些群众团体和自治组织的主要领导人,大多实行一年任期制,也有少数共和国实行两年任期制或四年任期制的。

据称,南共联盟和联邦政府做出这种尝试,是改革干部制度和实行干部政策民主化的一个重要步骤。它的核心是强调不是一个领袖,不是一个体现者,而是共同负责的集体领导。集体领导的实质不但是防止某些人的私心、领袖欲望和某一个人说了算,而且是促进政治社会化和党内民主化的一项措施。实行这一措施有利于避免官僚主义和权力的垄断,防止领导职务的私有化和终身化。

根据新的干部政策,各级负责干部一般都不能超过 60 岁。联邦政府部长往往在 50 岁左右,共和国政府部长通常 40 多岁。在许多企业和经济单位,30 多岁的领导干部也较为常见。

铁托之后实施的第二项重要措施是解决国家所面临的经济困难问题。南斯拉夫的社会主义自治制度连同其政治和经济方面的许多改革措施,打破了传统的行政命令式的管理体制,为各共和国和自治省搞活经济创造了良好的条件,带来了 20 世纪 70 年代下半期南斯拉夫联邦经济的发展和人民生活水平的提高。但是,这种自治制度导致联邦职权过于分散,各共和国权力过大,致使在政治和经济领域潜伏着一些矛盾,其中,南斯拉夫联邦统一的经济市场就遭到了分割。铁托刚逝世,这些问题便提上了南斯拉夫联邦和南共联盟的议事日程。

6月19日,联邦议会讨论稳定经济和贯彻代表团制问题。会议公开承认国家经济陷入困境,各种弊病颇多;同时,会议批评了因举办各种庆祝活动和纪念会议而挥霍浪费社会资金的现象。

9月29日,南共联盟召开中央全会,专门讨论稳定经济问题。全会认为,经济中存在的主要问题是投资过多,基本建设战线过长,市场紊乱,消费过热,债务严重,经济比例失调,对进口的依赖,等等。全会指出,贿赂和贪污频繁地出现,破坏法制和党纪行为屡见不鲜。同时,国内的反动残余分子,像民族沙文主义者、极"左"分子、自由主义分子和共产党情报局分子等同国外的反动势力相勾结,利用国家的经济困难,煽动对自治制度的不满。所以,稳定经济是南斯拉夫联邦的唯一抉择,是党的最紧迫任务。全会认为,为了稳定经济,在长期内将不放弃国家的作用,但不能恢复集权主义的管理方式。如果国家不尽快解决经济困难问题,就会造成严重的社会经济危机和政治后果。

南共联盟在自己的各种会议上表示,它将继续为发展自治社会主义、民主自由以及保证经济的稳定与社会和文化的发展而努力,决不向国内外反动势力让步,坚决地把铁托的事业继续下去。

正是从这时起,南斯拉夫联邦在党政领导人的组成上,从联邦、共和国和自治省直至基层单位,都贯彻等额民族代表原则。同时,这一绝对平均主义原则还落实到群众组织和民间团体,以及外交人员派出和出国组团,乃至南斯拉夫人民军军官团的组成以及高级将领的任命方面,都一味强调各民族不论大小一律"机会均等"和"轮流坐庄"。这使各共和国的权限和独立性无限膨胀,联邦实际上已处于无权地位。

南共联盟第十二次代表大会

1982年6月26—29日,南共联盟举行了第十二次代表大会。这次大会是第一次在失去铁托和卡德尔等领导人的情况下召开的,是一次继往开来的大会。1 721名代表出席了这次大会。到1981年年底,南共联盟共有211万盟员,人数达到该党历史上的最高峰。盟员占全国人口的9.5%,他们分布在6 200多个基层组织里,占全国就业人口的近1/4。盟员中1/3是27岁以下的青年。

这次大会又是在国家面临严重的经济困难和社会问题的情况下召开的。为此,除召开全体会议外,会议还分 6 个专业委员会讨论工作。大会把稳定经济、坚持和发展社会主义自治制度作为中心议题,展开了深入的、坦诚的讨论,并作出了重要决议。

代表们就当时社会经济体制和政治体制中存在的问题进行了开诚布公的批评,提出了许多建设性的意见。不少代表的发言认为,30 多年来实行自治制度的实践证明,这一制度是南共联盟把马克思列宁主义的基本原理同本国特殊条件相结合的产物,是符合国情的。它使南斯拉夫联邦的经济体制和政治体制发生了令人瞩目的变化,有了长足的进步。但是,自治制度本身在理论上和实践中还需要不断完善,国家还有许多困难,尤其是严重的经济困难。

代表们在分析造成这些困难的原因时指出,既有客观的、外部的因素,也有主观的、内部的因素。根据大会发言和大会召开前后政治界和理论界人士的分析,南斯拉夫联邦经济不稳定的主要原因可归纳如下:

(1) 世界能源危机和资本主义世界经济危机的冲击。1979—1981 年,南斯拉夫联邦为进口石油多支付了 70 多亿美元,即每年 23 亿多美元。这主要是石油等能源涨价造成的。西方发达国家的贸易保护主义政策使南斯拉夫联邦削减进出口贸易,因而使依靠能源和原材料等进出口的工业部门的生产大幅度下降。

(2) 高投资、高消费和高福利政策,使社会消费超过社会生产水平,投资超过客观的现实可能性,形成通货膨胀,外债增多。例如,在外汇管理制度上,各共和国和自治省、一些企业为了各自的利益和多得外汇,纷纷自行向外国举债,结果使得南斯拉夫联邦每年借还外债总额均超过联邦的预算,从而加重了联邦的外债负担。1976 年南斯拉夫联邦的外债为 79 亿美元,1978 年达到 140 亿美元,1980 年已超过 200 亿美元。净外债到 1981 年已达 201 亿美元,每年需还本付息 40 亿—50 亿美元,超过了南斯拉夫联邦经济的承受能力。

(3) 发展速度失控,经济结构比例失调。经济发展速度未能及时调整以适应国际国内经济形势的变化。在高速发展的同时,没有提高集约化经营水平。基础工业和原料工业落后于加工工业,为进口原料和动力花费了不少外汇。农业更落后于工业。

(4) 过分依赖外国技术,对本国的科技和技术人才重视不够。据称,南斯拉夫联邦在 30 多年里共购买了 26 万项外国专利和许可证。盲目引进的结果,使包括制造化妆品、服装、纸烟、食品、饮料等可以自行解决的简单技术和设备也被引进,造成外货充斥国内市场。同时,由于本国经济效益差,国际收支上的巨大赤字转化为外债,加重了国家负担。

(5)经济和政治体制存在一些问题。联邦与各共和国和自治省的关系是协商与合作的关系,在批判中央集权主义之后,又助长了地方主义、本位主义和分裂主义。各地闭关自守、市场分割,破坏了南斯拉夫联邦的统一市场。

鉴于上述情况,代表们在会上对进一步发展自治制度和稳定经济提出了明确目标和具体任务。十二大认为,国家经济遇到的困难不是社会主义自治制度发生了危机,而是这个制度贯彻得不够理想。大会对于日益抬头的各种反对社会主义自治制度的势力进行了分析和批判,指出国家集权主义的实质在于不相信工人阶级和自治的劳动群众的力量,而只迷信国家对经济进程的干预;而专家治国论者则只相信少数人对政治决策的垄断权,忽视工人阶级是社会的基本动力;至于民族主义和地方本位主义,则损害了南斯拉夫联邦的整体性和共同利益。

十二大还着重讨论了南共联盟如何在政治思想上起引导作用和解决党内民主集中制的问题。大会批评了要求"南共联盟联邦化"(即南共联盟与各共和国共产主义者联盟的上下级关系所遵循的原则不是民主集中制,而是联邦原则)的主张,指出南共联盟中央机构是全南斯拉夫的统一领导机构,而不是"自治协商"机构。

为了稳定经济和克服经济中的种种消极现象,大会强调必须坚定不移地贯彻执行稳定经济的方针,使国家经济走上稳定和健康发展的道路。

实施稳定经济长期纲领

南共联盟十二大后,为稳定和发展经济,南斯拉夫联邦议会通过了几十项法令和法规,概括起来分为两大类:一类是增加生产和扩大出口,降低生产指数和压缩投资,如宣布第纳尔贬值、限制进口、鼓励出口、生产出口产品的企业可以进口原材料等;另一类是厉行节约和冻结物价、如实行汽油凭票供应、限制用电量、加强对外汇存款的管理等。

其中,最重要的一项措施是把稳定经济作为长期战略任务纳入 1981—1985 年中期发展计划。这个计划体现了稳定经济的精神,提出了切实可行的增长指标,在社会总产值、生产投资、工业产值、进口、生活水平提高等方面都放慢了速度,而劳动生产率、出口方面却提出了较高指标。

1981 年 3 月 17 日,南斯拉夫联邦议会通过的 1981—1985 年社会发展计划规定:在今后 5 年期间,国内生产总值年平均增长率为 4.5%,工业为 5%,农业为 4.5%,劳动生产率为 2%。这是历次计划中增长率最低的。上一个五年计划期间,这几项指标的实际年增长率分别为 5.7%、6.7%、1.6% 和 2.3%。1981—1985 年五年计划规定,出口平均年增长率为 8%,进口平均年增长率为 1.1%;5 年的国际支付赤字不能超过 60 亿美元;出口额达到弥补进口额的 70%。如果能实现这一计划,预计到 1985 年南斯拉夫联邦将消除国际收支逆差。

南斯拉夫国内生产总值中的经济成分(1947—1984 年按 1972 年价格计算)

经济部门	1947 年	1965 年	1975 年	1984 年
农业、森林、水利	44.6%	21.7%	16.9%	15.7%
工业、建筑、手工业	37.6%	47.6%	50.5%	53.5%
交通、商业、旅馆、其他	17.8%	30.7%	32.6%	30.8%

资料来源:南斯拉夫联邦统计局(1945—1985),第 75 页。

1981—1985 年五年计划规定,每年抽出 1.83% 的 GDP 用于加速发展不发达共和国和自治省的基金;用于国防的开支占 GDP 的 5.8%。计划还规定,1983 年后将不再通过发行货币来弥补联邦财政赤字。

1981—1985 年五年计划一个突出的特点是大力增加粮食生产。根据这一计划,小麦年产量将稳定在 600 万吨以上,玉米年产量为 1 200 万吨,甜菜年产量为 870 万吨。到 1985 年,肉的产量应达到 150 万吨,牛奶的产量应达到 52.5 亿升。这不仅能满足国内的需要,而且还能有适量出口。

1981—1985 年五年计划另一个突出的特点是充分利用本国资源大力发展能源。到 1985 年,南斯拉夫联邦整个发电设备的装机容量将达到 2 150 万千瓦,煤产量将达到 8 200 万吨(1980 年实际产量为 4 700 万吨左右),石油产量将从 1980 年的 422.9 万吨增加到 500 万吨。

与此同时,在 1981—1985 年的 5 年内,整个投资的增长速度必须低于社会生产增长的速度,规定固定资产的投资年增长率为 1.5%,非生产性投资将不再增加。资金将用来优先发展本国的能源,特别是发展储量丰富的煤炭工业和建设新的水电站,以弥补 1973 年以来因原油价格暴涨而造成的损失。

这个五年计划的制订说明南斯拉夫联邦为克服经济困难和运行中的缺

点,为实现经济稳定,对解决一些非常复杂和尖锐的经济问题作出了尝试。进入80年代后,南斯拉夫联邦为稳定经济确实做出了很大努力,采取了各种措施。

1981年6月,南斯拉夫联邦动员500多名专家、学者、经济部门领导人和社会政治组织的代表,组成了联邦社会经济稳定问题委员会,由当时的联邦主席团主席谢·克拉伊盖尔任委员会主席。委员会的任务是负责对联邦社会经济的现状、产生困难的原因以及经济体制中存在的问题等进行全面分析,提出摆脱困境的出路、发展方向和改革措施,并制定了《经济稳定长期纲领》。作为稳定经济的基础,1982年4月,联邦议会通过并公布了《经济稳定长期纲领的基本出发点》,这一纲领性文件从理论上和思想认识上就社会生活的各个领域和长期发展规划制定了15项纲要,规定了进行经济改革的基本方针和原则。

1983年7月,南斯拉夫联邦议会通过了《经济稳定长期纲领》。长期纲领分三个阶段实施:第一阶段从1981—1985年底,主要是采取紧急措施以制止各种不良经济倾向;第二阶段从1986—1990年,主要目标是完善经济体制,改革经济结构,为经济发展创造条件;第三阶段从1991—2000年,目标是使整个经济跟上国内外科学技术进步的步伐。

长期纲领提出,要在社会生活的各个方面实现"深刻的变化",要求"根本改变现状",并指出了摆脱现状的途径、手段和方法。纲领的实施将为"今后经济在稳定基础上的迅速发展和社会主义自治社会经济关系的发展开辟前景"。

《经济稳定长期纲领》强调,国家的经济稳定要求南斯拉夫联邦自力更生,特别是发展自己的能源工业。在联邦的动力资源中,煤炭占84%,石油仅占5%。为此,重点应放在尽可能充分地开发利用本国能源和减少依赖进口能源上(进口能源当时占南斯拉夫联邦能源需求量的50%)。

纲领在讲到通货膨胀时,要求重点放在控制高消费和健全经济环境上。此前,南斯拉夫联邦过于乐观地估计了本国的经济状况和人民群众对物价上涨的承受能力,追求高速度发展经济,却没有调整好国民经济的结构,盲目扩大生产导致比例失调。一味急于改善和提高人民生活水平,致使消费结构和消费水平与经济发展的实际情况不一致,结果未处理好生产与消费的关系。

纲领还专门论述了发展"小经济"的重要意义。过去,有相当多的资金用于刺激个人的消费,如添置小汽车、修建度假别墅等,而没有鼓励人们开办小企业,更没有使那些拥有资金,又能自担风险的人自谋职业。

在南斯拉夫联邦,"小经济"的含义是指 200 人以下的社会所有制小企业,以及从事旅游、运输、手工加工业、建筑安装维修等劳务的城乡合作社、合同组织和个体劳动者。当时在发达国家中,小经济中的就业人数占整个经济中就业总人数的 40%,而在南斯拉夫联邦不足 10%。因此,南斯拉夫联邦小经济的发展远远落后于大工业部门。到 1981 年,南斯拉夫小企业只有 2 516个,工人为 198 501 人,平均每个小企业的职工人数为 79 人。同年,南斯拉夫联邦个体小工业作坊有 135 760 个、个体餐馆 16 485 家、个体运输户 46 106户、个体商店 854 家。另外,从事手工加工业的生产者共 9 万人左右,小旅店的床位 3 万多张。这些数字对于促使南斯拉夫联邦经济发展来说是远远不够的。出现这种情况,跟政府部门颁布的过多限制措施有关。例如,限制私人经营店铺场地不得超过 70 平方米,规定雇工不得多于 5 人,限制个体运输车辆的吨位,甚至限制私人投资办厂,规定投资办厂者必须具备一定的学历和专业技术水平,等等。

《经济稳定长期纲领》指出,小经济是整个经济的重要组成部分,是社会经济发展的长期需要。它的发展方向应该是以生产更多的小商品,尤其是消费品和旅游产品,满足居民多种多样的需要;还应该用少量投资以增加就业,提供各种劳务服务。为此,纲领宣布,取消某些不合理的行政限制,简化报批手续,扶植和促进小经济的发展。经过几年的努力,要使小经济的社会产值在整个国民经济总产值中的比重从 80 年代初的 2.5%增加到 15%—20%,使就业人数从 60 万人增加到 150 万—200 万人。

为了顺利实施这个纲领,就必须在社会政治和经济领域进行重大的改革。为此,不少南斯拉夫学者认为,《经济稳定长期纲领》标志着南斯拉夫联邦全面改革的一个新阶段。

继续发展社会主义自治制度

1986 年 6 月 25—28 日,南共联盟召开了第十三次代表大会。这次大会把克服经济危机和开辟国家经济发展前景列为中心议题。大会总结了十二大以来南斯拉夫联邦政治经济形势的发展情况,确定了南共联盟在继续发展社会主义自治制度方面的任务,决心继续沿着铁托开辟的道路前进。

为了实现十二大提出的稳定经济和进一步发展自治制度的任务,在过去的 4 年时间内,南共联盟中央委员会举行了 28 次全会和 10 次经济部门的会议,分析和讨论了南斯拉夫联邦面临的重大经济问题和社会问题及其解决办法。

南共联盟十二大以后,南斯拉夫理论界和南共联盟领导人在党内外对国家和党的工作展开了认真的讨论,提出了许多批评和建议。1984 年,南斯拉夫联邦政府责成社会问题委员会归纳整理,起草了名为《对社会主义自治政治制度运行情况的批判性分析》文件。该文件包括对南斯拉夫联邦状况的基本评价和对策建议两大部分,全面分析了社会政治生活中出现的一些消极现象,指出多中心和"多元化国家主义"已经给联邦造成严重后果,是导致经济衰退和政治混乱的重要原因。所以,南共联盟中央主席团主席维·扎尔科维奇在南共联盟十三大的报告中指出,南斯拉夫联邦摆脱危机的出路在于:进一步发展社会主义自治制度;坚决铲除"多元化国家主义"、垄断官僚主义和闭关自守的社会经济基础;尽快从外延的经营方式过渡到内涵的经营方式,在自治社会主义和各民族充分平等的基础上加强南斯拉夫联邦共同体的团结。南共联盟决心把不断改进、完善和变革政治经济制度作为一项经常性的任务。

应该说,通过几年的努力,到 80 年代中期,南斯拉夫联邦的经济形势已发生了一些积极的变化。工农业生产在经历 80 年代初的停滞甚至下降后已开始回升。1984 年和 1985 年的 GDP 分别增长 2%左右,能源和出口商品生产有了较大幅度的增长,其中电力、煤炭、造船的增长速度连年都在 8%左右,人民的生活水平在 1985 年也从连续几年的下降转为略有上升,市场日趋稳定。1984 年,南斯拉夫成功举办了萨拉热窝冬季奥林匹克运动会。

1984 年萨拉热窝冬季奥林匹克运动会开幕式

十三大前后,南斯拉夫共产党人和人民对国家未来的发展前景充满了信心。他们从不讳言发展中遇到的矛盾和困难,而是不断地总结经验教训,继续摸索社会主义自治制度发展的规律。正如南共联盟十三大的决议所指出的:"我们决心努力依靠发展公有制和自治社会主义来确认自己的革命成果和建设自治社会";"我们的目标是寻找更加人道的自由联合劳动的社会。"无论是会前还是会后,南斯拉夫共产党人多次表示,他们绝不会改变铁托所开辟的自治社会主义道路。

经济危机加剧

但是,也正是在这个时期,南斯拉夫已经深感经济处于危机之中。70年代的南斯拉夫大量举债,以国际债务替代直接投资。80年代外债已接近200亿—220亿美元。欧洲经济共同体和国际货币基金组织继续贷款,使南斯拉夫以新债还旧债,以延长还贷期限。

20世纪80年代起,南斯拉夫的经济危机在日益加剧。国内生产总值(跟1979年相比)出现负增长;通货膨胀率居高不下,1989年攀升到2 500%的天文数字;南斯拉夫的货币第纳尔不断贬值,到1985年它与西方的汇率相比下降了90%;失业率连年升高,从1981年的14%上升到1988年的17%。

与此同时,人民的实际收入在不断减少。自1979年起,南斯拉夫居民的实际收入下降了1/3,在1983—1988年,居民的实际收入下降了1/4。社会充斥着紧张、怀疑和恐慌的情绪。1987年的一项民意调查发现,79%的受访者不相信政府能解决积累的经济问题。

经济困难引起各族人民的不满和社会动荡。一位南斯拉夫学者开门见山地写道:"在多民族的国家里,在经济和社会危机时期,一句与民族有关的不慎的话就有可能引起一场并不希望发生的大火。"

1980—1991年南斯拉夫通货膨胀率①　　　　　　(单位:%)

年份	1980	1981	1982	1983	1984	1985	1986	1987	1988	1989	1990	1991
通货膨胀	31	39	31	40	55	72	89	121	194	1 240	583	117

据南斯拉夫联邦官方统计,到1989年6月,经济形势继续恶化,物价开

---

① 部分资料参见郝时远主编《旷日持久的波黑内战》,中央民族大学出版社1995年版,第37页。

始飞涨,出口停顿,外汇汇率锐变,贷款利率达到 23.4%,企业因税率过高纷纷倒闭。1987 年关闭了 2 306 家劳动生产率低下、亏本的企业,这立刻导致约 60 万人失去工作岗位。全国的失业人数第一次突破了 100 万。1989 年12 月,又有 8 608 家企业面临破产,在全南斯拉夫 600 万就业工人中有 320万工人面临失业。这样,到 80 年代末通货膨胀达到了惊人的地步,人民生活水平显著降低。这种情况在马其顿共和国、黑山共和国和科索沃自治省等地尤为严重。

1986 年南斯拉夫各地失业率

1986 年	失业率(%)	工资指数
南斯拉夫	17	100
斯洛文尼亚	2	145
克罗地亚	8	107
波 黑	24	87
黑 山	24	81
马其顿	28	67
塞尔维亚(本土)	18	93
伏伊伏丁那	16	92
科索沃	57	73

从上表可以看出:经济较为发达的共和国和地区与经济欠发达的共和国和地区的剪刀差已经非常明显。经济较发达的共和国企业成功地打入国际市场,赚取了外汇;而经济较落后的共和国暂时还难以摆脱经济停滞的状态。历史发展至今,南斯拉夫各共和国之间在经济上发展的不平衡和较严重的本位主义就是一个难以解决的问题。60 年代以来,这种经济上和生活水平上的差距不仅没有缩小,反而有拉大的趋势。

南斯拉夫第纳尔疯狂贬值(从 10 第纳尔到 10 亿第纳尔)

1989 年 12 月,货币的面值已经不适应市场价格飞涨,不得不进行货币改革,1 万旧第纳尔兑换 1 个新第纳尔。与此同时,政府制订了新的稳定经济计划,冻结了物价,实行部分商品凭票供应,限制出国旅游等措施。

早在 1988 年 10 月,南共联盟中央十八中全会就 1974 年联邦宪法过分强调分权带来的弊端进行了专门讨论,并责成联邦议会颁布宪法修正案。这次修宪对原宪法中 1/3 的条款作了修改和补充,涉及经济体制、政治体制、联邦职能等问题。这次修宪的特点是,加强了联邦的集中管理权,如摒弃"协商一致"的原则,加强联邦在立法执法方面的权限,国家机关公职人员由各民族地区选派的等额选举改为差额选举,联邦议会主席和副主席的任期由 1 年改为 4 年,等等。但是,这种变动为时已晚。

同样,1988 年南共联盟还召开了一次全国代表大会,专门讨论并通过了经济改革、政治体制改革和南共联盟改革三个改革方案,目的在于摆脱已经出现的社会经济危机。然而,没有等到改革方案的实施,一场席卷其他东欧国家的多党政治体制和"民主化"拉开了南斯拉夫民族冲突和经济崩溃的序幕,南斯拉夫联邦在"独立"狂潮中开始解体。

附录　1945—1991 年南斯拉夫历任总理(南斯拉夫联邦执行委员会主席)

约瑟普·布罗兹·铁托	1945 年 3 月—1963 年 6 月
佩特尔·斯坦鲍利奇	1963 年 6 月—1967 年 5 月
米卡·什皮利亚克	1967 年 5 月—1969 年 5 月
米特亚·里皮契奇	1969 年 5 月—1971 年 7 月
杰马尔·比耶迪奇	1971 年 7 月—1977 年 1 月(连任两届)
韦塞林·久拉诺维奇	1977 年 3 月—1982 年 5 月
米尔卡·普拉宁次(女)	1982 年 5 月—1986 年 5 月
布兰科·米库利奇	1986 年 5 月—1988 年 12 月
安特·马尔科维奇	1989 年 1 月—1991 年 11 月

二、　不结盟外交政策

南斯拉夫是不结盟运动旗手

南斯拉夫对内实行社会主义自治制度,对外奉行不结盟政策。众所周知,它是不结盟思想的诞生地,不结盟运动的创始国之一。在整个南斯拉夫联邦时期,它一贯坚持独立、自主、非集团的不结盟政策,为不结盟运动的兴起、发展和团结作出了历史性的贡献。

铁托、尼赫鲁和纳赛尔会晤（布里俄尼，1956 年）

早在 1956 年 7 月，铁托总统、印度总理尼赫鲁和埃及总统纳赛尔在南斯拉夫的布里俄尼岛上会晤，三国领导人都表示反对集团政策。他们对世界面临的主要问题，对在和平、进步和在平等基础上的国际合作持相同观点。这次会晤的结果是产生了举世闻名的《布里俄尼声明》，由 12 条组成，涉及当时国际关系中最重要的一些问题。这个文件肯定了 1955 年亚非国家万隆会议的精神，奠定了不结盟运动的基础。

不结盟政策这一概念是怎样产生的？铁托在接受外国记者采访时做了这样的回答：

就我个人而言，在万隆会议（1955 年）以及通过潘查希拉决议（即和平合作五项基本原则——笔者注）之后，我产生了这种想法。我曾经充分地考虑过这个问题。我感到这还不够，觉得这更多是宣言式的东西。我曾经说过，我们在这方面必须再前进一步。我看到的不仅仅是亚洲国家和非洲国家，而是更广的范围。因为，存在着两个集团：早就建立的西方集团和东方集团。在我看来，作为一种抗衡力量，东方集团必然会出现。这一点已经通过联合国反映出来了。在联合国内很难通过一些好的解决办法。联合国成员国大部分国家都处于这两个集团之外。我想，这些集团之外的国家毕竟应该通过某种方式联系起来。不是要具有作为第三集团的某种组织形式。但是，所有那些反对划分为集团，而赞成在万隆通过的原则以及后来又在贝尔格莱德加以补充的原则的人士和国家，应该以某种方式团结起来。总而言之，我考虑过，我们应当通过某种方式把第三世界团结起来。①

① 佩·达姆扬诺维奇等编：《铁托自述》，达洲、李代军、赵乃斌译，新华出版社 1984 年版，第 364、365 页。

1961 年 6 月,在开罗召开了不结盟国家筹备会议,提出参加不结盟会议国家的条件是:实行在和平共处和不结盟基础上的独立外交政策,支持民族解放运动;不加入大国军事集团;不缔结双边军事同盟;不向外国提供军事基地;等等。

1961 年 9 月,在贝尔格莱德举行第一次不结盟国家和政府首脑会议,宣告不结盟运动正式诞生。这次会议有来自亚洲、非洲和拉丁美洲的 28 个国家参加,它们拥有 8 亿人口,其领土面积达到 3 300 万平方千米。在这次大会上,铁托在发言中提出,发达国家应该帮助不发达国家,它们"如果把花在军备上的资金的 1/10 用于不发达地区的发展,那就能满足这些国家非常迅速发展的需要"。

南斯拉夫从一开始就把不结盟作为自己对外政策的基础和处理同东西方国家关系的指导原则。综合南斯拉夫领导人和学者的大量讲话和论述,不结盟政策的基本原则可以概括为:坚持不同社会制度的国家独立、自主和平等、和平共处和积极合作的原则;支持各国人民争取和维护民族独立、捍卫国家主权以发展民族经济和民族文化的斗争;坚持

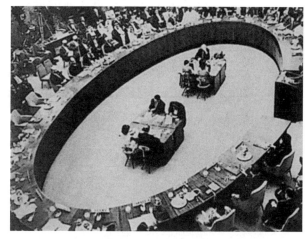

不结盟运动第一次代表会议(贝尔格莱德,1961 年)

反对集团划分,反对帝国主义、新老殖民主义、种族歧视,以及一切形式的外来干涉与统治和霸权主义;加强第三世界国家的团结;主张国际关系民主化和建立新的国际经济秩序。

南斯拉夫一向重视维护不结盟运动的团结和行动一致。它积极参加不结盟国家的重大会议和活动,并为贯彻执行历次不结盟运动会议的决议和精神作出了不懈的努力。由于参加不结盟运动的国家很多,情况千差万别,因此产生一些分歧、争端甚至冲突。20 世纪 60 年代后期,由于整个国际形势的影响和大国的干涉,在非洲和阿拉伯地区的一些国家之间出现了较为尖锐的矛盾。南斯拉夫认为,不结盟国家之间的争端和冲突应该通过和平途径加以解决。在它的倡议下,在 1968 年召开了第二次不结盟国家和政府首脑会议后,1970 年在卢萨卡举行第三次不结盟首脑会议时,有 63 个国家的代表

参加。自 1973 年在阿尔及尔召开第四次不结盟国家最高级会议之后,特别是 1976 年在科伦坡举行第五次不结盟首脑会议和 1979 年在哈瓦那召开第六次不结盟首脑会议之后,不结盟国家已发展到 95 个。不结盟运动已成为国际关系中一支独立的力量,在保持世界均势和反对争夺势力范围以及建立国际经济新秩序和维护民族独立方面,发挥着重要的作用。

1983 年,第七次不结盟国家和政府首脑会议在新德里举行,出席的成员国有 101 个,它们代表占全世界近一半的人口,占 3/4 的联合国成员国。

南斯拉夫在国际上的形象和影响是与它执行不结盟的外交政策和它在发展不结盟运动中的作用分不开的。它为贯彻和执行不结盟的外交政策,为建立一个更加公正、和平和进步的世界作出了自己的努力。

南斯拉夫在坚持不结盟的同时,在国际上开展全方位外交,对各种危机和热点问题,对危害世界和平和各国人民独立发展的重大事件,都坚持自己的原则立场。历史事实证明,南斯拉夫不仅在同苏联集团的斗争中捍卫自己的独立,而且在与西方国家的斗争中也毫不妥协。它特别注意同美苏保持平衡外交。它强烈谴责美国侵略越南的战争,反对美国干涉古巴的独立和内政,反对以色列对阿拉伯国家的侵略;同样,它对 1968 年苏联出兵捷克斯洛伐克也表明了自己的严正立场,认为对一个社会主义主权国家不能采取干涉行动;它谴责 1979 年苏联入侵阿富汗和 1980 年越南入侵柬埔寨;等等。

与此同时,南斯拉夫始终把睦邻政策放在头等重要的地位。它同意大利、奥地利、希腊、匈牙利、罗马尼亚、保加利亚和阿尔巴尼亚 7 个社会制度不同或社会制度相同的邻国很早就开放了边界,发展政治、经济、科技、文化和其他方面的合作。它坚持国家间平等合作、不干涉别国内部事务、尊重邻国的主权和领土完整的原则。

同一时期,南斯拉夫同西欧国家的关系发展顺利。1975 年 11 月,它同意大利签订了《奥西莫协议》,最终解决了两国之间的边界争端和有关保护少数民族权利的问题。20 世纪 70 年代初,铁托总统先后访问了西欧多国,同西欧国家发展政治和经贸关系,这对南斯拉夫是有益无害的。当时南斯拉夫联邦有几十万人在西欧国家打工谋生,还需要向西欧国家借债,解决国内的经济发展问题。从不结盟政策的原则立场出发,南斯拉夫积极参加 1975 年召开的欧洲安全和合作会议,为缓和国际紧张局势作出自己的贡献。作为对南斯拉夫贯彻赫尔辛基文件所作努力的肯定和对它的外交政策的赞扬,1977

年 10 月—1978 年 1 月,在贝尔格莱德召开了"欧安会"结束阶段的会议。

这期间,唯独南斯拉夫联邦与欧共体保持着全面的合作关系。1968 年 10 月南斯拉夫联邦就同欧共体建立了外交关系,1970 年则与欧共体签订了贸易协定,欧共体给予南斯拉夫联邦最惠国待遇。1973 年和 1980 年南斯拉夫联邦又同欧共体签订新的合作协定,南斯拉夫联邦享受新的优惠,并且扩大了双方合作的范围。此时,欧共体甚至表示,只要南斯拉夫联邦放弃共产党一党执政,愿意接纳南斯拉夫联邦为其成员国。这时,成百万的西方旅游者来到南斯拉夫海岸旅游和度假,近百万南斯拉夫人在西欧国家工作。

然而,后来的事实却是,正是这个与西方联系最紧密的国家,早在 20 世纪 50 年代初和 70 年代末就最有可能成为北约和欧共体成员国的国家,至今还被排除在这两个组织之外。这是值得东西方国家深思的一个问题。

截至 1985 年,南斯拉夫同世界上 139 个国家建立了外交关系,跟世界上 140 多个国家有经济联系,与 80 多个国家签订了贸易协定。

南斯拉夫的不结盟外交政策和铁托的崇高威望,既为不结盟运动的发展作出了贡献,为南斯拉夫争取了同情者和朋友,又在某种程度上牵制了大国关系。对当时的超级大国苏联来说,它提出的是社会主义国家"有限主权论",从理论上到行动上不能接受"不结盟";对另一个超级大国美国而言,它要推行霸权主义政策,从地缘战略上不愿意广大贫穷的不结盟国家对它保持对立情绪,甚至反对它的全球政策。这样,南斯拉夫就需要展示它坚定而又灵活的外交政策,充分显示它在国际事务中的特殊地位和作用。

同苏联、美国保持平衡外交

南斯拉夫作为社会主义国家,需要同苏联保持正常的外交关系,两党之间的关系则时好时坏。1961 年南苏两国签订为期 5 年的贸易协议,双边贸易额达到 8 亿美元。1963 年 8 月,赫鲁晓夫继 1956 年后又一次访问南斯拉夫,而铁托也在 1965 年 6 月回访苏联,这是南斯拉夫与苏联两国关系正常发展的体现。

南斯拉夫与苏联两国关系的转折发生在 1968 年。当时以苏联为首的华沙条约国部队占领捷克斯洛伐克时,南斯拉夫非常担心类似事件发生在自己的领土上,决定全民动员进行防御。铁托总统在 8 月 21 日谴责说:"这是对一个社会主义国家主权的侵犯和践踏,是对世界社会主义和进步力量的沉重打击。"8 月 24 日,苏联塔斯社攻击南斯拉夫"像北约帝国主义势力"一样支持捷克斯洛伐克的"反社会主义力量"。从此,南斯拉夫与苏联两国关系又冷却了几年。

1971年9月,苏共中央总书记勃列日涅夫访问南斯拉夫,表示要改善和加强两国关系。1973年10月,苏联部长会议主席柯西金访问南斯拉夫,承诺给南斯拉夫4500万美元贷款,帮助修建一座钢铁厂。当年11月,铁托总统访问莫斯科,苏联决定向南斯拉夫再提供5.4亿美元贷款以发展南斯拉夫的出口贸易。南斯拉夫与苏联双方发表的联合公报对两国在政治、经济、科技领域的合作表示满意。

1976年11月,勃列日涅夫再次访问贝尔格莱德时称,苏联和南斯拉夫两国在过去5年内贸易额翻了一番,达到60亿美元。1977年8月铁托总统访问苏联时认为,两国关系在各方面已获得全面健康发展。苏方正式承认不结盟运动是"国际关系中一个最重要的因素"。

铁托总统最后一次到苏联访问是在1979年5月,南斯拉夫与苏联双方在"友好和相互尊重的气氛中"举行了会谈。铁托总统一方面严厉批评了苏军入侵阿富汗的行动,对苏联的霸权主义政策保持警惕;另一方面重申了南斯拉夫的不结盟立场,希望今后南斯拉夫与苏联两国关系的发展不要受到双方所存在分歧的影响。可以说,南斯拉夫在对苏关系中,既捍卫了不结盟运动的原则,又避免了国家遭受苏联入侵的危险。在"冷战"年代,南斯拉夫较好地处理了南斯拉夫与苏联关系以及南斯拉夫与美国的关系,赢得了不结盟国家的赞许和尊重。

1963年10月,铁托总统趁出席联合国大会的机会第一次访问美国,并同肯尼迪总统举行了会谈,这在当时社会主义国家的对外关系方面是罕见的举动。

当时,南斯拉夫在裁军、禁止原子武器、无核区、德国统一等重大国际问题上的立场越来越接近苏联的观点,而远离美国的主张。例如,1964年下半年,南斯拉夫政府多次表示,外来势力在越南、塞浦路斯、刚果的存在"开创了危险的先例",是"侵略行动"。南斯拉夫"坚决谴责外国的军事干涉"。

南斯拉夫代表团访问美国(1963年)

1965 年 5 月 9 日,南斯拉夫为纪念战胜德国法西斯 20 周年,在游行集会上展示了苏联提供的 МИГ-21 战斗机和重型坦克,铁托总统在招待晚宴的讲话中肯定了苏联红军在打败法西斯德国方面的功绩,而没有提及美英盟军的作用。这一切都引起美国等西方国家强烈不满。美国政界和学术界称南斯拉夫不是真正的"中立国家",在许多重要国际问题上的立场不同程度地在配合苏联的行动。1968 年,由于南斯拉夫在以色列同阿拉伯国家的战争中站在后者一边,支持不结盟国家,曾使南斯拉夫、美国两国关系又一度紧张。

1970 年秋,尼克松总统成为访问南斯拉夫的第一位美国总统。第二年,铁托总统访问美国,对修复和发展南美两国关系起到了促进作用。铁托总统在同美方会谈中要求美国增加贷款和扩大双方的贸易额。美国同意增加对南斯拉夫的经济贷款和军事援助,并承认南斯拉夫的不结盟政策是国际关系中的一个重要因素。美国当时是想利用南斯拉夫在不结盟国家中的主导作用,牵制不发达国家的反美情绪,也为了防止南斯拉夫进一步靠近苏联、华沙条约和"经互会"。

1975 年美国总统福特访问南斯拉夫,他的一项重要使命是修补因南斯拉夫在 1973 年阿以战争中的反美立场而造成的裂痕。福特重申美国支持南斯拉夫的不结盟政策,保证通过国际金融机构向南斯拉夫提供新的贷款和恢复两国的军事合作。

1980 年 6 月,美国总统卡特访问南斯拉夫时表示,美国尊重南斯拉夫的独立、不结盟和领土完整。南斯拉夫学者认为,美国之所以愿意同南斯拉夫保持良好关系,是因为南斯拉夫对美国来说"有特殊的重要性"。它的不结盟的独立政策可以"在巴尔干地区、地中海和欧洲发挥稳定与和平作用"。所以,美国是南斯拉夫的第四大贸易伙伴和最大的投资国,并同南斯拉夫签订了一系列文化、科技以及军事合作协议。

南斯拉夫与阿尔巴尼亚关系复杂多变

南斯拉夫与阿尔巴尼亚的关系十分特殊而又复杂。两国毗邻,由于地理、历史和民族的原因,两国关系充满了恩恩怨怨,曲折多变。其中,科索沃问题的演变又严重影响了双边关系的发展。

第二次世界大战期间,科索沃地区的阿尔巴尼亚族支持科索沃并入阿尔巴尼亚,建立一个在意大利保护下的"大阿尔巴尼亚"。1943 年 9 月,意大利投降,科索沃的阿尔巴尼亚族认为,摆脱南斯拉夫和加入阿尔巴尼亚的时机已经成熟,从而要求科索沃同阿尔巴尼亚联合。1944年3月,南共中央致函阿尔巴尼亚劳动党和南共科索沃区委,强调在反法西斯斗争中两国的反法西斯民族解放运动应该加强合作和协调行动,关于民族自决权和边界问题应该留待战后解决。

战时,南斯拉夫和阿尔巴尼亚两党虽然在解决科索沃民族地位问题上存在分歧,但为了反对共同敌人,在反法西斯斗争中进行了较好的合作。1944年9月,应南斯拉夫人民解放军的邀请,阿尔巴尼亚游击队曾派出两个师到科索沃协同作战;11月,南斯拉夫人民解放军开始进行收复科索沃的战斗。1945年2月,科索沃的大部分地区获得解放。

"二战"后,阿尔巴尼亚与南斯拉夫建立了一种特殊的友好合作关系。1945年4月29日,南斯拉夫是第一个正式承认阿尔巴尼亚民主政府的国家。此后,两国关系有了迅速的发展。1946年6月,霍查率领政府代表团访问南斯拉夫,7月9日,阿尔巴尼亚与南斯拉夫两国缔结了友好合作互助条约。南斯拉夫向阿尔巴尼亚承诺提供经济、技术、文化和军事援助,派遣各种领域的专家和顾问。

1946年起,南斯拉夫与阿尔巴尼亚两国在种族、边界和少数民族等问题上存在分歧和争论,其关键就是科索沃问题。1948年6月,共产党情报局关于南斯拉夫问题的决议发表后,阿尔巴尼亚共产党和霍查开始指责南共领导"坚持反马克思主义和反阿尔巴尼亚的立场",企图把阿尔巴尼亚变为南斯拉夫的第7个共和国。同年7月1日,阿尔巴尼亚宣布停止履行两国间除友好合作和互助条约以外的27个条约、协定和议定书,两国关系迅速跌入低谷。

1949年5月,阿尔巴尼亚将亲南斯拉夫派领导人佐治逮捕,以"铁托主义者"的罪名秘密处决。同年9月,阿尔巴尼亚公开号召生活在南斯拉夫境内的阿尔巴尼亚族人分离出来,加入"母国"阿尔巴尼亚。这样,两国中断了外交关系。接着,阿尔巴尼亚全面倒向苏联,并从苏联获得大量援助。

直到1968—1971年,南斯拉夫与阿尔巴尼亚关系才逐渐正常化,但围绕科索沃问题的争论仍未停止。1971年南斯拉夫与阿尔巴尼亚关系实现正常化后,两国的边界开放,人员往来自由。阿尔巴尼亚的教师、教科书和印刷品源源进入科索沃自治省。

1980年铁托去世后,南斯拉夫科索沃自治省的情况变得异常混乱。阿尔巴尼亚族的示威浪潮演变成为席卷整个科索沃的骚乱。1985年霍查死后,科索沃局势稍为平静些。科索沃局势严重影响到南斯拉夫和阿尔巴尼亚的关系。关于南斯拉夫阿尔巴尼亚族的地位问题,阿尔巴尼亚一直十分关注。阿尔巴尼亚的这一立场使南斯拉夫与阿尔巴尼亚两国在科索沃问题上的争论更加激烈,使解决科索沃阿族问题更加复杂化。

1988 年,当科索沃阿尔巴尼亚族因要求从自治省升级为共和国而遭到南斯拉夫反对时,阿尔巴尼亚政府将科索沃阿尔巴尼亚族的请求上诉到有关国际组织,谴责南斯拉夫的暴力行为,而阿尔巴尼亚族侨民团体则在欧美各国组织了抗议集会。科索沃问题必然使阿尔巴尼亚卷入南斯拉夫的内部事务,向它提出科索沃阿族的地位问题。阿尔巴尼亚还常常自觉不自觉地支持在马其顿和黑山境内的阿尔巴尼亚族的分裂主义活动。南斯拉夫则指控阿尔巴尼亚力图在科索沃地区煽动阿尔巴尼亚族武装暴动和分裂活动,企图建立"大阿尔巴尼亚"。

可以说,在整个南斯拉夫与阿尔巴尼亚两国关系中,科索沃问题始终是一个解不开的症结。但是,南斯拉夫与阿尔巴尼亚两国之间的经济合作和贸易往来仍然取得了积极的成果,两国贸易额在不断增加。1979 年两国的贸易额只有 6 000 万美元,1980 年达到 1 亿美元,1981—1985 年接近 7.5 亿美元。

三、 社会主义文化与教育

南斯拉夫联邦的多元文化

南斯拉夫联邦是巴尔干半岛多种族、多元文化的缩影,被视为东西方文化的"聚宝盆"。南斯拉夫处于欧亚的十字路口,早在古代,古希腊、古罗马文明以及基督教文明、伊斯兰教文明、犹太教文明和其他文明就处于共存状态。不同民族的居民在南斯拉夫地区共居,形成了五彩斑斓的文化。

早在第二次世界大战物质条件十分艰苦的情况下,游击队的文化生活就相当活跃。1941 年底,被封闭了 22 年之久的南共中央机关报《战斗报》在乌日策重新问世,其发行量达 1 万份。铁托亲自为它写了复刊词,卡德尔担任该报主编。南斯拉夫游击队最高司令部和乌日策人民解放游击队的报刊也出版了。游击队员和居民共同举行集会,演出革命文艺节目。

1945 年,新南斯拉夫诞生后,南斯拉夫在坚持民族平等原则的同时,号召尊重和保留各民族的文化传统。南斯拉夫在历史上第一次承认马其顿文化和黑山文化与塞尔维亚文化、克罗地亚文化和斯洛文尼亚文化一样,是平等的。60年代起,又承认穆斯林文化是一种独特的文化。同时,南斯拉夫境内的少数民族的文化也受到重视和保护。

从20世纪60年代起,南斯拉夫政府对文化采取积极开放的、自由的态度和政策,国家非常重视对文化的投入。当时,全国371家博物馆每年接待800万参观者,全国的剧院每年约有430万人观看演出。

为了改变不发达地区文化科学技术的落后状态,南斯拉夫政府专门制订了帮助落后地区发展文化建设的具体措施,如决定以GDP的0.93%作为无偿补助经费支援不发达地区的文教卫生建设。

南斯拉夫作为一个联邦国家,有一个统一的政党(南共联盟)和一支统一的军队。但是,它又是一个拥有塞尔维亚族、克罗地亚族、斯洛文尼亚族、马其顿族和黑山族5个主体民族以及十几个少数民族的多民族国家,所以,它有两种文字:基里尔字母和拉丁字母;三种宗教:东正教、天主教和伊斯兰教;四种语言:塞尔维亚—克罗地亚语或克罗地亚—塞尔维亚语、斯洛文尼亚语、马其顿语和阿尔巴尼亚语。西部的斯洛文尼亚人和克罗地亚人受到西方的影响,信奉罗马天主教,使用拉丁字母;东部地区的塞尔维亚人、马其顿人和黑山人则从拜占庭接受了东正教,使用基里尔字母;而中部地区的波斯尼亚和黑塞哥维那除受到上述两种宗教影响外,主要信仰伊斯兰教。这种宗教和文化上的差异一直延续下来,并得到法律的保护。

南斯拉夫政府承认和尊重这些差别,重视发展各民族的经济、文化和教育事业。联邦宪法规定,各民族语言一律平等,各共和国和自治省自由而全面地发展各自的民族文化。各联邦单位都用各自的语言出版日报和周报,创办各民族语言的广播和电视节目。在各少数民族学校中可使用该少数民族的语言进行教学。

一个多民族国家自然也是一个多元文化的国家。文化同宗教一样,当民族关系紧张和民族矛盾加剧的时候,文化问题也凸显出来。20世纪80年代南斯拉夫社会的多元文化呈现为两大趋势:一是以塞尔维亚为代表,主张一种统一的语言和共同的文化(共性),而忽视其他民族文化的特征(个性)。这实际上是塞尔维亚所使用的语言文字和存在的文化;二是以克罗地亚和斯洛文尼亚为代表,强调每种文化的特性,而贬低能使整个南斯拉夫不同文化接近和统一的民族文化。这种思想和文化理念得到了马其顿、伏伊伏丁那、科索沃等地的支持。这实际上是夸大了本民族文化的作用,而不重视其他民族的文化。

南斯拉夫史学界称这两种文化的发展趋势和矛盾是精神领域两种民族

矛盾的体现,即"文化"中央集权主义和"文化"分离主义。两种趋势的危害是一样的,即不利于各民族之间、各共和国和自治省之间的文化交流,阻碍了全南斯拉夫各种文化的相互融合。

应当看到,南斯拉夫境内的不同文化是在一定的历史和社会条件下形成的,它们包含了各民族的语言文字、神话宗教、科学艺术、教育、习俗等诸多因素,是各民族的精神财富。各种文化存在差异是正常现象,它们不应成为民族之间对抗或发生冲突的原因或借口,每种文化都有自己的特点、长处和不足,取长补短,相互对话和交流,才能共同发展,才能实现多元文化的和谐共存。

南斯拉夫的多元文化出现冲突后,围绕联邦的文化政策、使用哪种语言文字、宗教的作用、教育体制,甚至艺术创作和表演形式等都展开了争论。南斯拉夫的"教权民族主义"和"文化民族主义"使过去较为和谐的宗教与文化同社会对立,而与各种民族主义同流合污,致使多元文化出现停滞和分裂,导致联邦国家共同体走向衰败和消亡。

在像南斯拉夫这样一个多民族的、经济和文化发展极不平衡的国家里,由于不存在公认的"南斯拉夫人""南斯拉夫民族"和"南斯拉夫文化"以及对这三者的认同感,各共和国和自治省常常提出诸如语言、文字、文化的独特性等问题,向联邦发难。可以说,各共和国和自治省扭曲了的文化认同因素也是南斯拉夫联邦崩溃的原因之一。

教育

在 1947—1951 年的"一五"计划期间,文化教育有了迅速的发展,但仍不能满足社会的需要。1953 年南斯拉夫全国有 1 699 万人,10 岁以上居民的文盲率仍占 25.4%。

1980 年全国实行 8 年制义务教育,全国有小学 1.3 万多所,在校学生 282 万余人,中学有 98.5 万名学生。教师 13 万人。1980 年全国有高等院校和科系 231 个,在校学生 31 万人。从 1945—1980 年,共培养 81.6 万名大专院校毕业生。其中,11 300 人获得了博士学位。这样,按人口平均计算,南斯拉夫在大学生数量方面进入了世界前列。

在改善人民生活的同时,国家非常关心教育事业的发展。1979 年,用于教育的费用占 GDP 的 3.9%。南斯拉夫的教育制度基本上由各共和国和自治省自己制定,联邦进行协调和指导。"二战"后规定实行 8 年制义务教育,全国 7—15 岁儿童都免费入学,任何儿童都不得被排除在外。1953 年的入学率为 71%，1981 年达到 97%。中小学的教师队伍迅速增长，1945 年平均 59 个学生才有 1 名教师，而到 1975 年每 22 个学生就有 1 名教师。

1974 年后，中等教育和高等教育开始进行改革，实行专业性较强的定向教育。原来中等教育系统的各类学校(4 年制普通中学、中等专业学校、职业学校)改为统一类型的中等定向教育学校。改革后的中等教育为 4 年制，分为两个阶段：前两年学生主要学习一般的政治、基础知识和技术课程，同时可以选修一些科目；后两年学生主要学习相关的专业技能。学生毕业后，一般具有三、四级的技术水平，同时又具备进入高等学校深造的基础。1980 年前后，接受这种新型中等教育的学生有 56.8 万人，超过普通中学生总人数的一半。

"二战"后，南斯拉夫高等教育发展迅速。"二战"前，南斯拉夫只有 3 所大学。1977—1978 学年度，全国有 18 所大学，195 个系，5 个大学级学院，136 所二年制学院，共有在校生 42.4 万多人。其中，绝大多数大学生出身于农民、工人和手工业者家庭。他们是一代新型的知识分子，成为国家各部门和各条战线上的中坚力量。在南斯拉夫高等院校中，外国留学生很多，绝大多数留学生来自发展中国家。

与此同时，南斯拉夫还十分重视职工的业余教育，建立了独特的人民大学和工人大学。这类学校采取短期和中期培训班的教学形式，对广大职工进行思想、文化和技术教育。1980 年的统计数字显示，这年有人民大学 184 所、工人大学 130 所，年度举行的中短期培训班及讲座达到 5 600 多次，参加职工超过 33 万人次。笔者 1982 年 10 月赴南斯拉夫进修时，就和其他中国进修生一起在贝尔格莱德的一所工人大学学习了 3—6 个月的塞尔维亚—克罗地亚语，算是过了语言关。

全体南斯拉夫人民的文化水平有了很大提高。早在 1950 年，贝尔格莱德人民博物馆就举办了凡·高、毕加索的抽象派画展。1965 年，贝尔格莱德的当代艺术博物馆落成，可与美国纽约现代艺术博物馆媲美。贝尔格莱德国际戏剧节成为每年吸引各国优秀戏剧剧目前来参赛和表演的舞台。斯洛文尼亚、克罗地亚和塞尔维亚都创造了一批保持着强大生命力的作品，被译成波兰文和俄文搬上华沙和莫斯科的戏剧舞台。同时，这些共和国的剧院面向广大观众，演出了诸如布莱希特、托尔斯泰、莎士比亚、莫里哀等名家的世界古典名剧。

南斯拉夫政治开放、经济发展、文化多样化，为提高人民生活水平创造了良好条件。南斯拉夫人从 60 年代初起就可以自由地出国旅游，西方国家大都取消了对南斯拉夫公民的签证。这在东欧集团也是独一无二的。全体南斯拉夫公民都享有社会保障。南斯拉夫是在东欧国家中最早普遍实行5天工作制的国家,每年有带工资的休假期。所以,每年都有几十万南斯拉夫人出国旅游。

出版事业

南斯拉夫的图书出版事业也像其他企业和社会组织一样,实行自治制度。一般是资金自筹,自负盈亏,图书由出版社自销。70年代末和80年代初,全国共有150余家出版社。其中较为知名的出版社有:教育出版社(贝尔格莱德)、光明出版社(萨拉热窝)、青年出版社(萨格勒布)等。每年出版图书1万种,8 000万册。全国共有书店1 100多家,在贝尔格莱德设有南斯拉夫图书进出口公司。

南斯拉夫是东欧社会主义国家里第一个早在1960年就取消了新闻检查的国家。出版法只对某些敏感的公开出版物,如有损社会主义自治制度和民族团结的出版物进行审查。总的来说,南斯拉夫的新闻出版业呈现多样化,相对比较自由。在一些小报刊亭甚至可以买到美国和德国的某些报刊。

据1981年的统计,南斯拉夫共有各类报纸3 000多种,总发行量约为10亿份。在报纸中,日报28种,一周双刊和一周三刊11种,周报161种,每半月出一期的报纸241种,每月出一期的报纸994种,其他为不定期报纸。在读者中影响最大的是日报和晚报。

发行量最大的日报有:南斯拉夫劳动人民社会主义联盟的机关报《战斗报》和塞尔维亚社会主义共和国社盟机关报《政治报》。它们的平均日发行量达到30万份,居各日报(晚报除外)发行量首位。另外,克罗地亚的《信使报》、斯洛文尼亚的《劳动报》、波黑的《解放报》、马其顿的《新马其顿报》、黑山的《胜利报》等都是各共和国的主要报纸,都具有较大的发行量和影响力。晚报中最受欢迎的是贝尔格莱德的《新闻晚报》和萨格勒布的《晚报》,1981年它们的发行量分别达到34.8万份和29.9万份。在贝尔格莱德出版的《体育报》和在萨格勒布出版的《体育新闻报》每日平均发行量将近15万份,是青年人和老年人都喜爱的报纸。至1983年,27家日报的日发行量超过200万份。

1981年共有各类杂志约1 400种,总发行量达到2.2亿份。其中,周刊30种,半月刊25种,月刊330种,双月刊160种,季刊203种,其余是不定期出版的杂志。

图书馆和博物馆是南斯拉夫文化领域进行信息交流和科学普及的重要

渠道。南斯拉夫除有一个国立图书馆外,各共和国和自治省都有一所大型的人民图书馆。1980年,全国共有国立图书馆约2100个,共有藏书2300多万册,每年接待读者210多万人次。

除普通的国立图书馆外,还设有科学图书馆、专业图书馆和各学校图书馆,其数量近万个,有藏书约5300万册。

据1979年统计,南斯拉夫全国有博物馆387个,包括综合性博物馆、社会历史博物馆、经济技术博物馆、自然博物馆、艺术博物馆等。这些博物馆已接待国内外参观者共计1100多万人次。

南斯拉夫拥有全国唯一的一家通讯社,简称南通社。它虽是国家通讯社,也是自负盈亏的企业单位,国家只提供给该社部分经费。南通社除向国内外发播大量消息外,还为转播不结盟国家通讯社的新闻提供了翻译力量和广播设备。

广播电视和电影

20世纪50年代末和60年代初,南斯拉夫的广播事业迅速发展,它的新闻、广播和电视已经走在苏联东欧集团的前列。有关统计资料显示,1950年,南斯拉夫有广播电台16个,1976年有广播电台189个,1979年为190个,发射功率增加25倍。1980年广播电台增加到191个,1983年有广播电台200个。电台广播的节目从1976年的317千小时增加到1983年的388千小时,其中音乐节目为240千小时。1947年平均每70个人拥有1台收音机,而到1965年平均每10个人有1台收音机。

1983年,南斯拉夫有电视发射台8个,播放节目近2000小时。1960年全国只拥有3万台电视机,而1964年突破了44万台。或者说,1960年每618人才拥有1台电视机,而到1976年平均每6.2人就有1台电视机。1983年每千人拥有175台电视机,这个数字已接近奥地利的水平。电视节目除新闻和文化频道外,增加了娱乐、歌舞节目。60年代中期起,南斯拉夫政府还允许老百姓收看意大利和奥地利的电视节目,这在东欧国家一般是遭到禁止的。广播电视的逐步普及,极大地丰富了农村的文化娱乐生活。

1896年,克罗地亚萨格勒布开始放映电影。1907年建立了第一家电影院。1910年,塞尔维亚创作并放映了第一部故事片《卡拉乔治》,讲述1804—1813年第一次塞尔维亚起义领袖英勇斗争的故事,获得观众的好评。1919年克罗地亚电影公司拍摄了历史片《玛季雅·古贝茨》。

1945 年起,南斯拉夫先后成立了南斯拉夫国家电影制片厂。此后,陆续建立了贝尔格莱德、萨格勒布、卢布尔雅那、萨拉热窝、斯科普里、铁托格勒等电影制片厂。南斯拉夫人民军成立了"旗帜"电影中心。1977 年,伏伊伏丁那和科索沃两个自治省也建立了电影制片厂。1957 年拍摄了第一部彩色故事片《齐拉神父和斯皮拉神父》,并在同年的普拉电影节上获奖。据有关资料统计,1947—1989 年,南斯拉夫共摄制了 800 多部故事片和 6 500 多部纪录片。自 20 世纪 60 年代起,南斯拉夫的电影公司一直保持每年平均制作约 30 部电影的水准。

南斯拉夫影片的出口量非常大。据统计,在 1951—1982 年,出口的故事片多达 4 905 部、纪录片 10 508 部。特别是克罗地亚导演制作的现代题材的动画片在国际上享有盛名,如 60 年代杜尚·乌科蒂奇的《游戏》《代用品》(1962 年)被誉为世界最佳动画片,获得"奥斯卡"奖。1972 年起,萨格勒布开始举办世界优秀动画片电影节。

"二战"后,南斯拉夫各电影制片厂非常关注民族解放战争、讴歌人民群众在这场战争中的革命英雄主义精神和爱国主义情怀,产生了一批深受广大观众喜爱的电影作品,如《永世生存的民族》(1947 年)、《大的和小的》《苏捷斯卡战役》(1969 年)、《瓦尔特保卫萨拉热窝》(1972 年)等。南斯拉夫经常举办电影节,既有全国性的,也有国际性的。1954 年在普拉举行了首次电影节。南斯拉夫影片在电影节上多次获得各种奖项。

在中国上演的几部影片均受到热烈欢迎。影片《瓦尔特保卫萨拉热窝》中的主人公瓦尔特已成为英雄的南斯拉夫人民的代名词。直到今天,当人们讲到南斯拉夫电影时,都不约而同地会想到 20 世纪 70 年代在中国家喻户晓的南斯拉夫《瓦尔特保卫萨拉热窝》《桥》等影片,它们成为抗击外国侵略的爱国英雄主义的象征,深受中国观众喜爱。瓦尔特扮演者的形象、影片中的名句和歌曲深深留在人们的记忆里。

20 世纪 50—60 年代起,越来越多的南斯拉夫文学和政治书籍被翻译成中文,介绍到中国。70—80 年代出现了经济、政治和文化交流的高峰。1978 年 8 月在北京成立了中国南斯拉夫经济研究会,成为拥有 300 多名会员的群众性学术团体,翻译出版了大量南斯拉夫政治和经济论著,为增进中南两国人民的了解和友谊发挥了积极作用。

作者点评

1980 年 5 月 4 日一代伟人铁托谢世,世界为之震惊! 铁托领导南斯拉夫党和国家近40年,他的逝世对南斯拉夫是一个重大的损失,对不结盟运动和世界和平事业是一次沉重的打击。南斯拉夫各族人民沉浸在悲痛之中,世界人民表示深切哀悼。这充分说明铁托生前得到了南斯拉夫各族人民和世界各国人民的尊敬和爱戴。

铁托在世时,以他个人的智慧和威望,缓解和处理了南斯拉夫多民族国家出现的种种民族矛盾和社会问题。在他去世后,许多问题和矛盾立即暴露出来,南共联盟面临严峻的考验。西方报刊发表了大量文章和报道,对南斯拉夫的未来提出了种种猜测,例如铁托之后南斯拉夫联邦能否保持独立发展和继续走社会主义自治道路。

南斯拉夫各族人民决心克服面临的困难,继承铁托未竟的事业,走铁托开创的道路。南斯拉夫党和国家作出决定,继续坚持社会主义自治制度,加强各族人民的团结,继续执行不结盟的外交政策。

20世纪80年代中期起,苏联戈尔巴乔夫的改革模式被移植到东欧。同时,苏联对东欧的政策发生了变化。南斯拉夫尽管早就开始了政治经济改革,但同样在社会主义自治制度中出现了失误,遇到经济困难和民族矛盾激化,再加上西方的长期渗透与"和平演变",这都严重动摇了南斯拉夫原有的政治制度和经济体制,甚至产生了社会危机。

南斯拉夫对内实行社会主义自治制度,对外奉行不结盟政策。众所周知,它是不结盟思想的诞生地,不结盟运动的创始国之一。在整个南斯拉夫联邦时期,它一贯坚持独立、自主、非集团的不结盟政策,为不结盟运动的兴起、发展和团结作出了历史性的贡献。

南斯拉夫也是巴尔干半岛多种族、多元文化的缩影,被视为东西方文化的"聚宝盆"。不同民族的居民在南斯拉夫地区共居,形成了五彩斑斓的文化。20世纪70年代在中国家喻户晓的南斯拉夫影片《瓦尔特保卫萨拉热窝》《桥》等,成为抗击外国侵略的爱国英雄主义的象征,深受中国观众喜爱。

南斯拉夫是原东欧地区改革开放的典范,人们津津乐道的一块乐土。如果说"二战"后南斯拉夫的迅速发展和民族团结归功于三个主要因素,即一个强有力的领导人(铁托)、存在唯一的政党(南共联盟)和一支统一的军队(南斯拉夫人民军),那么在1989—1990年的苏东剧变中上述三个稳定因素已不复存在了。南斯拉夫到了崩溃的边缘。

第八章

南斯拉夫的民族问题

一、 南斯拉夫的民族问题

南斯拉夫国家多民族的特点

南斯拉夫是个多民族国家。在它 25 万多平方千米土地上居住着近 20 个民族、少数民族和族群。这个国家的民族问题具有如下几个特点：

第一，民族众多。据 1991 年的统计，南斯拉夫联邦共有 2 235 万人。其中，塞尔维亚 928 万、克罗地亚 457 万、波斯尼亚和黑塞哥维那（波黑）412 万、马其顿 191 万、斯洛文尼亚 188 万和黑山 58 万。其中塞尔维亚族、克罗地亚族、斯洛文尼亚族、马其顿族和黑山族为 5 个主体民族，但哪一个主体民族也没有占据较大优势，超过全国人口的 40%。另外，在南斯拉夫境内还有阿尔巴尼亚人、匈牙利人、"南斯拉夫人"、意大利人、土耳其人、罗马尼亚人、保加利亚人、捷克人、斯洛伐克人、鲁辛等少数民族以及数量很少的奥地利人、德意志人、波兰人、吉卜赛人、俄罗斯人和希腊人等。在南斯拉夫境内的主要民族、少数民族和其他族群共有 25 个。这是南斯拉夫民族结构的 个显著特点。

1961—1991 年南斯拉夫各民族在全国人口中所占比例　　　（单位：人，%）

年　份	1961	1971	1981	1991
全国总人口（人）	18 549 291	20 522 972	22 427 585	23 528 230
塞尔维亚族	42.0	39.7	36.3	36.2
克罗地亚族	23.1	22.1	19.8	19.7
波斯尼亚族	5.2	8.4	8.9	10.0
斯洛文尼亚族	8.5	8.2	7.8	7.5

续表

年 份	1961	1971	1981	1991
阿尔巴尼亚族	5.0	6.4	7.7	9.3
马其顿族	5.6	5.8	6.0	5.8
南斯拉夫族	1.7	1.3	5.4	3.0
黑山族	2.8	2.5	2.6	2.3
匈牙利族	2.7	2.3	1.9	1.5

资料来源:《南斯拉夫概览》(*Yugoslav Survey*) 1992 年第 1 期,第 12 页。

第二,没有哪一个民族的人数占据绝对优势。塞尔维亚族虽然人数最多,但也未超过全国人口的 40%。从"二战"后 6 次人口普查的数字来看,人数较多的几个民族由于人口的自然增长率低于全国平均数,其人口比重呈下降趋势。从 1948—1991 年的 43 年里,塞尔维亚族由 654.7 万人增至 852.7 万人,但所占比重则由 41.51% 降至 36.32%;克罗地亚族由 378.4 万人增至 463.7 人万,比重由 23.99% 降至 19.75%;斯洛文尼亚族由 141.5 万人增至 176 万人,比重由 8.97% 降至 7.5%。同一时期,只有阿尔巴尼亚族和波斯尼亚族人数有较大的增长,马其顿族和黑山族人数也有所增加,但他们所占比重基本没有变化。

南斯拉夫各联邦单位的第一大民族、第二大民族(1981 年)　　　(单位:%)

联邦单位	第一大民族	占百分比	第二大民族	占百分比
斯洛文尼亚	斯洛文尼亚人	90.5	克罗地亚人	2.9
塞尔维亚(不包括自治省)	塞尔维亚人	85.4	南斯拉夫人	4.8
科索沃	阿尔巴尼亚人	77.4	塞尔维亚人	13.2
克罗地亚	克罗地亚人	75.1	塞尔维亚人	11.5
黑 山	黑山人	68.5	穆斯林	13.4
马其顿	马其顿人	67.0	阿尔巴尼亚人	19.8
塞尔维亚(包括自治省)	塞尔维亚人	66.4	阿尔巴尼亚人	14.0
伏伊伏丁那	塞尔维亚人	54.4	匈牙利人	18.9
波 黑	波斯尼亚	39.5	塞尔维亚人	32.0

资料来源:[德]马里-日宁·恰里奇:《20 世纪南斯拉夫史》,"克里奥"出版社 2013 年版,第 466 页。

第三,民族混居情况复杂。在整个南斯拉夫,塞尔维亚人相对多些,但在克罗地亚、科索沃,他们属于少数民族。在塞尔维亚共和国,塞尔维亚族作为主体民族,其人数也不超过共和国人口总数的70%,有1/3的塞尔维亚族人居住在南斯拉夫其他共和国。同样,在塞尔维亚也居住着大量少数民族。其他共和国的情况大同小异,其主体民族除居住在本共和国外,还或多或少居住在其他共和国。

第四,文化文明差异大。南斯拉夫各民族长期处于不同的国家统治下,他们的政治、经济、文化传统、语言文字、宗教都属于不同的文明范畴,存在明显的差别。这是多民族国家的普遍现象,但在南斯拉夫则尤为突出。如前文所述,它有两种文字:基里尔字母书写的文字和拉丁字母书写的文字;三种宗教:东正教、天主教和伊斯兰教;四种语言:塞尔维亚—克罗地亚语或克罗地亚—塞尔维亚语、斯洛文尼亚语、马其顿语和阿尔巴尼亚语。西部的斯洛文尼亚人和克罗地亚人信奉罗马天主教,使用拉丁字母书写的文字;东部地区的塞尔维亚人、马其顿人和黑山人信奉东正教,使用基里尔字母书写的文字;而中部地区的波黑除受到上述两种宗教影响外,主要信仰伊斯兰教。波黑同时使用基里尔字母和拉丁字母。这种在文化上的差异一直延续下来,并得到南斯拉夫联邦法律的保护。

第五,历史积怨甚深。南斯拉夫的民族问题既是世纪宿怨,又是现实的利益冲突。它表现在多层次多方面。各共和国同联邦之间、各共和国之间、共和国内的不同民族之间、各共和国和自治省内部、南斯拉夫同邻国之间都存在民族矛盾。这些矛盾又表现在历史、经济、政治、文化、宗教等诸多方面。

这些文化、经济和生活水平的实际差别,在一定程度上影响着南斯拉夫的民族关系。这说明南斯拉夫是一个多民族、多宗教和多元文化国家,其民族关系尤为错综复杂。

上述特点为南斯拉夫制定民族政策和解决民族问题带来了长期性、复杂性和反复性。正如克罗地亚著名学者杜尚·比兰吉奇所说:"南斯拉夫最根本的、最持久的和最具有影响的特征,就是南斯拉夫是一个多民族的共同体,其多民族的特点影响到社会发展的全面性和持久性。"

南斯拉夫的民族政策

第二次世界大战后,南斯拉夫在铁托的领导下,比较注重民族问题,并为此制定了明确的政策。南斯拉夫作为多民族国家,清楚地意识到,民族关系不仅涉及联邦敏感的内部问题,而且影响同邻国的关系。南共联盟和南斯拉夫政府在它们的决议和活动中,都为民族问题提出了一套较为完整的理论和政策,采取了一系列具有自己特色的措施。

南共联盟和联邦政府在民族问题上坚持如下原则:第一,努力通过真正实现各民族在经济和文化发展方面及其社会政治生活方面的特殊利益,使各民族的权利得以充分体现;第二,努力发展与邻国接壤的跨境民族地区的国家之间友好、睦邻和全面的合作。这种合作将使跨境民族地区不会成为一堵隔绝民族的墙,而会将更自由、更全面地同自己的主要民族沟通,变成各民族和各国之间接近与合作的因素。

南斯拉夫学者认为,南斯拉夫实行联邦制有利于保障各民族的政治经济权益,公平合理地解决民族问题。例如,联邦在实现各民族共同利益时规定了四项原则:南斯拉夫各族人民在联邦进行决策的原则;共和国和自治省平等参加联邦机构的原则;共和国和自治省相互协商、团结、相互依存关系的原则;共和国和自治省对自身发展和对整个社会主义共同体的发展负有责任的原则。因此,南斯拉夫联邦具有两个明显的特点:一是不断加强和深化民族的平等,以期彻底解决民族问题;二是联邦以及各共和国和自治省在联邦的地位和作用反映了分权制,以改革中央集权制和防止国家主义、官僚主义的倾向。

铁托在 1969 年就明确指出:

> 为了南斯拉夫各民族的真正平等和全面发展的利益,我们必须克服一切客观困难,坚决地消除一切主观上的障碍,开展经常性的和毫不妥协的斗争,以反对民族主义,不论它表现为单一民族政府主义的形式,还是表现为沙文主义和分立主义的形式。正因为我国社会主义社会实际上是各平等民族的自由共同体,它不能允许与民族主义作任何的妥协。

"二战"后,南斯拉夫的民族关系和民族政策的发展大体上经过了四个阶段。

第一阶段,1945—1965 年。在这个阶段里,南斯拉夫境内各民族通过宪法确保了他们之间的平等、团结和友爱,开始了新生活。这是民族关系比较和谐的时期。早在 1943 年 11 月南斯拉夫人民解放反法西斯委员会第二次会议的第二项决议中就强调,要"在联邦制原则的基础上建设南斯拉夫",承认南斯拉夫各民族一律平等的权利。决议指出:"为了实现南斯拉夫各族人民的主权原则,为了使南斯拉夫成为各族人民的真正祖国,为了使南斯拉夫永远不再成为任何霸权主义集团的领地,南斯拉夫要根据联邦原则来建设。这个原则……就是保证塞尔维亚人民、克罗地亚人民、斯洛文尼亚人民、马其顿人民、黑山人民及波斯尼亚和黑塞哥维那人民的完全平等。"在这次建国前召开的会议上,没有对科索沃、伏伊伏丁那的未来地位问题进行讨论。

1946年颁布的新南斯拉夫第一部宪法第1条宣布:"南斯拉夫联邦人民共和国是共和制的联邦人民国家,是建立在有自决权包括分立权基础上自愿在联邦国家共同生活的各平等民族的共同体。"该宪法承认南斯拉夫有5个民族:塞尔维亚、克罗地亚、斯洛文尼亚、黑山和马其顿。除这5个主要民族外,其第13条规定,保障各少数民族有权自由使用本民族的语言和发展本民族文化。它特别强调各民族根据民族自决权可自愿参加或退出联邦。

在1948年发生的"共产党情报局事件"中,南斯拉夫各族人民经受住了国外的政治围攻、经济封锁和军事威胁的考验。大家万众一心,在"兄弟与团结"的口号下,实现了各民族的大团结。在1953年开始实行社会主义自治制度后,各共和国和自治省的权力扩大,各族居民的生活得到改善,政局稳定,民族关系比较融洽,没有出现重大的民族纠纷和民族冲突。所以,到1958年,当时的联邦领导人甚至盲目地认为:在南斯拉夫"民族平等业已实现,并在实践中受到尊重"。他们还提出:"共产主义者有责任发展社会主义的南斯拉夫意识。"从此,有关民族问题的讨论也就不禁而止了。

1963年通过的南斯拉夫联邦宪法明文规定:"南斯拉夫社会主义联邦共和国是一个自愿联合的各平等民族的联邦国家。""公民不论其民族、人种、宗教信仰、性别、语言、教育或社会地位,权利和义务一律平等。""一切公民在法律面前一律平等。"宪法规定,任何宣传民族、种族、宗教仇恨与不和的行为,都违背宪法,应受到惩处。宪法还规定,为了保证南斯拉夫统一的市场和货币信贷制度,向不发达的共和国和自治省提供物质和其他援助,以加速它们的发展。

然而在这个阶段的后期,南斯拉夫联邦政府和南共联盟开始不恰当地认为,南斯拉夫国家已经成功地解决了民族问题,强调"南斯拉夫联邦的财富和美丽就在于它的各族人民的语言、信仰和文化的多样性"。同时,南斯拉夫也被视为巴尔干国家中"民族和宗教平等的样板",这种对南斯拉夫民族问题的评估,引起南共联盟的高度重视。所以,在1964年举行的南共联盟八大上,把民族问题作为公开问题进行讨论,并把"大国霸权主义"和"人为的制造统一民族"视为阻碍南斯拉夫发展的"严重危险",加以严厉批判。

第二阶段,1966—1974年。从20世纪60年代中期起,南斯拉夫的民族关系开始紧张。南共联盟已放弃建立一个"南斯拉夫社会主义新民族"的主张,并公开承认国内存在着"民族矛盾"和"社会危机"现象。各共和国和自治省要求有"更大的独立性"和"自主权",提出要"取消(它们)对联邦所承担的义务"。民族主义开始在各方面日益强烈地表现出来。

特别是在60年代末和70年代初,南斯拉夫联邦国内政局动荡不安已反映到民族问题上。由于国外存在着流亡分子和资产阶级反动分子的挑拨离间,国内存在着民族主义分裂活动,内外因素交织在一起,常常使南斯拉夫的民族矛盾尖锐化和复杂化,损害了南共联盟和南斯拉夫国家的形象,加剧了社会动荡。英国学者阿·卡特尔在《南斯拉夫的政治改革》一书中曾公正地指出:"民族主义的许多要求和看法在南斯拉夫被证明是极其偏狭的、不开明的。更有甚者,民族主义者之间的争斗分裂了自由派领导人的团结,破坏了各种改革的成果。"

第三阶段,1974—1980年。由于南共联盟执行较为宽松的民族政策和铁托的个人崇高威望,前一阶段出现的重大民族纠纷基本上得到了处理和解决。各共和国和自治省的共盟领导人鉴于在民族问题上"放任自流"和"软弱无力"相继辞职或被撤换。所以,这个时期的民族关系暂时趋于平静和稳定。但是,南共联盟中一些领导人由此便错误地认为,民族问题在南斯拉夫已经"彻底解决",可以成为其他国家仿效的"榜样"。

1978年6月,南共联盟召开了第十一次全国代表大会,强调了民族问题。代表们在大会发言和讨论中都指出,各民族之间没有经济平等,自治是不充分的。无论中央集权主义的现象还是地方闭关自守的倾向,都不利于南斯拉夫各族人民的兄弟团结。因此,在南斯拉夫搞一元主义或分裂主义,支配主义或民族利己主义,都是违反多民族国家的民族平等和民族自治制度的。

第四阶段,1980—1990年。1980年铁托总统逝世后,许多潜在的民族矛盾和问题全部暴露出来,因而20世纪80年代被称作南斯拉夫的"危机年代"。南斯拉夫经济遇到了严重的困难,引起了社会动荡和人民的不满,民族间的利害冲突日益尖锐,民族关系趋于紧张。各共和国的领导人在经济日益恶化的条件下,力图更多地为本共和国谋利益,以取得本民族的信任,赢得民心,而把联邦的共同利益放在次要地位。于是,民族主义、地方主义、本位主义泛滥起来。

但是,当我们讲到南斯拉夫的民族政策时,应该看到南共联盟和联邦政府为促进欠发达或不发达地区的经济和文化发展做出了不懈的努力。

加速不发达地区经济发展的措施

在民族政策方面,南共联盟主张,把加速欠发达地区和共和国的发展作为实现民族平等的条件。在这一政策的引导下,南斯拉夫不发达地区的经济发展速度一直高于较发达地区。例如,经济部门的固定资产,1988年与1952年相比,全国平均增加10倍,属于不发达地区的黑山共和国则增加了44倍、科索沃自治省增加了近18倍、马其顿共和国增加了15倍。又如工业生产,1948—1988年,全国平均每年增长7.6%,但黑山共和国达到11.3%、马其顿共和国达到9.7%、波黑共和国达到8.3%、科索沃自治省达到8.1%。这些不发达地区的经济,同南斯拉夫联邦成立前相比有了飞速的发展。这与联邦政府正确执行民族政策,重视不发达地区的经济发展是分不开的。

为了帮助落后地区发展经济和文化,缩小各民族之间的差距,南共联盟和联邦政府采取了多种措施。例如,在政治上强调肃清大民族主义和地方民族主义;在行政管理上下放了许多权力,以充分发挥各共和国和自治省的积极性。又如,在经济上还采取了如下具体措施:

(1) 投资支持落后地区的重点项目建设;

(2) 建立联邦信贷基金,发放无息或低息贷款;

(3) 以GDP的0.93%作为无偿补助经费,支援不发达地区的文教卫生事业;

(4) 不发达地区优先使用外国贷款;

(5) 鼓励不发达地区与发达地区联合办企业,共同投资,共同承担风险,共同分配收益。

根据联邦法律规定,凡共和国和自治省的发展程度低于发达共和国和自治省达30%者,可以享有上述优惠条件的权利。南斯拉夫属于不发达共和国和自治省的有波黑共和国、马其顿共和国、黑山共和国和科索沃自治省。按各共和国和自治省共同协商规定,在社会计划的范围内,从已实现的联邦GDP中提取一定的百分比作为援助和贷款基金的来源。这个比例是不固定的,根据不同的年份发生变化。1966—1970年,提取的比例为1.85%,1971—1975年为1.94%,1976—1980年为1.97%,1981—1985年为1.83%,1986—1990年为1.56%。

从1965年起,联邦政府正式建立了"联邦发展经济不发达的共和国和地区的信贷基金"。在此基础上,1971 年,联邦政府又通过了《对经济不够发达的共和国和科索沃自治省提供贷款的联邦基金法》。援助和贷款基金主要是以银行贷款的方式向借贷方提供,其条件很优惠。1966—1970 年的五年计划期间,用于一般性的贷款从 15 年以后开始偿还,年息为 4%;用于专项的发展基金(指专门用于基础工业、旅游业的贷款等),则在 20—30 年以后归还,年息为 1%或 2%;而向最落后地区贷款的归还期限和利息率比这还要优惠些。

这些措施有力地促进了不发达地区经济的发展。1971—1975 年,几个不发达地区的经济增长率超过全国平均水平。例如,在实现 1971—1975 年的五年计划方面,经济不发达的共和国和科索沃自治省的发展是很快的,除黑山共和国外,经济增长速度约超过全国平均经济增长率 5%,工业实际总产值约超过 6%,经济部门的固定资金投资约超过 7%,劳动者就业率约超过25%。在 1971—1975 年,科索沃自治省的经济增长速度超过全国平均增长速度 10.3%,波黑共和国超过全国增速 5.9%,马其顿共和国超过全国增速8.5%,黑山共和国约超过全国增速 13.6%。随着物质生产的发展,基础经济设施、教育、医疗、文化等方面也取得了显著的成就。

尽管如此,从整体上看,南斯拉夫不发达地区的经济发展程度仍然远远低于发达地区。若以南斯拉夫全国人均国民经济产值为 100,从 1947—1987年,最发达的斯洛文尼亚共和国已由 163.2 上升到 202,而波黑共和国却由85.8 下降到 68,马其顿共和国由 70.3 下降到 67,最落后的科索沃自治省由49.2 下降到 27。两者差距是越来越大了。据 1975 年的统计资料,整个南斯拉夫的人均 GDP 为 1 372 美元,其中斯洛文尼亚共和国为 2 782 美元,而科索沃自治省只有 453 美元,前者比后者高出 5.8 倍。人均 GDP 方面的差距,前者与后者的比例也从 1947 年的 3.3∶1,扩大到 1987 年的 7.5∶1。

在一个多民族地区的经济和文化发展极不平衡的国家里,要实现各民族和各地区经济协调发展是一件非常困难的事情,要缩小各民族、各地区经济发展水平和结构方面遗留下来的差距,需要经过几代人长期艰苦的努力。所以,南斯拉夫领导人在讲话中多次表示,"关于民族差距在革命胜利后会迅速消失的观点,不仅在科学上站不住脚,而且常常掩盖了官僚主义、中央集权主义或霸权主义倾向"。

当然,在援助和加速发展不发达地区经济的过程中,也遇到一些问题或者说出现一些偏差。如国家没有制订全面发展落后地区的计划,资金不到位,不合理地扩大了某些建设项目等。不发达地区经济相对落后的原因是:(1)历史上经济和文化落后;(2)文化教育水平和科技力量薄弱;(3)落后地区兴建的主要是采矿企业,效率低,污染严重,科技含量低;(4)不发达地区的人口增长过快等。而要解决这些难题,既需要得力的措施,又需要长期的努力。

这样,随着南斯拉夫在20世纪80年代经济危机的加深,不发达地区与发达地区之间的矛盾便进一步激化。发达地区借口对不发达地区投资失误,浪费资金,支援给它们的资金没有真正用来发展经济,因此反对甚至拒绝再向加速发展不发达地区信贷基金缴纳资金,使该项信贷基金名存实亡,造成不发达地区许多已开工的项目无法完工。不发达地区则认为,它们的经济发展缓慢是由于联邦提供的资金太少,不关心它们;甚至认为,它们生产的原材料价格低,受到了剥削。到了80年代末,在制订经济发展计划和政策时,各共和国和自治省讨价还价,最后竟发展到"互相指责",并实行"经济封锁"的地步。地区间的经济矛盾使民族关系紧张化,也违背了南共联盟和联邦政府提出的各民族共同发展的初衷。经济发展水平差距的拉大,成为诱发不发达地区发生动乱的重要原因之一。

南斯拉夫各地区发展的差异(1947—1988 年)

共和国、自治省	人口（占%）		人均 GDP（占%）		出生率（%）		文盲率（%）		多少人拥有1 名医生	
	1953 年	1988 年	1953 年	1988 年	1947 年	1987 年	1948 年	1981 年	1952 年	1987 年
南斯拉夫	100	100	100	100	2.61	1.51	25.4	9.5	2 565	534
波黑	16.7	18.8	83	68	3.51	1.53	44.9	14.5	3 314	680
克罗地亚	23.2	19.9	122	128	2.24	1.28	15.6	5.6	1 947	477
马其顿	7.7	8.9	68	63	3.50	1.85	40.3	10.9	4 324	530
黑 山	2.5	2.7	77	74	2.89	1.58	26.4	9.4	4 473	674
塞尔维亚（包括自治省）	41.1	41.5	86	90	2.51	1.56	26.8	10.9	2 440	515
塞尔维亚（本土）	26.3	24.8	91	101	2.31	1.26	27.4	11.1	2 104	440
科索沃	4.8	8	43	27	3.85	2.91	62.5	17.6	8 527	1 092
伏伊伏丁那	10	8.7	94	119	2.44	1.15	11.8	5.8	2 556	511
斯洛文尼亚	8.8	8.3	175	203	2.24	1.42	2.4	0.8	1 704	496

资料来源:马里-日宁·恰利奇:《20世纪南斯拉夫史》,贝尔格莱德,"克里奥"出版社2013年版,第470页。

南斯拉夫人口(1948—1981年)

	1948年人口	占百分比	1961年人口	占百分比	1981年人口	占百分比
共　计	15 772 098	100%	18 549 291	100%	22 424 711	100%
塞尔维亚人	6 547 117	41.51%	7 806 152	42.08%	8 140 452	36.30%
克罗地亚人	3 784 353	23.99%	4 239 809	23.15%	4 428 005	19.75%
穆斯林	808 921	5.13%	972 960	5.25%	1 999 957	8.92%
黑山人	425 703	2.70%	513 832	2.77%	579 023	2.58%
马其顿人	810 126	5.14%	1 045 516	5.64%	1 339 729	5.97%
斯洛文尼亚人	1 415 432	8.97%	1 589 211	8.57%	1 753 554	7.82%
阿尔巴尼亚人	750 431	4.76%	914 733	4.93%	1 730 364	7.72%
德国人	55 337	0.35%	20 015	0.11%	8 712	0.04%
匈牙利人	496 492	3.15%	504 369	2.72%	426 866	1.90%
"南斯拉夫人"	—	—	317 124	1.71%	1 219 045	5.44%
其他人	678 186	4.30%	571 570	3.08%	799 004	3.56%

资料来源:南斯拉夫联邦统计局统计资料(1945—1985),第56页。

南斯拉夫主义和"南斯拉夫人"

20世纪50年代末和60年代,在苏联和东欧国家纷纷鼓吹建立"社会主义新民族",即单一民族国家的影响下,南斯拉夫的民族政策在60年代初也出现了新情况。其中,一个重要现象便是产生了"南斯拉夫主义"(Jugoslovenstvo)和"南斯拉夫人"(Југословени)这个族群概念。

南斯拉夫主义是关于加强和巩固南斯拉夫各族人民的平等、谅解、团结友爱,以及坚持社会主义共同道路的主张。也就是说,对于南斯拉夫大小民族来说,南斯拉夫主义作为一种进步的、唯一可以接受的概念是产生于各民族反对大塞尔维亚民族资产阶级专政的共同斗争、共同的人民解放战争和革命的经验,产生于建设社会主义自治社会的经验。或者说,唯有加强和巩固南斯拉夫各大小民族的平等、相互谅解、团结友爱的发展道路,社会主义爱国主义和国际主义的道路,才能被称为南斯拉夫主义。这种南斯拉夫主义与各大小民族关于自己民族属性的民族意识丝毫不相抵触,而且是各民族语言和文化的自由发展的前提。《南共联盟纲领》强调指出:

> 在这个意义上,作为社会主义国际主义一种形式的南斯拉夫主义和渗透着国际主义精神的民主的民族意识不是彼此分割的两种现象,

而是统一过程的两个方面,把其中任何一面绝对化都必然导致反动的民族主义和沙文主义,或导致同样反动的大国霸权和对民族自决和平等的否定。

所谓"南斯拉夫人"是指"二战"后南斯拉夫一些青年人在填写人口普查登记表时所使用的名称。他们之中,有的是父母分别属于两个民族的后代,还有的是南斯拉夫人民军军官和外交官,以及少数"民族属性未定"的穆斯林,特别是波黑穆斯林,等等。这是南斯拉夫的一个特殊的人群。

铁托总统1969年曾对南斯拉夫人做了精彩的论述:

> 近来,越来越少听到南斯拉夫这个词,而人们无论写文章还是谈论主要是用联邦一词。我们必须大力强调使用南斯拉夫这个词。我们是斯洛文尼亚人、克罗地亚人、塞尔维亚人、马其顿人、黑山人以及其他民族的成员,但是,我们大家又都是南斯拉夫人,我们都是社会主义南斯拉夫的公民。在这个意义上,我们必须加强各平等民族都属于南斯拉夫社会主义共同体这样一种精神……唯有这样的南斯拉夫共同体才能保证我国各民族的繁荣昌盛和未来。

在南斯拉夫,一般的公民都忠于自己的共和国或民族,在历次人口普查中他们都称自己为塞尔维亚人、克罗地亚人、斯洛文尼亚人,等等。到20世纪60年代之前,这是南斯拉夫各民族和睦相处的最好时期。据1964年的一项民意调查,73%的被调查者认为他们同别的民族关系良好,8%的人对各民族之间的关系表示满意,只有5.3%的人称各民族之间的关系不好,其他人不持态度。

1953年,南斯拉夫进行"二战"后第一次人口普查时,在"民族属性"一栏里没有"穆斯林",当时的穆斯林属于"民族属性未定"的居民。南斯拉夫联邦宪法规定,公民对"族籍"(或民族属性)有权自由表态或不表态。所以,在当时南斯拉夫的党政文件、个人证件和护照,以及新闻媒介中,出现了"南斯拉夫人",有时也用"南斯拉夫族"。提出"南斯拉夫人"这一主张,其初衷不光是为了让波黑等地"民族属性未定"的穆斯林居民确定其民族属性,也是为了形成一个新的民族,即"社会主义南斯拉夫民族"。这种人为的做法没有得到穆斯林的支持,他们既没有选择"塞尔维亚人",也没有选择"克罗地亚人",大多数穆斯林也不愿意成为抽象的"南斯拉夫人"。

所以,起初"南斯拉夫人"并不多。1961年南斯拉夫人口普查时,波黑境内的穆斯林有27.6万人称自己是"南斯拉夫人",即占波黑人口的8.4%。当时在全南斯拉夫有近32万人在民族成分栏内填写了"南斯拉夫人",占全国人口的1.7%。

在1961—1991年,"南斯拉夫人"的比例发生了如下的变化:1971年占全国总人口2 052万中的1.3%,人数有所减少;在1981年第五次全国人口普查时,报"南斯拉夫人"的人迅速增加,占2 243万总人口中的5.4%;1991年,南斯拉夫危机爆发,面临内战,其时"南斯拉夫人"的人数又急剧下降,只占2 353万总人口中的3%。这就是说,在1971—1981年的10年间,这部分人口从占总人口的1.3%增加到占5.4%,即从27万多人增至122万人。

南斯拉夫一些人口学家认为,"南斯拉夫人"不断增长的趋势不完全是因为异族人通婚增加的结果。除一部分前几次人口普查中报塞尔维亚族、克罗地亚族的人而在后来的普查中改报"南斯拉夫人"以外,有一些人口增长率极低甚至下降的古老少数民族群体,如匈牙利族、罗马尼亚族、意大利族、保加利亚族、希腊族等,其成员在普查中报了"南斯拉夫人"这一事实也是其原因之一。此外,从社会、年龄和教育的角度来看,报"南斯拉夫人"居多的还是年轻人、城市人和受过教育的人。

据1981年的一项调查,有15%的南斯拉夫青年人承认自己有南斯拉夫属性。一般来说,在民族混居地区,"南斯拉夫人"的人数多一些。

在1985年的一项民意调查中,有许多青少年都把"南斯拉夫人"放在第一选项。在穆斯林、马其顿、黑山和塞尔维亚的青少年中,这个比例高达76%—80%,而在克罗地亚和斯洛文尼亚青少年中,这个比例低一些,约为49%。

在随后的民族矛盾和冲突中,"南斯拉夫人"的人数不太固定,他们时常因社会政治的变化而变化。到了20世纪80年代末,南斯拉夫经济衰退、社会和民族矛盾激化,国家已经处于风雨飘摇之中。所以,在80年代末的一次民意调查中,选择"南斯拉夫人"已经毫无意义,几乎每一个公民都宣布自己是属于某个共和国或某个民族的人,以参加接踵而来的自由选举。

南斯拉夫人群在缓和民族矛盾和民族关系方面是一个缓冲器。如果他们的人数更多一些,也许对解决南斯拉夫的民族问题会有更大的帮助。

二、 南斯拉夫的民族矛盾及其表现

"克罗地亚之春"运动

克罗地亚共和国的民族主义思想和运动由来已久,它反映在克罗地亚社会各阶层和克罗地亚共和国共盟领导层。这一运动被西方称为"克罗地亚之春"(Хрватско пролеће),主要是由克罗地亚知识界发起和领导的。

"二战"后,克罗地亚共和国反复强调,它在历史上是一个独立国家,拥有自己的军队和语言文化。克罗地亚共和国共盟不愿承认有一个统一的全南斯拉夫的共产党,而主张南共联盟也应该"联邦化",不要干预各共和国和各共和国共盟的内部事务。

20 世纪 60 年代,克罗地亚共和国率先发难。1967 年 3 月 17 日,克罗地亚 130 名作家和知识分子联名签署了《关于克罗地亚文学语言的名称和地位的宣言》(以下简称《宣言》),声称克罗地亚语同塞尔维亚语一样是一种独立的语言,应该保证在克罗地亚社会各方面完全使用这种书面语言。该《宣言》认为,南斯拉夫联邦宪法关于联邦国家的官方语是塞尔维亚—克罗地亚语的规定是不正确的,是对克罗地亚语的歧视。

这个《宣言》一出来就遭到塞尔维亚共和国知识界的猛烈抨击,双方就语言问题展开了激烈的争论。这种论战不仅表现在文化界和理论界以及文化团体与宗教团体之间的分歧,而且有关共和国共盟的盟员和某些党政领导人也被卷入进去。南共联盟认为,关于语言争执是没有道理的,因为克罗地亚人和塞尔维亚人所使用的语言之间并没有很大的差别,只是在书写上使用了拉丁字母(克罗地亚语)和基里尔字母(塞尔维亚语)的区别。《宣言》的要害是在南斯拉夫各族人民之间制造分裂。因此,凡参加签名的共盟盟员都受到了批评,有的被开除出党。为了平息这种过激的民族主义势力,克罗地亚和塞尔维亚两个共和国的党政领导人相继被撤换。

但是,克罗地亚共和国的民族主义和分裂主义暗流却时隐时现。1970 年,克罗地亚和塞尔维亚两个共和国之间的相互不信任又有了新的发展。两个共和国的报纸发起相互攻击:克罗地亚谴责塞尔维亚的中央集权主义是那些亲斯大林的前共产党情报局分子的产物;而塞尔维亚则指责克罗地亚的民族主义要求反映了第二次世界大战期间流亡国外的前"乌斯塔沙"分子的要求。

1971年,克罗地亚共和国的分裂主义活动达到顶峰,要求从联邦独立出来并加入联合国,要求建立自己的军队和发行自己的货币。"克罗地亚文化协会"("马蒂察",Matica)变成了宣传民族主义的阵地。后来,在铁托总统的多次亲自干预下,才结束这场针对塞尔维亚共和国和南斯拉夫的"群众性民族运动"。

根据近年公布的材料,这场"克罗地亚之春"运动已波及全南斯拉夫。波黑共和国的共盟领导要求南共联盟和联邦政府"对克罗地亚领导人在塞尔维亚人、克罗地亚人和穆斯林之间煽动种族仇恨的行为采取措施"。铁托总统表示,"如果再晚6个月干预克罗地亚事件,南斯拉夫很可能面临国内战争"。

克罗地亚共和国坚持认为,波黑共和国的穆斯林也是克罗地亚人,因而波斯尼亚是克罗地亚的领土。克罗地亚共和国把联邦中一切负面的东西都归罪于塞尔维亚共和国,把攻击的矛头直指塞尔维亚共和国。

有的巴尔干问题专家认为,克罗地亚对联邦政府不满和失望的理由很多,但可以概括为如下几点:

第一,克罗地亚共和国在联邦范围内的边界不符合它的"国家历史权利"。塞尔维亚共和国比它强大,成了"大塞尔维亚"。

第二,南斯拉夫的民主集中制原则同联邦单位的国家主权相矛盾。联邦国家处于垄断地位,各共和国失去了独立的国家地位和法律属性;而塞尔维亚又成了联邦的共同中心,成了联邦中央集权的强大捍卫者,这违背了联邦是各族人民平等联合共同体的精神。

第三,共产党员是无神论者与天主教发生了冲突。南斯拉夫战后又与梵蒂冈断绝外交关系,这刺痛了信奉天主教的克罗地亚人和斯洛文尼亚人的心,使他们在精神上受到了打击。

第四,南斯拉夫各地区的经济发展不平衡。北部和西北部的斯洛文尼亚和克罗地亚两个共和国经济发达,而南部和东南部的波黑共和国、马其顿共和国、科索沃自治省、黑山共和国和塞尔维亚共和国(部分地区)比较落后和贫穷。南斯拉夫以损害发达地区的利益来援助欠发达地区,使克罗地亚共和国认为自身在物质上付出太多。

第五,克罗地亚共和国对联邦的干部政策不满。克罗地亚人在军队、国家安全部门和中央机关任要职者很少,而塞尔维亚人和黑山人占据了主要领导职位和要害部门。尽管南斯拉夫的元首是克罗地亚人铁托,二号领导人是斯洛文尼亚人卡德尔,但克罗地亚和斯洛文尼亚两个共和国对联邦的干部政策仍耿耿于怀。

可见,克罗地亚共和国同塞尔维亚共和国、南共联盟和联邦政府积怨甚久,很难化解。克罗地亚共和国的态度变化在很大程度上决定了南斯拉夫的命运。

南共联盟及其领导十分重视克罗地亚和塞尔维亚两个共和国的关系,尽量使这两个共和国及塞尔维亚族、克罗地亚族两个民族之间的矛盾不致激化。因为这两个在联邦中起关键作用的共和国之间的矛盾有别于其他较小共和国之间的矛盾,它们的团结还是分裂将严重损害联邦的形象,直接威胁南斯拉夫的社会政治稳定和国家生存。

塞尔维亚《备忘录》出台

在南斯拉夫民族关系中最长久的一对矛盾是两个最大的共和国塞尔维亚与克罗地亚之间的矛盾。这两个共和国都想在联邦中起主导作用,于是导致整个联邦的民族主义情绪加剧。而且,塞尔维亚一直是受攻击的主要对象。

历史上,塞尔维亚是巴尔干半岛上最早反对奥斯曼帝国统治并获得民族独立的国家。第一次世界大战后,奥匈帝国崩溃和奥斯曼帝国解体,塞尔维亚没有恢复到"一战"前的领土和人种边界,而是将一部分领土划给了克罗地亚和斯洛文尼亚。1918 年塞尔维亚—克罗地亚—斯洛文尼亚王国成立时,塞尔维亚也没有在领土和人种方面侵占其他地区的利益。

所以,大塞尔维亚主义者强调说,塞尔维亚是整个南部斯拉夫人的领导中心,所有受到奥斯曼帝国和奥匈帝国奴役的南部斯拉夫人和地区应该团结在塞尔维亚的周围,组成南部斯拉夫国家。20 世纪初,新兴的塞尔维亚资产阶级力图将黑山、马其顿、波斯尼亚和黑塞哥维那等地并入塞尔维亚版图,恢复中世纪斯特芬·杜尚帝国时期的强大的塞尔维亚国家。

特别是在第二次世界大战期间,塞尔维亚人民像"一战"中一样,作出了巨大的牺牲,同南斯拉夫各族人民一起开展艰巨的反法西斯游击战和人民解放战争,成为欧洲反法西斯抵抗运动的旗手。在战火中,"克罗地亚独立国"在德意法西斯的胁迫下杀害了约 20 万塞尔维亚起义者和平民。

在南斯拉夫联邦时期,塞尔维亚共和国包括科索沃和伏伊伏丁那两个自治省,获得准国家地位,几乎失去控制。塞尔维亚共和国在民族、宗教和地域方面似乎一分为三。而在克罗地亚有几十万塞尔维亚族,他们拥有自己的宗教、文化和地域却不能成为自治区,克罗地亚是一个统一的共和国;同样,在波黑共和国,塞尔维亚族有 100 多万,也未建立自己的国家。

因而,大塞尔维亚民族主义者认为,他们是抵御南斯拉夫内各种民族主义和分裂主义势力的先锋,是联邦的忠实捍卫者。他们常翻"历史老账",说克罗地亚人、斯洛文尼亚人、马其顿人、阿尔巴尼亚人应该对 1941 年南斯拉夫的崩溃承担大部分责任,而塞尔维亚人民为战胜法西斯和催生新南斯拉夫付出了最沉重的代价,作出了最大的贡献。

与此同时,南斯拉夫地区其他共和国至今还在大肆宣传、批判"大塞尔维亚思想""大塞尔维亚主义"以及塞尔维亚民族主义,这使塞尔维亚难以接受。所以,塞尔维亚民族主义情绪也在爆发。于是,塞尔维亚共和国强调大量分布在克罗地亚共和国、伏伊伏丁那自治省、波黑共和国和科索沃自治省等地的塞尔维亚人受到民族歧视和压迫,要求给予他们广泛的民族自治权,并号召"所有塞尔维亚人团结起来"。

1986 年 9 月,塞尔维亚共和国科学与艺术科学院公布了一份《关于我国现实社会问题备忘录》(以下简称《备忘录》),其作者是一群知名的历史学家,他们谴责南斯拉夫联邦老一代领导人(克罗地亚人铁托和斯洛文尼亚人卡德尔)执行了一条损害塞尔维亚人民的"民族主义路线",从民族上、政治上和文化上分裂联邦,全面仇视塞尔维亚。这些作者尤其对南斯拉夫联邦 1974 年的宪法不满,认为该宪法实际上承认科索沃和伏伊伏丁那是两个"自治共和国",享受准国家地位,这使塞尔维亚受到"莫大的侮辱","失去了对这两块领土的控制"。塞尔维亚共和国总是觉得,萨格勒布和卢布尔雅那在鼓动科索沃和伏伊伏丁那两个自治省闹独立,以削弱塞尔维亚共和国,分裂它的领土。同时,克罗地亚和斯洛文尼亚两个共和国在许多有关民族主义的争论问题上,往往都站在两个自治省的立场上,结成了"反塞尔维亚族联盟",现在需要保护"一个软弱的塞尔维亚"。

《备忘录》的作者指出,斯洛文尼亚和克罗地亚两个共和国在联邦占据政治和经济优势,它们结成"秘密联盟"反对塞尔维亚人民的利益,这无益于联邦的稳定。他们宣称,在克罗地亚共和国的塞尔维亚人受到虐待,在科索沃自治省的塞尔维亚人遭到"种族灭绝"。

这份由塞尔维亚共和国科学与艺术科学院副院长安·伊萨科维奇牵头的文件还认为,第二次世界大战结束以来,唯有塞尔维亚共和国的民族问题没有得到解决,因此,"塞尔维亚共和国境外的所有塞尔维亚人应该将命运掌握在自己手里",进行全民公决,表达自己的意愿。

《备忘录》带有强烈的民族主义情绪和要求,被塞尔维亚科学院党委指责为一份"反动的、反南斯拉夫的文件"。其他各共和国和自治省的党政负责人和社会名流也认为,这是"塞尔维亚民族主义的大暴露","破坏了南斯拉夫的统一""向南斯拉夫背上插了一刀",等等。

不管《备忘录》作者的动机如何,在20世纪80年代中后期南斯拉夫民族主义思潮泛滥和民族矛盾激化的情况下,《备忘录》的出台,确实为其他民族主义的进一步蔓延起了推波助澜的作用。

正是在这种塞尔维亚共和国民族主义情绪高涨的时刻,斯洛博丹·米洛舍维奇(1941—2006年)于1986年5月8日当选为塞尔维亚共和国共盟主席。他一方面指责《备忘录》的做法,另一方面却又赞同了该文件中的某些观点。他特别同情科索沃自治省塞尔维亚人的处境和遭遇,决心同科索沃的阿尔巴尼亚族民族主义者作斗争。1987年4月,米洛舍维奇访问了科索沃自治省,并向处于少数民族地位的塞尔维亚族保证:"决不会再让你们受到欺凌。"于是,米洛舍维奇成了塞尔维亚人权利的"卫道士",受到大塞尔维亚民族主义者的热捧。从此,这位"铁腕人物"被外界戴上了"最强硬的民族主义分子"的帽子。

斯洛文尼亚等共和国的民族主义

斯洛文尼亚长期受到西方文化的影响,其居民信奉罗马天主教,使用拉丁字母书写的文字,属于"中欧文化区"。它一直以此为豪。

1969年8月13日,斯洛文尼亚共和国领导人指责联邦政府在分配使用修建公路的国际贷款方面不公平,要求联邦政府辞职。这便是著名的"公路事件"。这一事件的实质在于,斯洛文尼亚认为自己是发达的共和国,联邦政府向其他不发达共和国投资是一种"政治投资"。斯洛文尼亚认为,它仅占联邦人口的8%却负担联邦预算的1/4,太不公平。这当然也是一种民族主义情绪,通过向联邦政府施加压力,损害同其他民族的关系,不利于联邦的团结。

20世纪80年代中期,斯洛文尼亚共和国也发生了"斯洛文尼亚之春"运动。这一运动提出的主要要求是言论自由,反对塞尔维亚共和国控制联邦军队。同时,在西方国家的影响下,斯洛文尼亚共和国国内成立了生态组织和保护人权组织。这在东欧其他社会主义国家被称为不同政见者运动。

1986年11月,卢布尔雅那大学的学生利用公众的支持,向联邦政府请愿,要求改变现行的联邦机制。其中,请愿书特别要求改变对服兵役的选择权利,要求取消每年 5 月 25 日的南斯拉夫青年节作为铁托生日庆祝这种"过时的仪式"。铁托在世时,南斯拉夫各族青年在这一天举行火炬接力仪式,并将接力棒呈交给铁托本人。1988 年南斯拉夫联邦政府结束了这种仪式。

1987 年 2 月,斯洛文尼亚共和国《新观察》(*Nova revija*)杂志连载了一系列文章,突破了南斯拉夫有关民族问题的禁区,大谈"南斯拉夫联邦的民族危机"和联邦的弊端。其他共和国的政界和知识界提出批评,称这是"斯洛文尼亚的备忘录"。这一系列文章的作者的主要观点是:从 1918 年成立南斯拉夫国家起,斯洛文尼亚的主权就受到了限制;在社会主义年代,它既不是独立共和国,也不是主权民族;联邦不符合斯洛文尼亚的民族利益;南共联盟是"人为的先锋队";斯洛文尼亚共和国需要建立自己的军队;等等。

同年 3 月,斯洛文尼亚共和国个别激进民族主义分子公然提出,"斯洛文尼亚共和国应该脱离南斯拉夫联邦,加入西欧……斯洛文尼亚族和克罗地亚族是南斯拉夫联邦境内最文明的民族",而其他共和国和民族完全靠联邦人为的支撑,是联邦的"包袱"。面对这种挑衅性攻击,斯洛文尼亚共和国共盟采取了一种模棱两可的态度,在批评这种"反共势力"的同时,又认为斯洛文尼亚民族主义纲领的出现是对塞尔维亚《备忘录》的回答,是对大塞尔维亚主义在科索沃问题上强硬政策的警告。斯洛文尼亚共和国的民族主义以自己亲西方的优越感,无视联邦"兄弟团结"的民族政策,破坏联邦各民族之间的团结。

到 20 世纪 60 年代中期,波黑共和国作为波斯尼亚族、塞尔维亚族和克罗地亚族三个民族共居的特殊地区,一直同时使用塞尔维亚—克罗地亚语的基里尔字母和拉丁字母。在共和国同一份报纸上一面用基里尔字母,另一面是拉丁字母。这样处理是为了在塞尔维亚族和克罗地亚族两个民族之间保持平衡。因为波斯尼亚族没有自己的官方语言,只有个别穆斯林作家在写作时保留了一些阿拉伯语的成分。

当 1967 年克罗地亚共和国提出克罗地亚语同塞尔维亚语一样是一种独立的语言时,波黑知识界开始认为,穆斯林已经被认定是一个民族,应该和其他共和国和自治省一样也使用自己的语言——波斯尼亚语。他们建立了"穆斯林文化协会",倾向于克罗地亚文化协会的独立语言观点。

在塞尔维亚语和克罗地亚语的争论初期,波黑基本上持中立立场,起着不偏不倚的作用。1970 年在萨拉热窝举行了关于在波黑学校中使用一种"宽容的"语言教学的学术讨论会。次年,波黑政府通过了一份《关于波黑书面语和语言文字政策》的文件,指出在语言方面的论战,是一定社会政治矛盾的表现形式。因此,任何关于语言问题的争论,都带有本民族自己的政治色彩。

基于这种认识,波黑共和国一方面主张"语言上的宽容",另一方面又努力提倡要发掘和使用自己的"波斯尼亚语"。波黑共和国的知识界在伊斯兰激进主义的影响下,也参加了"讨伐"南斯拉夫联邦的大合唱。1981—1982年,波黑共和国出现了一批文章和书籍,宣传19—20世纪波黑国家和民族的历史,特别是穆斯林的宗教和文化生活。波黑共和国共盟中的民族主义领导人要求"南斯拉夫联邦新宪法应给予穆斯林更多的民族权利""联邦的权力应该更小一些"。波黑共和国民族主义势力要求打造一个单纯种族和单一文化的共和国,而忽视与其他民族和文化的共处。民族主义者的最终目的是,要使波黑成为一个具有"泛伊斯兰"思想的共和国。

马其顿共和国的民族主义是一种特殊的现象。马其顿共和国、马其顿民族和语言文字都是"二战"后正式出现的,是在南斯拉夫的全力保护下才得以生存和发展的。马其顿共和国在联邦中的地位和作用显然无法同塞尔维亚、克罗地亚和斯洛文尼亚等共和国相比,但强大的联邦是它的坚强后盾。

马其顿共和国的民族主义是以"自由化运动"的面目出现的。1971—1972年,在克罗地亚共和国民族主义和自由主义思潮的推动下,马其顿共和国向联邦提出"权利平等"问题,要求实行"民主集中制"原则。1972年11月,铁托总统来到斯科普里,指出马其顿共和国的自由主义跟斯洛文尼亚和克罗地亚两个共和国的自由主义不同,更多的是一种"民族主义"。当时,马其顿共和国民族主义对"社会主义自治"原则和南共联盟的引导作用提出质疑,暗示政治多元化是未来的一种选择。

马其顿是受塞尔维亚影响最大的一个共和国,但它一直追求"去塞尔维亚化",主张马其顿共和国的东正教会脱离塞尔维亚共和国的主教区。马其顿共和国领导人的政治主张经常摇摆不定:一部分领导人支持克罗地亚共和国的"邦联化"思想;而另一部分领导人赞成塞尔维亚共和国的中央集权主张。马其顿共和国民族主义活跃还表现为"大马其顿思想"的复活,这种思想渴望生活在保加利亚和希腊的马其顿人及其居住地区都统一到马其顿共和国,组成一个强大的马其顿民族国家。马其顿共和国提出保护在保加利亚和希腊两国马其顿族的权利问题,经常使南斯拉夫同这两个邻国的关系趋于紧张。

历史上,黑山是巴尔干面积最小和人口最少的袖珍国家,但它也有一个

"大黑山"的宏伟计划。"大黑山"计划打算将阿尔巴尼亚、黑塞哥维那和塞尔维亚的一些地区纳入自己的版图。

到了 20 世纪 70—80 年代,黑山学者纷纷著书立说,欲证明黑山民族不是起源于塞尔维亚人,早就是一个单独的民族。例如,萨瓦·布尔科维奇在《黑山民族的生存与发展》、施皮罗·库林舍奇在《关于黑山的种族起源》等著作中就强调说,黑山民族是中世纪就已经存在的一个单独的民族,走过了一条特殊的历史发展道路。这一观点引起黑山共和国社会关于黑山民族起源的广泛争论,引起反塞尔维亚情绪。而塞尔维亚史学界部分人认为,黑山人起源于塞尔维亚人,没有形成一个黑山民族。黑山的历史和文化是塞尔维亚的一部分。1988 年 2 月黑山共和国共盟批评黑山学者的论断是一种"民族主义理论",不利于民族团结。黑山共和国的民族主义势力还强调他们在联邦中处于"民族不平等"的地位,黑山共和国的语言和文化特征没有得到保护,反对塞尔维亚共和国的"民族同化"政策,等等。

围绕"联邦"与"邦联"的斗争

"二战"以后,大民族主义和地方民族主义在南斯拉夫政治生活中起着越来越大的作用。实际上,像南斯拉夫这样一个多民族国家,既存在大民族的民族主义,即大民族主义;也存在小民族的民族主义,即地方民族主义。同时,民族主义的表现形式也是多种多样的,既有塞尔维亚和克罗地亚的大民族主义,也有斯洛文尼亚的"经济民族主义"、波斯尼亚的"文化民族主义"和马其顿的"地方民族主义"。它们的要求和表现形式虽不一样,但都把矛头集中指向联邦。

从 20 世纪 60 年代中期起,克罗地亚共和国、斯洛文尼亚共和国、科索沃自治省、波黑共和国、马其顿共和国等地的地方民族主义和民族分裂主义恶性发作,严重影响了联邦内部的团结,成为导致联邦解体的重要原因之一。还在 60 年代初,南共联盟和南斯拉夫政府内部已逐渐形成为两个不同的派别:一派以卡德尔为代表,得到克罗地亚共和国和斯洛文尼亚共和国社会舆论的支持;另一派以兰科维奇为首,得到塞尔维亚共和国、波斯尼亚和马其顿共和国的支持。在南斯拉夫学术界,认为这是"自由派"同"保守派"的斗争,是"邦联主义"同"联邦主义"的斗争,是非中央集权同中央集权的斗争。归根结底,这种争论和斗争的焦点是在南斯拉夫继续坚持联邦制,还是变成比联邦更松散的邦联制。

起初,铁托尽量在两派之间保持平衡,他对克罗地亚民族主义和塞尔维亚民族主义及其他民族主义,采取或调解或压制的政策。这时,他的注意力主要集中在外交方面和军事方面。他频繁出访世界各国,而国内的社会和经济问题则交给有关部门的专家来处理。

铁托是主张中央集权的。1963 年他建议设立联邦副总统一职,由塞尔维亚强硬派人物兰科维奇担任。自由主义者被迫暂时收敛,不再轻举妄动,但是这个时期非常之短。在兰科维奇升迁不久,克罗地亚人米尔卡·库弗琳当上了联邦旅游委员会主席。她主张大力发展旅游业,取消外国旅游者的签证限制,吸引他们前来投资旅馆业和餐饮业,并向旅游者提供更优惠的第纳尔汇率。兰科维奇领导的国家安全部门担心外国间谍以游客身份大量涌入,反对库弗琳的做法。于是,1964 年库弗琳被扣上"反党活动"的帽子,受到处罚。这被认为是保守势力的一个小小胜利。

1966 年 7 月,兰科维奇被铁托赶下台,自由派拍手称快,标志自由主义者占了上风。然而,自由化并没有给社会政治体制带来稳定。相反,这个时期的自由化措施助长了民族主义和分裂主义势力,并使它们全面活跃。与此同时,南斯拉夫学术界围绕导致 1941 年南斯拉夫王国崩溃的"过错"、各族人民在反法西斯战争中的作用与贡献、各共和国生活水平的悬殊和"发达"与"欠发达"的标准等问题展开了辩论。争论这些历史和现实的具体问题必然导致联邦内部民族之间的不信任,对联邦制产生怀疑。克罗地亚共和国、斯洛文尼亚共和国、波黑共和国、马其顿共和国和科索沃自治省都谋求获得更多的权利,要求联邦作出更大的让步。塞尔维亚共和国为承担起维护联邦统一的使命,它无法以令人信服的理由说服各共和国和自治省,只好借助占据优势的警察和军队,采取一些过激的行动。

如果说随着兰科维奇的下台和克罗地亚与塞尔维亚两个共和国之间矛盾的加深,南斯拉夫的根基已发生了动摇,那么 1974 年宪法的出台则预示着联邦的解体已拉开帷幕。前文已经介绍了这部宪法的新规定和新趋向,由于 1974 年宪法的实施,在南斯拉夫版图内形成了 6 个共和国加 2 个自治省的 8 个"权力中心"、8 个"封闭性的市场"和 8 个"独立的实体"。联邦各成员单位在各自的共盟领导下各行其是,地方主义和民族主义泛滥,为后来的分裂解体埋下了祸根。90 年代初,联邦内的离心力达到顶峰,南斯拉夫像一艘超负荷的巨轮在民族主义的汪洋大海中沉没。

早在 1971 年,一位塞尔维亚学者就写道:"当铁托对阿尔巴尼亚人与塞尔维亚人、克罗地亚人与塞尔维亚人的冲突熟视无睹的时候,他便犯下了一个历史性错误。南斯拉夫将为此付出沉重的代价。"①还有资料说,在 70 年代后期铁托已经预感到南斯拉夫难以继续存在下去,因为他看到国内到处出现了对峙的局面,各种民族主义顽症难以克服。联邦的基础正在动摇。1978年,铁托的老战友斯韦托扎尔-泰波·伏克曼诺维奇问他为何这么"忧郁",是否党和国家出了什么事时,铁托回答说,已经没有南斯拉夫,没有党了。

铁托逝世后,南斯拉夫一直在"联邦"和"邦联"的风雨中飘摇。

科索沃阿尔巴尼亚族接连暴动

铁托在 1980 年去世后不久,1981 年 3 月 11 日,科索沃自治省首府普里什蒂纳大学一些学生因为学生食堂伙食问题(发现汤里有虫子),发生抗议行动和小规模的罢课。后来,事态进一步扩大到全省,形成冲突。3 月 26 日、31 日和 4 月 1—2 日,除阿尔巴尼亚族学生外,这里的一些厂矿企业的职工也举行罢工,参加游行示威,并与警察发生冲突。一些示威者身藏武器,冲突造成 17 名警察和 15 名示威群众受伤,示威者用暴力包围了共盟省委大楼,提出了"我们需要共和国""科索沃成为共和国"以及改善经济状况、言论自由、民族平等、释放全部政治犯等要求,骚乱已带有明显的政治色彩。

1981 年 5 月,南斯拉夫政府决定不对这些要求让步而采取强硬态度。联邦政府认为,这是一场民族分裂主义骚乱,并称这是一起"最严重的反革命事件",是由某个外国和"南斯拉夫阿尔巴尼亚人马列主义党""解放科索沃和其他阿尔巴尼亚地区民族解放运动组织"等共同策划的,其目的是要将科索沃、黑山和马其顿等地的阿尔巴尼亚族联合起来,成立一个大科索沃共和国,然后同阿尔巴尼亚合并,肢解南斯拉夫。因此,联邦政府调来部队,宣布对科索沃自治省实行戒严,禁止公共集会,截断科索沃自治省与外界的联系。在采取镇压手段时,造成一些伤亡,并逮捕审判了一些闹事的组织者。

6 月,南斯拉夫官方承认,在科索沃事件中,死 9 人,伤 257 人(其中 133 名内务机关工作人员,124 名示威者),对 1 700 人采取了拘留和防范措施,被逮捕的大多是大学生和知识分子。与此同时,科索沃共盟省委主席团主要负责人

---

① ［南斯拉夫］斯拉沃留布·久基奇:《塞尔维亚自由主义的破产:约·布·铁托政治清算的技巧》(Slavoljub Djukić, *Slom srpskih liberala : Tehnologija političkih obračuna Josipa Broza Tita*),贝尔格莱德,地球出版社 1990 年版,第 40 页。

因对事件负有责任而"辞职",这算是联邦在这次事件上的一种妥协措施。

这一处理并未稳定科索沃自治省的局势。同年秋天和次年春天,该地区再次发生动乱,示威游行和怠工事件时有发生。联邦从历史和现实考虑,不同意让科索沃自治省成为一个共和国:第一,人们担心出现一个亲阿尔巴尼亚的共和国;第二,塞尔维亚共和国决不会放弃这一地区,否则整个南斯拉夫的统一可能遭到威胁;第三,联邦认为,阿尔巴尼亚族作为主体民族是在南斯拉夫境外,而在其境内他们是少数民族,不能成立共和国。

80年代中期,科索沃阿尔巴尼亚族中的少数极端民族主义分子,在不断制造事端的过程中丧失理智,盲目反对与他们世世代代生活在一起的塞尔维亚族,甚至亵渎同他们荣辱与共的塞尔维亚人的墓地、纪念碑和东正教寺院。这种过激行为曾引起南斯拉夫联邦各族人民,尤其是塞尔维亚人的愤怒和谴责。塞尔维亚共和国政府取消了科索沃自治省的地位,并派出大批塞尔维亚族官员和军警到科索沃各地接管政权,维持秩序。这致使塞尔维亚族和阿尔巴尼亚族之间的矛盾不断激化,冲突时有发生。

随着阿尔巴尼亚族人口的急剧膨胀,他们几乎分布在科索沃自治省的所有城市和乡村,形成了阿尔巴尼亚族穆斯林占优势的社会,完全由塞尔维亚族和黑山族居住的居民点,或塞尔维亚族占多数的居民点,则越来越少,不足全地区的1/4。科索沃民族单一化趋向越来越明显。到20世纪70年代末,在科索沃自治省的警察和安全部门以及政府部门有一半为阿尔巴尼亚族所控制。

1948—1991年科索沃地区的人口变化　　　　　　　　　　(单位:人)

年　份	1948	1961	1971	1981	1991
共计	727 820	963 988	1 243 693	1 584 441	1 900 000
阿尔巴尼亚人	498 242	646 805	916 168	1 226 736	1 650 000
塞尔维亚人	171 911	227 016	228 264	209 492	170 000

资料来源:[保加利亚]斯特凡·卡拉斯托扬诺夫:《科索沃——地缘政治分析》(Стефан Карастоянов, *Косово—геополитически анализ*),索非亚,索非亚大学出版社2007年版,第130页。

三、 南斯拉夫在民族政策上的失误

南共联盟和联邦政府制定的民族政策在解决民族问题方面作出了巨大的努力,积累了一定的经验,取得了相当的成绩,并在一定程度上缓解了复杂的民族矛盾,使南斯拉夫国家得以保持 45 年的统一和发展。但是,南共联盟和联邦政府在民族政策的理论和实践方面也确实存在一些重大的失误,使民族矛盾没有根本解决,并为后来的南斯拉夫解体和内战埋下了祸根。

失误之一:南共联盟和联邦政府所提出的"民族"概念混乱。南斯拉夫学术界和政府文件中的"民族"一词有四种不同的称谓:(1) nacija,汉语译为"民族"。但南斯拉夫一般不针对自己使用,而多用于其他国家的民族,因为它认为这是指单一民族国家的民族,而南斯拉夫是多民族国家,并没有形成一个统一的"南斯拉夫民族"。(2) narod,汉语直译为"人民"。南斯拉夫不使用该词的单数,而使用复数 narodi,意为"南斯拉夫各族人民""南斯拉夫各民族"或"主体民族"。(3) narodnosti(narodnost 的复数)和(4) nacionalnosti(nacionalnost 的复数),这两个词汉语译为"种族""族群"或"少数民族",但在南斯拉夫则称为"非主体民族"。(3)和(4)的区别在于人数的多寡或他们的"母国"是不是南斯拉夫的邻国。而真正的"少数民族"(塞文为 nacionalna manjina)这一各国通用的术语,在南斯拉夫却几乎不大使用。"少数民族"一词在其他斯拉夫国家均用复数,而在塞尔维亚语中却用单数。

这种"独树一帜"的民族划分方法看起来很讲究,其实并不科学,常常难以自圆其说,也很难为其他国家所接受。这看似提高了少数民族的地位,实际上却惹来了许多麻烦。南斯拉夫的邻国常常拿民族概念进行争论,诱发南斯拉夫国内的民族矛盾和国家间的领土纠纷。

失误之二:南斯拉夫承认波黑的穆斯林为主体民族。如前面所述,南斯拉夫境内分布在各共和国和自治省的穆斯林居民被称为"穆斯林"或"穆斯林族""波斯尼亚族"。他们主要生活在波黑共和国,说塞尔维亚语。20 世纪 60年代末起,波黑的穆斯林被承认为主体民族,这在当时和后来都是一个值得商榷的问题。第一,为什么在波黑境内的穆斯林可以获得"民族"的地位,即"主体民族",而在南斯拉夫境内其他地区(如科索沃)的大量穆斯林却是"少数民族",即"非主体民族"呢? 第二,按照宗教信仰划分民族也是不可取的。在南斯拉夫境内外有不少人是穆斯林族(波斯尼亚族),但并不是真正的伊斯兰教信徒。同样,在伊斯兰国家或地区的居民,也不都是穆斯林。

有的学者认为,在欧洲,你不是一个主体民族,你就无权拥有自己的民族国家。穆斯林被承认为一个主体民族后,其人口数量在明显增加。据 1971年的人口普查资料,1961 年,波黑有 97.3 万穆斯林,占南斯拉夫全国人口的5.2%。仅仅 10 年后,到 1971 年波黑穆斯林已多达 173 万,占南斯拉夫全国人口的 8.4%。这说明,一方面穆斯林的出生率很高,另一方面是过去一些"民族属性未定"的人,开始选择自己是穆斯林。正是从这一年起,波黑穆斯林从几个世纪来占波黑人口的第二位(仅次于塞尔维亚族)上升到第一位,占共和国总人口的 45.9%。在波黑的约 400 万人口中,穆斯林占到 39.6%,塞尔维亚族占 37.2%,克罗地亚族占 20.6%。与此同时,波黑穆斯林的地位也明显提高。波黑穆斯林在波黑共盟中央委员会的份额从 1965 年的 19% 增加到 1974 年的 33%;1969 年波黑穆斯林在该共和国议会的代表占 15.8%,而 1974 年已占到33.4%。[①]

1971 年,波黑穆斯林学者开始成立自己的穆斯林文化协会("马蒂察",Matica),要求制定自己的国旗和国徽。尽管当时南共联盟进行了制止,担心民族分裂主义蔓延,但这个年轻的民族还是在沿着独立的道路行进。1971年的联邦宪法修正案正式承认波黑穆斯林是南斯拉夫第六个宪法民族。本来,南斯拉夫的初衷是想让穆斯林牵制和削弱塞尔维亚族和克罗地亚族在波黑共和国的影响,抑制塞尔维亚大民族主义和克罗地亚大民族主义,却没有想到这种理论和行动上的草率举动竟成了后来三个民族内战的原因之一。

失误之三:片面理解和实行民族平等的原则。在社会主义自治制度下,南斯拉夫各共和国和自治省的权力不断扩大,联邦的权力几乎全部下放,仅剩下行使外交和国防的权力。联邦实际上已处于无权地位。

例如,南斯拉夫联邦中最小的、只有 50 万人口的黑山共和国,它作为不发达的共和国,不仅经济和文化方面得到迅速发展,而且在政治上与其他共和国的地位也是完全平等的。20 世纪 60 年代末,在进入联邦中央领导机关的人数中,来自黑山的多达 53 人,而来自斯洛文尼亚的有 39 人,来自克罗地亚的有 63 人,来自塞尔维亚本土的 82 人。

应该说,大小民族一律平等主要应指政治上和权利上。在一个多民族国家里,总得以主体民族为主担负起保卫国家主权的责任和发挥最大的作用,甚至作出最大的牺牲。机械地实行各民族"绝对平等"而不惜削弱主体民族发挥其正常的作用,必然造成民族之间事实上的不平等,产生新的矛盾和冲突。

失误之四:南斯拉夫在处理民族问题上的做法削弱了塞尔维亚应有的地位和作用。塞尔维亚的面积和人口约占南斯拉夫联邦面积的 35% 和人口的

① ［德］Мари-Жанин Чалич Историја Југославије у 20 веку(译自德文), Београд, "Слио" 2010, с.300、301。

40％。"二战"中,塞尔维亚付出了最惨重的代价,历史上为抗击外来入侵者也起了最大的作用。"二战"后,南共联盟的主要领导人铁托(克罗地亚人)和卡德尔(斯洛文尼亚人)都不是塞尔维亚族,唯一属于塞尔维亚族的南共领导人兰科维奇也于1966年被开除出党,塞尔维亚族对此愤愤不平。

另外,南斯拉夫联邦宪法一再扩大科索沃和伏伊伏丁那两个自治省的权力,实际上使塞尔维亚共和国一分为三。这虽然是为了防止大塞尔维亚民族主义的复活,却严重削弱了塞尔维亚共和国的地位,伤害了塞尔维亚族的民族自尊心;同时,还严重钳制了塞尔维亚共和国的正常发展,更阻碍了它对科索沃和伏伊伏丁那两个自治省行使宪法赋予的主权,以致造成民族主义泛滥,出现了事实上的民族不平等。由于这两个自治省要求独立的倾向得到了斯洛文尼亚、克罗地亚等其他共和国和民族的支持,所以加剧了塞尔维亚民族及其共和国与它们的矛盾与对抗,这也是南斯拉夫联邦解体和各共和国之间发生流血冲突的一个重要因素。

综上可见,南共联盟和联邦政府为维护南斯拉夫的团结和统一,防止民族矛盾激化,采取了一系列有针对性的方针政策。但是,由于历史和现实的原因,它们在处理民族问题的理论和实践上也出现了诸多严重失误。铁托在世时,民族关系方面的问题和矛盾就已经暴露出来;铁托逝世后,形形色色的民族主义倾向接连显现,导致民族矛盾和冲突进一步加剧。

作者点评

民族问题是巴尔干历史中一个极其重要的问题。尽管民族矛盾和冲突不是巴尔干地区特有的现象,但在历史上和当今现实生活中,这种矛盾和冲突在整个巴尔干地区和每个巴尔干国家中正在尖锐化、激烈化,成为巴尔干局势的一个显著特点和不可忽视的不稳定因素。

在当今世界,特别是在巴尔干地区,任何由民族问题引发的事件,都可能导致民族间的公开冲突,酿成悲剧。而且,也很容易为邻国或其他外来势力的干涉和卷入提供借口。因此,巴尔干各国都高度重视并合理解决民族问题。它们主张建立广泛的民族联合政府,组成由各少数民族政党及其代表参加的议会,避免、消除关于领土归属问题的争论,化解民族矛盾,以实现民族和解和保持国内稳定以及地区和平。

巴尔干的民族矛盾既是世纪夙怨,又是当今冲突之源。可以说,每一个巴尔干国家都被这个问题所困扰。

南斯拉夫的民族问题表现在多层次多方面。它作为联邦制国家，同周边邻国意大利、奥地利、匈牙利、罗马尼亚、保加利亚、希腊和阿尔巴尼亚等国几乎都不同程度地存在民族纠葛。在南斯拉夫联邦内部，不仅各共和国之间不同民族共居，而且共和国内，甚至自治省内同样不同民族混居，积怨甚多，矛盾较深。这为南斯拉夫联邦制定民族政策和解决民族问题带来了长期性、复杂性和反复性。

南斯拉夫地区是一个多民族和多元宗教文化地区，东西方文化和宗教的交会点。罗马天主教、希腊东正教和土耳其伊斯兰教三大教派在该地区都拥有众多的信徒和各自的势力范围。

各种文化存在差异是正常现象，它们不应成为民族之间对抗或发生冲突的原因或借口，每种文化都有自己的特点、长处和不足，取长补短，相互对话和交流，才能共同发展，才能实现多元文化的和谐共存。

今天，在西方大国的干预下，在南斯拉夫地区，民族主义迅速升温直至泛滥。更有甚者，在南斯拉夫联邦解体过程中，种族清洗达到令人发指的地步，民族矛盾和冲突导致爆发了以迫害、迁徙和屠杀为目标的种族战争。动荡和战乱导致少数民族人数在不断减少，象征民族精神的文化古迹遭到严重破坏乃至毁灭。

第四篇 南斯拉夫联邦解体
(1991—2003 年)

第九章
南斯拉夫联邦解体(1990—1992 年)

一、 南斯拉夫联邦解体编年史

东欧剧变:南斯拉夫"在劫难逃"

1948 年的南苏冲突、1956 年的波兰和匈牙利事件、1968 年的苏联入侵捷克斯洛伐克事件、1980 年的波兰团结工会运动等,都给东欧社会主义国家的社会政治生活留下了极其严重的创伤,使它们经受了一次又一次的考验。而 1989 年秋发生在东欧国家的剧变则使该地区社会主义国家的社会性质发生了根本性的变化。

东欧剧变后,短时间内形形色色的政党和组织竞相出现,每个国家都存在几十个甚至几百个大大小小的党派。议会选举、总统竞选、"休克疗法",造成了这些国家社会政治力量的尖锐对立,陷入了严重的无政府主义状态。

东欧各国社会制度变革始于波兰、匈牙利、民主德国和捷克斯洛伐克,旋即波及东南欧的保加利亚、罗马尼亚和阿尔巴尼亚,最后结束于南斯拉夫。

波兰率先发生剧变,成为"带头羊"。波兰统一工人党于 1988 年年底和 1989 年年初举行的十届十中全会成为波兰政局历史性转变的催化剂。全会通过的《党内改革是革新的改革战略取得成功的条件》和《关于政治多元化和工会多元化问题的立场》两个文件,为被禁达 7 年之久的波兰团结工会恢复活动开了绿灯,为召开各党派的"圆桌会议"扫清了道路。

1989 年 2 月 6 日—4 月 5 日,波兰举行"圆桌会议",达成了一揽子方案。会议结束后,波兰议会立即通过了 6 项修正法案,决定实行三权分立原则,实行总统制与两院制,允许反对派社团合法活动。同年 6 月,经过两轮大选后,波兰组成了在东欧第一个由非共产党人任总理的政府。12 月波兰议会通过宪法修正案,取消了波兰统一工人党在国家起领导作用的条款,国名由波兰人民共和国改为波兰共和国,国徽由红底白鹰改为红底戴王冠的白鹰,即恢复了"二战"前的国名和国徽。1990 年 1 月 16 日,波兰政府通过政党法草案,为实施多党制奠定了基础。由波兰引发的变革在东欧产生了多米诺骨牌效应。

早在 1989 年 2 月 11 日,匈牙利社会主义工人党中央全会便通过了《关于政治体制改革几个迫切问题的立场》决议,指出在匈牙利特定的情况下,政治体制多元化可在多党制的范畴内实现。这一决定催化了匈牙利党内及社会上各种流派的衍生。匈牙利党内出现了强大的反对派,社会上新建和重新恢复活动的反对党和政治团体有 30 多个。当年 6 月 13—21 日,匈牙利社会主义工人党与"反对派圆桌会议"代表以及 7 个社会团体的代表举行了第一轮三方圆桌会议,共同商讨向多党制和平过渡的具体步骤和办法。10 月 17—20 日召开的国会通过了新的宪法修改草案,包括国家性质、政治权力分配、人民主权、多党制、人权等诸多内容。宪法修改草案取消了关于马克思列宁主义政党在国家领导地位的条款,认定"匈牙利是一个议会型、独立、民主的法制国家";同时将匈牙利人民共和国改名为匈牙利共和国,取消共和国主席团,改行总统制。匈牙利反对党通过自由大选掌握了全部政权,结束了存在 43 年的共产党一党执政的局面。

1989 年 11 月 17 日,捷克斯洛伐克首都布拉格的大学生集会发展成数万人的游行示威,要求捷克斯洛伐克共产党领导人下台,"取消一党专政",并同警方发生了冲突。11 月 29 日,捷克斯洛伐克联邦议会批准修改宪法,取消了关于共产党在社会中领导作用的条款。12月19日,捷克斯洛伐克联邦议会批准了新政府的施政纲领,指出新政府"将实行立法、行政、司法三权分立的多元化民主政治体制"。1990年3月29日,联邦议会决定将捷克斯洛伐克社会主义共和国改名为捷克斯洛伐克联邦共和国。这样,捷克斯洛伐克的社会主义政权通过所谓"温和的革命""天鹅绒般的革命"退出了历史舞台。

1989年11月10日,保加利亚共产党举行中央全会,保共总书记、国务委员会主席托多尔·日夫科夫在执政33年后被迫辞职,该国媒体称这是一次"宫廷政变"。12月7日,16个反对派组织联合成为右翼"民主力量联盟",向保加利亚共产党及其领导的政府发起进攻,提出了改革政治体制问题。1990年1月和2月,保加利亚当权派和反对派就国家前途问题举行"圆桌会议",决定对宪法进行修改。1991年7月12日,保加利亚新宪法规定,保加利亚改为多党议会制共和国,总统由全民直接选举产生。

1989年12月16日,在罗马尼亚西部城市蒂米什瓦拉,匈牙利族神父拉斯洛·托克什因反对罗马尼亚总统齐奥塞斯库的政策而被当局驱逐。20日,该市的一些示威者夺取了军队的武器,开始向军队开火。罗马尼亚当局宣布该地区进入紧急状态。21日,齐奥塞斯库谴责蒂米什瓦拉市的冲突事件。22日,罗马尼亚军队倒戈,与支持齐奥塞斯库的保安部队展开巷战,局势急转直下。游行群众包围了总统府,占领了罗马尼亚共产党中央委员会、政府大厦、电视台和电台,逮捕了齐奥塞斯库夫妇。同时,罗马尼亚救国阵线委员会宣告成立,接管了国务委员会和政府的一切权力。25日,齐奥塞斯库夫妇被救国阵线委员会组成的特别军事法庭判处死刑,并立即执行。这就是震撼东欧的罗马尼亚"十二月事件"。27日,救国阵线委员会颁布纲领,宣称"放弃一党领导作用,建立多元化民主政体""实行国家的立法、行政和司法三权分立"。29日,救国阵线委员会决定改"罗马尼亚社会主义共和国"为"罗马尼亚"。罗马尼亚以暴力夺权的方式开始向多党议会民主制演变。

阿尔巴尼亚劳动党在1990年4月17日九届十中全会上,第一次提出要实现"社会生活的民主化"和"新经济体制"。当年7月,阿尔巴尼亚出现难民潮。10月,地拉那等地发生大规模骚乱,参与者提出了改善经济状况、实现民主化和释放政治犯等要求。1990年12月11日,阿尔巴尼亚劳动党举行九届十三中全会,决定允许成立独立的政治组织,这实际上等于宣布实行多党制。1991年3月31日,阿尔巴尼亚举行人民议会多元差额选举。新选举产生的人民议会于4月29日通过《宪法要则》,把"阿尔巴尼亚社会主义人民共和国"更名为"阿尔巴尼亚共和国",宣布阿尔巴尼亚为"民主法治国家",实行三权分立和"政治多元化"。6 月,阿尔巴尼亚劳动党召开十大,决定改名为社会党,并宣布该党"放弃马克思列宁主义作为党的指导思想的理论基础"。阿尔巴尼亚也随其他东欧国家一道走上了政治转轨之路。

1989 年:南斯拉夫生死挣扎

1989 年,当苏联和东欧的政局发生剧变的时候,南共联盟和南斯拉夫联邦也遭受强烈冲击,处于动荡和解体之中。在东欧社会主义国家迅速瓦解的情况下,西方把南斯拉夫视为"社会主义的最后堡垒",欲置之死地而后快。南斯拉夫各地在不断发生动乱事件。

早在 1988 年 12 月 30 日,南斯拉夫联邦总理布兰科·米库里奇(波黑人)因联邦经济危机和各共和国"邦联化倾向"加剧,宣布解散联邦政府,一度出现政治危机。于是,在南斯拉夫联邦和南共联盟中央形成了 4 票对 4 票的状态,即以塞尔维亚和黑山两个共和国、科索沃和伏伊伏丁那两个自治省为一方,主张维护南共联盟和联邦的现行体制;而以斯洛文尼亚、克罗地亚、马其顿和波黑 4 个共和国为另一方,支持改革联邦的党政体制。联邦党政部门已很难正常运作。

1989 年 1 月 10—11 日,黑山共和国因对塞尔维亚在联邦的强硬政策不满爆发大规模游行示威活动。时任塞尔维亚共和国共盟主席的斯洛博丹·米洛舍维奇借口"人民的不满"迫使黑山党政主要领导集体辞职,并把自己的亲信、年轻的布拉托维奇扶上台。

1989 年 1 月 17 日,斯洛文尼亚共产主义者联盟决定在斯洛文尼亚实行政治多元化;6 月 17 日,克罗地亚民主共同体诞生,结束了南共联盟在这两个共和国的垄断地位。

面对国内外出现的严峻形势,1989 年 1 月底 2 月初,南共联盟召开了第十三届二十中全会,但领导层内部对南斯拉夫党和政府的一系列问题产生了严重分歧。南共联盟中央委员德鲁日奇曾形象地把当时的南共联盟和南斯拉夫比作两列开往不同方向的火车,一列火车的火车头是塞尔维亚,另一列火车的火车头是克罗地亚和斯洛文尼亚。双方争论的焦点是南共联盟"联邦化"和南斯拉夫"邦联化"问题。

1989 年 2 月中旬,科索沃煤矿的阿尔巴尼亚族工人举行大罢工,成千上万的工人、职员、学生加入罢工活动,整个自治省陷入瘫痪。联邦主席团宣布在科索沃自治省戒严,坦克和装甲车进入动荡地区。这时,斯洛文尼亚共和国和克罗地亚共和国的领导人和社会各界组织大型集会支持和声援科索沃阿尔巴尼亚族的罢工活动,谴责塞尔维亚共和国的"沙文主义政策"。斯洛文尼亚共和国领导人还公开声称,"塞尔维亚对科索沃阿尔巴尼亚族的态度与希特勒对犹太人的政策毫无二致。每一个塞尔维亚人都可以辱骂阿尔巴尼亚人,而不用担心会有什么后果"。

1989年3月28日,塞尔维亚共和国议会通过了修改宪法的决议,取消了科索沃和伏伊伏丁那两个自治省的地位,宣布这两个地区完全由塞尔维亚司法管辖,以加强内部(包括两个自治省)的团结和集中统一。这实际上是否定了1974年宪法所赋予这两个自治省的所有权力。这对各共和国之间的紧张局势起到了火上浇油的作用。

1989年上半年,南共联盟中央主席团多次开会研究在东欧和南斯拉夫正在发生和将会发生的事态。3月和5月,南斯拉夫联邦主席团和南共联盟中央主席团曾先后表态,认为多党议会制不适合南斯拉夫的宪法,在这个多民族、多元文化的国家成立各种政党会激化民族矛盾,甚至导致分裂联邦国家。所以,南共联盟和联邦政府一开始不主张实行多党制,而只赞成实行"政治多元化"。然而,面对东欧国家掀起的多党制狂潮,国内一部分反对派政党的进攻和西方国家的施压,南斯拉夫党政领导人不得不一再退让。开始,他们只同意成立各种政党,想把反对党的活动限制在统一战线组织——南斯拉夫"劳动人民社会主义联盟"的范围之内,但这种想法已抵挡不住反对党发起的公开挑战。

1989年上半年,南斯拉夫的党政领导发生了较大变动,塞尔维亚共和国在联邦的垄断地位已严重动摇。3月,克罗地亚人安特·马尔科维奇当选为南斯拉夫总理,年仅39岁的斯洛文尼亚人亚内兹·德尔诺夫舍克代表斯洛文尼亚担任南斯拉夫联邦主席团主席,南共联盟主席团主席则由较为中立的马其顿人米兰·潘切夫斯基担任。在社会和政治形势对塞尔维亚不利的情况下,新任塞尔维亚共和国总统米洛舍维奇决定利用"科索沃战役"600周年纪念大会的机会,显示塞尔维亚共和国在联邦的强势地位。

1989年6月28日,他在科索沃有近百万人参加的集会上发表演讲时强调说,"科索沃是塞尔维亚的心脏""科索沃历史性战役6个世纪以来,我们又面临新的战斗……而且,不排除有新的战役"。他的这一讲话激起科索沃、克罗地亚、斯洛文尼亚等地的强烈不满,认为这是在煽动塞尔维亚人同联邦里其他民族的矛盾,在为南斯拉夫解体推波助澜。

在这次集会之后,科索沃阿尔巴尼亚族要求恢复宪法赋予他们的权利,并向美国国会和欧洲议会投诉,称塞尔维亚共和国侵犯了阿尔巴尼亚族的人权。这为后来科索沃问题的国际化迈出了第一步。

1989 年上半年,克罗地亚在对待科索沃自治省动乱事件的态度上,强烈反对塞尔维亚共和国的做法,趁机决定从联邦派往科索沃自治省的特种部队中撤回全部克罗地亚人员,并停止缴纳援助不发达地区的基金。

1989 年下半年起,南斯拉夫联邦各共和国相继修改了各自的宪法,其中许多条文与联邦的宪法原则相悖。塞尔维亚共和国则强调要加强内部(包括两个自治省)的集中统一。

1989 年 7 月,斯洛文尼亚共和国议会通过了斯洛文尼亚宪法修正案草案,宣布它是主权国家,拥有不可剥夺的完全的自决权,有脱离南斯拉夫联邦的权力,并将修正案提交全民讨论。

1989 年 9 月 26 日,南共联盟中央全会以 97 票对 40 票要求斯洛文尼亚议会推迟讨论宪法修正案。同时,南斯拉夫联邦议会也建议斯洛文尼亚议会把宪法修正案搁延 15 天,暂缓讨论。斯洛文尼亚议会拒不听取南共联盟和联邦议会的劝阻。

1989 年 9 月 27 日,斯洛文尼亚共和国议会几乎以全票通过了宪法修改案,确保共和国的自决权和同联邦的分离权,并禁止联邦机构和军队在该共和国实施戒严的权力。修正案决定在宪法中删去“南共联盟的引导作用”,为成立其他政党组织铺平了道路。当时,除了克罗地亚共和国以外,其他共和国和自治省在塞尔维亚的带领下向斯洛文尼亚群起而攻之,攻击斯洛文尼亚共和国领导人“出卖国家”“肢解南斯拉夫”,鼓吹“多党制才是唯一的拯救办法”是“不折不扣的分离主义”。

接着,塞尔维亚共和国的许多大型企业宣布断绝同斯洛文尼亚共和国的经贸联系,塞尔维亚居民开始抵制斯洛文尼亚的商品。克罗地亚共和国则表示站在斯洛文尼亚共和国一边。

南共联盟在 1989 年 10 月召开的十三届二十三中全会上通过了《政治体制改革纲领》,表示愿意放弃“一党垄断”,接受多党制政治模式。自打开这一缺口后,南共联盟领导层内的分歧日益严重,党的“联邦化”问题更加突出。

1989 年,南斯拉夫最后一届政府安特·马尔科维奇总理已经放弃经济改革,放任经济完全自由化。这时,南斯拉夫历史科学开始重新评价南斯拉夫在第二次世界大战的抵抗运动,纠正过去无限拔高的英雄主义历史观;报刊等媒体也在利用言论自由辩论社会问题,试图突破过去对一些事件和任务的"红线"与禁区。

1989年南斯拉夫已陷入前所未有的困境:联邦决策层在诸多重大问题上意见分歧,机制运转不灵,在社会丧失权威性;联邦上层领导的不团结发展到公开对立,甚至相互攻击;南共联盟内部思想混乱,联邦化倾向愈益加剧;经济形势日益恶化,青年学生和群众性抗议活动波及南斯拉夫全境;民族矛盾加深,敌视活动频繁和扩大升级;联邦各单位各自为政、我行我素已威胁到南斯拉夫的独立和完整。

1990年:南共联盟终结

即使在这时,南共联盟领导人还没有意识到问题的严重性。1990年初,南共联盟中央主席团书记科罗舍茨乐观地预测,南共联盟有可能在即将来临的各共和国多党议会选举中获胜。当时的领导人还认为,南斯拉夫人民夺取政权跟其他东欧国家不同,是完全凭借自己的力量在反法西斯战争中打出来的,是用自己的鲜血赢得的,战后又实行社会主义自治制度。所以,即使实行多党议会选举,南共联盟也能稳操胜券。然而,此后的事态发展却令南共联盟领导人措手不及,使他们的希望和幻想化为泡影。

其实,南共联盟第十四次非常代表大会的召开就标志着南共联盟和南斯拉夫的终结。1990年1月20日,南共联盟在内外压力下召开了这次非常代表大会。大会的目的旨在制订新的纲领和克服危机的基本措施,特别是挽救这个拥有200万党员的共产主义者组织。但是还在大会开幕的当天,在讨论到南共联盟的改革和作用以及南斯拉夫的命运时,会上出现了激烈的争论。冲突主要发生在斯洛文尼亚共和国共盟代表团和其他共和国共盟代表团之间。从表面上看,争论是围绕新形势下南共联盟的作用、社会生活民主化和实施多党制等问题,但就其实质而言,是各共和国的共盟要求更大的权力,脱离南共联盟中央和南斯拉夫中央政府。这也是以斯洛文尼亚为代表的共和国同塞尔维亚共和国之间矛盾的发展与延续。实际上,对塞尔维亚共和国的不满情绪最早是从南共联盟内部产生的。一批年轻的激进民族主义共产党人反对南共联盟在社会政治生活中的领导作用,反对南斯拉夫的民族政策和联邦制。

斯洛文尼亚共盟提出:"我们要求代表大会进行民主变革,要求南斯拉夫加入统一的欧洲。我们的要求只有一个:解散南共联盟!"与此相对立,塞尔维亚共盟代表团表示:"我们要求十四大之后南共联盟更加强大,更加团结一致。塞尔维亚不害怕多党制,将积极参与平等的竞争。我们的目标只有一个:统一的南斯拉夫和统一的南共联盟。"一部分代表在会上抛出了《关于南斯拉夫实行民主社会主义的声明》,要求大会讨论该议题并作出决议。

在 1 月 23 日的会议上,斯洛文尼亚共和国共盟代表团提出关于把南共联盟变成"各平等共和国共盟组织的联盟"的建议,在 1 601 名代表中只获得了斯洛文尼亚 150 名代表和其他共和国 19 名代表的支持,1 432 名代表投票反对。于是,斯洛文尼亚共和国共盟代表团宣布无限期退出代表大会,并终止了同南共联盟中央的一切联系。这时,塞尔维亚共和国共盟代表团提议大会继续进行,克罗地亚共和国共盟代表团主张休会,波黑和马其顿两个共和国的共盟代表团以及南斯拉夫人民军共盟代表团也同意暂时休会。

这就是说,在大会前夕南共联盟内部已经形成了两条政治路线。在会上,克罗地亚和斯洛文尼亚的代表提出南共联盟不应该成为一个强大的中央集权的政党,而应该成为独立的共和国共盟的联盟,即曾经一度提出的"共盟联邦化",按联邦的原则,南共联盟不应成为全南斯拉夫的统一力量,而应成为一个"自治协商"机构。他们还要求南斯拉夫也像其他东欧国家一样,实行南斯拉夫人民军非政治化,取消工作场所的基层党组织,放弃民主集中制等。这实际上是要求南斯拉夫成为各独立的主权国家的邦联。他们的这种观点遭到塞尔维亚和黑山两个共和国共盟代表团的反对。当时的马其顿共和国共盟代表团也反对这一主张。

1990 年 4—12 月,南共联盟内部和各共和国之间反复协商和一再妥协均宣告无效。在各共和国和自治省成立了各种各样的政党和组织,它们宣布反对南共联盟的一党垄断,主张立即举行多党制议会选举,要求立法、行政和司法三权分立,号召军队和警察非政治化,拒绝实行中央集权国家经济和社会主义自治制度。斯洛文尼亚"德莫斯"反对派联盟和克罗地亚民族主义民主共同体分别在选举中获胜,南共联盟在这两个共和国的领导权被推翻,重新建立一个全南斯拉夫政党和维护国家统一的种种努力遭到失败。南斯拉夫像一艘超负荷的巨轮在民族主义的汪洋大海中慢慢沉没。

1990 年 5 月 26 日,休会达 4 个月之久的南共联盟第十四次非常代表大会继续举行。斯洛文尼亚和克罗地亚两个共和国的共盟代表团拒绝出席,因为这两个共盟组织已成为民主反对派。于是,这次代表大会改变原先的议

程,变成了一次对形势的讨论会,既没有选举新的中央机构,也没有作出任何
重要决议。大会虽然建议在 1990 年 9 月 29 日举行正式的民主重建代表大
会,但这一天并没有到来。南共联盟就这样在走过 70 年的艰难而光辉的里
程之后,结束了自己的活动。由于这个强大的政党退出南斯拉夫风云变幻的
政治舞台,所以南斯拉夫社会主义联邦共和国面对东欧剧变的困境,经过两
年的拼命挣扎后亦宣告解体。南斯拉夫联邦各共和国和自治省的共盟不仅
让它们自己消失,也让它们亲手创立和建设了 45 年的共同国家——南斯拉
夫联邦消失。

二、 南斯拉夫各共和国纷纷宣布独立

各共和国举行议会和总统选举

　　1990 年 7 月 25 日,南斯拉夫联邦议会通过了《政治结社法》,规定公民有
权自由结社,建立政治组织和政党,"凡有 100 名公民参加即可在南斯拉夫成
立政党"。从此,在各共和国和自治省便出现了各种各样的政党和组织。其
实,早在 1989 年年中,第一批非共产主义政党已在克罗地亚共和国和斯洛文
尼亚共和国产生。到 1991 年底,全南斯拉夫已成立 250 多个政党和组织,其
中塞尔维亚 57 个、斯洛文尼亚 47 个、波黑 43 个、马其顿 25 个、黑山 35 个、
克罗地亚 42 个。据有关统计,到 1992 年,南斯拉夫境内登记注册的政党多
达 270 个! 这些政党宣布反对南共联盟的一党垄断,主张立即举行多党制议
会选举,要求立法、行政和司法三权分立,要求军队和警察中立和非政治化。
它们的共同目标是利用群众对党政部门领导人的不满情绪,向南共联盟和南
斯拉夫夺取政权。

　　从 1990 年 4—12 月,南斯拉夫联邦 6 个共和国和两个自治省先后进行
了多党制议会选举,结果在各共和国和自治省相继出现了民族主义的或反共
的政党和组织。有的地区南共联盟的力量占优势,有的地区民主反对派占主
导地位。重新建立一个全南斯拉夫政党和维护国家统一的种种努力遭到
失败。

　　在 1990 年南斯拉夫各共和国的议会选举和总统选举中,斯洛文尼亚和
克罗地亚两个共和国的共产党人放弃了南共联盟的纲领,主张政治自由和保
障人权。这两个"天主教共和国"的共产党人迎合反对派政党选举前提出的

纲领要求,坚持反对塞尔维亚共和国的民族主义立场;波黑共和国的共产党人在塞尔维亚、克罗地亚和穆斯林民族主义政党的进攻下丧失了自己的阵地;马其顿共和国的共产党人只在一部分马其顿族选民中仍有影响;只有塞尔维亚共和国和黑山共和国的共产党人对反对派保持绝对的优势,在选举中获胜。

南斯拉夫联邦斯洛文尼亚共和国是反对派组织要求政治民主化和经济私有化最早的地区。1990年4月,斯洛文尼亚登记注册的主要政党有:自由民主党、基督教民主党、民主革新党(原南共联盟)、民族党等。斯洛文尼亚的最大反对派政党"斯洛文尼亚民主联盟"("德莫斯",DEMOS),是一个6党联盟。1990年3月7日,南斯拉夫联邦斯洛文尼亚共和国议会第一个从宪法中去掉"社会主义"字样,改称斯洛文尼亚为共和国。在4月8日进行首届多党议会选举时,反对派"德莫斯"获胜组织政府,在240个议席中占127席(占55%)。

5月10日,斯洛文尼亚的前共产党人米兰·库昌当选为共和国总统。库昌生于1941年,1963年毕业于卢布尔雅那大学法律系。曾任斯洛文尼亚共和国青年联盟主席、斯洛文尼亚共和国劳动人民社会主义联盟书记,1978年当选为斯洛文尼亚共和国议会主席,1986年被选为南共联盟中央主席团成员,1986—1989年任斯洛文尼亚共和国共盟中央主席团主席。库昌是著名的民主派人士。起初,他主张政治多元化,但反对斯洛文尼亚共和国独立。1990年底,斯洛文尼亚共和国就独立问题举行全民公决后,他转而支持斯洛文尼亚共和国独立,并于1992—2002年连任两届斯洛文尼亚共和国总统。

1990年初,南斯拉夫联邦克罗地亚共和国各种政党纷纷成立,其中较重要的有:民主共同体、社会自由党、民主改革党(原南共联盟)、人民党、权利党、农民党、社会党等。这年4月22日—5月6日,克罗地亚共和国举行第一次多党制选举。在两轮选举中,克罗地亚民主共同体(HDZ)获胜,得到41.5%的选票,控制了克罗地亚共和国议会2/3的议席。克罗地亚民主共同体从多党议会选举开始,就要求建立独立的主权国家,主张6个共和国组成松散的主权共和国邦联,并向波黑共和国提出了主权领土要求。克罗地亚共和国共盟——民主改革党在选举中丧失政权,沦为在野党。

克罗地亚前共产党人弗拉尼奥·图季曼于1990年5月当选为克罗地亚共和国第一任总统。他在就职演说中就南斯拉夫联邦体制和波黑共和国地位问题发表了如下声明:

　　塞尔维亚企盼建立要么大塞尔维亚,要么中央集权的南斯拉夫。我们现在提出一个新的条件:要么联邦制南斯拉夫,要么分割联邦……克罗地亚和波黑是一个整体,不可分割。"二战"后不止一次提出过南斯拉夫一分为二的问题。那时候许多人都坚信,对克罗地亚来说,波黑如同是联邦德国的民主德国。

　　1990年6月17日,马其顿共和国内部革命组织——民族统一民主党(МВРО-ДПМНЕ)在斯科普里成立。该党主席是年仅25岁的留布乔·格奥尔吉耶夫斯基。在11月11日和25日的第一次多党议会选举中,马其顿共和国共有18个政党和1个社会组织以及43个独立候选人参加。选举结果,民族统一民主党获得议会120个议席中的38席,原马其顿共和国共盟改建的民主复兴党占据第二位,获得议会31席,阿尔巴尼亚族政党获得22席,自由派人士获得18席。鉴于马其顿共和国国内复杂的民族关系,马其顿共和国要求脱离南斯拉夫联邦的步伐比其他共和国稍晚。

　　波黑共和国在多党议会选举前夕,主要有三个政党:穆斯林民主行动党(领导人为阿利雅·伊泽特贝戈维奇)、塞尔维亚族民主党(领导人为拉多万·卡拉季奇)和克罗地亚族民主共同体(领导人为马特·鲍班)。1990年11月18日,波黑共和国首次举行多党议会选举。议会中,穆斯林民主行动党获得86席(占35%强);塞尔维亚族民主党获得72个席位(占30%);克罗地亚族民主共同体获得44个席位(占18%)。大选后没有哪个政党在议会中超过半数,形成三族三大政党鼎立的局面。这一结果反映了当时波黑共和国三族居民的构成情况。波黑共和国共盟——社会民主党遭到失败,失去执政地位。

　　大选后三个主要政党瓜分了共和国的领导职位:波斯尼亚族的阿·伊泽特贝戈维奇任共和国主席团主席,塞尔维亚族的莫·克拉伊什尼克任议长,克罗地亚族的尤·佩利万任总理,组成"同床异梦"的联合政府。这种不同民族政党"三分天下"的局面导致波黑后来的政局动乱不止。

　　塞尔维亚共和国和黑山共和国的议会和总统选举直到1990年12月9日和26日才进行。选举前夕,塞尔维亚的反对党主要有两个,即以作家武克·德拉什科维奇为首的塞尔维亚复兴联盟和以哲学家沃伊斯拉夫·舍舍尔为代表的塞尔维亚激进党。这两个政党及其领导人都坚持民族主义立场,主张"塞尔维亚作为南斯拉夫的一个联邦成员,应该是民主的、多党议会制的和亲欧洲的"。无论南斯拉夫作为联邦国家存在还是解体,塞尔维亚都需要恢复它"历史的和民族的边界"。米洛舍维奇领导的塞尔维亚社会党是塞尔维亚共和国最大的左翼党。

在塞尔维亚共和国和黑山共和国的两轮选举中,塞尔维亚社会党赢得胜利,得票率为 65.35%,占塞尔维亚共和国国民议会 250 个议席中的 190 个,即占 77.6%。塞尔维亚社会党领导人米洛舍维奇当选为共和国总统。科索沃自治省的阿尔巴尼亚族抵制选举,他们于这年 7 月 5 日宣布,要求成立独立于塞尔维亚的共和国。黑山共和国共盟(主席为莫米尔·布拉托维奇)获得黑山议会 125 个席位中的 83 个,布拉托维奇当选为共和国总统。

这样,南斯拉夫虽然名义上还存在,但实际上已经分裂。各共和国的多党议会选举结果表明,斯洛文尼亚和克罗地亚两个共和国要求独立,反对联邦制;塞尔维亚和黑山两个共和国联合行动,力图维持联邦国家的统一;马其顿和波黑两个共和国担心遭到瓜分,处于犹豫观望之中。

1991 年各共和国分道扬镳

1990—1991 年是南斯拉夫的艰难岁月。从 1990 年 5 月 15 日—1991 年 5 月 15 日,按轮换原则由塞尔维亚共和国的鲍里斯拉夫·约维奇担任南斯拉夫联邦主席团主席职务。这期间,约维奇总统强调,在制定一部全南斯拉夫的新宪法之前,各共和国没有修改和通过自己宪法的权力。约维奇指出,各共和国虽拥有自决权,但如果"破坏全国的宪法秩序,将导致内战和南斯拉夫崩溃,这是不允许的"。[①]斯洛文尼亚共和国和克罗地亚共和国反对联邦领导人的这一观点,拒绝这一建议,但担心马其顿共和国和波黑共和国支持塞尔维亚共和国制定中央集权的联邦宪法,便鼓励它们争取独立的行动。

同时,约维奇号召南斯拉夫人民军收缴分布在各共和国(主要在斯洛文尼亚)领土防卫部队手中和仓库里的武器,集中到联邦军队手中,以防发生不测。这一措施促使斯洛文尼亚和克罗地亚两个共和国进一步靠拢。5 月 17 日,斯洛文尼亚民主联盟和克罗地亚民主共同体举行会晤,不仅反对联邦国防部收缴武器,而且要求联邦安全部门增加透明度,要求外交部、内务部和总参谋部等部门增加各共和国的干部,以削减塞尔维亚共和国在上述部门的人员。

---

① ［南斯拉夫］鲍里斯拉夫·约维奇:《日记:南斯拉夫联邦的最后日子》,贝尔格莱德,政治出版社 1995 年版,第 145 页。

1990 年 7 月 19 日,斯洛文尼亚共和国公开支持科索沃自治省成为南斯拉夫联邦的"第七共和国",谴责塞尔维亚共和国在科索沃自治省的强制措施。与此同时,斯洛文尼亚和克罗地亚两个共和国宣布不派自己的士兵去科索沃自治省和其他共和国服役,并开始筹建本共和国的军队。7 月 25 日,南斯拉夫联邦克罗地亚共和国改国名为"克罗地亚共和国",恢复了历史上克罗地亚的旧国旗和旧国徽,把一切与社会主义和人民解放战争有关的名称改掉,允许"二战"后一直被禁止回国的民族主义分子返回克罗地亚。

1990 年 10 月 4 日,斯洛文尼亚和克罗地亚两个共和国总统会晤,提出了南斯拉夫"邦联制方案"。该方案规定,南斯拉夫应该改组为"主权国家联盟",有共同的议会、部长会议和联盟法院。组成联盟的各共和国拥有自己的货币,向国外派驻自己的外交使团,在统一指挥下各共和国有自己的军队,等等。

1990 年 10 月 10 日,南斯拉夫联邦主席团成员同各共和国总统一起讨论了国家未来的三种方案:塞尔维亚共和国和黑山共和国主张"真正的联邦";斯洛文尼亚共和国和克罗地亚共和国坚持邦联制;马其顿共和国和波黑共和国产生动摇,但倾向于有效的联邦制。斯洛文尼亚和克罗地亚的方案遭拒绝后,12 月 22 日,克罗地亚颁布了本共和国的新宪法,宣布克罗地亚为"主权国家",强调不再承认联邦对各共和国之间的谈判与协议拥有仲裁权。同一天,斯洛文尼亚就共和国的未来举行全民公决,93.2%的人投票支持建立独立的斯洛文尼亚国家。可以说,从这一天起,斯洛文尼亚和克罗地亚为下一步公开宣布独立奠定了法律基础。

斯洛文尼亚共和国和克罗地亚共和国首先宣布要退出联邦,它们宣称:45 年来南斯拉夫"先天不足",它的解体是以塞尔维亚共和国和黑山共和国为代表的"共产主义制度"的垮台,是大塞尔维亚"霸权主义"的终结。在它们看来,军队必须中立和非政治化,偏向塞尔维亚共和国的政策必须"寿终正寝",目前的南斯拉夫必须"摧毁"。它们把攻击的矛头对准了塞尔维亚共和国,因为它在南斯拉夫社会生活中起着主宰作用。据称,在克罗地亚共和国,67%的警察是塞尔维亚人;在克罗地亚共和国共盟里,19.4%的盟员是塞尔维亚族;尤其是在南斯拉夫军队中,塞尔维亚族起着决定性作用,约占高中级军官的 80%。这也激起了其他共和国的反对。

整个 1991 年,世界各国都在关注南斯拉夫事态的发展。6 个共和国之间的矛盾无法通过和平谈判解决,以塞尔维亚共和国为一方,以斯洛文尼亚共和国和克罗地亚共和国为另一方,民族之间矛盾越来越深,甚至严重对立。

于是,6 个共和国总统和南斯拉夫联邦主席团成员先后举行了 7 轮高级会谈,各共和国领导人还进行了一系列会晤,结果出现了两种截然不同的主张:斯洛文尼亚共和国和克罗地亚共和国主张南斯拉夫的未来体制应仿效欧共体模式,即成为各独立主权国家的联盟;塞尔维亚共和国和黑山共和国则坚持南斯拉夫的整体性,维护独立国家而非主权国家的邦联。波黑共和国和马其顿共和国则倾向于走自己的独立道路。

1991 年 4 月,各共和国之间反复协商和一再妥协均宣告无效。5 月 15 日,南斯拉夫联邦主席团的工作已陷入死胡同。在选举联邦主席团主席时,克罗地亚人斯蒂佩·梅西奇只得到了克罗地亚、斯洛文尼亚、马其顿和波黑 4 个共和国的 4 票,距法定的 5 票少 1 票。在协商无果的情况下,梅西奇自己宣布就任南斯拉夫联邦主席团主席。

克罗地亚和斯洛文尼亚利用联邦的经济和政治危机,加速了宣布独立的步伐。1991 年 5 月 19 日,克罗地亚就共和国的未来举行全民公决,94.23%的公民支持建立"主权和独立共和国"。

1991 年 5 月 28 日,斯洛文尼亚共和国的代表团访问了马其顿和波黑两个共和国,通报斯洛文尼亚即将脱离南斯拉夫联邦独立。6 月 15 日,库昌总统和图季曼总统代表斯洛文尼亚和克罗地亚两个共和国在卢布尔雅那会面,商定最迟于 6 月 26 日同时退出南斯拉夫联邦。这样,1991 年 6 月 25 日,克罗地亚共和国议会宣布克罗地亚共和国为主权独立国家。第二天,克罗地亚共和国议会颁布了国防法和公民法。25 日晚上,斯洛文尼亚共和国议会投票通过了共和国独立声明,并宣布南斯拉夫联邦宪法对斯洛文尼亚共和国无效。克罗地亚政治家认为,"克罗地亚民族总的来看是欢迎南斯拉夫的霸权垮台的,把这看成是他们摆脱了'监狱'"。而且,一个独立自由的克罗地亚国家宣告成立,使"几个世纪以来的梦想"终于实现了。

克罗地亚和斯洛文尼亚两个共和国脱离南斯拉夫联邦虽然符合联邦宪法规定的各民族有"自决权"的原则,却违背了南斯拉夫联邦宪法第 5 条的规定:"南斯拉夫社会主义联邦共和国的边界线在没有所有共和国和自治省同意的情况下不得变动。"

斯洛文尼亚共和国和克罗地亚共和国的行动对其他共和国产生了很大的影响。1991 年 9 月 8 日,马其顿共和国就独立问题进行全民公决,宣布马其顿脱离南斯拉夫联邦而独立。波黑共和国因为内战,于 1991 年 10 月 15 日才宣布独立。

　　1991 年 10 月 3 日—1992 年 1 月 15 日,是南斯拉夫联邦最后解体阶段。在斯洛文尼亚和克罗地亚宣布独立后,国际社会为了和平解决南斯拉夫危机,对斯洛文尼亚和克罗地亚规定了 3 个月的"冻结期"。10 月 3 日,南斯拉夫联邦主席团决定"转入战时工作条件"。这一天,斯洛文尼亚、克罗地亚、马其顿和波黑 4 个共和国政府发表联合声明,指出南斯拉夫联邦的领导权已完全被塞尔维亚共和国和南斯拉夫人民军掌握,它们决不服从。10 月 7 日,斯洛文尼亚和克罗地亚独立问题 3 个月"冻结期"结束。次日,斯洛文尼亚和克罗地亚两个共和国议会断绝了同其他共和国的一切国家法律联系,两个共和国已成为被西方大国默认的具有完全主权的独立国家。

最后一届南斯拉夫联邦共和国主席团成员(从左至右):莫米·布拉托维奇(黑山)、阿利雅·伊泽特贝戈维奇(波黑)、斯洛博丹·米洛舍维奇(塞尔维亚)、米兰·库昌(斯洛文尼亚)、基罗·格里格罗夫(马其顿)和弗拉尼·图季曼(克罗地亚)。

　　资料来源:[克罗地亚]赫尔沃耶·马特科维奇:《南斯拉夫史(1918—2003)》,Naklada 出版社 2003 年版,第 424 页。

　　这期间,南斯拉夫联邦各共和国之间,南斯拉夫同苏联、美国和欧洲共同体之间,举行了多次会晤和谈判,提出了种种解决南斯拉夫危机的途径和方案,但都未取得实质性结果。国际调解和干预失败,南斯拉夫内部冲突升级,在不改变现有边界的情况下建立"主权和独立共和国联盟"的计划破产,南斯拉夫社会主义联邦共和国在 1992 年 1 月 15 日已不复存在。

　　这样,在南斯拉夫联邦的领土上出现了 5 个新国家,它们是:南斯拉夫联盟共和国(包括塞尔维亚和黑山两个共和国)、马其顿共和国、克罗地亚共和国、斯洛文尼亚共和国和波黑共和国。

南斯拉夫联邦解体后各共和国概况(1992 年)

名　称	面积 (万平方 千米)	人口 (万人)	民族成分	独立日
南斯拉夫 联盟	8	980	塞尔维亚族65.8%、阿尔巴尼亚族17.2%、 匈牙利族3.5%	1992 年 4 月 27 日 (南联盟)
黑　山	1.3	62	黑山族61.8%、波斯尼亚族14.6%、塞尔 维亚族9.3%、阿尔巴尼亚族6.6%	1992 年 4 月 27 日 (南联盟)
斯洛文尼亚	2.0	197	斯洛文尼亚族87.6%、克罗地亚族2.7%、 塞尔维亚族2.4%、波斯尼亚族1.4%	1991 年 6 月 25 日
克罗地亚	5.6	476	克罗地亚族78%、塞尔维亚族12.2%、 南斯拉夫人2.2%、波斯尼亚族1.0%	1991 年 6 月 25 日
波　黑	5.1	436	波斯尼亚族43.7%、塞尔维亚族31.4%、 克罗地亚族17.3%、南斯拉夫人5.5%	1991 年 10 月 15 日
马其顿	2.5	203	马其顿族64.6%、阿尔巴尼亚族21%、 土耳其族5%、塞尔维亚族2.3%	1991 年 11 月 20 日

至此,一个联邦的、自治的和不结盟的南斯拉夫已不复存在,它的瓦解已成为国际社会承认的事实,存在了 48 年的南斯拉夫社会主义联邦共和国消失。

三、 联合国、美欧大国和巴尔干邻国的态度

南斯拉夫危机是继海湾战争之后的重大国际性事件,引起了国际社会和舆论的广泛关注。

西方大国为了自身的利益和欧洲的安全,对南斯拉夫事态的发展十分关切。它们看到,南斯拉夫发生危机后,将影响《赫尔辛基条约》的执行,南斯拉夫内部边界的调整将在巴尔干国家以及欧洲其他国家引起连锁反应。这必然导致巴尔干的历史遗留问题死灰复燃,加速欧洲局势的紧张,从而为外国对南斯拉夫内部事务的干预提供契机。

联合国:无所作为

南斯拉夫危机期间,联合国安全理事会通过了许多决议,发表了大量安

理会主席声明,派遣了联合国特使和维和部队,并多次召开了国际会议,为解决危机作出了种种努力。据粗略统计,联合国安理会从 1991 年 9 月 25 日通过第 713 号决议案号召在南斯拉夫恢复和平与对话,到 1995 年 1 月 12 日通过第 970 号决议,欢迎南斯拉夫联盟关闭同波黑的边界,共计通过了 130 项安理会决议和安理会主席声明。决议数量之多,频率之密,是安理会就其他任何国际问题所通过的决议无法比拟的。这在联合国历史上也是极少见的现象。

1991 年 9 月 25 日,联合国第 46 届大会期间开始讨论南斯拉夫危机问题,安理会第一次通过决议干预南斯拉夫境内的冲突,提出禁止南斯拉夫进口武器。11 月 16 日,联合国秘书长的私人特使万斯访问南斯拉夫,带去了联合国在克罗地亚部署"蓝盔"部队的计划。12 月 15 日,安理会决定向南斯拉夫派观察员小组为在克罗地亚的塞尔维亚族居住区部署维和部队作准备。

1992 年 4 月 15 日,万斯同塞尔维亚共和国总统米洛舍维奇举行会谈。他在会谈后表示,波黑局势非常严重,制止冲突的唯一方式是冲突各方遵守停火协议,继续在欧洲共同体(欧共体)代表主持下进行协商。26 日,安理会举行紧急会议,一致决定向波黑派遣 100 名军事观察员,以帮助执行停火协议。

5 月 22 日,联合国大会通过决议,同意接纳克罗地亚共和国、斯洛文尼亚共和国和波黑共和国为联合国成员国。对此,南斯拉夫联盟政府发表声明表示,称不阻碍上述三国加入联合国,但南斯拉夫联盟将承担南斯拉夫在国际组织中的一切义务,以保持南斯拉夫国际法主体的连续性。

5 月 30 日,联合国安理会通过制裁南斯拉夫联盟的第 757 号决议,规定禁止南斯拉夫联盟同国外的一切贸易活动,断绝一切空中联系,冻结南斯拉夫的海外资产,降低驻外使团规格,禁止南斯拉夫联盟参加国际文化、体育交流,等等。

9 月 19 日,联合国安理会作出决议,称南斯拉夫联盟不能自动继承南斯拉夫联邦在联合国的席位,而应当另行提出申请。在申请未批准前不得参加联合国大会的工作。11 月 16 日,安理会的决议宣布对南斯拉夫联盟实行海上封锁,如有必要可以用武力支持封锁。

1993 年 2 月 22 日,联合国安理会通过第 808 号决议,决定在荷兰海牙设立一个国际刑事法庭,起诉自 1991 年 1 月 1 日起到恢复南斯拉夫和平期间在南斯拉夫地区犯有严重违反国际人道主义法律行为的罪犯,这在很大程度上是针对塞尔维亚族设立的。

　　4 月 17 日，联合国安理会通过第 820 决议，决定对南斯拉夫联盟实行进一步的经济制裁。决议规定：除食品、药品等人道主义物资外，禁止将任何物品运进南斯拉夫联盟，禁止火车、汽车、船舶和任何物品进入南斯拉夫联盟，并扣押南斯拉夫在国外的资金、船只、铁路车辆、载货汽车和飞机等。对此，南斯拉夫联盟表示强烈反对，认为对它强化制裁是不公正的。

　　直到 1995 年 11 月 22 日，即波黑和平协议草签后的第二天，联合国安理会才全票通过"无限期暂停"对南斯拉夫联盟制裁的决议，而全部撤销对南斯拉夫联盟制裁措施的决议一直等到 1996 年 10 月 1 日才通过。这样，联合国安理会对南斯拉夫危机问题的处理决议暂时告一段落。

　　由上看出，联合国安理会的诸多决议由于受到来自欧美大国的压力和伊斯兰国家的牵制，以及南斯拉夫各共和国政党及其领导人的干预，很难做到公平公正，要真正贯彻执行也相当困难。联合国安理会对南斯拉夫联盟的制裁给南斯拉夫联盟人民造成严重灾难，并没有给解决南斯拉夫危机带来行之有效的方案。而且，在多数情况下，联合国的决议对塞尔维亚共和国和南斯拉夫联盟有失公允，造成了不良后果。或者说，联合国在南斯拉夫地区采取的种种行动，发挥了一定的积极作用，但由于美欧大国的操纵和干涉，很难取得成效。

美欧大国：中饱私囊

　　随着苏联和南斯拉夫解体，"二战"后雅尔塔体系下形成的两极格局也随之结束。美国和欧洲一些大国为巩固"冷战的胜利成果"和填补冷战后的"真空地带"，将主要注意力和目标锁定在原苏联的势力范围中东欧地区。其中，曾是东西方之间缓冲国的南斯拉夫成了美欧等大国角逐和争夺的主战场和牺牲品。

　　南斯拉夫危机爆发的早期，欧洲共同体（欧盟）和欧洲安全与合作组织主张维持"二战"后的领土边界现状，力图平息争论，保持南斯拉夫的主权和领土完整。这既是为了巴尔干地区的稳定，也是为了能从南斯拉夫要回它们的债款。美国起初也是坚持这一立场。[①]但是，由于大国试图重新恢复昔日在

---

① 　[保加利亚]米尔乔·拉尔科夫：《南斯拉夫 1918—1992——一个国家思想的悲剧道路》，索非亚，达尼埃拉·乌贝诺娃书屋 1999 年版，第 249 页。

南斯拉夫地区的势力范围,又执行双重标准和没有很好协调行动,这一立场很快就放弃了。

1989年柏林墙倒塌,德国统一。德国成为欧洲头号经济强国和欧洲联合的主力军,在整个地缘政治中起着举足轻重的作用。正是德国于1991年12月第一个承认克罗地亚和斯洛文尼亚为独立国家,公开主张肢解南斯拉夫。这是因为历史上克罗地亚和斯洛文尼亚就是哈布斯堡王朝的一部分,文化传统和宗教信仰相近。"二战"中克罗地亚和斯洛文尼亚又是纳粹德国的盟友和傀儡。还有纳粹德国在南斯拉夫战场遭到惨败,塞尔维亚人英勇善战,现在是德国复仇的机会。德国利用民族自决、民主、人权等压迫南斯拉夫,试图彻底摧毁南斯拉夫,把多瑙河—巴尔干地区重新纳入它的势力范围。

德国巴尔干政策的另一个目的,是竭力支持北约东扩和南下。德国力争成为联合国安理会常任理事国,在世界事务中发挥更大的作用。基于上述考虑,德国向波黑和科索沃派出了维和部队。巴尔干国家社会制度变革后,德国的经济和技术已牢牢占领了巴尔干市场。绝大多数巴尔干国家的货币均同德国马克挂钩,德国银行遍布巴尔干各大城市,它的财团控制着巴尔干国家一些主要企业的生产和销售。

冷战结束后,英国重返巴尔干。它积极参加解决南斯拉夫问题的国际会议和维和行动。它担心巴尔干战火蔓延会引起美国的军事干预和德国的卷入,这将对巴尔干和东地中海地区的稳定产生不利影响。在南斯拉夫问题上,英国的立场、观点跟美国有所不同,却跟法国基本一致。但后来,英国在1999年北约策划和侵略南斯拉夫联盟的过程中,越来越充当美国的同谋,扮演了极其卑鄙的角色。

南斯拉夫危机爆发后,法国力图不使冲突扩大和危及南欧的安全。它主张欧洲应联合起来,让欧洲人来处理欧洲问题。1993年,在法国的努力下通过了《欧洲稳定公约》,强调在保障东南欧少数民族权利的同时,应该明确边界不可更改。因而,在巴尔干地区的塞浦路斯问题、爱琴海争论、人权以及南斯拉夫问题上,法国的观点与德国和美国有所区别,而接近于英国。但是,法国的建议和方案在解决巴尔干冲突中并未取得预期的效果。在科索沃危机和以美国为首的北约空袭南斯拉夫联盟时,它放弃了不诉诸武力的主张。

意大利对待南斯拉夫问题的态度倾向于德国的立场,支持分裂南斯拉夫,妄图收回"二战"后归还南斯拉夫的几处领土。它还力图在阿尔巴尼亚拥有更大的活动范围,从而在南欧起主导作用。在1999年3—6月,北约空袭南斯拉夫联盟的活动中,意大利作为北约的最大军事基地,严重损坏了自己在巴尔干国家中的形象。

综上可知,巴尔干半岛作为欧洲的"后院",其局势直接关系到欧洲的稳定与利益。欧盟国家致力于欧洲一体化,使其强大成为世界的一极,跟美国分享霸权利益。在南斯拉夫问题上,西欧强调欧洲的事务应当由"欧洲人自己处理"。所以,在波黑内战初期,西欧国家希望掌握解决欧洲安全问题的主动权,提出各种方案进行斡旋,而把美国排除在外。西欧国家因无力单独解决南斯拉夫危机而失败后,继而希望美国能积极介入波黑事务和南斯拉夫问题。后来在科索沃危机中,欧盟又一次不得不依赖美国,而使自己失去了维护欧洲和平与稳定的机会。美国则借机显示它解决危机的实力和作用。

美国在冷战后的战略目标是建立由它统治的单极世界,独霸全球。为了制止俄罗斯重新崛起和制约欧洲盟国,美国采取双重政策和双重标准,公开干预南斯拉夫地区事务,努力将巴尔干纳入其控制的北约安全体系中。有学者指出,1989 年后,美国的巴尔干政策主要反映在以下几个方面:(1)美国全力支持巴尔干国家的民主化进程;(2)美国及其西欧盟国对那些政治改革取得成就的国家提供经济援助;(3)美国应尽量避免卷入复杂的种族冲突,而让联合国和欧安组织去解决这些问题,华盛顿只在关键时刻起调解和仲裁作用;(4)美国不会阻碍巴尔干国家"欧化",但要努力扩大自己在该地区的军事、政治和文化等方面的影响。

美国从着手解决南斯拉夫问题开始就使用双重标准和双重政策。在巴尔干地区,美国对北约国家希腊和土耳其是一种标准和政策,对原社会主义国家则是另一种标准和政策;而对不同的原社会主义国家,其标准和政策也不相同。在南斯拉夫地区,这种政策已产生不良后果。美国及其领导人把南斯拉夫危机、波黑战争和科索沃危机的责任,完全推到塞尔维亚及米洛舍维奇总统身上,严厉制裁和悍然空袭南斯拉夫联盟共和国,而偏袒冲突的另一方。1999 年 7 月底,欧美大国在波黑首都萨拉热窝召开首脑会议,制定《东南欧稳定公约》,却把南斯拉夫联盟排除在援助计划之外。这是极不公正的。在科索沃维和行动中,在引渡米洛舍维奇到海牙南斯拉夫地区战争罪行法庭的过程中,以及在马其顿危机中,美国也都玩弄两面手法,扶植民族分裂主义势力,暴露了美国的野心。

美国捷足先登,确实在巴尔干扩大了其政治、经济、文化和军事影响。政治上,美国一是支持巴尔干国家的右翼亲美政党掌权和收买工会组织;二是施加外交压力,在该地区建立针对俄罗斯和欧盟的战略基地;经济上,开设美国银行,控制大企业股份,在投资和贷款问题上附加政治条件,在创办学校、设立留学基金、搞文化和宗教渗透方面远远超过其他国家;军事上,美国已在巴尔干独占鳌头。美国在希腊、土耳其、阿尔巴尼亚、科索沃、保加利亚、罗马尼亚都有军事基地。以美国为首的北约军舰在亚得里亚海和黑海游弋。整个巴尔干正在变为北约的南翼作战区,正在"美国化"。

东欧剧变后,俄罗斯在巴尔干地区处于不利地位。尽管大多数巴尔干国家同俄罗斯有着密切的历史、经济、文化和宗教联系,但它们都把自己国家的命运同西方紧紧拴在一起。在 20 世纪 90 年代初期,俄罗斯由于国内形势严峻,实际上被西方大国排挤出了巴尔干地区。1994 年起,俄罗斯才在波黑问题上拥有发言权。它的巴尔干政策的原则是,利用联合国和安理会这个国际权威组织来解决南斯拉夫危机问题,它主张和平解决南斯拉夫危机,遏制北约向巴尔干地区扩张,力争在塞尔维亚和黑山保持自己的影响。

俄罗斯采取积极措施加强同巴尔干国家的政治对话,力求恢复传统的经贸联系,加速外交和文化方面的合作。特别是在反对将南斯拉夫主要领导人送上海牙国际法庭受审,在科索沃危机和马其顿危机等问题上,俄罗斯争得了主动。俄罗斯重返巴尔干地区,既有利于加强它的大国地位,又有利于保持外来势力在巴尔干半岛的均衡和促进该地区的稳定。

俄罗斯有巨大的军事潜力和经贸投资能力,它和塞尔维亚及黑山在历史上有传统的友谊。它能在多大程度上维护自己的利益,而又不与北约发生冲突,这有待时间的检验。

总之,在东西方对抗和后冷战年代,美欧大国从各自的战略利益出发,有时把巴尔干国家当作"天然盟友",有时又把它们视为"可怕的敌人",使这个"欧洲的火药桶"随时都有爆炸的危险。然而,大国又巧妙地把巴尔干炸药包的雷管捏在自己手里,采取"分而治之"的办法,扩大自己在该地区的势力范围。历史的经验和现实的教训都说明,巴尔干国家发生的诸多问题,尤其是社会制度剧变,既有这些国家内部的原因,又有外部因素的干预。

20 世纪 90 年代初起,在南斯拉夫解体的过程中,欧美大国在政治、经济和军事上对南斯拉夫地区的全面干预和控制,使原本错综复杂的南斯拉夫内部民族矛盾和宗教纠纷更加激化,冲突频繁,危机起伏。欧美大国的插手不仅不同程度地威胁到了南斯拉夫各国的民族独立和国家主权,而且也影响到了巴尔干地区的和平和稳定。

巴尔干邻国:隔岸观火

巴尔干邻国由于它们国内不同程度地存在着民族问题,它们对南斯拉夫事态发展不同时期有着不尽相同的态度。在南斯拉夫危机爆发的早期阶段,大多数巴尔干国家原则上对南斯拉夫的领土完整性很关心。这首先是为了地区的稳定和不让紧张局势国际化。随着分裂过程加剧,巴尔干国家对南斯拉夫的崩溃和新形成的国家的政策亦出现了分歧。

希腊持最坚定的"亲南斯拉夫"立场。它对南斯拉夫解体过程及该过程对地区产生的不稳定多次表示不安。这种担忧主要同一个独立国家马其顿和世界对它的承认问题有关。希腊的主要顾虑在于马其顿共和国对爱琴海马其顿潜在的领土要求和少数民族问题,还认为本地区力量对比的改变将造成不利影响。正在形成的安卡拉一斯科普里(马其顿首都)轴心及其延伸至普里什蒂纳(科索沃首府)和萨拉热窝(波黑首都),将出现一条穆斯林带,它将把希腊同东正教的保加利亚和塞尔维亚以及天主教的欧洲隔离开。

保加利亚的立场前后有明显的变化。起初,它强调维护南斯拉夫领土的完整和统一。但从 1991 年春天起,它支持南斯拉夫各族人民有权自决,包括通过和平的民主途径在不改变边界的基础上组成独立自主的国家。1992 年1 月,保加利亚承认斯洛文尼亚、克罗地亚、波斯尼亚和黑塞哥维那、马其顿的独立。这一举动的直接代价是同雅典的关系变冷和同贝尔格莱德的关系恶化。

土耳其同南斯拉夫事件并无直接关系,但从危机刚一开始它就奉行一种积极的、实用主义的和走得相当远的政策。它巧妙地改变了自己的策略:从郑重声明支持南斯拉夫的完整性到尽量利用"伊斯兰因素",表现为积极地同波黑、马其顿和其他有穆斯林居民的地区建立直接联系。土耳其是主张使用武力的最早国家之一,并表示准备参加联合国的这类行动。它毫不掩饰在欧洲再建立起新"伊斯兰国家"的兴趣。土耳其政府主要领导人公开表达了建立一个新奥斯曼大土耳其的欲望。

阿尔巴尼亚一直对南斯拉夫事件表现出特别的兴趣,并采取了明确的立场,尤其是通过科索沃问题来看待这一事件。它支持南斯拉夫境内的阿尔巴尼亚族人要求承认他们作为一个平等民族的地位,享有自主权,有权在南斯拉夫范围内或在南斯拉夫之外联合成为一个独立自主的国家,加入"祖国一母亲"阿尔巴尼亚。阿尔巴尼亚坚持在南斯拉夫范围内通过国际仲裁迅速和公正地解决"阿尔巴尼亚族人问题";它支持马其顿境内的大量阿尔巴尼亚族人的分裂活动。在南斯拉夫危机中,阿尔巴尼亚正式支持外国军事干涉。

罗马尼亚在南斯拉夫危机刚一开始便站在支持维护南斯拉夫作为一个国际平等实体的国家行列之中。尽管罗马尼亚承认斯洛文尼亚和克罗地亚为独立国家,但它对马其顿共和国要求获得国际承认的努力并未作出令人信服的保证。它也没有掩饰自己对生活在塞尔维亚巴纳特地区的罗马尼亚人的状况和要求的关心。它对 1992 年 1 月在马其顿成立的瓦拉几亚人运动,即在南斯拉夫境内的罗马尼亚人和瓦拉几亚人运动,也有强烈的兴趣。但与此同时,它对可能导致恶化同南斯拉夫联盟共和国关系的行动持谨慎态度。

意大利、奥地利和匈牙利等邻国的政策,则保持着许多细微差别,有着各自的考虑。总的来说,它们追求建立新的地缘政治均势。它们在斯洛文尼亚和克罗地亚问题上共性更多些,因为历史上都共同生活在奥匈帝国里。这三个国家在对新成立的国家的关系中,少数民族问题起着非常重要的作用:在斯洛文尼亚和克罗地亚(伊斯特拉半岛)有意大利少数民族;在奥地利的施蒂里亚有斯洛文尼亚和克罗地亚少数民族;在伏伊伏丁那有匈牙利少数民族。

四、 南斯拉夫联邦解体的原因

众说纷纭的原因

20 世纪 90 年代,巴尔干地区成为学术界、媒体、国际政治和社会关注的焦点,它的核心区就是南斯拉夫地区。在整个 10 年里,南斯拉夫事件不断占据各国报纸的头版头条,展现在人们眼前的是硝烟四起,燃烧的村庄、颓垣断壁的城镇、成片的墓地、逃难的人群。学者们不理解为什么一个好端端的南斯拉夫成了大国争夺和内战的场地? 成了流血冲突和任人宰割的战场? 有人说,这是侵略性民族主义大爆发的结果;也有人说,这是欧美大国出卖了南斯拉夫。客观地讲,这两个方面的原因都不能排除。但有一点十分清楚:南斯拉夫解体与西方大国对南斯拉夫的横蛮干预和自身的错误政策是分不开的。当然,除此之外,南斯拉夫解体还应该有一些深层次的原因。

目前对苏联、东欧和南斯拉夫社会主义的失败,有两种基本的观点:一种说法是,社会主义的失败是由于内部的出卖的结果;还有一个说法,认为苏东社会主义失败的主要原因在于外部,是以美国为首的西方资本主义推行"和平演变"的结果。毫无疑问,西方资本主义大国一直是反对社会主义制度的。从十月革命开始,从苏俄的国内战争直到第二次世界大战以后,这些国家始终是要消灭社会主义的。如果我们低估外部因素和西方大国的颠覆活动,那是很危险的。但是,如果我们把很多内部的问题都说成是外部造成的,完全是西方资本主义大国造成的,这种观点也不能反映全部事实真相。它只说明了一部分真相,但不是根本的原因。越来越多的负责任的学者在寻找苏东剧变和南斯拉夫联邦解体的原因时,都从这些国家的内部出发,因为这是主要的、基本的。

东欧国家此时发生的剧变,特别是巴尔干地区的政局动荡,也加速了南斯拉夫的崩溃。国内反对派组织和民族分裂主义倾向严重的人,在国外势力的支持怂恿下走上了公开摧毁联邦的道路。另外,尽管南斯拉夫早在 20 世纪 40 年代末和 50 年代初就开始摆脱斯大林社会主义模式,但西方认为它在巴尔干处于特殊的地位,仍是"社会主义"阵地,必须拔掉这面旗帜。

具体到南斯拉夫,学者们普遍认为,它解体的主要原因是:联邦体制的缺陷、严重的经济危机、尖锐的民族矛盾,以及南共联盟工作的失误,等等。但在一定的条件下,外部因素也非常重要,甚至起着决定性的作用。如果不是因为苏联东欧国家纷纷剧变;如果不是德国等欧美国家率先承认斯洛文尼亚、克罗地亚和波黑的独立,那么南斯拉夫联邦的领土完整是有保障的;如果不是以美国为首的西方国家在解决波黑问题和科索沃危机时采用双重标准,偏袒一方压制另一方,那么南斯拉夫危机的解决就会顺利得多,结果也会好得多。

关于内部原因,首先是政治失控,其次是经济衰退,再次是民族矛盾激化。

民族矛盾激化

长期以来,民族问题始终是困扰南斯拉夫发展的锁链。20 世纪 60 年代中期起,克罗地亚、斯洛文尼亚、马其顿、科索沃等地就先后发难,新旧民族主义势力抬头,引起南共联盟内部不和与分裂。

与此同时,围绕联邦和邦联、中央集权和地方自治等问题的斗争,也一直没有停止。所以,南斯拉夫各民族表面上生活在一个共同的国家里,而实际上却各有各的打算。

尽管南斯拉夫联邦在解决民族问题方面作出了巨大的努力,但仍在政治、经济、文化等方面存在事实上的不平等。南斯拉夫学者认为：第一，执政的共产党只提出了抽象的"民族同一性"口号，而忽视了民族问题的存在，实际上是压制民族意识的表现和民族平等的要求。第二，扼杀了公民的权利和自由，实行个人专权，而缺乏集体的威信。在当时的意识形态下，强调各民族思想上和政治上的一致，而忽视了实际存在的社会经济发展水平和文化传统上的差异。

南斯拉夫民族主义的全面抬头促使社会主义自治制度崩溃。民族矛盾和宗教冲突导致使用武力，出现了兄弟残杀的内战。南共联盟党内反对派元老米·吉拉斯在一次谈话中，也强调民族主义的危害。他认为，南斯拉夫解体是塞尔维亚、克罗地亚和穆斯林三种民族主义造成的。

这个由多民族组成的联邦国家，尝试了中央集权制和联邦制，还未走上邦联制就已经垮台了。保加利亚巴尔干史专家曼切夫教授指出，"南斯拉夫是在各民族、各共和国和各地区的民族主义思想、民族主义、分裂主义和恐怖主义的打击下陨落的"。①他还认为，南斯拉夫解体的主要"罪人"是南斯拉夫形形色色的民族主义。

其实，早在1971年，一位塞尔维亚学者就写道："当铁托对阿尔巴尼亚人与塞尔维亚人、克罗地亚人与塞尔维亚人的(民族)冲突熟视无睹的时候，他便犯下了一个历史性错误。南斯拉夫将为此付出沉重的代价。"还有资料说，在70年代后期铁托已经预感到南斯拉夫难以继续存在下去，因为他看到国内到处都出现了对峙的局面，各种民族主义顽症难以克服，联邦的基础正在动摇。据最新透露的材料，1977年春，铁托在接受克罗地亚女记者达拉·扬奈科维奇采访时表示，他对南斯拉夫出现的形势悲观，担心最先在科索沃和克罗地亚出事。

南斯拉夫的瓦解过程大体如下：第一步，各共和国不承认联邦宪法。从制造宪法危机到抵制和修改宪法，使之尽量对本共和国的政治立场和民族利益有利，不再考虑共同的联邦国家利益；第二步，各共和国不接受联邦国家的领导，将非集中化转变为脱离联邦；第三步，各共和国和自治省要求民族主权和民族独立，通过关于独立的全民公决形式宣告独立，最终脱离联邦。紧接着，它们提出了诸如"历史权利""领土归属""少数民族权利"等问题，进行政治和外交斗争，使民族问题扩大化和国际化。

---

① ［保加利亚］克·曼切夫：《巴尔干的民族问题》，索非亚，"兰斯"出版社1995年版，第381页。

南共联盟引火烧身

另一个不可忽视的原因是人们对南共联盟内部一些人的腐败和以权谋私严重不满,南共联盟的领导力在不断削弱。20 世纪 60 年代起,一些党员开始丧失过去革命年代的战斗热情和理想,而追求个人的目标和消费。他们利用手中的权力任人唯亲,收受贿赂,挥霍社会财物,侵吞金钱,损公肥私。60 年代中期,南共联盟在报刊上揭露了这些腐败现象,开除了一批盟员。但是,由于党内成员之间不团结,党中央对这些失误和丑闻斗争不力,仍在群众中造成不良的影响。这直接损害了党和社会主义的形象,使人们丧失了信仰和信心,从而动摇了政权的基础。

1980 年铁托逝世,给南斯拉夫造成重大损失,南共联盟面临严峻的考验。为此,南共联盟决定取消党和国家领导人的终身制,实行集体领导和定期轮换制,即"轮流执政"。这一措施造成党的领导集体严重混乱和不稳定,指挥失灵,毫无威信。

到 20 世纪 80 年代中期,南共联盟的领导能力和威信在显著降低。1982 年,南共联盟的党员人数达到历史高峰时,从 1972 年的 100 万人跃升到 220 万人。由于产业工人在党员总数中的比例不到 30%,而大量青年学生党员和知识分子党员常常政治立场摇摆不定,故 1985 年后党员人数因社会经济危机开始下降,到 1989 年已下降到 150 万人。据 80 年代中期的一次民意调查,在党员中约有 30% 的人认为党的名声差,没有威信;50% 的年轻人表示现在不想入党。在斯洛文尼亚和克罗地亚经济较发达的地区,70%—80%的青年人没有入党的愿望。南共联盟一半以上的成员是塞尔维亚人和黑山人,尽管他们只占全南斯拉夫总人口的 40%。克罗地亚族和斯洛文尼亚族占全国总人口的 30%,但他们在南共联盟的党员人数只有 20%。南斯拉夫人民解放军的职业军官和士官几乎都是南共联盟的成员,但他们并不能为提高党的战斗力发挥作用。

这时的南共联盟已很难代表全联邦发挥作用,整个南斯拉夫像一个多党制国家,共和国和自治省加起来有 8 个党,军队里还有 1 个党。这样,党已经开始"联邦化",入党和退党成了司空见惯现象。

此时,南共联盟和南斯拉夫联邦国家的集体领导由于年年轮换,不分共和国大小和领导人能力强弱搞绝对平等,反而使领导层变得软弱无力,流于形式。南斯拉夫联邦和南共联盟的代表轮流在同一舞台上演戏,走马灯,你方唱罢我登台。到头来,没等到南共联盟的代表第二次登场,一场席卷原东欧的多党政治体制和"民主化"拉开了南斯拉夫民族冲突和崩溃的序幕,南斯拉夫在"独立"狂潮中开始解体。共产党人苦心设计的"轮流坐庄制"已经无人问津,人去台空,演员一个个扬长而去,观众四处离散,留下一个空旷而又略带斑斑血迹(由于连年内战)的荒废舞台。这就是今日我们所看到的南斯拉夫的魔影!这就是南共联盟的死亡证书!

显然,南斯拉夫解体的根本原因是南斯拉夫内部出了问题,尤其是民族分裂主义在其中起了很重要的作用。但是,南斯拉夫为什么在 1992 年迅速崩溃,我们绝不能低估外部因素,特别是美欧大国的干预和破坏性作用。

外部势力的干涉

至于外部因素,我们已经列举了联合国、欧盟、欧美大国和南斯拉夫邻国对南斯拉夫危机的态度。首先,苏联东欧社会主义国家的剧变,加速了南斯拉夫联邦的崩溃。苏联解体之后,《华沙条约》不存在了,"经互会"也不存在了。这样,南斯拉夫和其他东欧社会主义国家一样在安全上就没有保障了,在经济上也没有后盾了。在这种情况下,南斯拉夫要想维护边界现状、领土完整和国家安全,这是很困难的。

尽管南斯拉夫早在 20 世纪 40 年代末和 50 年代初就开始摆脱斯大林社会主义模式,但西方认为它在巴尔干半岛处于特殊的地位,仍是"社会主义"阵地,必须拔掉最后留下的这面旗帜。我们看到,巴尔干国家的民族和领土问题是通过第一次和第二次世界大战后的国际条约确定的,而不是通过这些国家自己协商谈判解决的。欧美大国的唯一目的是在该地区扩大自己的势力范围和争夺霸权,使其成为它们利益冲突的"试验场"。所以,南斯拉夫学者指出,"西方强国原来乐意维护南斯拉夫的统一,但在柏林墙倒塌和东方集团垮台之后的异常欢快的情绪下,在倒洗澡水的同时把南斯拉夫这个孩子也一起倒掉了。"

这样,尽管南斯拉夫的解体过程较其他东欧国家缓慢些,但最终避免不了分裂的厄运。一个在欧洲开展了最大规模反法西斯运动国家的人民,掉进了第二次世界大战结束以来兄弟自相残杀、恐怖和灾难的泥淖,这是人们没有料到的。

近年来的最新解密材料披露,南斯拉夫联邦解体的一个重要原因是欧美国家策划的阴谋,不是大家强调的民族主义,西方只是利用了民族主义打击南斯拉夫联邦。这些已经公开的证据说明:早在 1976—1977 年,联邦德国就主张消灭南斯拉夫。德国欲为"一战"雪耻、为"二战"报仇,率先支持南斯拉夫的穆斯林,承认斯洛文尼亚和克罗地亚独立。1992 年南斯拉夫解体后,美国又一心要消灭由塞尔维亚和黑山组成的南斯拉夫联盟,美国 1999 年侵略南斯拉夫联盟,2000 年美国又主张科索沃脱离塞尔维亚独立,结果 2006 年南斯拉夫联盟也解散,2008 年科索沃单方面宣布独立,塞尔维亚也面临"肢解"危机。

南斯拉夫前国王也想有所为

1839 年,塞尔维亚国王米洛什·奥布雷诺维奇被迫让位,嗣位的亚历山大·卡拉乔尔杰维奇于 1858 年遭废黜。1869 年米哈伊尔·奥布雷诺维奇遇刺,该王朝的继位者米兰在 1889 年退位,他的儿子亚历山大 1903 年被谋杀。彼得·卡拉乔尔杰维奇掌权后,违反传统,不让长子乔治继位,而把王权交给了次子亚历山大。1918 年 12 月,塞尔维亚国王亚历山大成为新成立的南斯拉夫国家的国王。1934 年,亚历山大在法国马赛遇刺身亡,年幼的彼得(又译佩塔尔)二世在摄政王辅佐下登基。1941 年 4 月,德意法西斯入侵并瓜分了南斯拉夫,王室逃到了伦敦。

南斯拉夫王储亚历山大是末代国王彼得二世的独生子,1945 年出生在伦敦的"克拉里奇斯"饭店,该饭店的 212 房间被丘吉尔宣布为享有主权的南斯拉夫领土,这为亚历山大成为南斯拉夫合法的王位继承人提供了法律依据。亚历山大同英国王室关系密切,伊丽莎白王后是他的教母。

亚历山大曾在英国和瑞士上学,后毕业于桑德赫斯特军官学校,并在英军服役,直到 1972 年。他掌握 5 门语言,虽未到过南斯拉夫,却能讲一口流利的塞尔维亚语。他娶了平民女子卡特琳娜为妻,住在伦敦富人区,现有 3 个儿子。

据媒体报道,亚历山大英俊潇洒,在伦敦从事石油贸易,同时担任一家保险公司的经理。他在家里珍藏着一把故乡的泥土。他的座右铭是:"我的生命是以流亡者的身份开始的,如果我的人民召唤,我将立即回家。"

20 世纪 90 年代,在南斯拉夫解体、政治局势剧烈动荡的情况下,他虽几次带领全家访问了南斯拉夫联盟,但是影响不大。他同塞尔维亚保皇势力和商界保持着密切的联系。2000 年 10 月,米洛舍维奇在南斯拉夫联盟总统选举中失败后,亚历山大从贝尔格莱德新政府那里获得了正式的塞尔维亚公民身份。塞尔维亚政府还正式废止了 1947 年关于剥夺王室成员公民权和财产权的法律文件。南斯拉夫旧王室表示感谢,国内的一批保皇分子也支持政府的决定,欢迎亚历山大早日作出回国的选择。亚历山大一直窥测时机,整装待发,他说:"不管怎么样,我就要回家了。"但在贝尔格莱德,迄今也没有见到他的身影。

严重的后果和惨痛的教训

南斯拉夫联邦解体,不仅使巴尔干半岛上一个自治的和不结盟的南斯拉夫从历史舞台上消失了,而且对美国、欧洲和俄罗斯以及国际组织在国际格局中的地位和作用都产生了消极的变化。

首先,巴尔干地区一系列事件的发生迫使美欧大国重新重视和评价该地区的安全问题。起初,美国并没有意识到东南欧冲突的严重性,因而对联合国和欧洲解决南斯拉夫地区危机的重要性持观望态度。欧洲国家及其领导人对南斯拉夫解体感到担忧。不久,随着巴尔干地区事态的发展,美国直接介入巴尔干问题,欧盟和北约则只起着辅助作用。2001 年 9 月之后,美国对东南欧的注意力减弱,越来越关注亚太地区。于是,欧盟在巴尔干地区发挥着主导作用。

其次,南斯拉夫崩溃也促使俄罗斯更加重视巴尔干地区事态的发展。南斯拉夫危机出现时,俄罗斯与美国和欧洲大国一起,希望在外交政策和安全方面进行合作。然而,科索沃问题的走向迫使俄罗斯的外交政策改弦易辙。它与该地区的斯拉夫国家有强烈的历史和文化联系,必须参与解决该地区问题的各种活动,继续扩大自己在塞尔维亚和保加利亚的影响。

再次,冷战后,北约试图介入世界新秩序构建,借机实现扩张主义野心。1991 年后北约开始轰炸波黑、科索沃和塞尔维亚的军事目标,在波黑和科索沃部署北约武装力量。从此,以美国为首的北约赖在巴尔干地区不走,直至发动了侵略南斯拉夫联盟的科索沃战争。接着,北约又以巴尔干为基地,对伊拉克、阿富汗、利比亚等国实施军事打击。时至今日,阿尔巴尼亚、保加利亚、罗马尼亚、黑山、克罗地亚和斯洛文尼亚 6 个巴尔干国家已经是北约的正式成员国。

最后,南斯拉夫解体还遗留了两个难以克服的问题。第一个问题是塞尔维亚的地区政策问题。南斯拉夫解体,毫无疑问受害最大的是塞尔维亚。它的几百万同胞留在塞尔维亚境外的其他共和国,它的一部分领土科索沃于

2008 年单方面宣布独立。至今,塞尔维亚由于南斯拉夫解体,仍处于内心极度失衡的状态。加之南斯拉夫地区的领土和民族问题时隐时现,也困扰着塞尔维亚的正常发展。塞尔维亚表示愿意参加欧盟,但不准备参加北约。第二个问题是地区的政局动荡不稳,如马其顿与希腊关于马其顿国名之争的问题。马其顿共和国至今名不正,影响它加入北约和欧盟。当年,正是美国和欧盟挑起南斯拉夫各方相互对立,又用武力迫使各方"媾和",在巴尔干建立了多元种族国家的计划失败,致使民族问题依然突出。马其顿的阿尔巴尼亚族占马其顿总人口的 1/4—1/3。最近 20 多年来,阿尔巴尼亚族一直在马其顿闹事,使马其顿种族冲突不断。

但是,南斯拉夫联邦倒塌的后遗症远没有到此结束。国际分析人士指出,今天,在巴尔干地区仍然存在 18 种大大小小的冲突,如斯洛文尼亚与克罗地亚关于皮拉湾海洋线和圣格拉山分界线的争端;克罗地亚与塞尔维亚关于多瑙河沙雷格拉德和布科瓦尔等岛屿的争端;波黑塞族共和国是否并入塞尔维亚的争议;波黑的克罗地亚人(占波黑总人口的 14%)要求并入克罗地亚共和国;科索沃北部自行宣布组成的塞尔维亚共同体要求并入塞尔维亚;在南部塞尔维亚的阿尔巴尼亚人要求并入科索沃;在黑山的塞尔维亚人(约占黑山总人口的一小半)要求并入塞尔维亚;克罗地亚与黑山关于蒂瓦特海湾半岛的争议;等等。

也就是说,在南斯拉夫领土上的宗教和种族矛盾以及领土争端仍是潜在的不稳定因素,经常表现为国家间的摩擦。巴尔干问题研究专家认为,目前,南斯拉夫各共和国之间的关系并没有因为它们参加欧盟和北约或准备加盟入约而明显得到改善,而是有时变得越来越紧张。因为巴尔干地区越来越多的新生共和国和种族实体追求改变现存国家的边界现状,甚至主张母国"联邦化"。

南共联盟的成败和南斯拉夫解体带来的教训是深刻的,对人们的警示颇多:

警示之一:马克思主义要发展、要创新,不能僵化理解、机械运用,但对一些重大理论问题不能随意"本土化"或盲目"修正"。

警示之二:执政党内部存在反对派(往往以改革派面貌出现),这是客观存在的,应该高度重视,但在对他们的处理上需要慎之又慎,需要经得起历史的检验。

警示之三:社会主义政治制度应该优于资本主义的政治制度,但社会主义社会需要而且能够进行改革,这种改革不能过激、过头。

警示之四:社会主义经济和政治体制改革需要由执政党和杰出的领导人推动和领导,要照顾到党心、民心。

警示之五:妥善正确处理社会主义国家中的民族矛盾问题,防止外部敌对势力利用民族问题激化矛盾,使之政治化和国际化。

五、 内战爆发

多民族国家一旦分裂成多个国家,往往就不是一场"和平""温柔的"革命,也不是一般的家庭式"离异",而是在瓜分昔日的财产和分担债务,尤其是在领土、边界、民族和国家地位等问题上,矛盾重重,相互指责和攻击,从而演变成流血冲突和战争。

南斯拉夫还在解体过程中就爆发了两场带有民族冲突和领土纠纷的战争,它们是:南斯拉夫联邦同斯洛文尼亚共和国的战争和克罗地亚共和国同其境内塞尔维亚族的内战。

南斯拉夫联邦对斯洛文尼亚的"十日战争"

斯洛文尼亚于 1991 年 6 月 25 日宣布独立后,立即划地为界。它与当时尚未完全解体的南斯拉夫联邦在边境通道的控制、海关的管理、境内军事设施(如机场、兵营等)的归属等问题上发生争执。斯洛文尼亚共和国地方防御部队与南斯拉夫联邦人民军之间爆发了"十日战争"。

6 月 27 日凌晨,南斯拉夫联邦警察和联邦人民军奉命出动坦克、飞机向斯洛文尼亚首都卢布尔雅那进军,封锁和控制了南斯拉夫联邦与奥地利和意大利的边界,以维护国家"边界安全"与"领土完整"。斯洛文尼亚共和国进行全国总动员,以抗击南斯拉夫联邦人民军的"占领"和"侵略"。双方展开激战,互有伤亡。这样,一场反对"独立"和维护"独立"的战争爆发了。

6 月 28 日,武装冲突仍在进行,尤其在边界地区,双方战斗激烈。斯洛文尼亚共和国地方防御部队在许多地方设置了新的路障,阻止南斯拉夫联邦人民军前进,并向人民军兵营发起进攻,逮捕人民军家属。南斯拉夫联邦人民军依靠空军的轰炸,清除障碍物,控制了斯洛文尼亚共和国境内的南斯拉夫联邦国界。当天,欧洲共同体(欧共体)最高级会议作出决定,向南斯拉夫联邦派出部长级和平使团,并冻结对南斯拉夫联邦的一切经济援助。6 月 29 日晚,由欧共体国家卢森堡、荷兰和意大利三国外长组成的"和平使团"紧急飞抵南斯拉夫联邦,促使南斯拉夫联邦政府和斯洛文尼亚共和国立即停火。

随后的几天,停火协议无法实施,双方的战斗仍在继续,并进一步升级。这期间,欧共体三国外长多次进行调停、斡旋。在他们的反复劝说和调解下,南斯拉夫联邦主席团、联邦政府代表团、人民军军方代表以及斯洛文尼亚共和国、克罗地亚共和国、塞尔维亚共和国等有关各方于 7 月 7 日在布里俄尼岛达成协议,原则通过了由欧共体拟定的《和平解决南斯拉夫危机宣言》,主要内容是:要求立即停火;南斯拉夫联邦人民军尽快返回兵营;斯洛文尼亚、克罗地亚两国推迟 3 个月执行其国家独立的决定;尽快就南斯拉夫联邦未来体制进行谈判。在协商过程中,南斯拉夫联邦做出重大让步,同意由斯洛文尼共和国控制南斯拉夫联邦在斯洛文尼亚境内的边界和海关。双方停止交火,互相释放了全部战俘。7 月 10 日,斯洛文尼亚共和国议会经激烈辩论批准了这个宣言。7 月 18 日,南斯拉夫联邦同意斯洛文尼亚共和国的要求,决定在 3 个月内全部撤出在斯洛文尼亚境内的联邦人民军部队。至此,斯洛文尼亚共和国境内的战火才完全熄灭。

据称,在这场战争中,双方约有 60 多人死亡,几百人受伤,物资损失达数 10 亿美元。

克罗地亚与境内塞尔维亚族的战争

据克罗地亚共和国 1991 年统计,其共和国境内人口中,克罗地亚族为 370 万人,占总人口的 77.9%;塞尔维亚族为 58 万人,占总人口的 12.2%;波斯尼亚族和"南斯拉夫人"占总人口的 3%—5%,其他为匈牙利人、意大利人等少数民族。塞尔维亚族居住的地区统称"克拉伊纳",约占克罗地亚全国面积的 1/3。

塞尔维亚族是在 16—17 世纪从塞尔维亚移居到克罗地亚"军屯区"的边民,帮助当时占领克罗地亚的哈布斯堡王朝镇守边疆,以防止奥斯曼帝国军队西进。久而久之,这些塞尔维亚族戍边人员便定居在克罗地亚的广大地区,并形成了塞尔维亚族的宗教和文化社团,保留了自己的语言和民族属性。本来,克罗地亚人和塞尔维亚人同属南部斯拉夫人,语言基本相同,只是使用不同的字母书写,信仰不同的宗教。在历史上,大克罗地亚和大塞尔维亚民族主义产生碰撞,两族结下了世代恩怨,特别是在第二次世界大战中在"克罗地亚独立国"统治时发生了大规模屠杀塞族的悲剧。

1990 年 7—8 月份,克罗地亚共和国境内的塞尔维亚族居民成立了自己的政党,与新成立的民主派政府严重对立,并决定就自治问题在塞族居住区进行全民公决。克罗地亚当局不能容忍这种分裂主义活动,宣布将用"法治国家的一切手段阻止全民公决"。8月17日,塞尔维亚族夺取克罗地亚警察部队的武器,在交通路口设置障碍,同克罗地亚"特种部队"发生局部冲突。

1991年3月初,"塞尔维亚族克拉伊纳自治区"在克罗地亚宣告成立,自治区首府设在克宁市,塞尔维亚族的这一行动旨在从克罗地亚"分离"出去。3月31日,塞尔维亚共和国和克罗地亚共和国为克拉伊纳地区出现的事态发生严重军事冲突,南斯拉夫联邦人民军为平息冲突于4月底占领克拉伊纳地区。6月,克罗地亚正式宣布独立后,克罗地亚境内3个塞尔维亚族自治区于同年12月宣布成立"塞尔维亚族克拉伊纳共和国",脱离克罗地亚,随后便开始同波黑共和国境内的塞尔维亚族进行合作,拟同波黑共和国境内新成立的"塞尔维亚族共和国"合并,或与塞尔维亚共和国实现"统一"。

1991年9月7日,在欧洲共同体、美国和苏联的倡议和主持下,关于南斯拉夫问题的国际会议在海牙举行(通称为"和平会议")。会上通过了《关于南斯拉夫的宣言》,强调致力于和平解决南斯拉夫危机。但是,克罗地亚境内克罗地亚族、塞尔维亚族两族的矛盾并未因此缓解,相反武装冲突在不断升级。在短短的半年时间内,双方战死、失踪12万人,伤2万多人,50万人沦为难民。在这期间,驻扎在克罗地亚境内的南斯拉夫联邦人民军奉命出面干预,力图将冲突双方隔开。但不久,克罗地亚共和国武装力量同南斯拉夫联邦人民军对抗,企图迫使南斯拉夫联邦人民军撤离克罗地亚。到1991年底,南斯拉夫联邦人民军已公开站在塞尔维亚族一边防止克罗地亚共和国的武装力量进攻塞尔维亚族控制区。于是,克罗地亚境内的武装冲突变成了以克罗地亚共和国军队为一方和以南斯拉夫联邦人民军与塞尔维亚族武装为另一方的战争。而且,战场的形势对克罗地亚共和国日益不利,它面临丧失独立的危险。

在这种形势下,联合国秘书长派出私人特使,即美国前国务卿万斯进行调停,促使克罗地亚、塞尔维亚和南斯拉夫联邦人民军三方的领导人于1991年11月23日在日内瓦达成停火协议,其中规定:克罗地亚立即解除对南斯拉夫联邦人民军兵营的封锁;南斯拉夫联邦人民军立即撤离克罗地亚当局的控制区;冲突双方同意由联合国尽快向南斯拉夫派遣维持和平部队,进驻克罗地亚境内的塞尔维亚族聚居区。持续数月的克罗地亚共和国领土上的战争基本停息。12月8日,南斯拉夫联邦人民军签署从克罗地亚撤军协议。

在国际社会的进一步斡旋下,冲突双方又于1992年1月2日在萨拉热窝签订停火协议,接受万斯提出的"和平计划",同意将塞尔维亚族聚居区宣布为"联合国保护区"(简称"联保区"),派联合国维和部队来执行万斯计划。

然而,克罗地亚当局和塞尔维亚族双方的根本矛盾并未因签署停火协议而消除,双方对联合国维和部队进驻各有各的"如意算盘"。克罗地亚当局希望借助维和部队重新控制塞尔维亚族聚居区,而塞尔维亚族则希望利用维和部队造成塞尔维亚族控制区脱离克罗地亚共和国统治的既成事实。

关于克拉伊纳的地位与归属问题也当然没有解决。塞尔维亚族领导人一再指责克罗地亚当局对塞族进行"种族清洗",强调再也不愿生活在克罗地亚国家中,要求国际社会承认"塞尔维亚族克拉伊纳共和国"的独立。克罗地亚共和国领导人则强调,克罗地亚必须"收复失地"以维护领土完整,决不允许在其境内建立"国中之国"。

1993 年 1 月 22 日,克罗地亚军队向境内的联合国维和部队保护区发动进攻。25 日联合国安理会通过第 802 号决议,谴责克罗地亚军队的武装进攻,要求立即停止军事行动,并将部队撤出"联保区"。2 月 9 日,克罗地亚总统图季曼就联合国驻克罗地亚维和部队继续驻留问题提出三项条件:解除塞尔维亚族武装,难民重返家园,恢复克罗地亚对"联保区"的管辖权;否则,克罗地亚不同意联合国维和部队延期,将要求北约出面解决问题。

同年 6 月 23 日,克罗地亚境内塞族公布了最新的全民公决结果,98.6% 的选民支持克拉伊纳作为拥有主权的独立国家,并将同波黑共和国境内的"塞尔维亚族共和国"合并。从此,这一地区的摩擦、冲突和战斗从未停息。

波黑面临内战

1991 年 6 月,当斯洛文尼亚和克罗地亚正式宣布独立和脱离南斯拉夫时,波黑共和国也面临抉择:是继续留在南斯拉夫联邦内还是脱离联邦而独立?

波黑共和国境内三大政党在这个问题上的立场大相径庭。塞尔维亚族民主党反对波黑步斯洛文尼亚和克罗地亚的后尘而独立,主张继续留在南斯拉夫内;克罗地亚族民主共同体和穆斯林民主行动党则主张波黑共和国成为独立的主权国家,同时赞成邦联制。这两党在议会中占多数,表决时对塞尔维亚族不利。1991 年 10 月 10 日,波黑共和国议会制订《关于波黑主权问题的备忘录》。15 日,在塞族议员抵制讨论退出议会的情况下,波斯尼亚族和克罗地亚族议员强行通过了《关于波黑主权问题的备忘录》,加速了波黑独立的步伐。

《关于波黑主权问题的备忘录》的出台致使波黑共和国政府中执政的三方矛盾公开化。联合政府中处于劣势的塞尔维亚族部长辞职,塞尔维亚族议员脱离议会。10月25日,波黑塞尔维亚族议员在萨拉热窝附近的小镇帕莱成立自己的议会,选举克拉伊什尼克为议长。该议会在后来的事件中发挥了非常重要的作用。

1992年1月9日,波黑塞尔维亚族议会宣布由波黑共和国境内先后成立的5个塞尔维亚族自治区组成"波黑塞尔维亚族共和国",并声明愿意同塞尔维亚共和国合并。这一行动也促使波黑境内的波斯尼亚族和克罗地亚族联合行动,反对塞尔维亚族。至此,波黑共和国三党联合执政的局面实际上不复存在,共和国面临分裂。

这样,波黑共和国三个主要政党登上政治舞台之后,"就开始了民族间的互不相容和民族间的仇恨,随后是暴行,而最后是内战"。

波黑三族在关于波黑共和国独立问题上的观点和立场根本对立。代表它们利益的三个政党就独立问题举行了多次会谈,展开了激烈的争论。

1992年2月初,欧共体指定的关于解决南斯拉夫危机的代表劳尔德·卡林顿勋爵作为南斯拉夫和会主席提议召开"三党"和"三族"会议,讨论波黑共和国未来体制问题。2月中旬在萨拉热窝举行了第一次会议。接着,在欧共体国家外长里斯本会议期间,波黑三方负责人阿·伊泽特贝戈维奇、拉·卡拉季奇和米·拉西奇第一次签署了如下决议:波黑在现有边界内实现独立,即不并入原南斯拉夫联邦其他共和国;按民族原则改组,即建立三个民族共同体;三方表示愿意妥协和解,即波斯尼亚族放弃建立一个统一的穆斯林国家的思想,塞尔维亚族放弃并入塞尔维亚共和国的要求,克罗地亚族放弃跟克罗地亚共和国统一的愿望。

1992年2月27日,波黑三个主要政党领导人在萨拉热窝继续会谈。塞尔维亚族民主党提出要求波黑2/3的领土和萨拉热窝1/3的市区,波斯尼亚族反对欧共体制订的"独立省"计划,而主张国家的不可分割性和联邦性。这意味着波黑内战已难以避免。

六、 波黑内战

波斯尼亚和黑塞哥维那(简称"波黑")面积51 129平方千米,人口约436万(1991年)。它位于巴尔干半岛中西部,形状似一个倒三角形,同塞尔维亚、黑山和克罗地亚交界,并有 22 千米长的亚得里亚海岸线。山区占国土面积的 3/4,森林覆盖率为 45.5%。南斯拉夫联邦时期,90% 的黑色金属和 50% 的军工企业集中在波黑。

在宗教信仰方面,穆斯林占信仰群众的 49%、东正教徒占 32%、天主教徒占 13% 和新教徒占 5%。塞尔维亚—克罗地亚语为官方语言。

波黑内战自 1992 年 3 月爆发,持续了 40 个月,成为"二战"结束后欧洲时间最长和规模最大的战争,约 20 万人死于战乱,近 200 万人流离失所。战争给南斯拉夫地区和巴尔干邻国造成数百亿美元的经济损失。人们期盼这场骨肉相煎的战争早日结束。1995 年 12 月,解决波黑危机的《波黑和平协议》在巴黎正式签字。和平之神在波黑大地降临。和平来之不易,化干戈为玉帛,还需波黑冲突各方和国际社会作出极大的努力。

内战烽火蔓延

波黑内战的直接导火线是在一场婚礼上引起的。1992 年 2 月 29 日—3 月 1 日,波黑举行全民公决,决定是否脱离南斯拉夫独立。全民投票结果是:63.4% 的选民参加投票,其中近 63% 的人赞成独立。波斯尼亚族民主行动党和克罗地亚族民主共同体获胜,而塞尔维亚族民主党抵制公决,塞尔维亚族没有参加投票。

在投票处于高潮的 3 月 1 日,一对塞尔维亚族夫妇在萨拉热窝东正教堂为儿子举行婚礼时,据称遭波斯尼亚族袭击,新郎父亲当场丧命,塞尔维亚族旗帜被焚毁。这一消息引起塞尔维亚族的愤怒。当晚,塞尔维亚族和波斯尼亚族武装居民在萨拉热窝市互筑街垒,设置路障。3 月 5 日,两族居民发生冲突,造成数十人伤亡。26 日,南斯拉夫联邦人民军驻波黑部队出面干预,波斯尼亚族武装同其交火,再次出现伤亡。4 月 5 日,波黑进行总动员,指控南斯拉夫联邦人民军"侵略"波黑,并邀请克罗地亚正规军支援。克罗地亚族武装站在波斯尼亚族一边向塞尔维亚族发起进攻。从此,武装冲突蔓延开来,成为一场以争夺领土为目标的内战。

波黑暴力事件演变为武装冲突,又迅速升级为旷日持久的内战,是诸多因素造成的,既有历史积怨,也有现实矛盾;既有内部原因,也有外部影响。

第一,民族和宗教矛盾是波黑发生内战的根本原因。波黑面积 5.1 万多平方千米,是一个多民族国家,据 1991 年的最后一次人口普查,全国共有 435 万人,其中波斯尼亚族 190 万(占 43.7%)、塞尔维亚族 136 万(占 31.3%)、克罗地亚族 75 万(占 17.3%),还有若干其他民族。

波斯尼亚族是 15 世纪以来被伊斯兰化了的斯拉夫人,他们讲塞尔维亚—克罗地亚语;塞尔维亚族信仰东正教;克罗地亚族信奉天主教。在历史上,波斯尼亚族、克罗地亚族、塞尔维亚族三族居民都先后遭受奥斯曼帝国、奥匈帝国和南斯拉夫王国的统治,他们依次既当过"优等民族",又沦为过"二等公民",又同是外来势力的受害者。5 个多世纪的共居和恩怨,历史为这三个不同宗教信仰的民族留下了深刻的矛盾。三族争论的实质是"波黑的归属问题"。

塞尔维亚族认为,"波黑早就是塞尔维亚国家不可分割的组成部分"。在波黑居住的本来是塞尔维亚族,后来被人为地分裂为塞尔维亚族、克罗地亚族和波斯尼亚族。这个地区的居民历来就表示愿跟塞尔维亚合并。

克罗地亚族则强调,自古以来"波黑就是克罗地亚的一部分"。波黑境内的斯拉夫人就是克罗地亚人,并称这可以从波黑行政设置的名称和出土的考古文物得到证明。

波斯尼亚族则认为,既然塞尔维亚族和克罗地亚族都有自己的"母国",那波斯尼亚族作为波黑的主要居民,也有权建立自己的国家。

第二,波黑独立问题是引发战争的直接原因。波黑三族在关于波黑独立问题上的观点和立场根本对立。1990 年底,南斯拉夫联邦开始解体。1991 年随着斯洛文尼亚、克罗地亚和马其顿宣告独立,脱离联邦,波黑三族及其政党就独立问题举行了多次会谈,展开了激烈的争论。

塞尔维亚族因担心波黑独立后会沦为少数民族而受制于波斯尼亚族,因而主张波黑由 3 个彼此主权独立的小国结成邦联,或者留在南斯拉夫,同塞尔维亚一起组成新南斯拉夫。克罗地亚族基本上同意维持现存地域的三族邦联,但担心受控于波斯尼亚族和塞尔维亚族,更反对加入新南斯拉夫,故倾向于独立。波斯尼亚族对事态的发展起着决定性的影响,它的战略目标是建立一个伊斯兰国家,由穆斯林起主导作用,于 1992 年 2 月底就独立问题强行举行全民公决,宣布脱离南斯拉夫联邦。

塞尔维亚族抵制全民公决。为了牵制和反对波斯尼亚族、克罗地亚族两族的独立活动,遂宣布建立自己的议会和波黑境内各塞尔维亚族聚居区实行自治。接着,又成立了"波黑塞尔维亚族共和国",占据 60%的地域;克罗地亚族也组建了"赫尔采格—波斯尼亚克罗地亚族共同体",拥有 20%以上的土地;波斯尼亚族控制各大城市,占地 15%左右。这样,独立后的波黑实际上处于"三分天下"、三族鼎立的局面。三族都以武力手段抢占和固守地盘,内战进一步扩大。

波黑内战中流离失所的难民

第三，外部干预给内战火上浇油。波黑位于南斯拉夫心脏地区，战略地位十分重要。这里是南斯拉夫主要军工基地，有许多军事设施。波黑邻国塞尔维亚和克罗地亚首先卷入波黑的内战。南斯拉夫解体时，塞尔维亚、克罗地亚都力图把波黑境内的塞尔维亚族和克罗地亚族聚居区分别纳入自己的版图。塞尔维亚共和国总统米洛舍维奇曾提出，南斯拉夫境内"所有塞尔维亚族人有权生活在一个塞尔维亚国度里"；克罗地亚共和国总统图季曼则声称，瓜分波黑是"解决南斯拉夫危机的最佳方案"。为此，原南斯拉夫人民军从波黑撤军后，波黑塞族士兵就地改编成波黑塞尔维亚族共和国正规军；克罗地亚为帮助波黑克族人作战，派出了数万名正规部队；波斯尼亚族政府军则得到伊斯兰世界"圣战者"和西方军火商的支持，这种外界的干预为三族进行内战提供了物质基础。

西方大国承认克罗地亚、斯洛文尼亚和马其顿独立后，波黑三族在独立问题上的争吵越来越激烈。正当波黑三族谈判取得了某些进展而尚无结果时，欧共体和美国建议波黑就独立问题举行全民公决，并于4月6—7日相继匆忙承认波黑为独立主权国家。被此举激怒的塞尔维亚族决心加速军事行动，以实现自己的政治目标。所以，西方国家的直接插手对内战推波助澜，以致蔓延至波黑全境。

多种调解方案未果

波黑内战爆发后,为了防止战火波及被称为"火药桶"的巴尔干其他地区,进而威胁欧洲安全与和平,以联合国为代表的国际社会进行了大量的调解工作,提出了一个又一个解决波黑冲突的和平方案,但都没有收到明显的效果。

一是欧洲共同体(欧洲联盟)方案。1992 年 3 月,欧共体调停人、葡萄牙外交官库蒂莱罗提出解决波黑冲突的第一项和平方案。该方案的实质是将波黑按民族分成三大区域,依瑞士模式组成新的邦联式国家。塞尔维亚族和克罗地亚族表示同意,但波斯尼亚族感到"三国分治"模式对它不利,主张维护波黑领土的完整性。三驾马车南辕北辙使欧共体方案搁浅。

同年 10 月,南斯拉夫问题国际会议两主席万斯(代表联合国)和欧文(代表欧共体)提出了解决波黑危机的"一揽子计划",即著名的"万斯—欧文计划"。该计划使波黑成为一个统一的分权制国家,各省高度自治。其版图划分为 10 个省,其中 3 个省划归波斯尼亚族,占波黑总面积的 27%;3 个省为塞尔维亚族管辖区,占 43%;2 个省为克族控制区,占 15%。此外,第 10 省为波斯尼亚族、克罗地亚族共管区,第 7 省首都萨拉热窝为非军事区,由三方共管。经过几个月的讨价还价,波斯尼亚族、克罗地亚族两族接受这项计划,但塞尔维亚族认为已控制全国 70% 的领土,让出的地盘太多,以全民公决的形式拒绝了和平计划。于是,该计划功亏一篑。

1993 年 8 月,欧文和斯托尔滕贝格(是年 4 月取代万斯)又就波黑问题制定了一个新的解决方案,即"三分模式"方案。该计划的主要内容是波黑按民族划分为 3 个"共和国",具有独立的立法和司法权,但不具有国际法地位,3 个实体组成共和国联盟。波黑版图也按民族一分为三,塞尔维亚族占 52%,波斯尼亚族占 31%,克罗地亚族占 17%。实际上新方案是根据塞尔维亚总统米洛舍维奇和克罗地亚总统图季曼联合提出的"三分方案"制订的,所以,经过两个月的反复谈判,塞尔维亚族和克罗地亚族接受了欧文—斯托尔滕贝格计划,但是波斯尼亚族因 40% 以上的领土要求未得到满足而拒绝了该计划。国际调停再次受挫。

为了打破波黑三方和谈的僵局。欧盟于同年 11 月底又提出分阶段解决波黑冲突办法。第一阶段,通过逐步解除对南斯拉夫制裁,换取波黑塞尔维亚族对波斯尼亚族作出领土让步,以达成版图划分协议;第二阶段,召开南斯拉夫问题国际和平会议,采取国际监督措施和制定南斯拉夫地区安全机制,以保证协议实施。在欧盟的压力下,波黑冲突三方在日内瓦恢复谈判。塞尔维亚族、克罗地亚族两方向波斯尼亚族作出让步,同意波斯尼亚族可拥有波黑 1/3 的领土,并获得亚得里亚海出海口。但波斯尼亚族要求再增加 1% 的领土,遭到塞尔维亚族、克罗地亚族两族拒绝。

二是五国和平计划。早在 1993 年 5 月,在俄罗斯的推动下,美、俄、英、法、西班牙 5 国推出了以建立穆斯林安全区为主要内容的"联合行动计划"。该计划意在"扑灭波斯尼亚战火",而未触及波黑制宪原则和版图划分等实质问题,它只能是一个治标不治本的权宜之计,没有引起国际社会重视。

1994 年 4 月,美、俄、欧盟和联合国四方的代表在伦敦协调在波黑问题上的立场。这种做法是波黑危机爆发以来的第一次。5 月中旬,美、俄、英、法、德五国倡议成立了关于波黑问题国际联络小组,并就政治解决达成如下共识:(1)要求波黑交战各方停火 4 个月;(2)波黑版图应以欧盟的计划为基础,即波斯尼亚族、克罗地亚族将获得全领土的 51%,而塞尔维亚族将得到 49% 的领土。12 月,五国联络小组对和平方案又作了修改,增加了以下内容:尊重波黑主权和领土完整;允许波黑塞尔维亚族将来同塞尔维亚组建邦联;波黑边界和领土划分比例不变,但在自愿的基础上可以相互交换领土。塞尔维亚族对此持赞成态度,但波斯尼亚族反对修改和平计划,强调只有塞尔维亚族接受五国和平计划才能恢复谈判。

1995 年 2 月初,征得 5 国联络小组同意,法国提议波黑、克罗地亚和塞尔维亚三国总统会晤,以讨论下面 4 个基本问题:(1)南斯拉夫各共和国在国际承认的边界范围内相互承认;(2)三国首脑确认接受由五国联络小组提出的波黑和平计划;(3)讨论解决克罗地亚境内克拉伊纳塞族控制区问题;(4)取消对塞尔维亚和黑山的国际经济制裁问题。图季曼总统表示了积极的态度,但伊泽特贝戈维奇总统和米洛舍维奇总统则表示要对此建议进行研究,采取拖延战术。

三是美国方案。两年多来,国际上政治解决波黑危机的主张占据主导地位。美国对波黑的军事干预主张遭到欧洲盟国和国际社会的抵制后,开始调整政策,推出了"联邦+邦联方案"。1995 年 3 月 18 日,波黑波斯尼亚族、克罗地亚族领导人在美国的威胁和撮合下在华盛顿正式签署"联邦+邦联"协议。该协议规定,波斯尼亚族、克罗地亚族结成联邦,然后该联邦再与克罗地亚组成邦联,意在孤立打击塞尔维亚族。两族分区而治,混居区建立联合政权。中央政府负责国防、外交、金融等活动。地方政府主管经济、文化、社会治安和市政建设。联邦总统和总理由联邦议会选举产生,波斯尼亚族、克罗地亚族轮流担任。波黑政府军和克族民兵将建立联合指挥部。美要求波黑塞尔维亚族加入波斯尼亚族—克罗地亚族联邦,塞尔维亚族表示反对,提出将同塞尔维亚实现"完全统一"。

美国态度的变化对加速解决波黑危机产生了一定的积极影响。1994 年 12 月 18—21 日,美国总统卡特出访南斯拉夫地区,促使波黑塞尔维亚族和波斯尼亚族—克罗地亚族联邦签署了一项在波黑全境停火 4 个月的协议。此后,波黑交战三方又接受了美国关于从 1995 年 10 月 10 日起停止军事行动 60 天的建议。

波黑冲突久拖不决的原因

国际社会为解决波黑危机和实现和平而提出的方案,一个接一个遭到拒绝,危机日益加深。波黑三族针锋相对,互不相让,往往协议墨迹未干,又开始厮杀。同时,欧美大国在波黑问题上的矛盾和斗争也增加了解决波黑问题的难度和复杂性。

一是波黑三个民族混居复杂,很难按地域和人种划分界线。在波黑这张"斑豹皮"般人种分布图上,居住着三个主要民族。他们各有自己的宗教、自己的政党和武力量,还有各自的后台老板,早已形成三分天下的局面。同时,三个民族的分布又不是按各自的民族聚居,而是严重混居,呈现"你中有我,我中有你"的局面。

所以,无论三个小共和国的方案还是 10 个省计划,都难公正地彻底解决三族之间的地域和种族界线,再合理的方案也难把每个民族的居民都包括进它们各自的管辖区。

二是三个民族争议不断,屡见不鲜。据统计,尽管波黑波斯尼亚族人数最多,但因多生活在大中城市,所占面积不到全国总面积的 30%,而只占 31.3% 人口的塞尔维亚族却占有 50% 以上的领土面积,克罗地亚族占地面积跟他们 17% 左右的人口比例基本一致。但是,三个民族在对待国际调解的态度上,主要还是争论领土问题。谈判中,谁都想攫取更多的土地,可谓"寸步不让",谁都盼望把自己的居住区连成一片。即使达成了某种协议,不久又以土地比例、居民、土质和资源等问题为由加以拒绝。这种现象屡见不鲜。

三是西方国家解决波黑问题采用双重标准,存在分歧。波黑危机产生时,西方国家为了彻底消灭南斯拉夫这个"欧洲最后一个共产主义堡垒",德国、美国带头匆忙承认了波黑为独立的主权国家,但没有提出解决波黑复杂的民族问题的后继措施。接着,便动用欧共体、欧安会、北约等组织,以及联合国安理会,通过了一系列决议,对南斯拉夫联盟实行政治孤立、经济和外交封锁。特别是德国,企图通过克罗地亚南下巴尔干地区,进而抛弃战后禁止它向海外派兵的国际协定;而法国、英国在巴尔干地区有着传统的利益关系,竭力阻止德国和俄国"重温旧梦"。

波黑内战中的大屠杀

　　俄罗斯积极介入,利用波黑冲突重返巴尔干地区,以恢复前苏联在那里的影响和作用。对俄来说,它在东欧已丧失了昔日的影响,丢失巴尔干地区,也就是丢失整个中东欧地区。俄这么做也是国内政策的需要。在北约 1994年 2 月和 1995 年 9 月两次大规模空袭塞尔维亚族阵地时,都是在关键时刻由俄出面干预,才使一触即发的紧张局势得以缓和。

　　在如何处理波黑危机问题上,美国同欧洲盟国存在某种分歧。欧洲国家试图通过自己提出的方案显示冷战后独立解决国际问题的能力,美国则想从实力地位出发单独掌握解决国际问题的主宰权。欧盟关心自己在波黑地面部队的安全,又担心波黑难民潮冲击其社会稳定,力主政治解决;美国起先持"隔岸观火"态度,一再拒绝派地面部队去波黑执行维和任务。美国主张以军事干预为主,并先后提出设立波黑禁飞区、解除对波斯尼亚族的武器禁运、空袭塞尔维亚族军事目标等建议。但是,出于意识形态的考虑,欧美国家在调停中往往又偏袒波斯尼亚族、克罗地亚族,向塞尔维亚族施压。直到 1994 年,美国认为单枪匹马解决波黑问题时机已到,决心担负起"领导作用"。

代顿和平协议出现曙光

1995 年 10 月 31 日,波黑交战三方领导人,即塞尔维亚共和国总统米洛舍维奇、克罗地亚共和国总统图季曼和波黑共和国总统伊泽特贝戈维奇被召集到美国俄亥俄州代顿,在时任美国国务卿克里斯托弗主持下举行了和谈预备会议。会议是秘密进行的,也是异常困难的,三方都提出了一些"先决性"条件。经过 3 周的反复谈判,会议于 11 月 21 日落下帷幕。同日,有关三方在代顿草签了一项结束冲突、实现全面和平的协议。

米洛舍维奇(左)、图季曼(右)和伊泽特贝戈维奇(中)在美国代顿草签波黑和平协议(1995 年 11 月 21 日)

这项协议的主要内容包括:波黑将保持一个统一、主权和独立国家的地位,但由波斯尼亚族—克罗地亚族联邦和塞尔维亚族共和国两个部分组成,各控制 51% 和 49% 的领土;布勒奇科市成为享有自治地位的特区;南北两部分被一条宽 4 千米和长 1 030 千米的非军事区分界线隔开;波黑的中央政府将由经选举产生的议会、主席团以及宪法法院组成;三方应该尊重人权和保障难民返回家园;波黑首都萨拉热窝将保持统一,留在波斯尼亚族—克罗地亚族联邦之内;协议还规定受到国际法庭通缉的南斯拉夫战争罪犯一律不得担任国家公职,参与波黑的政治事务。代顿协议的一个最根本目的,是要确保波黑的波斯尼亚穆斯林、塞尔维亚东正教徒和克罗地亚天主教徒三个民族之间的和平,满足他们的最根本的、由宪法保障的平等要求。

11 月 22 日,联合国安理会作出决定,鉴于波黑和平协议已经达成,将暂停对南斯拉夫联盟共和国的经济制裁。与此同时,联合国安理会还投票决定逐步解除自 1991 年以来对南斯拉夫各共和国实施的武器禁运。次日,卡拉季奇等波黑塞尔维亚族领导人同塞尔维亚共和国总统米洛舍维奇举行会谈,表示接受代顿和平协议,主张通过协商解决仍存在异议的问题。

代顿协议签字仪式

12 月 14 日,波黑和平协议在巴黎正式签字,饱经战争创伤的波黑土地上初露和平曙光。这场骨肉相煎的战争终于结束。然而,最终化干戈为玉帛,还需要波黑冲突各方和国际社会继续作出努力。尽管代顿协议存在不足,是一个"和平的苦果",但它在当时是一种"最好的结果"。国际社会普遍欢迎南斯拉夫地区三方签署波黑和平协议。波黑满怀希望,开始走上充满阳光的大道。

七、 科索沃战争

科索沃是南斯拉夫领土的一部分

科索沃位于塞尔维亚西南部和阿尔巴尼亚东北部的交界地区。面积

10 877平方千米,分别为塞尔维亚和阿尔巴尼亚面积的12.3%和37%。目前人口近200万,占塞尔维亚人口的20%,相当于阿尔巴尼亚人口的60%。科索沃和梅托希亚是两个地区,一般叫作科索沃。科索沃多为平原,梅托希亚意为"教会属地",是多山地区。

科索沃的绝大部分居民是阿尔巴尼亚人。他们同今日阿尔巴尼亚共和国境内的阿尔巴尼亚族人的共同祖先是伊利里亚人。公元前3世纪末起,科索沃被罗马帝国统治。西罗马帝国倾覆后,科索沃隶属于拜占庭帝国。

公元7世纪起,塞尔维亚人定居巴尔干半岛的科索沃等地,一些伊利里亚人开始斯拉夫化。9世纪中期,科索沃成为保加利亚国家的一部分。11世纪初,保加利亚被拜占庭打败,科索沃再次落入拜占庭手中。

12世纪,科索沃是第一个塞尔维亚国家拉什卡的中心地带。14世纪30年代,斯蒂芬·杜尚(1331—1355年)建立强大的中世纪塞尔维亚帝国,他被加冕为"塞尔维亚人与希腊人、保加利亚人与阿尔巴尼亚人的皇帝",定都科索沃的普里兹伦,在佩奇设立塞尔维亚东正教大主教区。显然,这时的科索沃是塞尔维亚国家的政治经济和宗教文化中心。迄今在科索沃还保留着中世纪塞尔维亚的许多宗教圣迹和文化遗址。

到了14世纪,科索沃已扬名欧洲。1389年,奥斯曼土耳其人入侵科索沃地区。6月15日,塞尔维亚的拉扎尔大公联合巴尔干地区其他反奥斯曼土耳其人的军队,同奥斯曼土耳其军队在科索沃平原决战。当双方酣战时,一位塞尔维亚贵族潜入苏丹穆拉德的帐篷,称有重要情报告诉他,便乘机杀死了穆拉德。于是,奥斯曼土耳其的军队指挥权落到穆拉德的儿子绰号叫"闪电"的巴耶济德手里,后者宣布自己为苏丹,率部击溃了拉扎尔的同盟军。拉扎尔大公也负伤被俘,巴耶济德命令部下把他杀死,以报杀父之仇。

"科索沃战役"是巴尔干各国人民联合反抗奥斯曼土耳其征服者的一次伟大尝试。从此,该战役成了塞尔维亚人民的骄傲和东正教的圣地。尔后,塞尔维亚在每年的6月28日都纪念科索沃战役(根据东正教年历原来的6月15日应为6月28日),至今未断。所以,塞尔维亚人认为,科索沃是他们的"摇篮"和"心脏",是他们神圣领土的一部分。

1459年,塞尔维亚被奥斯曼帝国军队完全占领,科索沃也纳入奥斯曼帝国的版图,由此开始了长达四五个世纪的伊斯兰化过程。信奉东正教的塞尔维亚人不愿意改信伊斯兰教而离开科索沃移居别处,阿尔巴尼亚人则大量进入该地区。据记载,到 19 世纪中期,科索沃的民族成分、宗教信仰和语言结构都发生了不利于斯拉夫人的变化。而到 20 世纪初,科索沃的穆斯林已经占该地总人口的 70% 以上。

在 1912 年的巴尔干战争中,奥斯曼土耳其帝国彻底失败,被迫放弃包括科索沃在内的最后几块巴尔干属地。塞尔维亚和黑山军队占领了科索沃。同年 11 月,阿尔巴尼亚作为独立国家出现在巴尔干半岛,进而要求它的疆界包括整个科索沃、马其顿的大部以及希腊北部等阿族居住的地区。1913 年的“伦敦和会”宣布承认阿尔巴尼亚独立,但不允许它变动领土范围。

第一次世界大战时,科索沃被奥地利和保加利亚军队占领。战争结束阶段,塞尔维亚重新收回科索沃。1919 年的凡尔赛和约再次确认科索沃归还 1918 年底成立的塞尔维亚人—克罗地亚人—斯洛文尼亚人王国(1929 年改称南斯拉夫王国)。从历史角度看,科索沃是塞尔维亚领土的一部分。

最近一个世纪以来,阿尔巴尼亚族已经成为科索沃的主要居民,约占 3/4。在 1981 年,阿尔巴尼亚族在科索沃全体居民中的比例已攀升至 78%,到 1991 年更是暴涨至 90%。出现这种情况,一是 20 世纪 80 年代由于科索沃的局势严峻,约有 10 万塞尔维亚人和黑山人被迫离开了他们在科索沃的家园;二是阿尔巴尼亚人的出生率高,人口自然增长快。1981—1990 年阿尔巴尼亚族的人口自然增长率为 2.7%,而同期塞尔维亚族只有 0.22%。科索沃的人口结构变化不利于塞尔维亚族的趋势一直持续至今。

科索沃阿尔巴尼亚族要求成为“共和国”

“二战”后,科索沃一直是塞尔维亚领土的一个组成部分。1945 年 7 月,科索沃根据该地区居民自由表达的愿望,已成为塞尔维亚共和国范围内的一个自治单位(区)。1968 年,科索沃由塞尔维亚的自治区升格为自治省。1974 年的南斯拉夫宪法确立了共和国和自治省平等参加联邦机构的原则,赋予科索沃自治省和伏伊伏丁那自治省很多跟其他共和国同样的权力,它们名义上归塞尔维亚管辖,实际上却获得了准国家地位。

20 世纪 60 年代末,科索沃阿尔巴尼亚族的分离主义活动越来越明显。1968 年 11 月,科索沃阿尔巴尼亚族的大学生和群众举行示威游行,喊出“打倒殖民主义统治”“实现民族自决”,要求该省成为“共和国”等口号。阿尔巴尼亚族认为,在科索沃的阿尔巴尼亚族人加上在马其顿和黑山等地的阿尔巴尼亚族人,其数量不比马其顿人少,也不比斯洛文尼亚人少,更比黑山人多。

因此,他们强调阿尔巴尼亚族应该是一个主体民族,而不是"少数民族",应该有权享受共和国而不是自治省待遇。

1974 年的南斯拉夫宪法确立了六个共和国和两个自治省平等参加联邦机构的原则。科索沃阿尔巴尼亚族利用宪法所赋予的权利进行分裂活动。1980 年铁托去世后,科索沃的情况变得更加混乱。1981 年 3—4 月间,阿尔巴尼亚族的示威浪潮演变成为席卷整个科索沃的骚乱。示威者提出了"我们需要共和国""科索沃成为共和国",以及改善经济状况、言论自由、民族平等、释放全部政治犯等要求,骚乱已带有明显的政治色彩。

1988 年 10 月,阿尔巴尼亚族在科索沃的许多城市举行示威,反对塞尔维亚民族主义。塞尔维亚则宣布对科索沃实行军事管制。1989 年 2 月,阿尔巴尼亚族矿工连日游行罢工,抗议科索沃阿尔巴尼亚族政治领导人被撤职。塞尔维亚宣布修改共和国宪法,取消了科索沃自治省地位。这时克罗地亚和斯洛文尼亚的反对派政党领导人也纷纷在集会上发表言论,表示支持科索沃的独立要求。于是,南斯拉夫联邦的基础开始动摇。

1990 年初始,随着中东欧剧变,科索沃的独立倾向日益加剧。7 月,科索沃宣布为"共和国",成为南斯拉夫联邦的独立单位,从塞尔维亚分离出去。与此同时,塞尔维亚议会决定解散科索沃自治省议会和政府,并派出大批塞族官员和军警到科索沃各地接管政权。这是造成阿尔巴尼亚族和塞尔维亚族对立的一个重要原因。9 月,塞尔维亚议会通过塞尔维亚共和国新宪法,科索沃和伏伊伏丁那两个自治省被降级为普通的地区,不再享有任何特权。

1991 年 9 月,阿尔巴尼亚族举行"全民公决",宣布科索沃为"独立的自由国家"。1992 年,阿尔巴尼亚族又秘密选举出了所谓的"科索沃共和国"阿尔巴尼亚族议会和政府,易卜拉欣·鲁戈瓦当选为"总统"。在科索沃实际上形成了双重政权并存的局面。

1996 年所谓"科索沃解放军"在外来势力的支持下公开活动,强调用武力解决科索沃危机。阿尔巴尼亚族领导人认为,既然波黑的穆斯林在欧美大国的扶植下可以建立自己的国家,那么人口占科索沃多数的阿尔巴尼亚族也可以独立出来。而且,必须由国际社会出面解决这个问题,使科索沃继波黑之后成为国际社会关注的一个热点。为了实现这一目标,科索沃阿尔巴尼亚族领导人采取了和平谈判和武装斗争两种策略。

科索沃危机是继波黑内战之后又一引世人瞩目的问题。1998 年 2 月,南斯拉夫联盟共和国政府军和科索沃解放军发生冲突。同年 6 月和 7 月,科索沃解放军逐渐占据优势,于是南斯拉夫政府军开始发动反攻并持续到 9 月。随着战争的进行,成千上万难民背井离乡,无数家庭妻离子散,这是一场人道主义灾难。尽管国际社会进行了多番调解,但冲突还是在不断升级。

经历惨绝人寰的两个半月的战争

1999 年初,科索沃危机全面爆发,北约加紧策划动武。原南斯拉夫问题国际联络小组 1 月发表声明,敦促科索沃冲突各方必须于 2 月 6 日前重开谈判,否则将面临北约的军事打击。2 月 6 日,解决科索沃问题的和平谈判在法国巴黎附近的朗布依埃城堡举行。塞尔维亚和科索沃双方都不妥协,和谈未果。3 月 15 日,关于第二轮科索沃和平谈判继续进行。19 日,主持和谈的两主席——英法外长根据事先的策划,急不可待地宣布谈判破裂,且把责任全部推给了南斯拉夫联盟政府。

解决科索沃问题的和平谈判破裂后,以美国为首的北约于 1999 年 3 月 24 日夜假借维护"和平"和"人权"之名,对一个主权国家——南斯拉夫联盟发起了猛烈的空中袭击。北约出动大批飞机,使用大量最新、最先进的空袭兵器,不顾世界各国人民的强烈反对,绕开联合国,北约秘书长索拉纳终于向南斯拉夫扣动了扳机。刹那间,美国、英国、法国、加拿大、德国、意大利、荷兰、西班牙这 8 个国家的轰炸机从各基地起飞,对南斯拉夫联盟狂轰滥炸。北约战舰也向南斯拉夫联盟发射了密集的巡航导弹。科索沃战争全面爆发。从此,北约在自己的历史上写下了最可耻的一页!

北约秘书长索拉纳声称,对南斯拉夫联盟实施空中打击只限于塞尔维亚族军队和塞尔维

刚刚被炸的尼什卷烟厂

亚族警察部队等"军事目标",目的是为了制止"人道主义灾难",是为了迫使南斯拉夫联盟接受朗布依埃协议。然而,自空袭开始后,美国和北约从打击南斯拉夫联盟的军事目标已发展到摧毁南斯拉夫联盟政府的行政办公楼、医院、学校、桥梁、电视台、炼油厂、化工厂、电站、住宅等大量民用设施,甚至袭击火车和

南斯拉夫联盟的民用目标惨遭轰炸

难民车队,造成 2 000 多人死亡、6 000 多人受伤和几十万难民流落异乡。

北约先后有 1 200 架飞机、55 艘舰船、3 艘航母参战,在 50 余颗太空卫星和数万地面部队的支援配合下,出动飞机 3 万多架次,投掷各类炸弹 2.3 万枚。据统计,南斯拉夫联盟全国 70% 的桥梁、100% 的炼油能力和 50% 的动力系统、12 条铁路干线、5 条公路干线和大多数工厂被摧毁,造成的直接经济损失超过 2 000 亿美元,南斯拉夫联盟整体经济水平倒退 30 年以上,南斯拉夫联盟的战后重建至少需要十几年。

5 月 8 日,北约又悍然轰炸中国驻南斯拉夫联盟大使馆,致使 3 人死亡,20 余人受伤,其残暴行径,令人发指。世界极其震惊,中国无比愤怒。

但是,北约的野蛮行径和罪恶行为并没有达到其原定目标,相反却遭到南斯拉夫联盟人民的英勇抵抗和国际社会的强烈谴责。贝尔格莱德市民日夜组成"人体盾牌"誓与大桥共存亡,给世界善良的人们留下了刻骨铭心的印象。人们义正词严地指出,空袭行动既未经联合国安理会授权,更背离了赫尔辛基协议最后文件的精神。这是对南斯拉夫联盟"赤裸裸的侵略",是"二战"结束以来发生的最严重的"人道主义灾难",是西方大国对主权国家的粗暴干涉和对人权的亵渎。美国的霸权和北约的强盗逻辑已对世界和平构成重大威胁,已遭到全世界人民的反对。

6 月 9 日,南斯拉夫联盟和北约代表签署了关于南斯拉夫联盟军警部队撤出科索沃安排的协议,北约宣布停止对南斯拉夫联盟的轰炸。6 月 11 日,联合国安理会通过关于解决科索沃问题的 1244 号决议。科索沃上空出现一缕和平的曙光。

贝尔格莱德市民组成"人体盾牌"誓与大桥共存亡

　　科索沃战争历时 78 天,是继海湾战争之后又一场大规模高科技局部战争。南斯拉夫联盟在军事实力上相差极为悬殊、作战态势极为不利的形势下顽强抗击 78 天,并取得了一定战果。科索沃战争在性质上是一场典型的以强凌弱、以多打少的侵略战争,也是一场典型的以高技术对低技术的"不对称战争",同时它还是一场广泛动员人民群众、灵活运用战略战术、以弱胜强的人民战争。

　　科索沃战争再一次证明,任何依仗现代化武器和武力侵略一个主权国家的行径,最终都是要失败的。以美国为首的北约以绝对的优势对南斯拉夫联盟这个弱者发动了惨无人道的侵略,遭到世界人民的谴责。至今,塞尔维亚人民只希望加入欧洲一体化进程,但不会加入北约,因为这是血的教训!

　　科索沃战争结束已经快 20 年了。西方策划的所谓南斯拉夫问题国际刑事法庭陆续重刑判决了前波黑塞尔维亚族领导人卡拉季奇和指挥官姆拉迪奇等人,塞尔维亚前总统米洛舍维奇还不明不白地死在荷兰海牙狱中,他们的多项罪名中包括种族灭绝罪、战争罪和反人类罪等。那么,人们要问:那些在科索沃战争中犯下"人类历史上最可耻的罪行"的北约战争贩子们、刽子手们为什么今天还逍遥法外? 北约使用贫铀弹轰炸造成的"科索沃战争综合征"应该由谁来承担责任? 科索沃战争造成的巨大损失应该由谁来赔偿? 是还塞尔维亚人民一个公道和正义的时候了!

作者点评

　　1989 年,西方疯狂庆祝苏东社会主义制度瓦解,共产党垮台,认为一个新的世纪开始了。东西方经过近半个世纪的"冷战",开始建设"欧洲共同大厦"。一夜之间,民主派狂呼,民主和自由已经取代了专制与独裁。多民族国家南斯拉夫联邦被推到了风口浪尖。

　　1980 年,铁托逝世之后,南斯拉夫联邦已经磨难不断,开始风雨飘摇。1991 年,斯洛文尼亚和克罗地亚宣布独立;南斯拉夫共和国波黑开始内战;1992年初,塞尔维亚和黑山组成南斯拉夫联盟共和国,南斯拉夫联邦已经消失。

　　学者们不理解为什么一个好端端的南斯拉夫成了大国争夺和内战的场地? 成了流血冲突和任人宰割的战场? 有人说,这是侵略性民族主义大爆发的结果;也有人说,这是欧美大国出卖了南斯拉夫。客观地讲,这两个方面的原因都不能排除。但有一点十分清楚:南斯拉夫解体与西方大国对南斯拉夫的横蛮干预和本身的错误政策是分不开的。当然,南斯拉夫解体除此之外,还应该有一些深层次的原因。

20 世纪 80 年代中期起,苏联戈尔巴乔夫的改革模式自觉不自觉地传到东欧。同时,苏联对东欧的政策随之亦发生了变化。东欧各国的社会主义建设出现失误,经济困难,民族矛盾激化,再加上西方的长期渗透和"和平演变",严重动摇了苏东原有的政治制度和经济体制。

随着 1989 年 11 月柏林墙的倒塌,东欧各国社会制度纷纷崩溃,其来势之猛、速度之快、影响之深,出乎东西方人们的预料。这场风暴始于中欧的波兰、匈牙利、民主德国和捷克斯洛伐克,旋即波及巴尔干地区的保加利亚、罗马尼亚和阿尔巴尼亚,最后结束于南斯拉夫。

20 世纪 90 年代初,随着经互会和华约的解体,冷战时期在巴尔干地区建立的利益均势被打破,巴尔干国家在政治上、经济上和军事上出现了新的不平衡。大国卷土重来,并开始主宰一些国家的事务。冷战年代被"冻结"的各种矛盾和争端爆发,巴尔干半岛再次出现地区性和全球性热点问题。多民族国家南斯拉夫联邦首当其冲,被推到了风口浪尖。

南斯拉夫深陷危机,磨难不断,风雨飘摇。正是大国的介入致使 1991 年起斯洛文尼亚、克罗地亚、波黑、马其顿先后宣布独立后,波黑爆发了旷日持久的内战,科索沃发生了惨无人道的战争。

在南斯拉夫联邦多米诺骨牌瞬间倒塌的日子里,历史还展示了腥风血雨的场景。1991 年 3 月初,在克罗地亚境内的 60 万塞尔维亚族人成立"塞尔维亚族克拉伊纳自治区"。这是塞尔维亚族和克罗地亚族冲突的开始,后演变成持续几年的内战。接着,在波斯尼亚的 100 多万塞尔维亚族宣布建立"波斯尼亚克拉伊纳"。两地的塞尔维亚族采取联合行动,要求继续留在南斯拉夫联邦。

1991 年 6 月底—7 月 7 日,在斯洛文尼亚和塞尔维亚之间爆发了"十日战争"。据称,双方约有 60 多人死亡,几百人受伤,物资损失达数十亿美元。1992 年 2 月 29 日—3 月 1 日,波斯尼亚和黑塞哥维那(波黑)举行全民投票,99% 以上的人赞成独立。波黑的波斯尼亚族、塞尔维亚族和克罗地亚族 3 个民族在如何组成统一国家的问题上产生严重分歧,互不妥协,爆发了战争。

接着,以美国为首的北约在 1999 年对南斯拉夫联盟共和国发动了科索沃战争。据统计,南斯拉夫联盟全国 70% 的桥梁、100% 的炼油能力和大多数工厂被摧毁,造成的直接经济损失超过 2 000 亿美元,南斯拉夫联盟整体经济水平倒退 30 年以上,北约使用贫铀弹轰炸造成的"科索沃战争综合征"至今还在涂炭生灵。战争贩子没有得到惩罚,塞尔维亚人民还没有讨回公道。全世界主持正义的人们强烈谴责这场血腥的战争!

第十章

南斯拉夫联盟共和国(1992—2003 年)

一、 南斯拉夫联盟生不逢时

"第三南斯拉夫"诞生

1992 年 4 月 27 日,南斯拉夫联邦议会通过了《南斯拉夫联盟共和国宪法》,并宣布建立"南斯拉夫联盟共和国",作为国土面积大大缩小的南斯拉夫联邦的继承者。这个新建立的"第三南斯拉夫",由"大哥"塞尔维亚共和国和"小兄弟"黑山共和国联合组成。这个由在南斯拉夫联邦废墟上站立起来的最强者和最弱者撮合而成的新国家,从一开始就先天不足,营养不良,特别像两条腿不一样长的跛脚。

这个新国家定都贝尔格莱德,它的官方语为塞尔维亚语,新国旗仍为红白蓝三色,但是中间没有了五角星。南斯拉夫联盟共和国的诞生,标志着 1945 年后建立的南斯拉夫社会主义联邦共和国彻底解体。

南斯拉夫联盟共和国的总面积为 102 173 平方千米,即塞尔维亚的 88 400 平方千米(其中包括科索沃自治省的 10 887 平方千米和伏伊伏丁那自治省的 21 506 平方千米),黑山的 13 800 平方千米;人口约 1 100 万,即塞尔维亚 630 万、科索沃 200 万、伏伊伏丁那 200 万、黑山 60 多万。

南斯拉夫联盟共和国国徽

南斯拉夫联盟共和国的面积只相当于南斯拉夫联邦面积的 40%，人口为原来的 45%。从土地面积来说，新的南斯拉夫联盟比邻国阿尔巴尼亚、匈牙利和奥地利大些，但不及它的邻国保加利亚、罗马尼亚和意大利的国土面积。

南斯拉夫联盟位于巴尔干半岛中部，同它接壤的国家有匈牙利、罗马尼亚、保加利亚、马其顿、阿尔巴尼亚、波黑和克罗地亚。其西南部的黑山共和国濒临亚得里亚海，有 200 公里的海岸线。伏伊伏丁那自治省是著名的粮仓，有少量石油和天然气。黑山共和国境内多山，有铝矾土、铅、锌、褐煤等矿藏。塞尔维亚共和国（尤其是科索沃自治省）的矿产资源丰富，盛产铜、镍、铅、锌、褐煤、铝矾土等。

南斯拉夫联盟的民族成分：塞尔维亚人占 63%，阿尔巴尼亚人占 14%，黑山人占 6%，匈牙利人占 4%，其他民族人口占 13%。

南斯拉夫联盟宣布，它是南斯拉夫联邦的继承者，它承认南斯拉夫联邦过去承担的所有国际义务。它对其他所有分离出去的共和国都是开放的，它们随时可以自愿加入南斯拉夫联盟。这实际上是在号召克罗地亚共和国和波黑共和国境内的塞尔维亚人加入南斯拉夫联盟。

南斯拉夫联盟表示，它愿意充分尊重已经宣布独立的共和国的权力和利益；并准备在"关于南斯拉夫和平会议"的范围内就一切悬而未决的问题达成协议后，承认在南斯拉夫地区新建立的国家。同时，它将不会阻止这些国家加入国际组织以及联合国及其所属机构。南斯拉夫联盟还准备同这些在南斯拉夫地区新形成的国家建立经济、交通、能源等方面的合作关系。

南斯拉夫联盟共和国是一个实行多党议会民主制国家。它起初设有 5个常设共同机构：两院制议会、共和国总统、联盟政府、宪法法院和联盟法院。根据宪法，组成联盟的各个单位享有完全平等的地位。

南斯拉夫联盟共和国刚一成立就遭到西方的嘲讽和歧视。西方国家认为，这个国家改名未改姓，换汤不换药，还是一个由塞尔维亚社会党（原南共联盟）一手操纵的国家，因而处处与这个国家为敌。

南斯拉夫联盟处于内外交困之中

南斯拉夫联盟共和国成立后，本想作为南斯拉夫联邦的"合法继承者"，自然地继承它在联合国和各种国际组织中的席位。但是，西方国家在肢解了南斯拉夫联邦后，认为塞尔维亚是南斯拉夫联邦共和国的共产党人还在继续执政,是欧洲最后一个"共产主义堡垒",而且还是南斯拉夫地区战争的"罪魁祸首"。所以,它们不仅不承认南斯拉夫联盟对南斯拉夫联邦拥有自然继承权,而且对它采取了歧视、孤立、禁运、封锁、制裁,直至武装侵略的野蛮政策。同时,诸多国际组织也参加了反对南斯拉夫联盟的大合唱。

所以,南斯拉夫联盟一成立便处于严重的政治和经济危机之中。它在国际上处境孤立,受到不公正对待,沦为一个"二等国家"。但是,一个重要的事实是,国际社会如果没有南斯拉夫联盟的合作和参与,巴尔干地区的许多问题是无法解决的。

西方大国对南斯拉夫联盟施压的根本目的,是要在南斯拉夫联盟继续制造政治动乱和经济危机,迫使其中的塞尔维亚共和国像其他中东欧国家一样立即实现"民主化",即全盘"西化"。

1992年5月底,南斯拉夫联盟迎来了首届议会选举。然而,众多的反对派政党深知取胜无望,纷纷采取了抵制选举的态度。塞尔维亚社会党和黑山社会主义者民主党轻松获胜。接着,塞尔维亚和黑山两个共和国在总统、总理、国家银行行长等人选安排上争执不下,只好选择较为"温和"的无党派人士担任首届总统和总理。

同年6月,塞尔维亚社会党和黑山社会主义者民主党经过激烈谈判后,达成妥协,一致同意推举塞族著名作家、科学艺术科学院院士多布里察·乔西奇为联盟总统,7月又选举具有美国和南斯拉夫双重国籍的米兰·帕尼奇为联盟总理。首届政府的施政纲领要点是:实现停火和建立持久和平,实现与南斯拉夫地区各国关系正常化;为创造多民族和多党的自由民主社会创造条件;争取取消国际制裁,活跃经济和建立经济秩序。这一施政纲领得到社会各界的广泛支持,但遭到塞尔维亚社会党和一些民族主义政党的非难。

实际上,整个南斯拉夫联盟的实际权力掌握在塞尔维亚共和国总统米洛舍维奇的手里,没有塞尔维亚共和国和米洛舍维奇的默认和许可,任何重大决议都很难做出。尽管帕尼奇得到西方的支持,但他只是一个成功的商人,从未涉足过政治,没有从政经验。所以,他在诸多问题上与米洛舍维奇存在某种分歧。帕尼奇总理上任不久,因没有强大的政党作后盾,先后三次遭到弹劾。帕尼奇总理在任5个月就被赶下了台。同样,乔西奇总统的任期本来为4年,但他在位仅一年后被迫辞职。南斯拉夫联盟的政局动乱频繁,还表现为党派斗争激烈,群众性示威游行频发,极端民族主义势力加剧。

与此同时,南斯拉夫联盟的经济运行机制瘫痪,陷入灾难性经济危机。

1991 年的南斯拉夫联邦解体和内战,打乱和中断了它同各共和国之间的经济联系,影响经济体制转轨。1993 年因波黑内战,南斯拉夫联盟的经济已处于崩溃边缘,全国近 100 万人失业,平均月工资已跌到每月约合 1—18 个马克;庞大的军费、支援境外 200 万塞尔维亚族人斗争的费用、救济 65 万难民的支出、国内社会救济等费用造成国家巨额财政赤字;恶性通货膨胀创下天文数字,被人们称为疯狂的"超级通货膨胀"。

据南斯拉夫联盟官方统计,1990—1993 年工农业生产大幅度下滑,1993 年的 GDP 仅相当于 1990 年的 44.1%。据称,其间 85% 的居民生活水平已降至极端贫困的程度。这是南斯拉夫历史上从未有过的现象。

二、 塞尔维亚与黑山同床异梦 10 年

塞尔维亚社会党执政

在塞尔维亚共和国实行多党制后,各式各样的党派应运而生。到 1990 年 12 月 20 日,在南斯拉夫联邦地区就建立起了各类政党和组织 248 个。到了 1996 年 8 月,在南斯拉夫联盟正式注册的政党有 199 个。90% 以上的政党组织存在于塞尔维亚。按这些政党的性质和活动划分,大致可以分为中左翼和中右翼两大类。其中,塞尔维亚社会党(SPS)既是塞尔维亚也是南斯拉夫联盟的第一大党,是中东欧国家连续执政时间最长的中左翼政党。

塞尔维亚社会党的前身是塞尔维亚共产主义者联盟和塞尔维亚劳动人民社会主义联盟,于 1990 年 7 月 16 日合并改名而来。首任党的主席为斯洛博丹·米洛舍维奇。在多党制条件下,该党为自己确立的纲领目标是:建设民主、进步和社会主义的南斯拉夫联盟和统一的塞尔维亚。在 1992 年 10 月塞尔维亚社会党召开的第二次代表大会上,通过了《塞尔维亚社会党纲领的基础》,确认"党的奋斗目标是建设现代化的民主社会主义",并积极投身于多党议会选举。

塞尔维亚社会党在塞尔维亚共和国 1990 年、1992 年和 1993 年的议会选举中以及南斯拉夫联盟 1992 年的议会大选中,均获得压倒性多数而成为执政党。

1990 年 12 月 9 日和 26 日,塞尔维亚社会党在两轮多党议会选举中得票遥遥领先于其他反对派政党,获得塞尔维亚共和国国民议会 250 个席位中的

190 个(占 77.6%)。该党主席米洛舍维奇当选为塞尔维亚共和国总统直到
1997 年 7 月。在 1992 年 12 月 20 日南斯拉夫联盟议会选举中,塞尔维亚社
会党获得联盟议会 31.4%的选票,占 47 个联盟议会席位;塞尔维亚激进党获
得 22.4%的选票,占 34 个席位;塞尔维亚民主运动获得 17.2%的选票,占 20
个席位。同年,在塞尔维亚共和国议会选举中,塞尔维亚社会党占 101 席,激
进党占 73 席,塞尔维亚民主运动占 49 席,民主党占 7 席。

　　1993 年 12 月 19 日,塞尔维亚共和国提前举行议会选举,全国有 38 个政
党、7 个选举联盟和 39 个公民团体参加角逐。选举结果,各党在议会的席位
分配如下:塞尔维亚社会党 123 席,塞尔维亚民主运动 45 席,塞尔维亚激进
党 39 席,民主党 29 席,塞尔维亚民主党 7 席,伏伊伏丁那匈牙利族民主共同
体 5 席,民主行动党联盟和阿尔巴尼亚族民主党各占 2 席。

米洛舍维奇当选为南斯拉夫联盟总统(1997 年 7 月)

　　由上看出,从 20 世纪 90 年代初起,塞尔维亚社会党在社会政治生活中
居主导地位,它的领导人担任了塞尔维亚共和国和南斯拉夫联盟的总统、总
理等要职。截至 1996 年年中,塞尔维亚社会党仍然是南斯拉夫联盟的第一
大党,其时拥有 53 万名党员。

　　为了迎接 1996 年的南斯拉夫联盟议会选举和 1997 年的塞尔维亚共和
国议会选举,左右翼政党都在重新组合,积蓄力量。1995 年开始,塞尔维亚

社会党与"南斯拉夫左翼"和新民主党等结成中左翼竞选联盟;民族主义政党和亲西方的民主党派组建了中右翼竞选联盟,试图遏制和反对塞尔维亚社会党继续执政。塞尔维亚社会党虽然在这次选举中获胜,保住了执政地位,米洛舍维奇仍当选为南斯拉夫联盟总统,但得票率出现下降趋势。

例如,在 1997 年 7 月的塞尔维亚共和国议会选举中,塞尔维亚社会党第一次同塞尔维亚社会(民主)党左翼、南斯拉夫左翼和新民主党一起才赢得250 个议席中的 110 席;塞尔维亚激进党获 82 席;塞尔维亚复兴运动获 46席。以塞尔维亚社会党为首的左翼联盟在组阁时出现困难,不得不与塞尔维亚激进党共同组建联合政府。在 35 个部长职位中,以塞尔维亚社会党为首的左翼联盟获得 21 个,塞尔维亚激进党得到 14 个;在 6 名副总理中,塞尔维亚激进党占 1 名。

2000 年举行了南斯拉夫联盟议会选举、总统提前大选和塞尔维亚共和国议会选举。这时,米洛舍维奇领导的塞尔维亚社会党成为美国和欧盟重点打击的目标,它们决心尽早除掉这个欧盟和北约东扩的"绊脚石"。在国内外的"倒米洛舍维奇"运动的配合下,塞尔维亚社会党及其主席米洛舍维奇双双败北,从此一蹶不振。

塞尔维亚民主反对派上台

1999 年科索沃战争后,西方大国继续对南斯拉夫联盟实行石油禁运,冻结南斯拉夫联盟在国外的资产,禁止向南斯拉夫联盟投资,对南斯拉夫联盟实行禁飞,并在西方国家援助东南欧国家重建的《巴尔干公约》中,以米洛舍维奇总统未下台为借口,把南斯拉夫联盟排除在外。海牙国际法庭则把米洛舍维奇等 5 名南斯拉夫联盟领导人宣布为战争罪行嫌疑犯。所有这一切,使以米洛舍维奇为首的南斯拉夫联盟领导人面临强大的外部压力,并在国际上处于十分孤立的境地。南斯拉夫联盟面临内忧外患,政治形势动荡不定。

在北约轰炸南斯拉夫联盟期间,塞尔维亚共和国内的各政党曾团结一致保卫国家,共同对敌。但随着形势的发展,各党派在解决科索沃问题和黑山问题上逐渐发生分歧。新民主党退出与塞尔维亚社会党为首的中左翼联盟,加入在野的反对党行列。

在反对米洛舍维奇的政党中,除黑山社会主义者民主党及其同盟者塞尔维亚复兴运动等议会内的反对党外,还有众多的在野小党。它们连续不断地在塞尔维亚各大城市举行抗议集会和游行,要求米洛舍维奇下台和提前大选。

这样,一方面是反对党力量在不断聚集,另一方面是米洛舍维奇在不断加强控制,无论大选提前与否,2000 年南斯拉夫联盟议会任期届满,必须举行大选。党派斗争越来越激烈。2000 年 7—8 月,塞尔维亚激进党、塞尔维亚复兴运动党、民主党、塞尔维亚民主党、新民主党等 18 个政党领袖在大选前签署了《塞尔维亚协议》,其主要内容:(1)制止塞尔维亚进一步衰败和分裂;(2)为建立诚实的、专业的和负责任的政权创造条件;(3)促进经济发展和提高人民生活水平;(4)取消制裁和恢复与欧洲合作;(5)以民主的方式解决塞尔维亚和黑山之间的关系;(6)努力解决科索沃问题;(7)不允许出现复仇主义和瓜分国家;(8)取消特权和实行所有官员的财产申报制度;(9)消除犯罪和滥用职权;(10)主张在塞尔维亚实行诚实工作和诚实获取报酬。

米洛舍维奇为了继续掌握政权,于 2000 年 7 月 6 日提出修改宪法,7 月 27 日宣布将于 9 月 24 日提前举行南斯拉夫联盟总统、议会和地方选举。他本想使反对党措手不及,但反对党却在他宣布提前大选之前已经达成了协议,团结一致参加竞选。米洛舍维奇原以为胜券在握,结果却败在了 18 个小党联合而成的塞尔维亚民主反对派联盟手下。

2000 年 9 月 24 日,南斯拉夫联盟全境开始投票总统选举。民主党领袖科什图尼察在选举中获胜。米洛舍维奇发表电视讲话,表示辞去南斯拉夫联盟总统职务,并祝贺科什图尼察在总统选举中获胜。10 月 7 日晚,科什图尼察在议会两院联席会议上宣誓就职,正式成为南斯拉夫联盟新任总统。

此次南斯拉夫联盟大选后,塞尔维亚民主反对派上台执政,南斯拉夫联盟的外部环境有了很大改善,但其国内却面临科索沃、与黑山的关系、经济发展和与海牙法庭合作四大难题。但是,各反对派政党推翻米洛舍维奇和塞尔维亚社会党的目标是一致的,它们之间在与海牙国际法庭合作的方式上虽存在分歧,但仍然在紧锣密鼓地策划彻底打垮米洛舍维奇。

强人米洛舍维奇的悲剧

斯洛博丹·米洛舍维奇 1941 年 8 月 20 日出身于在塞尔维亚一个东正教家庭。18 岁加入南斯拉夫共产党,23 岁毕业于贝尔格莱德大学法律系,14 年后便当上了贝尔格莱德银行行长。1983 年步入政坛,当选为南共联盟中央委员,第二年出任贝尔格莱德市委书记,1986 年 45 岁时坐上了塞尔维亚共产党中央的第二把交椅。

1989 年,东欧政治风云急剧变幻,多党制浪潮席卷整个欧洲。1990 年 7

月,米洛舍维奇为了适应国际大气候的变化,当机立断,将塞尔维亚共产党改建为社会党。同年年底,他领导塞尔维亚社会党在多党制选举中获得胜利,保住了掌权地位,并出任塞尔维亚共和国总统。在东欧其他各国共产党领导人纷纷倒台下野的动荡岁月里,米洛舍维奇奇迹般地站稳了脚跟。西方媒体称他是"欧洲最后一个布尔什维克"。

米洛舍维奇经受住了东欧剧变、苏联解体、南斯拉夫分裂、波黑内战等大风大浪的考验。人们发现,他能沉着应对,处变不惊。1995 年 11 月,米洛舍维奇代表波黑塞尔维亚族在《代顿协议》上签字,从而使波黑战争偃旗息鼓,使国际社会取消了对南斯拉夫联盟的制裁。美国国会议员理查森评论说:"你喜欢他也好,不喜欢他也好,米洛舍维奇是该地区一个举足轻重的人物。不管发生什么事,都必须同他打交道。"

西方反对米洛舍维奇,但大多数南斯拉夫人则很拥护他。1997 年 7 月,他在任满两届塞尔维亚共和国总统之后,出马竞选南斯拉夫联盟总统,并在十几个政党候选人的角逐中一举夺魁。

然而,1999 年 5 月 26 日,正当北约飞机在南斯拉夫联盟上空进行野蛮轰炸时,设在海牙的联合国战犯法庭以战争罪起诉米洛舍维奇总统等 5 名南斯拉夫联盟领导人,并发出了逮捕令。这是国际法庭首次以战犯罪名起诉一位在职的国家元首。

科索沃战争结束后,南斯拉夫联盟内部政局出现不稳,西方鼓动南斯拉夫联盟反对派起来造米洛舍维奇的反,允诺此举成功后不仅立即取消对南斯拉夫联盟的制裁,还准备提供 30 亿德国马克的援助。2000 年 9 月,南斯拉夫联盟大选后,反对派果真"发动人民"推翻了米洛舍维奇。2001 年 4 月 1 日,米洛舍维奇被捕。西方随后要求南斯拉夫联盟新政府将米洛舍维奇引渡到海牙国际法庭受审,但南斯拉夫联盟宪法禁止将本国公民引渡到国外,新政府感到棘手。西方随即决定 6 月 29 日在布鲁塞尔召开为南斯拉夫联盟筹集重建经费的国际会议,计划筹集 13 亿美元。其条件是:在此之前,南斯拉夫联盟政府必须将米洛舍维奇送到海牙国际法庭。为了得到这 13 亿美元,南斯拉夫联盟政府于 6 月 28 日夜悄悄把米洛舍维奇送到了海牙国际法庭,并指控米洛舍维奇犯有"种族屠杀罪""反人类罪"和"战争罪"。对于这些"罪行",米洛舍维奇在多次庭审中都坚决予以否认。2002 年 1 月 30 日,米洛舍维奇在法庭上宣称,所有对他的指控"都是无中生有的恶意攻击"。他要求立即获得释放。他还说,他不会逃跑,因为"这是一场不可逃避的战斗"。

2006 年 3 月 11 日,海牙国际法庭发表声明说:

> 今天,2006 年 3 月 11 日,星期六,斯洛博丹·米洛舍维奇被发现死在舍维宁根的联合国监所自己的床上。法庭已经通知斯洛博丹·米洛舍维奇的家人。

在米洛舍维奇死亡的当日,法庭的一名发言人说,他们没有发现米洛舍维奇有自杀迹象。见过米洛舍维奇最后一面的英国记者说:"他看上去决不像一个将死之人,更不像一心求死的人。"米洛舍维奇的夫人米尔雅娜·马尔科维奇说:"是海牙法庭杀死了我的丈夫!"

法国前外长杜斯特·布拉齐则得出了这样的结论:

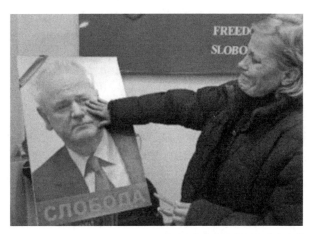

追随米洛舍维奇的民众痛心疾首

> 米洛舍维奇虽然被一些人斥为"巴尔干屠夫",但很多塞尔维亚族人都认为他是一位英雄。他死在了狱中,不仅让审判了他 4 年,试图给他定罪的人感到受挫,他还通过这种死法对法庭做出了最后一次挑衅。他一直声称塞尔维亚族人在历史上苦难深重,他最后死在监狱中也树立了他的塞尔维亚族受难者的形象,而且被认为宁死也不肯背叛自己的国家。

塞尔维亚人民不会忘记米洛舍维奇。他们说,与米洛舍维奇长达 10 年的统治相比,美国及其欧洲盟国给南斯拉夫地区人民造成的灾难和损失更加惨痛。

黑山谋求独立

黑山是南斯拉夫各共和国中最晚宣布独立的共和国。黑山人民同塞尔维亚人民有着紧密的政治、经济和文化联系以及特别良好的国家关系,在黑山境内有近 40%的塞尔维亚人和阿尔巴尼亚人。

自黑山参加南斯拉夫联盟以来,它的生存与发展就跟塞尔维亚紧密相连。20世纪90年代初的一项民意调查显示,当时南斯拉夫其他共和国都投票要求从南斯拉夫联邦分离出去,而压倒多数的黑山人支持加入南斯拉夫联邦解体后的南斯拉夫联盟。但后来,当南斯拉夫联盟在外来压力下处境艰难时,黑山领导层出现分歧。据20世纪90年代中期一项民意调查,大约有30%的黑山人赞成留在南斯拉夫联盟内,另有30%的黑山人要求脱离南斯拉夫联盟,剩下的人则犹豫不决或对此不感兴趣。

随着时间的推移,黑山受到南斯拉夫其他共和国的影响,其独立倾向也在不断加剧。1996年11月,南斯拉夫联盟议会公民院举行了共和国成立以来的第二次大选。在黑山地区的30个议席中,黑山社会主义者民主党(简称"社民党")获20席,黑山人民党获8席,黑山社会民主党和黑山民主行动党各获1席。

起初,黑山社民党是黑山一个统一的政党,其前身为黑山共产主义者联盟,1998年3月发生分裂。在黑山历届议会选举中均获绝对多数票,是黑山共和国的执政党和南斯拉夫联盟的执政党之一。从1990—1997年7月,社民党主席莫米尔·布拉托维奇一直担任黑山共和国总统。1997年10月,该党中的另一派(即人民党)米洛·久卡诺维奇在选举中战胜布拉托维奇,当选为黑山共和国总统。

在1998年5月的黑山议会选举中,黑山社民党中的米洛·久卡诺维奇一派获胜,得51%的议席;布拉托维奇领导的党内另一派人民党只获35%的议席;第三大议会党是斯·佩罗维奇的自由联盟,得6%的议席。佩罗维奇公开表示,黑山共和国要脱离南斯拉夫联盟。久卡诺维奇在黑山阿尔巴尼亚族和波斯尼亚族选民的帮助下,当选为黑山共和国总统。黑山共和国前总统布拉托维奇落选后在时任南斯拉夫联盟总统米洛舍维奇的帮助下于1998年到贝尔格莱德任南斯拉夫联盟总理。于是,久卡诺维奇和黑山新政府不承认南斯拉夫联盟议会和政府是合法的议会和政府。他们认为,根据现有法律规定,南斯拉夫联盟总统应由联盟议会选举产生,总理则由所在共和国推荐和联盟议会确认通过。但布拉托维奇任南斯拉夫联盟总理既未经黑山共和国推荐,也未经黑山在南斯拉夫联盟议会中的议员同意,因此黑山当局不承认以布拉托维奇为首的南斯拉夫联盟政府及其通过的任何法令和决议,黑山议员也拒绝参加南斯拉夫联盟议会会议。

相反,得到米洛舍维奇支持的亲塞尔维亚的黑山人民党却表示愿与塞尔维亚民主反对派共同组建联盟新政府。最后,经双方协商,委任黑山人民党成员佐兰·日日奇为南斯拉夫联盟政府总理并成立了政府。但是,塞尔维亚和黑山两个共和国之间的关系和南斯拉夫联盟国家的未来地位问题并未解决。至此,黑山与南斯拉夫联盟当局已无官方联系,只有军队和民航仍实行统一管理。

1998 年 5 月,黑山社民党一分为二:以莫米尔·布拉托维奇为首成立社会主义人民党(简称"人民党"),而以米洛·久卡诺维奇为代表的党仍称社会主义者民主党(即原来的社民党)。它们间的主要分歧之一是两位领导人对塞尔维亚的态度。久卡诺维奇的社民党主张黑山共和国应该在南斯拉夫联盟里拥有更大的独立性,应该在美国和西方的帮助下加快结构改革的步伐,把黑山变成一个缓冲区;而布拉托维奇的人民党主张同塞尔维亚保持更为密切的联系,建立社会市场经济。

南斯拉夫联盟中塞尔维亚和黑山两个共和国长时间以来就在内部关系问题上存在严重分歧,被称为"亲西派"的久卡诺维奇 1997 年当权后更是如此。1998 年 8 月初,黑山应邀参加了在波黑举行的欧美大国首脑会议。紧接着,黑山政府提议废除南斯拉夫联盟,建议改国名为"黑山和塞尔维亚联合体",或"黑山和塞尔维亚国家联合体",两个共和国建立一种松散的伙伴关系。

1999 年 8 月,黑山通过一项"纲领",提出将南斯拉夫联盟改称为"黑山和塞尔维亚国家联盟"。黑山政府还两度拒绝承认合法选举产生的南斯拉夫联盟政府,并建立了自己独立的警察部队。黑山将德国马克作为正式流通货币,并启用欧元。南斯拉夫联盟重返联合国后,久卡诺维奇立即表示,黑山也应在联合国占有自己的一席之地。黑山还单方面同克罗地亚、阿尔巴尼亚达成了开放边境口岸的协议。

当美国鼓励欧洲和其他富国向科索沃、阿尔巴尼亚、黑山等塞尔维亚的邻居提供重建经费时,黑山政府宣布将在包括华盛顿在内的 5 个外国首都开设"联络处",并考虑发行一种自己的货币,制定黑山刑法。久卡诺维奇总统甚至说:"我们黑山共和国的人不想再生活在一个独裁的社会里。"黑山外长甚至扬言,将开始实施脱离南斯拉夫联盟的行动。

美国等西方国家乘机拉拢黑山及其领导人久卡诺维奇,解除了国际社会对黑山的部分制裁,黑山被获准利用国际贷款。在这种情况下,黑山便开始与西方国家进行自由贸易谈判。美国则利用黑山作基地同南斯拉夫联盟的反对派领导人秘密接触,策划推翻米洛舍维奇总统和颠覆南斯拉夫联盟。

黑山领导人在西方的煽动下,与南斯拉夫联盟政府的联系越来越少,只保留着币制和军事联系,后又开始拒交应交给联盟政府的税款。在 1999 年科索沃危机中,黑山领导人公开阻拦黑山青年应征到南斯拉夫联盟军队报到,并为南斯拉夫联盟军队进入科索沃地区设置障碍。所以,北约轰炸南斯拉夫联盟期间,黑山宣布中立,北约只轰炸了在黑山的南斯拉夫联盟军队 3 处驻地;西方大国对南斯拉夫联盟实行了各种制裁,但黑山不仅没有遭到制裁,反而获得了西方的援助。实际上,当时西方的制裁只针对塞尔维亚共和国。

黑山共和国除本国宪法及一系列法律外,1999 年 10 月又制定了国籍法,取消了过去有关黑山国籍与南斯拉夫联盟国籍具有同等效力、塞尔维亚国民与黑山国民享有同等权利和义务的条款。1999 年 11 月,黑山决定实行双重货币制,即德国马克与第纳尔平行使用,第纳尔汇率自由浮动。对此,一些人认为,南斯拉夫联盟已是"一国三制",因为失去控制的科索沃已将德国马克定为流通货币,南斯拉夫联盟只剩下塞尔维亚把第纳尔作为唯一的法定流通货币。

尽管黑山的独立倾向在加剧,但它是否会真正独立出去仍取决于西方大国的态度;此外,黑山内部也有相当多的人反对独立。据称,在黑山大选中,以久卡诺维奇为首的社民党因与其他两个小党联合才取得胜利,而从各党得票的情况看,则以布拉托维奇为首的社会主义人民党得票最多。黑山当局只是指责米洛舍维奇专制,要求米洛舍维奇下台,主张实行民主和改革,要求提高黑山在联盟中的地位,表示"只有在民主和平等的基础上才能与塞尔维亚共同生活"。黑山还没有做好真正分离出去的准备。

当然,并不是所有黑山人都支持同南斯拉夫联盟分离。一些人认为,他们的共和国太小,不能独立生存。很多人认为,他们首先是塞尔维亚人,然后才是黑山人,他们倾向于保持现有的与塞尔维亚结合在一起的联盟。

三、 南斯拉夫联盟分崩离析

南斯拉夫联盟经济难以为继

为了抑制物价和恶性通货膨胀,1994 年 1 月,南斯拉夫联盟政府提出《金融体制改革和经济复苏规划》。这是一个试图摆脱危机和恢复经济的中期计划,准备分三个阶段实施:第一阶段为期半年,遏制通货膨胀,改革汇率,减少巨额财政赤字;第二阶段从1994年下半年起至1996年,主要目标是调整经济结构,加强国际合作和吸引外资,将经济引上健康发展的道路;第三阶段预计到2003年,加速私有化进程,并向市场经济过渡。

1994年初,南斯拉夫联盟的第纳尔与德国马克的比价为1:1;到1995年,1991—1993年间20 000%的通货膨胀率降至120%;1997年,通胀率为20%;1998年初,第纳尔贬值,与德国马克的比价为6:1。

据有关学者的研究和统计,在整个20世纪90年代,南斯拉夫联盟的经济已从高通胀、高外债的崩溃边缘逐步向市场经济过渡,走上了恢复和缓慢发展道路。以工业生产为例,1994年起已开始停止下滑,逐渐回升。历年回升的幅度为:1994年为1.3%,1995年为3.8%,1996年为7.1%。

1997年,南斯拉夫联盟的社会经济发展取得了较为明显的进展。GDP增长率为7.4%(其中工业和农业分别增长9.5%和7.2%),进出口贸易分别增长17.2%和32.7%,居民实际工资增长21.2%,市场价格和汇率较为稳定。1997年的外贸赤字为23亿美元,外债达90亿美元。1995—1998年,南斯拉夫联盟工业生产年均增长5.8%,其中增长较快的部门有冶金、机器制造、化学、食品和电力部门。

然而,从1998年起,南斯拉夫联盟的经济又开始停滞和倒退。一方面是因为1997年大选引发"政治地震"、科索沃和黑山独立倾向加剧,以及经济改革失误等内部因素造成的;另一方面是西方大国和北约重新向南斯拉夫联盟实施制裁,并发动了1999年的侵略战争,使南斯拉夫联盟经济遭到灾难性的破坏和损失。由于科索沃战争的破坏,南斯拉夫联盟的第纳尔不断贬值,外汇短缺,货币发行规模扩大,商品价格暴涨,又一度出现"超级通货膨胀"的危险。

如果以1989年南斯拉夫联盟范围内社会产值和工业生产水平为100%计算,1999年社会产值已降为39%,工业生产降为34%。据一些经济学家统计,1989年南斯拉夫联盟范围内的GDP为308.31亿美元,人均2 941美元;1999年GDP则降至103.48亿美元,人均只有975美元。北约轰炸南斯拉夫联盟后,它的失业率已达50%以上。1989年前后职工平均月工资为1 000马克左右,1999年已不足100马克。

这样,南斯拉夫联盟在整个存在期间,先后受到美国、欧盟和联合国实施的经济上和军事上封锁与制裁,加上多年战争造成的间接和直接破坏,南斯拉夫联盟的经济和人民生活水平远远落后其他南斯拉夫各共和国。据专家统计,在 1992—1997 年,南斯拉夫联盟因制裁所遭受的经济损失达到1 500亿美元。据南斯拉夫联盟有关统计资料,制裁和战乱给国家造成的经济损失高达近 3 000 亿美元。这对作为小国的南斯拉夫联盟来说是比任何一场战争带来的灾难都要大。

制定塞尔维亚和黑山关系的原则协议

2001 年初,黑山和塞尔维亚两个共和国的执政党(黑山社民党和塞尔维亚民主反对派)分别就两个共和国关系的安排提出了各自的纲领。黑山方面提出的基本解决办法是:两个共和国将是国际承认的独立国家,由黑山和塞尔维亚两个共和国通过全民公决建立国家联盟。塞尔维亚民主反对派提出的纲领的基本原则被称为"由塞尔维亚和黑山两个共和国组成的功能化联邦方案",即联邦应具有解决涉及联邦成员国共同利益问题的最起码功能。

南斯拉夫联盟总统科什图尼察和塞尔维亚总理金吉奇曾与黑山共和国总统久卡诺维奇进行了多次对话和会谈,但双方仍存在根本分歧。久卡诺维奇认为,南斯拉夫联盟已不存在,塞尔维亚、黑山两者之间关系问题的谈判只能在塞尔维亚、黑山两个共和国代表之间进行,无须南斯拉夫联盟代表参加;塞尔维亚和黑山只能建立两个独立国家的共同体,其本身不是国家。科什图尼察则认为,南斯拉夫联盟作为国家仍然存在,谈判应由南斯拉夫联盟、塞尔维亚和黑山三方代表参加;塞尔维亚和黑山两个共和国组成的共同体必须是得到国际承认的主体国家。久卡诺维奇表示,谈判不是决定性的,如果不能达成协议,黑山将举行全民公决。塞尔维亚方面表示,维护共同国家是塞尔维亚和黑山公民的实质利益,通过谈判安排共同国家是最好的解决办法,塞尔维亚绝大多数人支持塞方提出的纲领,对独立国家联盟和全民公决不感兴趣。塞尔维亚方面还表示,将接受黑山全民公决的结果,但塞尔维亚将不承担黑山一旦独立所造成的严重后果,特别是对科索沃及周边地区所造成的严重后果。

与此同时,从欧盟和美国传来的信息是,希望黑山问题在南斯拉夫联盟框架内解决,不支持黑山独立。

在黑山是否应该独立的问题上,黑山执政党之间也发生了分歧,黑山人民党因此退出了执政联盟,使黑山社民党和黑山社会民主党政府成了少数派政府。黑山共和国决定 2001 年 4 月 22 日提前举行共和国议会选举,各党的得票率和在议会中的席位数是:黑山社民党和黑山社会民主党组成的"黑山胜利——米洛·久卡诺维奇民主联盟"占 42%,获得议会 77 席中的 36 席;人民党(主席莫米尔·布拉托维奇被普雷德拉格·布拉托维奇所取代)和塞尔维亚族人民党(主席博日达尔·博约维奇)等组成的"共同为了南斯拉夫"得票率为 40%,占 33 席;自由联盟(主席米奥德拉格·日夫科维奇)得票率7.9%,占 6 席;两个阿尔巴尼亚族的政党黑山民主联盟和阿尔巴尼亚族民主联盟得票率分别为 1.2%和 1%,在议会中各占 1 席。

当时,塞尔维亚和黑山双方保证,将通过和平民主的方式解决问题,不动用武力。但黑山共和国的居民中,主张黑山独立和主张与塞尔维亚保持联盟关系的人数大致为一半对一半,因此有人担心在黑山举行全民公决后有可能发生冲突。

2002 年 3 月 14 日,南斯拉夫联盟的塞尔维亚和黑山两个共和国领导人在欧盟外交和安全事务高级代表索拉纳的斡旋下,签署了关于塞尔维亚和黑山关系的原则协议。南斯拉夫联盟总统科什图尼察、联盟政府副总理拉布斯、塞尔维亚共和国政府总理金吉奇、黑山共和国总统久卡诺维奇和政府总理武亚诺维奇在协议上签字,索拉纳作为见证人也在协议上签了字。

关于塞尔维亚和黑山关系的原则协议规定,已达成的协议在提交两个成员国议会和南斯拉夫联盟议会讨论通过后,由塞尔维亚、黑山和南斯拉夫联盟议会代表组成的宪法委员会为塞尔维亚和黑山的国家共同体拟订最高法律文件——《宪法性宪章》。该文件草案经两个共和国议会讨论通过后,再送交南斯拉夫联盟议会讨论通过,以此确定塞尔维亚和黑山两个成员国的国家性质。国家共同体的名称是"塞尔维亚和黑山"。国家共同体设有共同的议会、总统、部长理事会和法院。国家共同体议会实行一院制,议员选举法由两个成员国根据宪章确定的原则制定,并应建立防止选举中一个成员国压倒另一个成员国的机制。"塞尔维亚和黑山"的总统由"塞尔维亚和黑山"国家共同体议会选举产生,总统就部长理事会的组成提出建议并领导其工作。部长理事会设有外交、国防、国际经济关系、国内经济关系、保护人权和少数民族权利 5 个部。

"塞尔维亚和黑山"的法院拥有宪法法院和"管理法院"的职能,该法院由来自两个成员国相同数量的法官组成。"塞尔维亚和黑山"的军队受最高国防委员会指挥,最高国防委员会由"塞尔维亚和黑山"总统和两个成员国总统三人组成,该委员会通过协商做出决定。"塞尔维亚和黑山"军队的军人在各自成员国的领土上服兵役,如果愿意也可在另一个成员国领土上服役。

在"塞尔维亚和黑山"法院和行政机构内保证两个成员国代表的平等,可规定任期内的轮换制。两个共和国在国际组织(联合国、欧安组织、欧盟、欧洲理事会)的代表通过轮换以保证平衡,而在国际金融组织的代表则将确定专门的代表模式。"塞尔维亚和黑山"在国外外交机构的代表,将通过签订专门的关于成员国代表比例的协议确定。国家共同体的某些机构可设在黑山首都波德戈里察。

在经济方面,两个成员国经济改革所达到的水平是确定相互经济关系的基础。成员国已就包括人员、商品、服务和资本自由流通在内的共同市场顺畅运转达成了协议,通过使成员国的经济体制与欧盟的经济体制相协调来克服现存的差异,特别是在贸易和关税政策领域的差异。在这两个方面,将考虑成员国已进行的经济改革并采纳能最快实现与欧洲一体化的解决办法。

在原则协议期满3年后,成员国有权退出国家共同体。在黑山退出国家共同体的情况下,塞尔维亚将作为国家共同体的继承国。所有涉及南斯拉夫联盟的国际文件,特别是联合国安理会1244号决议,对塞尔维亚仍完全有效;而退出国家共同体的一方则没有继承国际法主体的权利,所有争议问题将在继承国与新生国家之间专门进行协调。如果是两个成员国通过全民公决宣布独立,在继承方面发生的所有争议问题,将按照解决南斯拉夫联邦共和国继承问题的办法协调解决。

原则协议签订后,联合国、欧安组织、欧盟等主要国际组织均不同程度地表示欢迎,认为这是个重要协议,是巴尔干地区走向稳定的重要一步,避免了巴尔干地区的进一步分裂;协议是实现与欧洲一体化的最好方式;等等。

塞尔维亚和黑山两个共和国的各派政治力量,对于协议的反应却不尽相同,有的赞成,有的反对。在协议签订后举行的记者招待会上,南斯拉夫联盟总统科什图尼察对协议表示满意,说这是两个共和国之间关系的新开端。未来的共同国家"既不是邦联,也不是松散的联邦,而是某种全新的体制"。塞尔维亚政府总理金吉奇说,塞尔维亚愿意维护共同的国家,同时保证迅速实现与欧洲的一体化。黑山共和国总统久卡诺维奇认为协议最重要的意义是,"维护了所有经济改革的成果",是使黑山经济体制与欧盟迅速协调的"手段"。他希望塞尔维亚和黑山政界以积极的态度对待这一进程。久卡诺维奇还表示,与塞尔维亚达成的协议是临时的,是"使塞尔维亚和黑山走向独立的过渡性协议"。以久卡诺维奇为首的社会主义者民主党的另一位领导人米奥德拉格·武科维奇则说,协议实际上是朝着国际承认黑山主权前进的第一个"半步",以便使黑山在今后 3 年内再向独立迈出第二个"半步"。

接着,南斯拉夫联盟议会通过了关于将南斯拉夫联盟重新改建成共同国家的协议方案。根据协议,年内废除南斯拉夫联盟,南斯拉夫联盟国家的名称将改为"塞尔维亚和黑山"。从此,已连续使用了近 80 年的"南斯拉夫"国名不复存在,在历史上正式消失,但却深深留在人们的记忆里。

建立塞尔维亚和黑山国家共同体

2003 年 2 月 4 日,塞尔维亚和黑山两国议会通过了《塞尔维亚和黑山宪章》,塞尔维亚和黑山国家共同体正式宣告成立,南斯拉夫联盟正式解体。随后组成了议会和部长理事会。但宪章规定的塞黑法院尚未建立,两个共和国也未按照宪章修改本共和国宪法。

《塞尔维亚和黑山宪章》把加入欧盟、建立市场经济、按照欧盟的原则和标准协调两个共和国经济体制和保证共同市场的顺畅运转确定为国家共同体的目标。而欧美大国指出,塞尔维亚和黑山能否顺利加入欧洲大西洋一体化进程,首先取决于塞尔维亚和黑山是否与南斯拉夫地区战争罪行法庭(简称"海牙国际法庭")充分合作,协调两个共和国的经济体制以及共同国家政权机构的建立和运作。关于与海牙国际法庭合作的问题,塞尔维亚和黑山两国已制定与海牙国际法庭合作法,并专门成立了与海牙国际法庭合作的全国委员会。

塞尔维亚和黑山国家共同体自成立之日起,就一直若即若离,令一些共同达成的协议难以执行。黑山共和国要求独立的趋势有增无减,时任黑山总统武亚诺维奇和总理久卡诺维奇先后提出按照捷克和斯洛伐克分离的模式,在塞尔维亚和黑山关系原则协议"期满"(指 3 年后可通过全民公决决定是否退出国家共同体的规定)后,与塞尔维亚就和平分离问题进行谈判,如果不能达成协议,黑山将在 2005 年举行全民公决。久卡诺维奇认为,黑山的多数居民赞成"在最大限度开放的情况下"实现黑山独立,并且不排除两个独立国家按照欧盟的原则结成联盟的可能性,重要的是应该"各走各的路"。

这时,尽管两个国家分离的倾向日益明显,两国之间的摩擦不断,但在塞尔维亚,无论是参加本国选举的选民还是不参加选举的人都对两国的关系非常关切。他们中占倾向性的意见是支持塞尔维亚和黑山国家共同体继续存在。下面的调查统计反映了这方面的情况。

赞成和不赞成塞尔维亚和黑山形成国家共同体的情况　　　　（单位：%）

共同体地位	选　民	不参加选举的人
赞成国家共同体	48.3	51.9
赞成两个独立国家	30.6	44.3
其　他	0.6	1.8
不表态	0.5	2.1

资料来源：雅斯娜·米洛舍维奇-乔布契维奇：《塞尔维亚选举中的不介入者》，《塞尔维亚政治思想》杂志 2006 年第 12 期，第 85 页。

塞尔维亚学者认为，黑山的独立问题对塞尔维亚而言不是严重的问题，无论黑山分离还是维持原状都不会引起冲突。塞尔维亚和黑山从过去到现在有着千丝万缕的联系，但是双方在政治和经济上存在很大的差异，塞尔维亚大多数人希望黑山留在共同国家内；而黑山当局认为独立比什么都重要。塞尔维亚认为，黑山独立应在没有外界压力的情况下以公正、民主、真正反映民意、真正符合欧洲标准的方式解决；重要的是塞尔维亚、黑山双方要以务实的方法来解决，关键是要实现民主化、经济发展，尽快达到欧洲标准，尽早加入欧盟。

黑山脱离南斯拉夫联盟

2006 年 5 月 21 日，在黑山独立问题全民公决中，以米洛·久卡诺维奇为首的"支持独立派"以 55.5%的选票击败以普雷德拉格·布拉托维奇为代表的"支持联合派"（得票率为 44.5%），赢得胜利。全民公决投票率高达86%以上，即近 48.5 万人参加了投票，这对一个小国来说是绝无仅有的现象。6 月 3 日，黑山共和国议会通过了黑山独立决议及独立宣言，这标志着欧洲地图上又多了一个新的主权国家。

黑山是南斯拉夫地区继马其顿之后，在没有枪炮声的平静气氛中同塞尔维亚"离异"的。它的独立被当时的人们认为是南斯拉夫多民族国家的彻底崩溃，南斯拉夫联邦"一分为六"的瓦解过程最终结束。

黑山独立走过了一段艰难的道路，但属意料之中。在组成南斯拉夫联盟共和国后，黑山反对派政党便开始崛起，主张黑山同塞尔维亚分道扬镳，恢复为主权独立国家。在 1997 年和 1998 年的黑山总统和议会选举中，久卡诺维奇的独立派支持者曾以微弱优势战胜受塞尔维亚支持的布拉托维奇一派。黑山在许多方面"冻结"了与米洛舍维奇领导的塞尔维亚共和国的关系。1999 年在北约发动"科索沃战争"后，黑山建议取消南斯拉夫联盟，与塞尔维亚建立一种松散的关系。

2000 年 6 月 25 日,黑山正式向联合国提出不愿继续留在南斯拉夫联盟内。同年 11 月,米洛舍维奇下台后不久,久卡诺维奇发出警告,如果塞尔维亚和黑山共同国家不解散,黑山将就独立问题举行全民公决。2002 年 3 月 14 日,黑山和塞尔维亚开始谈判改组南斯拉夫联盟。同年 10 月 20 日,久卡诺维奇为首的社民党在黑山议会选举中获得 75 个议席中的 39 席。2003 年 2 月 4 日,南斯拉夫联盟改组为塞尔维亚和黑山国家共同体,并规定黑山有权在 3 年后通过全民公决选择独立。2005 年 2 月 22 日,黑山提议与塞尔维亚和平"分离",塞尔维亚拒绝了这一建议。

综上可知,在南斯拉夫联邦解体后,黑山为实现主权独立进行了不懈的努力。严格地讲,黑山"恢复"其独立地位是"合乎情理"的必然结果。

2006 年 9 月,黑山举行独立后的首届议会和地方选举,以社民党和社会民主党为主的"争取实现欧洲的黑山"执政联盟险胜,赢得议会 81 个议席中的 41 席,继续执政,并于同年 11 月 10 日组建新一届黑山政府。

黑山公决获胜后,久卡诺维奇说:"根据黑山大多数公民的决定,我们的独立得到了恢复。我们已经拥有自己的国家。"他同时表示,公决没有胜利者和失败者,塞尔维亚也是独立国家了,祝愿两个睦邻国家友好相处,共同发展。

塞尔维亚共和国总统塔迪奇称,根据 2003 年达成的 3 年后各自有权决定离合的协议,塞尔维亚人民接受黑山人民独立的现实,两国人民是骨肉兄弟。他向黑山人民表示祝贺。

南斯拉夫各共和国对黑山的选择表示欢迎,认为"人为的南斯拉夫"已消失,这是件好事,也"更有利于塞尔维亚走上欧洲一体化道路"。

科索沃领导人认为,黑山为科索沃"独立"作出了"榜样",提供了机会。

黑山独立后,它首先面临的主要任务是同塞尔维亚共同协商"分家"的许多具体问题。此前,尽管两国各有自己的边界、海关等,但仍留下诸多有争议的问题,如国籍、行政、税收、卫生、教育、亚得里亚海上的共同舰队,等等。这一切都需要双方通过民主、和平的方式解决所有悬而未决的问题。同时,黑山还需要建立自己的国防部、内务部、外交部等一系列国家行政机关。

其次,黑山在加入北约和欧盟问题上,需要欧盟重新启动黑山申请入盟的程序。

再次,黑山没有自己独立的经济和外国投资,多年来主要靠走私和"灰色"经济维持社会运作。黑山在同有组织的犯罪活动和贪污腐败作斗争方面任务艰巨。该地区是巴尔干半岛有名的走私烟草、贩卖人口、洗钱和偷盗汽车的场所。

另外,黑山同样存在少数民族问题,其境内塞尔维亚族占黑山全国人口的 1/3,而且是政治上和经济上的强者,还有波斯尼亚穆斯林、阿尔巴尼亚人、克罗地亚人等,存在潜伏的危机。

塞尔维亚成为独立主权国家

2002 年 9 月 29 日,塞尔维亚共和国举行总统选举,全国选民的投票率为 55.7%,但 11 个候选人中无一人得票率超过半数。根据选举法规定,得票最多的两个人:塞尔维亚民主党领袖、时任南斯拉夫联盟总统科什图尼察(得票率为 31.3%)和"G17+"集团领导人、时任南斯拉夫联盟政府副总理拉布斯(得票率为 27.7%),进入了第二轮选举。

在 10 月 13 日举行的第二轮选举中,虽然科什图尼察的得票率为 66.7%,拉布斯的得票率为 33.1%,但因全国选民的投票率未超过 50%(只有 45.5%),选举结果被宣布无效。12 月 9 日重新举行总统选举,有 3 个候选人参加竞选。选举结果是科什图尼察的得票率为 58%,塞尔维亚激进党的舍舍利得票率为 36%,塞尔维亚统一党佩莱维奇的得票率为 3.4%,这次选民的投票率仍然只有 45%。因此,一连三次总统选举均被宣布无效,总统选举出现危机,被迫中止。

2003 年 12 月 28 日,塞尔维亚共和国进行议会选举,选民的参选率为 58.75%。这次选举共有 19 个政党或政党联盟参加竞选,争夺塞尔维亚议会的 250 个席位。选举结果,共有 6 个政党和政党联盟进入了议会:塞尔维亚激进党获得 27.61% 的选票和议会 82 个席位;塞尔维亚民主党获得 17.72% 的选票和议会 53 个席位;民主党获得 12.58% 的选票和议会 37 个席位;"G17+"集团获得 11.46% 的选票和议会 34 个席位;塞尔维亚复兴运动党和"新塞尔维亚"联盟获得 7.6% 的选票和议会 22 个席位;塞尔维亚社会党获得 7.1% 的选票和议会 22 个席位。

分析人士认为,塞尔维亚激进党在选举中得票最多的主要原因是:它反对北约 1999 年入侵南斯拉夫联盟,并要求北约赔偿对南斯拉夫联盟轰炸所造成的损失;反对塞尔维亚加入欧洲一体化进程和政府进行的经济改革,从而获得了来自克罗地亚、科索沃、波黑等地大批持极端民族主义立场的塞尔维亚族难民的支持。激进党的获胜引起西方大国对塞尔维亚前途的担忧,它们呼吁塞尔维亚进入议会的 4 个民主党派迅速联合,组织政府,继续实行"靠近欧洲的改革""以便继续 2000 年 10 月开始的改革进程"。

由于所有进入塞尔维亚议会的政党均未获得单独组阁所需要的多数票,因此没有哪一个政党能单独组建新政府。激进党虽得票最多,但其他政党不愿与它联合组阁。直到 2004 年 2 月 18 日塞尔维亚民主党、"G17 +"集团和"新塞尔维亚"3 个政党才原则上达成组建新政府的联合协议。随后,塞尔维亚复兴运动党也同意参加新政府,南斯拉夫联盟总统科什图尼察担任新一届政府总理。

科什图尼察总理在向议会作施政报告时,提出新政府的几项任务是:解决塞尔维亚的国家地位问题,健全国家机构和法制,继续加入欧洲大西洋一体化进程和促进经济发展。舆论认为,新总理的施政报告是民族主义、民主和亲欧洲思想的混合物,实施起来有一定的困难。

2004 年 6 月 13 日,塞尔维亚继续举行于 2002 年 12 月中断的总统选举。第一轮选举结果是激进党副主席托米斯拉夫·尼科利奇得票最多,民主党主席博里斯·塔迪奇其次,两人进入第二轮选举。两周后,由于除塞尔维亚民主党以外的其他政党都转而支持塔迪奇,所以塔迪奇在第二轮选举中得以战胜尼科利奇而当选为塞尔维亚共和国总统。这样,持续一年多的总统选举危机终告结束。这反映出塞尔维亚多党政治体制和选举制度的不成熟,民主化的道路曲折漫长。而且,西方国家也认为,2001 年以米洛舍维奇为领导的塞尔维亚社会党丧失执政地位以来,塞尔维亚的政治民主化仍然滞后,没有同西方全面"合作"。

2006 年 5 月 21 日黑山宣布独立,塞尔维亚和黑山国家共同体正式解体,塞尔维亚于同年 6 月 6 日正式宣布为独立主权国家。它继承了南斯拉夫联邦在联合国的席位,并承担了南斯拉夫联邦在国际上的义务。

从此,塞尔维亚也像南斯拉夫地区其他国家一样,开始迈步在充满荆棘的融入欧洲一体化的艰难道路上。塞尔维亚作为一个独立主权国家屹立在巴尔干半岛,发挥着日益重要的作用。

四、 南斯拉夫共和国各奔前程

南斯拉夫地区国家加盟入约道路艰难

南斯拉夫解体以来近 30 年的历史,是这些国家社会、政治、经济转轨,重新回到资本主义发展道路的历史。随着 1989 年柏林墙倒塌,欧洲大陆分裂为东西方集团的状态宣告结束,"自由欧洲"呈现在东欧人民面前。20 世纪90 年代初,西欧国家为了彻底摧毁欧洲现实社会主义及其影响,遂与北约合伙,向东欧国家发动了一次新的"东征"。北约开路,欧盟紧随其后,美其名曰"东扩"。欧洲联盟(欧盟)东扩是美欧等西方国家为了从政治体制和经济体制、意识形态等领域彻底"融化"这些前社会主义国家,防止它们日后东山再起,使它们成为"二流国家""二等公民",永世不得翻身。

根据欧洲联盟制定的片面的、带有强烈意识形态色彩的标准,把原东欧社会主义国家加入北约和欧盟视为转轨成功与否的标志。南斯拉夫国家斯洛文尼亚和克罗地亚已经加入了欧洲联盟一体化进程,而其他国家有的已经获得同欧盟谈判入盟的资格,有的还在欧盟大门之外排队等待。但是,无论中欧国家还是巴尔干国家,都称自己为"转轨国家""转型国家"或"过渡国家",即都处于从原来的社会主义(从苏联模式或南斯拉夫模式)向民主政治体制和市场经济过渡阶段,即使大部分中东欧国家已经加入了欧盟,这个转轨阶段至今也没有结束。

继南斯拉夫危机和波黑内战之后,南斯拉夫地区又爆发了 1999 年的科索沃战争以及 2001 年的马其顿种族冲突。流血冲突和战争不仅给南斯拉夫地区的人民带来了深重的灾难、造成大量人员伤亡和无法估量的财产损失,而且其他巴尔干国家也深受影响,被孤立于世界,形象严重受损。由于该地区民族矛盾尖锐和战乱频发,外界认为,巴尔干地区是远离欧洲的角落,是落后和不文明的代名词。所以,在剧变后的头 10 年,欧共体也把巴尔干国家与中欧国家区别开,对它们"回归欧洲"的强烈愿望持冷漠态度,设置重重障碍。然而,巴尔干地区不稳定,欧洲也不得安宁。在这个动荡多事的地区,欧盟不得不吸取在解决南斯拉夫危机中软弱无力的教训,通盘考虑自己对巴尔干地区的政策;同时,欧盟也不再把解决巴尔干问题的主动权完全交给美国,开始直接介入巴尔干事务。

巴尔干地区地理位置重要,欧盟已经在政治上、经济上控制了该地区。现在正利用巴尔干地区作为进口俄罗斯和中亚地区石油和天然气等能源的重要走廊。近 10 年来欧盟力图实现能源进口多样化,扩大进口石油和天然气的基础设施,巴尔干半岛正是向中欧和西欧输送能源的理想通道。这在一定程度上将满足欧盟的能源需要,又提高了巴尔干地缘战略地位的作用,加快了它融入欧洲一体化进程的速度。

这样,巴尔干问题被视为欧洲问题,不再是一个简单的地区问题;巴尔干地区被列为欧洲安全和对外关系以及欧洲一体化的一部分。21世纪初始,巴尔干地区的稳定、安全与发展成为欧盟关注的焦点。

2004年,斯洛文尼亚在巴尔干地区率先成为欧盟正式成员国,堪称中东欧转轨的优等生。随后,2013年,克罗地亚也加入了欧盟。黑山、马其顿、塞尔维亚和波黑都获得了欧盟候选国资格,有的还开启了入盟谈判。但是,南斯拉夫地区由于其特殊的地缘政治和战略地位,复杂的民族、领土和宗教问题,敏感的安全局势及欧盟的双重标准,依然是欧洲的热点,仍然是大国(集团)博弈的舞台。

最近20多年的事态发展表明,南斯拉夫国家的转轨要比中欧国家更加困难、更加痛苦、持续的时间更长。其原因在于该地区经济落后,政治斗争尖锐激烈,民族和宗教矛盾突出,人民生活水平低下,融入欧洲一体化进程缓慢。该地区的前途是加入欧盟,但它们要建立起有效的民主机制,实现发达的经济和高水平生活,还要走漫长而又崎岖的道路。

人们还清楚地记得,在社会主义年代,唯独南斯拉夫联邦与欧共体保持着全面的合作关系。1968年10月,南斯拉夫联邦就同欧共体建立了外交关系;1970年则与欧共体签订了贸易协定,欧共体给予南斯拉夫联邦最惠国待遇;1973年和1980年,南斯拉夫联邦又同欧共体签订新的合作协定,南斯拉夫联邦享受新的优惠,并且扩大了双方合作的范围。此时,欧共体甚至表示,只要南斯拉夫联邦放弃共产党一党执政,愿意接纳南斯拉夫联邦为其成员国。当时,成百万的西方旅游者来到南斯拉夫海岸旅游和度假,近百万南斯拉夫人在西欧国家工作。

然而,后来的事实却是,正是这个与西方联系最紧密的国家,早在20世纪50年代初和70年代末就最有可能成为北约和欧共体成员国的国家,至今还被排除在这两个组织之外。这是值得东西方国家深思的一个问题。20世纪90年代初开始,南斯拉夫各共和国纷纷把加入欧盟作为自己追求的梦想。然而,现实是残酷的,梦想要变成现实还有漫长的、充满荆棘的道路要走。

由于巴尔干各国的历史、经济、社会发展、宗教和文化不同,它们在融入欧洲一体化的过程中取得了不同的成绩和结果,南斯拉夫地区各共和国的情况尤其如此。

毫无疑问,南斯拉夫地区国家的前景在于同欧洲一体化,但它们的入盟道路仍然遥远,融入欧洲一体化进程变幻莫测。

斯洛文尼亚和克罗地亚率先加盟入约

　　斯洛文尼亚是南斯拉夫各共和国中经济最发达和生活水平最高的共和国。它的面积和人口都只占南斯拉夫联邦的8%,但其GDP却占南斯拉夫联邦GDP的17%以上。1989年斯洛文尼亚职工的平均工资是全南斯拉夫职工平均工资的1.5倍;1990年它的人均社会产值为全南斯拉夫人均社会产值的2倍。斯洛文尼亚独立后,它又是政治经济转轨最快最成功的国家。

　　据有关国际组织公布的数字,从1998—2003年,斯洛文尼亚GDP的年增长率分别为3.8%、5.5%、4.6%、2.9%和2.5%。2003年的通货膨胀率为5.6%,人均GDP接近14 000美元。这样,斯洛文尼亚的国内生产总值不仅在1998年就超过了历史上(1987年)达到的最高水平,而且其经济发展水平已开始接近欧盟成员国的平均水平。大型国有企业的私有化已经完成。随着包括电信、银行等部门私有化进程的结束,私人中小企业成为经济领域的主角。到2002年底,私人小企业和个体经营者的总数已占到斯洛文尼亚经济经营主体的98%。这说明斯洛文尼亚经济已进入了一个新的同欧洲一体化的发展时期,经济在稳步发展。

　　2002年底,斯洛文尼亚与欧盟的入盟谈判顺利结束。2004年5月1日,斯洛文尼亚被接纳为欧盟正式成员国。斯洛文尼亚是南斯拉夫地区第一个加盟入约的国家,被欧盟称为"中东欧经济转轨最成功的国家"。斯洛文尼亚被誉为"欧洲一体化的优等生"。

　　2004年斯洛文尼亚人均GDP达到13 035欧元,在新入盟国家中名列前茅,甚至超过了个别欧盟老成员国。2006年斯洛文尼亚的人均月工资收入已超过1 000欧元,已接近西欧发达国家水平。根据欧盟统计,斯洛文尼亚2005年的人均GDP已经达到欧盟25国平均水平的80.6%;通货膨胀率仅为2.5%,低于欧盟同期指数标准的2.7%。2007年1月1日起,斯洛文尼亚成为欧元区的第13个成员国。这样,斯洛文尼亚成为2004年入盟的10个新成员国中首先进入欧元区的国家。

　　斯洛文尼亚已于2008年初加入申根签证国家行列。2008年上半年,斯洛文尼亚在新成员国中第一个担任欧盟轮值主席国。

　　2008年世界金融危机爆发后,斯洛文尼亚政府采取了一系列反危机措施,以稳定和发展经济。2014 年 7 月 13 日,51 岁的米罗·采拉尔在斯洛文尼亚议会提前选举中当选为斯洛文尼亚总理。采拉尔承诺将重建法治,反对腐败,使国家面貌焕然一新。

1995 年 3 月底,克罗地亚政府与境内塞族在国际协调下签订停火协议。"塞尔维亚族克拉伊纳共和国"实际上已不复存在。1996 年 8 月 23 日,南斯拉夫联盟和克罗地亚相互承认,塞尔维亚族居住区的领土归属问题获得解决。1997 年 4 月,克罗地亚的塞尔维亚族区居民同全国各地居民一起参加了地方选举,这标志着克拉伊纳地区已实现和平回归。克罗地亚共和国实现了全国统一,可以全力投入政治和经济民主化进程。

在南斯拉夫联邦中,克罗地亚的经济发展水平仅次于斯洛文尼亚,是经济发达地区。它的面积和人口约占南斯拉夫的 1/5,但 GDP 却占到南斯拉夫的 1/4。1990 年人均社会总产值已达 4 300 美元,职工平均月工资约 400 美元。独立后,由于爆发内战和国际社会对之前的南斯拉夫联邦共和国及南斯拉夫联盟的制裁,打乱了它原来的经济供产销关系,许多企业由于缺乏原材料和销售市场而减产或停产。

在 2001—2005 年,克罗地亚的经济增长比较缓慢,但是比较平稳。这期间的年平均增长速度为 4.3%。到 2005 年底,克罗地亚的 GDP 已达到 1989 年的 98%。在 1989—2005 年克罗地亚吸收外资累计达到 114.29 亿美元,人均 2 573 美元。

克罗地亚独立后,始终把"回归欧洲"定为基本国策。克罗地亚外交政策的重点是回归中欧文明和经济范畴,将加盟入约的战略目标转变为现实。2000 年 5 月,北约接纳克罗地亚为其"和平伙伴关系计划"成员国,2009 年克罗地亚正式成为北约成员国。

克罗地亚各政党和社会各界对参加欧盟有着广泛的共识。2001 年 10 月,克罗地亚与欧盟正式缔结了"稳定与联系协议",开启了入盟谈判的进程。据 2003 年的一项调查,克罗地亚人民对加入欧盟的支持率高达 73% 左右。2007 年克罗地亚 GDP 增长 5.6%,通胀率为 2.3%,失业率为 10.8%。

克罗地亚于 2013 年 7 月 1 日被欧盟正式吸纳为第 28 个成员国,从而成为西巴尔干地区第一个正式加入欧盟的国家,也是南斯拉夫地区继斯洛文尼亚之后第二个"加盟入约"的国家。克罗地亚从提出申请到正式入盟共计用了 10 年时间。入盟谈判历时 6 年,其进程一波三折,历尽坎坷。入盟后,克罗地亚的目标是加入申根协定和欧元区。克罗地亚政府领导人表示,将争取早日成为申根成员国,将把推动西巴尔干各国入盟视为己任。

黑山对入盟寄予厚望

黑山是南斯拉夫各共和国中面积最小的国家,也是最晚宣布独立的共和国。黑山人同塞尔维亚人有着紧密的政治、经济和文化联系,两国之间曾经建立过一种特殊的关系。

1992 年 4 月 27 日,当其他南斯拉夫国家斯洛文尼亚、克罗地亚、马其顿和波黑决定离开南斯拉夫联邦时,黑山毅然同塞尔维亚站在一起,组成南斯拉夫联盟共和国。

2002 年 3 月 14 日,南斯拉夫联盟的塞尔维亚和黑山两个共和国签署了关于塞尔维亚和黑山关系的原则协议,2003 年 2 月 4 日两国组建塞尔维亚和黑山国家共同体。

2006 年 5 月 21 日,黑山就独立问题举行全民公决。6 月 3 日,黑山共和国议会通过了黑山独立决议及独立宣言。

黑山独立后,首先加强了同北约的关系。2006 年 12 月,黑山加入北约"和平伙伴关系计划"。黑山取消了义务兵役制,开始组建约 3 000 人的职业军队。为了表示亲近北约,黑山向阿富汗赠送一批武器,包括 1 500 支自动步枪、100 挺机枪和 25 万发子弹。

2009 年年底,黑山与北约签署了"和平伙伴关系计划"。根据该计划,黑山有义务接受北约军队进驻自己的领土,同时也将能够派遣自己的军队到北约成员国。

但应当指出的是,黑山民众对入约的热情并不是很高。近两年的民调结果表明,黑山只有 31% 的人明确支持加入北约,44% 的民众反对。因为他们都还清楚地记得 1999 年北约轰炸南斯拉夫联盟的野蛮行动。

2015 年 5 月,黑山与北约签署了"入约"协议,这预示着不久黑山将正式成为北约的第 29 个成员。黑山各界对参加北约一事反应强烈,呼吁就加入北约举行全民公决,这说明黑山部分民众对北约侵略南斯拉夫联盟的战争仍记忆犹新,心存芥蒂。2016 年 5 月,北约成员国外长签署黑山加入北约协定。2016 年年底,黑山当局不顾国内民众和俄罗斯的反对,匆忙宣布加入北约。2017 年 4 月,黑山议会通过政府提交的关于黑山加入北约法律草案。2017 年 6 月,北约正式接纳黑山为第 29 个成员国,这也是北约自 2009 年以来的首次东扩。

总体来说,黑山独立后经济发展比较平稳。到 2011 年底,黑山的国家债务为 14.8 亿欧元,约占 GDP 的 44%。从 2000—2010 年,黑山 GDP 年均增长 3.3%,2010 年人均 GDP(按购买力计算)达到 10 700 美元。2010 年的失业率高达 20%,同年的通货膨胀率只有 0.6%,这年的人均月工资为 715 欧元。2010 年黑山对外出口接近 3.3 亿欧元、进口 6.5 亿欧元,外国直接投资约 5 亿欧元。

2007 年 10 月,黑山同欧盟签订了《稳定与联系协议》,迈出了加入欧盟的第一步。2008 年 12 月,黑山向欧盟提交入盟申请。2009 年 4 月,欧盟部长理事会同意给予黑山候选国地位。2009 年 12 月,欧盟正式同意黑山公民享受免签证进入申根区国家。2010 年 12 月,黑山获得欧盟候选国地位,但没有确定开启谈判的日期。民调显示,2010 年,76% 的黑山国民支持入盟,而 2011 年底支持率则下降到 62%。

尽管欧盟在 2012 年启动了与黑山的入盟谈判,但黑山在入盟谈判中的主要障碍是打击腐败和有组织犯罪的力度不够,成效不显著。分析人士认为,黑山入盟可能要在 2020 年之后。

马其顿加盟入约前景渺茫

马其顿是个小国,经济力量薄弱,几乎没有国防,民族成分复杂,极易受到周围邻国和外界的影响。阿尔巴尼亚族是马其顿共和国境内人数最多和民族主义情绪最强烈的少数民族。马其顿西部同毗邻的阿尔巴尼亚有 191 千米的边界,其西北部同科索沃有 160 千米的边界,边界附近地区都是阿尔巴尼亚族聚居区。据马其顿公布的官方统计,在马其顿共和国,64% 是马其顿人,25% 以上是阿尔巴尼亚人。而阿尔巴尼亚族人认为他们占马其顿总人口的 40%。20 多年来,马其顿的阿尔巴尼亚族一直在闹事,制造危机。

2001 年以来,马其顿在美国和欧盟的强压下,凡是阿尔巴尼亚族居住较集中的地方政权都已经落到阿尔巴尼亚族人的手里。马其顿政府当局步步退让,阿尔巴尼亚族则得寸进尺,胃口越来越大。马其顿在阿尔巴尼亚和科索沃的夹击下,国家政权到了日益失控的地步。阿尔巴尼亚民族分裂主义分子在 2001 年发动过反马其顿政府的武装起义。2015 年 5 月,阿尔巴尼亚族极端分子在马其顿与塞尔维亚边境附近的库马诺沃制造流血事件,致使 8 名警察和 14 名阿尔巴尼亚人死亡。马其顿族、阿尔巴尼亚族两族之间的矛盾一直是马其顿社会一个不稳定因素。

2008 年 2 月,科索沃单方面宣布独立已影响马其顿政局的稳定和发展。在欧盟、美国和国内阿尔巴尼亚族的压力下,马其顿不得不于 2008 年 9 月承认科索沃独立。从此,马其顿便成为巴尔干地区"潜在的不稳定因素"。

马其顿在南斯拉夫联邦中属于经济不发达的共和国,它的 GDP 仅占南斯拉夫联邦 GDP 的 5.6%。马其顿人的年平均工资仅为斯洛文尼亚和克罗地亚的 1/3 和 1/2。马其顿独立后,经济出现危机。首先,马其顿失去了统一的南斯拉夫经济市场,面临外汇短缺和外贸市场萎缩的困境;接着,联合国、美国和欧共体对南斯拉夫联盟实施全面经济制裁和封锁,以及希腊政府禁止马其顿利用萨洛尼卡港进出口货物,使它脆弱的经济雪上加霜。

1991—1998 年,马其顿的 GDP 增长率每年都在下降,投资也在逐年减少,经济状况不断恶化。2006 年以前,马其顿只保持 3.6% 的低速恢复性增长,2006 年的 GDP 增长率为 4%,低于巴尔干国家的平均增长水平;失业率高达 37%,是欧洲最高的国家之一;职工月均工资不足 250 欧元,也属欧洲最贫困国家之列。

加入欧盟和北约是马其顿历届政府的既定国策,也是朝野各政党的共识。马其顿与欧盟于 1995 年建交;2001 年 4 月与欧盟签署《稳定与联系协议》;2004 年 5 月,欧盟正式受理马其顿的入盟申请报告。2004 年 12 月进行的一次民意调查结果显示,有 97% 的马其顿人支持本国加入欧盟,这在西巴尔干国家中是支持率最高的。

2006 年初,马其顿获得欧盟候选国资格。然而,马其顿入盟的道路却充满荆棘,崎岖坎坷。欧洲理事会主席范龙佩 2012 年 9 月表示,马其顿不解决国名纷争,入盟是不可能的。至于参加北约,马其顿本来充满希望,但后来却半路发生变故。早在 1995 年 11 月马其顿已加入北约的"和平伙伴关系计划"。马其顿期望 2009 年北约新一轮扩大时加入该组织。但在 2008 年 4 月布加勒斯特北约成员国首脑会议上,马其顿却由于在国名问题上与北约成员国希腊存在争端而未能在这次北约峰会上接到入约邀请,因此错过了此轮北约扩大的机会。

马其顿面临的最大挑战还有经济问题,如高额外债、22.9% 的失业率(青年人的失业率高达 50%)、人才流失等。尽管这是巴尔干地区的共同问题,但马其顿有它的特殊性。

2017 年,马其顿与欧盟签订《稳定与联系协议》已经是 16 个年头了,获得申请国地位也已经 12 年了;马其顿加入北约的申请也已经很长时间了,但马其顿一直被排除这两个组织之外。马其顿加盟入约还不是近期能够解决的问题。

波黑融入欧洲一体化道路遥远

波斯尼亚和黑塞哥维那共和国(波黑)是"一个国家、两个实体和三个民族"的国家体制。它存在已经 20 多年,国际社会利用人为建立的机制、手段和资金在支撑这个国家的民主化进程。1995 年以来北约和欧盟的维和部队和欧盟高级特派员以及大量的外国援助未能使其构建真正的民主国家,也未能使波黑化解种族矛盾,发展民族经济。波黑依然是巴尔干地区最落后的国家之一。

1992 年 4 月初,波黑宣布独立,脱离原南斯拉夫。接着,在原南斯拉夫解体过程中爆发了持续 40 个月之久的波黑战争。直到 1995 年 11 月,波黑交战三方领导人米洛舍维奇、图季曼和伊泽特贝戈维奇在美国俄亥俄州的代顿草签了一项结束冲突、实现全面和平的协议。1995 年 12 月 14 日,解决波黑冲突的波黑《代顿协议》在巴黎正式签字,这场骨肉相煎的战争终于结束。尽管《代顿协议》存在不足,是一个"和平的苦果",但它在当时是一种"最好的结果",国际社会普遍欢迎该协议问世。

内战后波黑经济已经全面崩溃:工业企业完全停止生产,农用土地一片荒芜,牲畜大量死亡,交通运输瘫痪,银行和财政系统遭到彻底破坏,大量公共建筑和私人住房成残墙颓垣。波黑全国确实已经破烂不堪,满目疮痍,重建波黑经济的任务十分艰难。

2000 年起,波黑按照欧盟的要求和标准进行经济改革和推行市场经济。这年制定了私有化法、吸引外资法、关税法、国家货币法和创立中央银行等法律。制定这些法律的目的是为了进一步恢复和发展国民经济,也是为了获得外部援助并为如何分配这些援助资金提供依据。

2006 年波黑 GDP 增长 5.5%。由于政局不是很稳定和党派纷争激烈,波黑的外来投资较少,经济发展仍处于低水平。2009 年起,波黑经济发展速度受到世界金融危机的影响开始下滑,GDP 年增长率从 2008 年的 5.7%降至 2009 年的 2.7%。同年的 GDP 总值只相当于欧盟 27 个成员国平均水平的 30%。

2000—2010 年,波黑国内生产总值年均增长率为 4.2%。2010 年,波黑的 GDP 总产值按购买力平价计算为 302 亿美元,同年按购买力平价计算的人均 GDP 为 7 800 美元,这在巴尔干国家中是最低的(低于阿尔巴尼亚和科索沃)。2010 年,波黑的失业率高达 27.2%,同年的外国直接投资约 2 亿欧元,这年波黑职工的平均月工资为 621 欧元。波黑外债达到 80 亿美元,占 GDP 总量的 22.9%,国内债务占 GDP 的 39%,失业率一度高达 25%—47.5%。

恢复和发展波黑经济在很大程度上依赖国外的财政和人道主义援助,尤其是欧盟、美国、世界银行、伦敦俱乐部的援助。许多权威的国际组织和研究机构认为,如果没有外部的大量援助,波黑至今还不能独立发展自己的经济。2012 年起,波黑经济持续下滑。2012 年负增长 1.2%, 2013 年的增长率为 2.1%, 2014 年降至 0.7%。2014 年波黑职工的平均月工资 400 多欧元,退休金每人每月约 150 欧元。波黑的经济本来就非常脆弱,再加上世界经济危机和欧洲债务危机的打击,使其到 2014 年已陷入贫困的深渊。

这些年来,波黑经济有所恢复,但发展不快,而且主要是靠外部需求拉动经济,失业率居高不下,腐败仍很严重和普遍。波黑是向西欧走私海洛因的重要通道之一,也是有组织犯罪的重要场所。

尽管波黑外交政策的中心任务是加盟入约,重点发展与美国和欧盟的关系,但是,波黑 20 多年来一直处于政治僵局中,很难实现这个政治抱负。其主要问题在于波黑的政治体系非常复杂,不够稳定,尚不符合入约加盟的最低标准。

2008 年 6 月,波黑终于与欧盟签订了《稳定与联系协议》。欧盟在 2009 年和 2010 年的年度报告中,对波黑的评价几乎是批评多于鼓励和肯定。波黑的入盟前景取决于国家的发展,取决于它是否能够成为一个统一的国家所继续进行必要的改革,以履行入盟的承诺。欧盟表示,决不会接纳分裂的波黑加入其组织。所以,在可以预见的未来,波黑同欧盟的关系,像其国内局势一样,仍处于"潜伏的、被冻结的冲突之中",只能是"潜在的候选国"。波黑很可能是西巴尔干最后一个加入欧盟的国家。

总的来说,波黑的前景仍令人担忧。国际社会在此间发挥着重要的作用。在欧盟维和部队和国际机构存在的条件下,波黑还可以沿着多民族、多元文化的道路走下去。如果上述外部条件不再存在,波黑的前景仍然难测。

塞尔维亚入盟梦难圆

从 20 世纪 90 年代初起,塞尔维亚社会党在社会政治生活中居主导地位,它的领导人担任了塞尔维亚共和国和南斯拉夫联盟共和国的总统、总理等要职。截至1996年年中,塞尔维亚社会党仍然是南斯拉夫联盟的第一大党,其时拥有53万名党员。

2003年2月4日,南斯拉夫联盟共和国正式宣布解体,从巴尔干半岛地图上消失。取代它的是新成立的塞尔维亚和黑山国家共同体。从此,塞尔维亚和黑山两个共和国是平等的成员,独立的国家实体。2006年5月黑山宣布独立,塞尔维亚和黑山国家共同体正式解体,塞尔维亚于同年6月6日正式宣布为独立主权国家。它承继了南斯拉夫在联合国的席位,并承担了南斯拉夫在国际上的义务。

2007年1月,塞尔维亚共和国举行了南斯拉夫解体以来的第七届议会选举。塞尔维亚民主党领导人科什图尼察担任总理职务。美国、欧盟和塞尔维亚邻国纷纷祝贺"民主的、亲欧洲的改革派政府"诞生,认为塞尔维亚为融入欧洲一体化进程迈出了重要的一步。欧盟立即向塞尔维亚政府抛出胡萝卜,称只要塞尔维亚在科索沃问题上作出"明智让步",并同海牙国际法庭"积极合作",欧盟将向它敞开大门;欧盟甚至许诺2007年同塞尔维亚签订《稳定与联系协议》,塞尔维亚2008年可成为入盟候选国,2011年有望加入欧盟。显然,这是一种廉价的承诺和一枝美丽的橄榄枝!

塞尔维亚政府面临4大任务:为人民创造更加美好的生活;成为欧盟正式成员国;完成同海牙国际法庭的合作;争取更快地发展经济。

2008年2月17日,科索沃在美国和欧盟的全力支持下单方面宣布独立,脱离了塞尔维亚。塞尔维亚各党派和政治力量表示反对科索沃独立,但西方大国带头承认科索沃独立,并许诺将立即同塞尔维亚签订加入欧盟的《稳定与联系协议》。塞尔维亚各派政治力量之间就科索沃问题和加入欧盟问题出现严重分歧。

亲西方派和亲塞尔维亚派(或称民族主义派)的争论始终围绕科索沃和加入欧盟这两个问题进行。亲西方派称,他们也反对科索沃独立,但主张搁置该问题,先解决塞尔维亚的"欧洲前景"(即入盟)问题。民族主义政党强调,当务之急是拒绝承认科索沃独立,拒绝与欧盟合作,它们主张加强同俄罗斯和其他国家的联系。

2012年5月,塞尔维亚进步党主席托米斯拉夫·尼科利奇以微弱优势战胜被称为亲欧主义者的前总统、民主党主席鲍里斯·塔迪奇,当选为塞尔维亚新一届总统。西方媒体一度称尼科利奇的当选犹如发生了一次"政治地震"。

但新总统表示倡导"两扇门"的外交政策:一扇门通向东方,一扇门通向西方。

事实上,塞尔维亚政坛比较平稳,并没有出现"政治地震"。塞尔维亚在沿着克服欧债危机给塞尔维亚经济带来的不利影响、解决棘手的科索沃问题和尽快开启入盟谈判的道路前进,形势是稳定的。经济改革也在加速进行。

2000 年以后塞尔维亚政府的激进改革已取得了一定的成绩:通货膨胀率从 2000 年的 170% 降至 2002 年的 14%,外汇储备有了明显增加,外国投资在 2001—2002 年的两年中达到 6.4 亿美元,仅 2002 年就获得 2.8 亿美元的贷款。政府还制定了新宪法,以加速民主化和市场经济的进程。

塞尔维亚的经济改革有了明显的进展。2005 年塞尔维亚 GDP 增长达到 6.8%;2006 年的外贸出口达到 53.6 亿欧元,比 2005 年增长 11%,进口 104 亿欧元,比前一年增长 24%;2006 年职工平均月工资超过 300 欧元,而 2000 年职工月均工资只有 50 欧元;通货膨胀率从 2005 年的 8.8% 降至 2006 年底的 7.5%。2006 年 GDP 的增长率为 7%,按人口平均 GDP 为 4 200 美元,2007 年的人均 GDP 达到 5 500 美元。所以,2007 年世界银行把塞尔维亚评为 2004 年的"改革领先国家"。

2008 年世界金融危机爆发后,塞尔维亚的经济形势也面临困境。它的 GDP 只是 1990 年的 75% 左右,而斯洛文尼亚却比 1990 年高出 54%、克罗地亚高出 14%、马其顿高出 23%。黑山比 1990 年南斯拉夫联邦解体时少 15%、波黑少 26%。塞尔维亚却是南斯拉夫各共和国除波黑之外最贫困的国家。2011 年 7 月,塞尔维亚经济学家米罗斯拉夫·兹德拉夫科维奇甚至认为,塞尔维亚如果继续衰退,到 2014 年将比阿尔巴尼亚还贫困。南斯拉夫解体后,南斯拉夫各地区的发展差距还在继续扩大。

2008 年 4 月,塞尔维亚与欧盟签署了《稳定与联系协议》。同年 9 月,塞尔维亚议会同时批准了与欧盟签订的《稳定与联系协议》和同俄罗斯签署的能源合作协议,指望 2009 年获得入盟候选国地位。它希望同土耳其、克罗地亚和马其顿三国一起于 2014 年左右成为欧盟的正式成员国。

2009 年 12 月,塞尔维亚正式提交入盟申请,并于 2011 年初以创纪录的时间完成了入盟答卷。欧盟成员国均批准了与塞尔维亚签署的《稳定与联系协议》。但直到 2012 年 3 月的欧盟首脑峰会上,经过激烈争论后,才给予塞尔维亚欧盟候选国资格,希望塞尔维亚进一步深化政治和经济改革,以达到入盟标准,但未确定入盟谈判日期,而是附加了塞尔维亚继续与科索沃进行对话和解决科索沃北部问题、实现关系正常化等先决条件。

塞尔维亚总理达契奇 2012 年 9 月在布鲁塞尔重申,塞尔维亚已经清楚地表明了融入欧洲的态度,其迈向欧盟的步伐不可逆转,但绝不会以牺牲科索沃—梅托希亚为代价加入欧盟,也不接受任何新的入盟附加条件。

现在,塞尔维亚入盟道路上的最大障碍不是经济,也不是海牙国际法庭通缉的战犯,而是科索沃问题。欧盟已经把科索沃问题视为接纳塞尔维亚入盟的前提条件。塞尔维亚如果不承认科索沃,就入不了盟。这是美国和欧盟的底线。而塞尔维亚重申,决不拿科索沃作入盟的筹码。塞尔维亚入盟还有很长的路要走。至于加入北约,塞尔维亚已经明确表示,它作为 1999 年科索沃战争的直接受害者,现在不会考虑参加这个组织。

作者点评

1992 年 4 月 27 日,由塞尔维亚共和国和黑山共和国联合组建的南斯拉夫联盟共和国,成为国土面积大大缩小了的南斯拉夫联邦的继承者。这个新建立的"第三南斯拉夫",由"大哥"塞尔维亚共和国和"小兄弟"黑山共和国联合组成。但是,这个由在南斯拉夫联邦废墟上站立起来的最强者和最弱者撮合而成的新国家,从一开始就先天不足,营养不良,特别像两条腿不一样长的跛脚,在一条铺满荆棘的道路上蹒跚前行了 10 年就摔倒了。

南斯拉夫联盟共和国的诞生,标志着 1945 年后建立的南斯拉夫社会主义联邦共和国彻底解体。它本想作为南斯拉夫联邦的"合法继承者",自然地继承在联合国和各种国际组织中的席位。但是,西方国家在肢解了南斯拉夫联邦后,认为塞尔维亚是南斯拉夫的共产党人还在继续执政,是欧洲最后的一个"共产主义堡垒",而且还是南斯拉夫地区战争的"罪魁祸首"。所以,它们不仅不承认南斯拉夫联盟对南斯拉夫联邦拥有自然继承权,而且对它采取了歧视、孤立、禁运、封锁、制裁直至武装侵略的野蛮政策。同时,诸多国际组织也参加了反对南斯拉夫联盟的大合唱。

所以,南斯拉夫联盟一成立便处于严重的政治和经济危机之中。它在国际上处境孤立,受到不公正对待,沦为一个"二等国家"。然而,一个重要的事实是,国际社会如果没有南斯拉夫联盟的合作和参与,巴尔干地区的许多问题是无法解决的。

西方大国对南斯拉夫联盟施压的根本目的,是要在南斯拉夫联盟继续制造政治动乱和经济危机,迫使其中的塞尔维亚共和国像其他中东欧国家一样,立即实现"民主化"即全盘"西化"。所以,南斯拉夫联盟的外部生存环境不仅恶劣,而且其国内也一直面临科索沃要求独立、黑山与塞尔维亚离心离德、海牙国际法庭通缉抓人和经济发展停滞四大难题。

与此同时,20世纪90年代初,西欧国家为了彻底摧毁欧洲现实社会主义及其影响,遂与北约合伙,向东欧国家发动了一次新的"东征"。北约开路,欧盟紧随其后,美其名曰"东扩"。东欧社会主义制度被推翻,执政的共产党下台,欧共体立即从经济组织变成了政治联盟,全力策动和掌控东欧国家的社会变革进程。

这些处于变革中的国家,都称自己为"转轨国家""转型国家"或"过渡国家",即都处于从原来的社会主义(从苏联模式或南斯拉夫模式)向民主政治体制和市场经济过渡阶段。即使这些国家已经参加了北约和欧盟,这个转轨阶段至今也还没有结束。

至于南斯拉夫地区,除2004年斯洛文尼亚在巴尔干地区率先成为欧盟正式成员国、2013年克罗地亚也加入了欧盟外,黑山、马其顿、波黑和塞尔维亚等所谓"西巴尔干国家"正在欧盟大门之外排队等待。

最近20多年的事态发展表明,西巴尔干国家的转轨要比中东欧其他国家更加困难、更加痛苦、持续的时间更长。其原因在于该地区经济落后,政治斗争尖锐激烈,民族和宗教矛盾突出,人民生活水平低下,融入欧洲一体化进程缓慢。毫无疑问,西巴尔干国家的前途也是加入欧盟,但它们要建立起有效的民主机制、发达的经济和实现高水平生活,还要走漫长而又崎岖的道路。

南斯拉夫解体已近20年,诸多遗留问题大都得到了解决。南斯拉夫各共和国之间都建立了正常的外交和经贸关系。但是,至今7个独立实体(包括单方面宣布独立的科索沃)之间关于民族和领土的纠纷并未停息。斯洛文尼亚和克罗地亚之间有664千米长的陆地边界线,其中有6千米的边界线和亚得里亚海北部的海上界线存在争议。为此,斯洛文尼亚在2008年12月否决了克罗地亚的入盟申请。克罗地亚同波黑之间对几段陆地边界和亚得里亚海南部的两个小岛有分歧,波黑反对克罗地亚在与它接壤的亚得里亚海岸修建桥梁。克罗地亚与塞尔维亚对多瑙河边的一小块土地尚有分歧。克罗地亚和黑山关于亚得里亚海南部普雷夫拉克半岛的争论在请求国际法庭解决。

塞尔维亚同科索沃的边界长达352千米。塞尔维亚不承认科索沃独立,它与科索沃的边界有几处没有明确划定。塞尔维亚同波黑在利姆河边的几个村庄的归属存在异议。塞尔维亚和黑山的边界存在一些小问题,双方正在谈判之中。塞尔维亚与马其顿的边界只有一小段没有确定,不会成为大的问题。

　　马其顿同科索沃的边界在德巴尔德村附近有几千米长的地段存在争论,在美国和欧盟的调解下基本解决。但塞尔维亚不承认科索沃与马其顿达成的任何边界协议。科索沃同黑山有 1 500 公顷的土地存在争议,尚未开始谈判解决。

　　南斯拉夫解体后,各共和国开始融入欧洲一体化进程。该地区的历史翻开了新的一页。上述边界问题可以不视为南斯拉夫地区国家间的严重问题,但如果这些问题得不到合理的解决,将影响这些国家加入北约和欧盟的进程,也将影响它们在"后南斯拉夫"时期的发展与前进。

结束语

本来，笔者想用"南斯拉夫共和国各奔前程"这节作为本书的"尾声"或"代结束语"。后考虑到此节文字过长，于是，想对南斯拉夫兴亡的历程做个"小结"，也许更加好些。

南斯拉夫国家存在70多年，是巴尔干半岛上最强大的国家。南斯拉夫经过近半个世纪的社会主义建设，从一个文盲率占50%以上的落后农业国家，变成了欧洲中等发达国家、在欧洲和世界享有崇高威望的国家。南斯拉夫曾是人们津津乐道和神往的国家。令人遗憾的是，南斯拉夫解体和东欧剧变的近30年来，一个好端端的南部斯拉夫地区却人为地脱离历史轨道，成为中东欧转轨国家中最落后的地区之一。

既然这样，人们不禁要问：一路走来，南斯拉夫到底是个什么样的国家？

我的回答是：

第一，在欧洲历史上，南部斯拉夫地区的人民曾经建立了强大的中世纪国家，创造了灿烂的文化，跻身于欧洲文明之林。19世纪，南部斯拉夫地区的民族国家又是抵御奥斯曼帝国、沙皇俄国和奥匈帝国的中流砥柱，为整个欧洲的和平发展作出了自己的贡献。

第二，第一次世界大战后成立南斯拉夫王国是历史的必然结果，不是人为的产物。正是在第一次世界大战炮火的废墟上才有可能建立起南部斯拉夫人的第一个多民族国家。建立一个南部斯拉夫人的共同国家，是19世纪开始的南部斯拉夫人民族解放运动的夙愿和理想，也是南部斯拉夫人在境外成立的政治组织及其政治家们竭力追求的目标，更是社会民主党人和共产党人为之奋斗的纲领。同时，这个新国家的诞生得到了法国、英国等西方大国的支持。它们希望这个国家起到遏制德国东山再起和苏维埃俄国革命向西渗透的"隔离带"作用。

南斯拉夫王国的成立,实现了南部斯拉夫人领土和民族的团结统一,有利于政治、社会和经济以及文化的发展。但是,王国建立了以大塞尔维亚主义为基础的国王个人专制统治,经济落后,民族关系没有理顺,隐藏着中央集权与地方自治的矛盾。德国和意大利法西斯势力选择南斯拉夫作为侵略巴尔干半岛的突破口。

第三,南斯拉夫是一个多民族国家,各民族之间的差异非常之大。塞尔维亚族占全国人口的1/3,比克罗地亚族多一倍;斯洛文尼亚族、穆斯林和马其顿族人口都不足200万;黑山人口最少,只占全国人口的2%;还有众多的少数民族,如阿尔巴尼亚人和匈牙利人等。在国家的某些地区民族混居的现象特别突出,如波斯尼亚和黑塞哥维那(波黑)。

在第二次世界大战中,南斯拉夫各民族人民齐心协力,战胜了德意法西斯,成为英雄的国家,英雄的人民,铁托成为钢铁般的英雄。20世纪70年代起,一个统一的"社会主义新民族"没有形成;相反,民族矛盾和冲突开始升温,其中,塞尔维亚与克罗地亚之间的不和始终左右着南斯拉夫国家内部政治生活的进程,围绕联邦制和邦联制的争论是问题的核心。

第四,南斯拉夫又是一个多宗教和多元文化的国家。在它20多万平方千米的土地上,存在欧洲流行的三大宗教:东正教、天主教和伊斯兰教。塞尔维亚、马其顿、黑山等地多信奉东正教;克罗地亚和斯洛文尼亚等地多信奉天主教;波黑、科索沃等地多信奉伊斯兰教。不同宗教和语言产生了不同的文化区域,甚至连同文字的书写方式也分为拉丁字母和基里尔字母。不同文化产生了不同的精神生活和价值观。这让国家的社会发展和社会生活既形成了丰富多彩的一面,又留下了令人遗憾的裂痕。

第五,南斯拉夫是一个各地经济发展极不平衡和生活水平差距较大的国家。社会主义自治制度在发展经济和保障人民生活方面发挥了优越性,但一直没有填补贫富不均的鸿沟。南斯拉夫的欠发达和不发达地区尽管得到了联邦政府的无偿财政支持和援助,但在经济和文化领域的落后和差距仍然十分显著,致使发达地区和不发达地区都怨声载道,互不服气。以改革著称的南斯拉夫共产党人,在东欧国家率先进行了几十次经济和政治改革,探索自己的发展道路。最终,反复性改革导致经常性危机,各地经济发展不平衡动摇了国家的稳定发展。

第六,南斯拉夫实行联邦制,以保障国家的主权独立和领土完整。各民族是联邦的基础,他们组成了平等的和自愿联合的各民族的共同体。第二次世界大战前,南斯拉夫王国并不是真正的联邦制国家。战时,根据南斯拉夫各族人民的愿望,1943年决定在联邦制基础上建立新南斯拉夫。

南斯拉夫联邦具有两个明显的特点:一是不断加强和深化民族平等,以期彻底解决民族问题;二是联邦以及各共和国和自治省在联邦的地位和作用反映了分权制,以改革中央集权制和防止国家主义和官僚主义的倾向。但是,由于民族等问题的客观存在,"邦联主义"和"联邦主义"的斗争、非中央集权与中央集权的斗争一直制约联邦制的正常发展。

第七,南斯拉夫为什么由一个统一的国家而变得支离破碎?南斯拉夫解体的主要原因是:国内民族矛盾激化、经济危机加剧、联邦体制的缺陷以及南共联盟工作的失误,等等。如果说第二次世界大战后南斯拉夫的迅速发展和民族团结归功于三个主要因素,即一个强有力的领导人(铁托),存在唯一的政党(南共联盟)和一支统一的军队(南斯拉夫人民军),那么,在1989—1990年的苏东剧变中,上述三个稳定因素已不复存在了。

但是,在一定的条件下,外部因素非常重要,甚至起着决定性的作用。如果不是因为苏联东欧国家纷纷剧变;如果不是德国等欧美国家率先承认斯洛文尼亚、克罗地亚和波黑的独立,那么南斯拉夫的领土完整是有保障的;如果不是西方国家在解决波黑问题和科索沃危机时采用双重标准,偏袒一方压制另一方,那么南斯拉夫地区危机的解决就会顺利得多,结果也会好得多。

第八,南斯拉夫作为多民族、多元文化国家兴亡的历史,对世界上任何一个多民族、多元文化国家来说,既是宝贵的财富,也是沉痛的教训。前车之鉴,后事之师。

第九,最后,作为一个学习和研究南斯拉夫历史的学者,我不得不说,南斯拉夫这个已经消失了的国家,应该受到人们的尊敬,得到国际社会公正的评价。这个国家的人民失去了国家,但没有失去尊严;失去了家园,却没有失去信心,而是充满了乐观主义精神。以塞尔维亚为代表的该地区人民正在为掌握自己的命运顽强拼搏,他们的雄起指日可待!

南斯拉夫联邦解体后,原各共和国纷纷开启融入欧洲一体化进程,各奔前程。南斯拉夫地区的历史翻开了新的一页,有人称它为"后南斯拉夫"时期。从此,我们再也看不到那个联邦的、自治的南斯拉夫的身影,再也听不到那个爱好和平的、不结盟的南斯拉夫的声音。

如果我们不了解一个国家和一个民族的历史,就无法理解这个国家和民族的过去和现在。这就是写作这部《南斯拉夫通史》的初衷和目的。

附录一　南斯拉夫历史大事年表

925 年　　　　　　托米斯拉夫大公宣布克罗地亚为王国

9 世纪末　　　　　塞尔维亚人皈依东正教

1180—1204 年　　库林巴昂在位时,第一个波斯尼亚国家出现在历史舞台上

1345 年　　　　　斯特芬·杜尚宣布为塞尔维亚人和希腊人皇帝

1389 年 6 月　　　科索沃战役

1459 年　　　　　塞尔维亚最后一个城堡被土耳其人攻占

1527 年　　　　　克罗地亚结束同匈牙利 4 个世纪的"合并"关系,加入哈布斯堡王朝

1798 年 10 月　　黑山颁布第一部《黑山和布达尔法典》

1804—1813 年　　卡拉乔尔杰·佩特罗维奇领导第一次塞尔维亚起义

1815 年 4 月　　　米洛什·奥布雷诺维奇发动第二次塞尔维亚起义

1830 年　　　　　塞尔维亚成为苏丹治理下的自治公国,米洛什成为世袭大公

1835 年　　　　　路·盖伊创办《克罗地亚马蒂察报》,开展伊利里亚运动

1852 年　　　　　达尼洛一世被选举为黑山大公

1871 年　　　　　斯·马尔科维奇创办巴尔干半岛第一份社会主义报纸《工人报》

1875 年 6 月　　　波斯尼亚和黑塞哥维那(波黑)爆发反奥斯曼帝国起义

1876 年 6 月　　　塞尔维亚和黑山结盟,向奥斯曼帝国宣战

1878 年 6 月　　　根据《柏林条约》塞尔维亚获得独立。波黑被奥匈帝国占领(直到 1903 年)

1908 年 10 月　　奥匈帝国宣布兼并波黑

1910 年 10 月　　黑山大公宣布黑山为王国

1912 年 3—10 月	塞尔维亚、保加利亚、希腊和黑山结成反土耳其同盟
1913 年 5 月	签订《伦敦和约》，第一次巴尔干战争结束
1913 年 8 月	签订《布加勒斯特和约》，第二次巴尔干战争以保加利亚失败告终
1914 年 6 月	萨拉热窝谋杀案被视为第一次世界大战的导火线
1914 年 7 月	奥匈帝国向塞尔维亚宣战
1915 年 10 月	南部斯拉夫的侨民在伦敦成立由安特·特鲁姆比奇领导的南斯拉夫委员会
1917 年 7 月	发表南部斯拉夫委员会的《科孚宣言》
1918 年 10 月	克罗地亚议会决定退出奥匈帝国，成立斯洛文尼亚人、克罗地亚人和塞尔维亚人国家
1918 年 11 月	黑山国民议会决定同塞尔维亚合并
1918 年 12 月	亚历山大王储在贝尔格莱德宣告成立塞尔维亚—克罗地亚—斯洛文尼亚王国
1921 年 6 月	塞尔维亚—克罗地亚—斯洛文尼亚王国颁布《圣维多夫日宪法》
1921 年 8 月	塞尔维亚—克罗地亚—斯洛文尼亚王国公布社会安全法，共产党被宣布为非法
1925 年 1 月	禁止克罗地亚工农党的活动
1928 年 6 月	贝尔格莱德议会发生针对克罗地亚议员拉迪奇枪击案
1929 年 1 月	亚历山大一世解散议会实行独裁统治
1929 年 10 月	塞尔维亚—克罗地亚—斯洛文尼亚王国正式改名为南斯拉夫王国
1934 年 2 月	南斯拉夫、罗马尼亚、希腊和土耳其在雅典缔结《巴尔干公约》
1934 年 10 月	南斯拉夫国王亚历山大在马赛遇刺，佩塔尔二世即位
1939 年 8 月	签订茨韦特科维奇—马切克协议，克罗地亚成为新的巴昂区，并组建联合政府
1940 年 6 月	南斯拉夫王国同苏联建立外交关系
1940 年 10 月	南共举行第五次全国代表会议，铁托被选为党中央总书记
1941 年 3 月	南斯拉夫王国加入德意日三国公约

1941 年 3 月	南斯拉夫王国军事政变,国王佩塔尔二世加冕为南斯拉夫王国国王
1941 年 4 月	南斯拉夫、苏联缔结友好和互不侵犯条约
1941 年 4 月	以德军为首的轴心国军队入侵南斯拉夫
1941 年 4 月	德意两国炮制乌斯塔沙分子建立"克罗地亚独立国"
1941 年 4 月	南斯拉夫王国军队无条件投降,王国遭到德国、意大利、匈牙利、保加利亚等国瓜分
1941 年 7 月	南共中央政治局决定开始武装起义,发表告南斯拉夫各族人民书
1942 年 11 月	全南斯拉夫反法西斯人民解放委员会代表大会在比哈奇召开
1942 年 11 月	南斯拉夫人民解放游击队改称为南斯拉夫人民解放军
1943 年 11 月	在亚伊策召开南斯拉夫反法西斯人民解放委员会第二次会议,11 月 29 日成为南斯拉夫国庆节
1943 年 12 月	苏联政府宣布向南斯拉夫派遣军事使团
1944 年 6 月	铁托与流亡政府的舒巴希奇达成组建临时政府协议,即《维斯协议》
1944 年 10 月	贝尔格莱德获得解放
1945 年 3 月	南斯拉夫民主联邦临时政府成立,铁托任总理兼国防部部长
1945 年 4 月	在莫斯科签订南斯拉夫与苏联友好互助和合作条约
1945 年 8 月	南斯拉夫人民阵线召开第一次代表大会,铁托当选为人民阵线主席
1945 年 8 月	南斯拉夫颁布《土地改革和农垦法》
1945 年 11 月	在贝尔格莱德召开南斯拉夫立宪会议,成立南斯拉夫联邦人民共和国,废除君主制
1946 年 1 月	颁布第一部宪法《南斯拉夫联邦人民共和国宪法》
1947 年 4 月	南斯拉夫制订发展国民经济第一个五年计划(1947—1951 年)
1948 年 7 月	南共举行第五次代表大会,铁托作政治报告,并通过《关于南共和情报局关系的决议》
1952 年 11 月	南共在"六大"上改名"南斯拉夫共产主义者联盟"

1953 年 2 月	南斯拉夫、希腊和土耳其三国签订友好和互助合作条约（又称《巴尔干条约》）
1954 年 1 月	米洛万·吉拉斯被撤消党内外一切职务，并开除出中央委员会
1955 年 5 月—6 月	赫鲁晓夫和布尔加宁访问南斯拉夫，发表《贝尔格莱德宣言》，苏联承认南斯拉夫社会主义道路
1961 年 9 月	在贝尔格莱德举行第一次不结盟国家和政府首脑会议，28 个国家参加
1963 年 4 月	联邦议会通过《南斯拉夫社会主义联邦共和国宪法》，国名改为南斯拉夫社会主义联邦共和国
1966 年 7 月	内务部部长亚历山大·兰科维奇被解除共盟党内外一切职务
1967 年 6 月	130 名克罗地亚作家发表《关于克罗地亚文学语言的名称和地位的宣言》，要求捍卫克罗地亚语言
1968 年 12 月	科索沃自治区升格为"自治省"
1974 年 2 月	颁布《南斯拉夫社会主义联邦共和国宪法》，承认在南斯拉夫有三种所有制：社会所有制、个人所有制和私有制
1980 年 5 月	铁托在卢布尔雅那病逝，来自 127 个国家的 209 个代表团出席葬礼
1981 年 3 月	科索沃自治省普里什蒂纳大学学生发生抗议行动和罢课
1982 年 6 月	南共联盟举行第十二次代表大会，把发展社会主义自治制度作为中心议题
1983 年 7 月	南斯拉夫联邦议会通过《经济稳定长期纲领》
1984 年	南斯拉夫成功举办萨拉热窝冬季奥林匹克运动会
1986 年 9 月	塞尔维亚科学与艺术科学院部分院士在亚·伊萨科维奇带领下发表《关于我国现实社会问题备忘录》，带有民族主义情绪和要求
1988 年 10 月	塞尔维亚民族主义者组织大规模游行示威迫使伏伊伏丁那自治省政府解散，党的主要领导人下台
1988 年 10 月	南共联盟第十三届十七中全会通过经济改革和解决民族冲突的纲领

1989 年 1 月	黑山游行示威迫使黑山党政主要领导集体辞职
1989 年 1 月	斯洛文尼亚共盟中央决定实行政治多元化,结束南共联盟的垄断地位
1989 年 3 月	克罗地亚自由派经济专家安特·马尔科维奇当选为南斯拉夫总理
1989 年 9 月	斯洛文尼亚议会修改宪法,规定有脱离南斯拉夫联邦的权力
1990 年 9 月	塞尔维亚议会修改宪法,取消科索沃和伏伊伏丁那的自治省地位
1990 年 1 月	南共联盟举行第十四次非常代表大会,会上出现激烈的争论
1990 年 4—12 月	南斯拉夫联邦 6 个共和国和两个自治省进行多党制议会选举
1990 年 5 月	斯洛文尼亚前共产党人米兰·库昌当选为共和国总统
1990 年 5 月	克罗地亚前共产党人弗拉约·图季曼当选为克罗地亚共和国总统
1990 年 7 月	南斯拉夫联邦议会通过《政治结社法》
1990 年 9 月	科索沃自治省宣布为独立"共和国",并通过了新宪法
1990 年 11 月	马其顿举行多党议会选举,原共产党人获胜
1990 年 11 月	波黑进行自由议会选举,出现波斯尼亚族民主行动联盟、塞尔维亚族民主联盟和克罗地亚族民主共同体三大政党鼎立局面
1990 年 12 月	塞尔维亚社会党在选举中获胜。米洛舍维奇当选为共和国总统
1991 年 6 月	斯洛文尼亚和克罗地亚同时宣布为主权独立国家,脱离南斯拉夫联邦
1991 年 6 月	南斯拉夫联邦军队的坦克进入斯洛文尼亚保护与匈牙利和奥地利接壤的边界,爆发"十日战争"
1991 年 9 月	"关于南斯拉夫和平会议"在海牙举行,会上通过《关于南斯拉夫的宣言》
1991 年 9 月	马其顿宣布脱离南斯拉夫联邦而独立
1991 年 10 月	斯洛文尼亚和克罗地亚正式独立

1991 年 11 月	欧共体对南斯拉夫实行武器禁运和经济制裁
1991 年 11 月	马其顿成为独立国家后通过新宪法
1991 年 11 月	南斯拉夫联邦政府正式请求联合国派出维和部队
1991 年 12 月	克罗地亚颁布新宪法
1991 年 12 月	联合国安理会决定向南斯拉夫派遣观察员小组,为部署维和部队作准备
1991 年 12 月	斯洛文尼亚新宪法出台
1992 年 1 月	国际社会承认斯洛文尼亚和克罗地亚成为独立国家
1992 年 1 月	南斯拉夫社会主义联邦共和国不复存在
1992 年 4 月	波黑武装冲突升级为旷日持久的内战
1992 年 4 月	欧共体和美国承认波黑独立
1992 年 4 月	由塞尔维亚和黑山组成的南斯拉夫联盟国家宣告成立,并通过《南斯拉夫联盟共和国宪法》
1992 年 5 月	克罗地亚、斯洛文尼亚和波黑被接纳为联合国成员国
1992 年 9 月	欧共体和联合国在日内瓦召开关于南斯拉夫问题会议
1993 年 2 月	联合国决定成立南斯拉夫战争罪犯国际法庭(即海牙法庭)
1993 年 4 月	马其顿以"南斯拉夫马其顿共和国"名称加入联合国
1994 年 5 月	解决南斯拉夫问题国际联络小组提出分割波黑领土的新方案:塞尔维亚族占 49%,波斯尼亚族—克罗地亚族联邦占 51%
1995 年 11 月	签订代顿协议。波黑由波斯尼亚族—克罗地亚族联邦和塞尔维亚族共和国组成
1997 年 7 月	米洛舍维奇当选为南斯拉夫联盟共和国总统
1999 年 3—6 月	以美国为首的北约发动空袭南斯拉夫联盟的科索沃战争
2002 年 3 月	签署关于塞尔维亚和黑山关系的原则协议
2003 年 2 月	南斯拉夫联盟改组为塞尔维亚和黑山国家共同体,南斯拉夫联盟正式解体
2004 年 5 月	斯洛文尼亚正式成为欧盟成员国
2006 年 5 月	黑山就独立问题举行全民公决,通过黑山独立决议及独立宣言

2006 年 6 月	塞尔维亚宣布为独立主权国家
2007 年 1 月	塞尔维亚组成以科什图尼察为首的新政府
2008 年 2 月	科索沃单方面宣布独立,脱离塞尔维亚
2008 年 7 月	塞尔维亚组成以茨韦特科维奇为首的新政府
2012 年 5 月	塞尔维亚进步党主席尼科利奇当选为新一届总统
2013 年 7 月	克罗地亚加入欧盟

附录二　主要中外文参考书目

中文文献

1.《铁托选集》(两卷)(1961—1973、1974—1980),人民出版社 1980 年版、1982 年版。

2.[南斯拉夫]佩·达姆扬诺维奇等编著:《铁托自述》,达州、李代军、赵乃斌译,新华出版社 1984 年版。

3.[南斯拉夫]弗拉迪米尔·德迪耶尔:《苏南冲突 1948—1953》,达洲译,生活·读书·新知三联书店 1977 年版。

4.[德]卡尔·古斯塔夫·施特勒姆:《铁托与南斯拉夫》,林荣远、王昭仁、洪善楠、申文林、程秋珍译,商务印书馆 1979 年版。

5.[南斯拉夫]贝里斯拉夫·舍费尔:《七十年代的南斯拉夫经济发展》,熊家文、朱行巧、陈森、文正林译,中国财经出版社 1979 年版。

6.[英]弗雷德·辛格尔顿:《二十世纪的南斯拉夫》,何伟文译,中国财经出版社 1980 年版。

7.[南斯拉夫]马尔塞尼奇:《南斯拉夫经济制度》,朱行巧等译,人民出版社 1981 年版。

8.《卡德尔回忆录 1944—1957》,李代军、邵云环、曹荣飞、夏士华、赵金河译,新华出版社 1981 年版。

9.[南斯拉夫]兰科·佩特科维奇:《巴尔干既非"火药桶"又非和平区》,石继成、许忆宁译,商务印书馆 1982 年版。

10.中国南斯拉夫经济研究会:《南斯拉夫经济与政治》,中国财经出版社 1983 年版。

11.[南斯拉夫]米兰·巴斯塔:《战争推迟七天结束》,达洲、代军译,上海译文出版社 1983 年版。

12. [南斯拉夫]韦利米尔·瓦西奇:《南斯拉夫的经济政策》,明华、陈诗让译,中国对外翻译出版公司1984年版。

13. [南斯拉夫]伊万·博日奇等:《南斯拉夫史》(上、下册),赵乃斌译,商务印书馆1984年版。

14. [南斯拉夫]米洛万·巴甫洛维奇:《南斯拉夫自治经济制度的产生与发展》,张德修译,北京大学出版社1985年版。

15. [南斯拉夫]杜尚·比兰吉奇:《南斯拉夫社会主义联邦共和国史纲》,阿丹、许万明、温泉、国春、章永勇、舒平、寇滨译,天津人民出版社1985年版。

16. [德]兹冯科·施陶布林格:《铁托的独立道路》,达洲、李代军、李书元、李国邦译,新华出版社1987年版。

17. [英]阿波利尔·卡特尔:《南斯拉夫的政治改革》,范琦勇等译,春秋出版社1988年版。

18. 马细谱主编:《战后东欧——改革与危机》,中国劳动出版社1991年版。

19. 郝时远主编:《南斯拉夫联邦解体中的民族危机》,四川民族出版社1993年版。

20. 马细谱:《巴尔干人民反法西斯战争史》,海南出版社1993年版。

21. 州长治:《如钢似铁——铁托》,世界知识出版社1994年版。

22. 刘祖熙主编:《东欧剧变的根源与教训》,东方出版社1995年版。

23. [南斯拉夫]米拉·马尔科维奇:《黑夜与白昼》,达洲译,新华出版社1996年版。

24. [南斯拉夫]米拉·马尔科维奇:《东方与南方之间》,达洲译,中央编译出版社1997年版。

25. 阙思静、刘邦义主编:《东欧演变的历史思考》,当代世界出版社1997年版。

26. 马细谱:《巴尔干纷争》,北京大学出版社1999年版。

27. 泰然:《米洛舍维奇》,世界知识出版社1999年版。

28. [澳]科伊乔·佩特罗夫:《戈尔巴乔夫现象——改革年代:苏联东欧与中国》,葛志强、马细谱等译,社会科学文献出版社2001年版。

29. [南斯拉夫]巴托·托马舍维奇:《生死巴尔干》,达洲译,新华出版社2002年版。

30. 《苏联历史档案选编》第22卷,社会科学文献出版社2002年版。

31. 章永勇:《塞尔维亚和黑山》,社会科学文献出版社2005年版。

32. 汪丽敏:《斯洛文尼亚》,社会科学文献出版社2006年版。

33. 左娅:《克罗地亚》,社会科学文献出版社2007年版。

34. 马细谱:《南斯拉夫兴亡》,社会科学文献出版社 2010 年版。

35. 余志和编:《二战大事记》,世界知识出版社 2015 年版。

36. [美]约翰·R.兰普:《南斯拉夫史》,刘大平译,中国出版集团东方出版中心 2016 年版。

外文文献

(一)塞尔维亚语文献

1. AVNOJ i revilucija, Beograd 1983.

2. Branko Horvat, Kosovsko pitanje, Zagreb 1988.

3. Branko Petranović i Čedomir Štrbac, Istorija socijalističke Jugoslavije, I—II, Beograd 1977.

4. Branko Petranović i Momčilo Zečević, Jugoslavija 1918—1984, zbirka dokumenata, Beograd 1985.

5. Branko Petranović, Istorija Jugoslavije, 1918—1978, Beograd 1980.

6. Demokratska stranka i političke odnosi u Kraljevini Srba, Hrvata i Slovenaca, Beograd 1970.

7. Duašan Bilandžić, Jugoslavoja poslje Tita 1980—1985, Zagreb 1986.

8. Dušan Bilandđić, Borba za samoupravni socijalizma u Jugoslaviji 1945—1969, Zagreb 1969.

9. Zbornik dokumenatai podataka o narodnooslobodilačkom ratu naroda Jugoslavije v XII toma, Beograd 1969.

10. Demokratska stranka i političke odnosi u Kraljevini Srba, Hrvata i Slovenaca, Beograd 1970.

11. Branko Pribićević, Sukob između Komunističke partije Jugoslavije i Kominforma, Beograd 1970.

12. Vjerske zajednice u Jugoslaviji, Zagreb 1970.

13. Fuad Slipičević, Istorija Naroda socijalističke federativne republike Jugoslavije, Stari i srednji vijek, "Veselin Masleša," Sarajevo 1964.

14. Hrvoje Matkovic Povijest Jugoslavije(Drugo, dopunjeno izdanje, 1918—1991—2003), Naklada, Zagreb 2003.

15. Institut za noviju istoriji Srbije Spoljna politika Jugoslavije 1950—1961.

16. Jugoslavija trideset godina posle oslobođenja i pobede nad fašizmom 1945—1975, Beograd 1975.

17. Međunarodni odnosi socijalističke Jugoslavije, Beograd 1976.

18. Milan Skakun, Balkan i Velike sile, Beograd 1982.

19. Narodnooslobodilački rat i socijalistička revolucija 1941—1945, Beograd 1975.

20. Radmila Nakarada, Evropa I raspad Jugoslavije(Zbornik), Beograd 1995.

21. Ranko Petković, XX vek na Balkanu(Versaj-Jalta-Dejton), Beograd 1996.

22. Raspad Jugoslavije-produzetak ili kraj agonjie(Zbornik), Beograd 1991.

23. Александар Фатич, Питање Космета, Београд 2006.

24. Душан Билич Бошко Тодорович, Разбијање Југослабије 1990—1992, Београд 1995.

25. Лубодраг Димић Историја Српске државности Србија у Југославији Београд 2001.

26. Лубодраг Димич, Мира Радојевич, Србија у великом рату 1914—1918, Српска књижевна задруга, Београд 2014.

27. Мари-Жанин Чалић, Историја Југославије у 20 веку, Слио Београд 2013.

28. Миодраг Зечевич, Југославија 1918—1992, Београд 1994.

29. Први и други балкански рат, Београд 1955.

30. Ратомир Миликић, Заборавлена европејска епизода: Југославија и Савет Европе 1949—1958, Београд 2014.

31. Priredio prof.Vukašin Pavlović, Političke institucije i demokratija, Beograd 2006.

32. Чедомир Антић, Српска историја, Вукотић Београд 2013.

(二) 斯拉夫文文献

1. [英]Майкъл Бол Студената война на Балканите, София 1999.

2. Антон Първанов,Косовският възел на Балканите: възникване развитие решения, военно издателство ЕООД, София 2011.

3. Балканите през първото десетилетие на 21. век, Сборник статии, Парадигма София 2012.

4. Барбара Йелавич, История на Бадканите XVIII—XIX век(译自英文) томI, ИК"АМАГ-АХ", София 2012.

5. Барбара Йелавич, История на Бадканите XVIII—XIX век(译自英文) томII, ИК"АМАГ-АХ", София 2012.

6. Бернар Лори Балканска Европа от 1945 до наши дни, София 2005.

7. Венелин Цачевски, Балканите: краят на конфликтите София 2008.

8. Втората световна война и Балканите, София 2002.

9. Егжигио Иветич, Балканските войни, Сиела Норма АД, София 2012.

10. Едгар Хьош, История на балканските страни от древността до наши дни (译自德语), София 1998.

11. Жан-Франсоа Суле, История на Източна Европа от Втората световна войнадо наши дни(译自法文), София 2007.

12. Жорж Кастелан, История на балканите XIV—XX век(法译本), издателска къща "Хермес", София 2002.

13. Институт по балканистика при БАН Национални проблеми на Балканите, история и съвременост, издателство Аргес София 1992.

14. Йорлан Баев, Системата за европейска сигурност и Балканите в голините на Стулената война, Дамян Яков, София 2010.

15. Кръстьо Манчев, История на балканските народи XIX—XXв, Академично издателство "Проф. Марин Дринов" София 1999.

16. Кръстьо Манчев, Балкански разпри, София 2011.

17. Кръстьо Манчев, История на балканските народи 1945—1990, том 4, София 2006.

18. Лалков М., От надежда към разочарование, идеята за федерация в балканския югоизток, София 1994.

19. Мария Тодорова, България, Балканите, светът: идеи, процеси, събития, София 2010.

20. Религия и политика на Балканите, София 2004.

21. Румяна Божилова, История на Хърватия, Абагар, София 1998.

22. Соня Хинкова, Югославският случай, етнически конфликти в Югоизточна Европа, София 1998.

23. Стефан Карастоянов и др., Регионална и политическа география на балканските страни, част първа, Университетско издателство "Св. Климент Охридски" София 2011.

24. Стефан Карастоянов, Косово—геополитически анализ, София 2007.

25. Стойчо Грънчаров, Балканският свят, Издателство Дамян Яков,

София 2001.

26. Христо Матанов. Средновековните Балкани Исторически очерци. Изд. Парадигма София 2009.

27. Миша Глени, Балканите 1804—1999, Рива,София 2004.

28. Венелин Цачевски, Балканите: трудният път към обединена Европа, София 2011.

（三）其他语种文献

1. Todorova , Maria. Imagining the Balkans. Oxford University Press US. 2009.

2. "An economic and social history of the Ottoman Empire". Suraiya Faroqhi, Donald Quataert(1997). Cambridge University Press.

3. Bideleux, Robert; Ian Jeffries. A history of Eastern Europe. Taylor & Francis. 2007.

4. Ivo Petrić, A History of the Croats, Zagreb 1998.

5. Jelavich, Barbara. History of the Balkans: Eighteenth and nineteenth centuries. Cambridge University Press. 1983.

6. Jacob, B., Jugoslavija u krizi 1934—1941, Rijeka 1972.

7. Lindstrom, Nicole. Between Europe and the Balkans: Mapping Slovenia and Croatia's Return to 8. Pavic, Silvia. Some Thoughts About The Balkans.. About, Inc.. 2000.

8. Историја на македонскиот народ, издавачко претпријатие, "Просветно дело", Скопје 1972.

9. История стран Центральной и Юго—Восточной Европы XX века Москва 1997.

10. История Югославия, т.I—II, Издательство Академии наук СССР Москва 1963.

11. Македонската историска наука достигнувања и проблеми, Скопје 2001.

12. Народная демокрация Миф илм реальность Общественно—политическиепроцессы в Восточной Европе 1944—1948гг Москва 1993.

13. Новица Велјановски, Македонија 1945—1991, државност и независност (马其顿文), Скопје 2002.

14. Политические кризисы и конфликты 50—60-х годов в Восточной Европе Москва 1993.

后 记

2009年《南斯拉夫兴亡》出版后,产生了一定的社会影响。有的读者反映,觉得南斯拉夫这个国家确实有许多与众不同的地方。它对内实行社会主义自治制度,对外倡导不结盟运动。它为探索自己的社会主义道路进行了不懈的努力,形成了"南斯拉夫模式"或"南斯拉夫道路"。还有的读者建议在《南斯拉夫兴亡》的基础上,编写一部《南斯拉夫通史》,以提供关于南斯拉夫的更多信息。

从2014年开始,上海社会科学院出版社历史编辑室的同志就多次约我完成一部《南斯拉夫通史》,作为该社"万国通史"之一。当时正忙于完成全国社会科学基金的一个项目,没有应允。2016年,历史编辑室编辑与我面谈,希望启动这个项目,随后还签订了出版合同。

因此,本书能够与读者见面首先要衷心感谢上海社会科学院出版社领导的密切关注和大力支持。其次,要热忱感谢编辑们为编辑出版本书所付出的辛勤劳动。再次,要感谢首都师范大学文明区划研究中心将本书列入"巴尔干研究丛书"所给予的鼓励和支持。

最后,应该说明一点:本书是对《南斯拉夫兴亡》一书的继续研究和补充,决不是简单的改写或重复(当然,不能排除少部分内容或文字的重复),甚至可以说,这是一部创新之作。

我期待,细心的读者会对本书做出自己的客观评价。

我更期待,年轻的学者关注南斯拉夫这个已经消失的国家,写出新的佳作,以满足社会和读者的需要。

作者谨识
2018 年春节

图书在版编目(CIP)数据

南斯拉夫通史 / 马细谱著 .— 上海 ：上海社会科学院
出版社，2020
ISBN 978 - 7 - 5520 - 3029 - 7

Ⅰ．①南… Ⅱ．①马… Ⅲ．①南斯拉夫—历史 Ⅳ.
①K543

中国版本图书馆 CIP 数据核字(2020)第 047784 号

南斯拉夫通史

著　　者：马细谱
责任编辑：王　勤
封面设计：陆红强
出版发行：上海社会科学院出版社
　　　　　上海顺昌路 622 号　邮编 200025
　　　　　电话总机 021 - 63315947　销售热线 021 - 53063735
　　　　　http：//www.sassp.cn　E-mail：sassp@sassp.cn
排　　版：南京理工出版信息技术有限公司
印　　刷：上海市崇明县裕安印刷厂
开　　本：710 毫米×1010 毫米　1/16
印　　张：26.5
插　　页：1
字　　数：430 千
版　　次：2020 年 8 月第 1 版　2023 年 2 月第 3 次印刷

ISBN 978 - 7 - 5520 - 3029 - 7/K·562　　　　　　定价:128.00 元